全国各类高等院校食品加工工艺专业"十三五"规划与创新系列教材

食品加工技术概论

主　编　赵　赟　张　建　张临颖
副主编　徐　敏　刘旭日　王冰然　蔚　慧

中国商业出版社

图书在版编目(CIP)数据

食品加工技术概论/赵赟,张建,张临颖主编.—北京:中国商业出版社,2018.2
ISBN 978-7-5208-0007-5

Ⅰ.①食… Ⅱ.①赵… ②张… ③张… Ⅲ.①食品加工-概论 Ⅳ.①TS205

中国版本图书馆 CIP 数据核字(2017)第 201444 号

责任编辑:蔡 凯

中国商业出版社出版发行
010-63180647 www.c-cbook.com
(100053 北京广安门内报国寺1号)
新华书店经销
北京银祥印刷有限公司印刷

* * * * *

787×1092 毫米 1/16 24 印张 260 千字
2018 年 2 月第 1 版 2018 年 2 月第 1 次印刷

定价:68.00 元

* * * * *

(如有印装质量问题可更换)

前　言

随着社会的发展和人民生活水平的不断提高,现代社会人们对食品的质量和安全越来越关注。2015年我国颁布新修订的《中华人民共和国食品安全法》并于同年10月起实施,这对食品的生产、检测、贮运、质量管理等各个环节提出了更高的要求。应社会和科学发展需要,全国各大专院校相继开设或增设了食品类相关专业,为适应当前情况,根据专业教学的需要和学生的实际情况,我们编写了一套适合本专业使用的教材,其中包括本专业重要基础课程之一的《食品加工技术概论》。

本教材分成十个模块:绪论、果蔬食品加工技术、饮料加工工艺、粮油食品加工工艺、乳制品工艺、肉与肉制品、发酵食品加工、豆制品加工技术、罐藏食品、食品加工高新技术。通过以上内容,主要介绍了各类食品加工的基本原理和基本工艺,内容涵盖加工工艺过程的多个方面,重点在食品原料特性和影响品质的加工关键操作。我们力求通过本书的学习,让读者了解到常见食品原材料的性质和特点,理解产品和加工之间的关系,掌握进行各类食品加工生产所必需的基本知识、理论和方法,从而形成一个较为完整的知识体系,进而能够胜任相关岗位的工作要求,并且运用专业理论解决实际问题。

本书由邯郸职业技术学院赵赟(绪论和第六模块)、邯郸职业技术学院张建(第七模块)和安徽粮食工程职业技术学院张临颖(第二、五模块)担任主编,副主编由安徽粮食工程职业技术学院徐敏(第三、四模块)、邯郸职业技术学院刘旭日(第八模块)和邯郸职业技术学院王冰然(第九模块)担任。

本书适合高职高专层次食品加工技术类、食品营养与检测、食品质量与安全等相关食品专业使用教材,亦可作为食品生产、科研和管理人员的参考用书。

本书内容涉及面广泛,限于作者的学识水平,疏漏和错误之处在所难免,衷心希望同行和读者批评指正。

编者
2018年2月

目 录

模块一　绪论 ……………………………………………………………………（1）
　　项目一　食品加工技术概述 ………………………………………………（2）
　　项目二　食品工业与食品加工技术 ………………………………………（8）
　　项目三　食品质量要求及标准 ……………………………………………（20）
　　项目四　食品工程技术原理 ………………………………………………（26）

模块二　果蔬食品加工技术 …………………………………………………（42）
　　项目一　果蔬的化学成分 …………………………………………………（43）
　　项目二　果品的涂层 ………………………………………………………（49）
　　项目三　果蔬的速冻保藏 …………………………………………………（51）
　　项目四　果蔬的干制 ………………………………………………………（55）
　　项目五　果蔬糖制与腌制 …………………………………………………（59）

模块三　饮料加工工艺 ………………………………………………………（66）
　　项目一　饮料加工概述 ……………………………………………………（67）
　　项目二　饮料用水的处理工艺 ……………………………………………（72）
　　项目三　碳酸饮料 …………………………………………………………（83）
　　项目四　果蔬汁饮料 ………………………………………………………（88）
　　项目五　瓶装饮用水 ………………………………………………………（94）
　　项目六　乳饮料 ……………………………………………………………（96）
　　项目七　茶、咖啡、可可 …………………………………………………（98）

模块四　粮油食品加工工艺 …………………………………………………（100）
　　项目一　粮油食品概述 ……………………………………………………（101）

项目二　小麦加工技术 …………………………………………………（103）
　　项目三　稻谷加工技术 …………………………………………………（107）
　　项目四　植物油脂加工技术 ……………………………………………（114）
　　项目五　面类食品加工技术 ……………………………………………（120）
　　项目六　休闲食品加工技术 ……………………………………………（131）

模块五　乳制品工艺 …………………………………………………（138）
　　项目一　乳的化学成分和性质 …………………………………………（139）
　　项目二　乳制品概述 ……………………………………………………（142）
　　项目三　市乳和超高温灭菌乳 …………………………………………（144）
　　项目四　炼乳 ……………………………………………………………（149）
　　项目五　乳粉 ……………………………………………………………（158）
　　项目六　冰淇淋 …………………………………………………………（168）
　　项目八　酸乳 ……………………………………………………………（171）
　　项目八　奶油 ……………………………………………………………（180）
　　项目九　干酪 ……………………………………………………………（185）

模块六　肉与肉制品 …………………………………………………（189）
　　项目一　肉的性质 ………………………………………………………（190）
　　项目二　中式火腿生产工艺 ……………………………………………（200）
　　项目三　中式香肠和灌肠 ………………………………………………（212）
　　项目四　酱卤制品 ………………………………………………………（215）
　　项目五　肉烧烤制品 ……………………………………………………（219）
　　项目六　干制品 …………………………………………………………（221）
　　项目七　西式肉制品生产工艺原理 ……………………………………（223）
　　项目八　西式火腿生产工艺 ……………………………………………（226）
　　项目九　西式香肠生产工艺 ……………………………………………（235）
　　项目十　培根的生产工艺 ………………………………………………（240）

模块七　发酵食品加工 ………………………………………………（242）
　　项目一　发酵食品概述 …………………………………………………（243）
　　项目二　酒类加工 ………………………………………………………（249）
　　项目三　酿造加工技术 …………………………………………………（263）

模块八　豆制品加工技术 (272)
项目一　大豆概述 (273)
项目二　传统豆制品 (281)
项目三　传统发酵豆制品 (290)
项目四　现代大豆加工技术 (297)
项目五　大豆加工副产品的利用 (310)

模块九　罐藏食品 (314)
项目一　罐藏食品概述 (315)
项目二　罐藏工艺概述 (318)
项目三　各类罐头生产工艺技术 (329)
项目四　软罐头 (338)

模块十　食品加工高新技术 (343)
项目一　分离技术 (344)
项目二　新型加热技术 (355)
项目三　生物技术的应用 (359)
项目四　食品灭菌新技术 (363)
项目五　其高新技术 (368)

模块一　绪论

◆ **基础理论和知识**

食品加工的相关概念。

◆ **基本技能及要求**

1. 掌握食品及某加工技术相关概念。
2. 了解食品加工发展现状。
3. 了解食品质量要求及标准。
4. 了解食品工程技术基本原理。

◆ **学习重点**

食品加工相关概念。

◆ **学习难点**

食品工程技术原理。

◆ **导入案例**

从"瘦肉精"喂大的猪到"嗑药"的多宝鱼，从苏丹红"美容"的鸡翅到矿物油"抛光"的大米……近年来，食品安全问题发生的数量增多，频率加快，导致不少人对食品安全感到忧虑与恐慌。那么，我们目前的食品安全状况究竟怎样呢？其实，我国的食品安全状况从总体上说是好的。我国一向高度重视食品安全问题，把保障食品安全视为关系人民群众切身利益，关系社会和谐稳定，关系我国社会主义现代化建设全局的重大任务。

◆ **讨论**

你关注食品问题吗？

项目一　食品加工技术概述

任务1　食物和食品

一、食物的概述

（一）食物的概念

人类生存离不开"衣、食、住、行"。食物是首要的，要想生存下去，必须要保证摄入食物，所以说食物是人体的营养必需品。食物的具体定义应该是：食物是人体生长发育、更新细胞、修补组织、调节机能必不可少的营养物质，也是产生热量、保持体温、进行体力活动的能量来源。在现代社会中，"食物"已不限于其本身的含义，它还蕴涵着文化和物质文明的意义。

（二）食物的来源和种类

人类的食物，除少数物质如盐类外，几乎全部来自动植物。为了满足人体营养的需要，食物应含有蛋白质、碳水化合物、脂肪、维生素、无机盐、水和膳食纤维等七大营养素，但任何一种天然食物都不能提供人体所需的全部营养素，因而要提倡人们广泛食用多种食物。食物应包括以下五大类：

1. 谷类及薯类谷类　包括米、面、杂粮；薯类包括马铃薯、甘薯、木薯等，主要提供碳水化合物、蛋白质、膳食纤维及B族维生素。

2. 动物性食物　包括肉、禽、鱼、奶、蛋等，主要提供蛋白质、脂肪、矿物质、维生素A和B族维生素。

3. 豆类及其制品　包括大豆及其他干豆类，主要提供蛋白质、脂肪、膳食纤维、矿物质和B族维生素。

4. 蔬菜水果类　包括鲜豆、根茎、叶菜、茄果等，主要提供膳食纤维、矿物质、维生素E和胡萝卜素。

5. 纯热能食物　包括动植物油、淀粉、食用糖和酒类，主要提供能量。植物油还可提供维生素E和必需脂肪酸。

二、食品的概述

（一）食品的概念

一般将食物原料经过不同的配制和加工处理，形成形态、风味、营养价值不同及花色品种各异的加工产品，这些经过加工制作的食物称为食品。

《食品工业基本术语》（GB/T 15091-1994）对食品的定义为"可供人类食用或饮用的物质，包括加工食品、半成品和未加工食品，不包括烟草或只作药品用的物质"。

《食品安全法》(2009)第九十九条规定:食品是"指各种供人食用或者饮用的成品和原料,以及按照传统是食品又是药品的物品,但是不包括以治疗为目的的物品"。这是对食品的法律定义。

从食品安全立法和管理的角度来看,广义的食品概念还涉及所生产食品的原料,食品原料种植、养殖过程接触的物质和环境,食品的添加物质,所有直接或间接接触食品的包装材料、设施以及影响食品原有品质的环境。在进出口食品检验检疫管理工作中,通常还把"其他与食品有关的物品"列入食品的管理范畴。

美国食品及药物管理局(FDA)对食品的定义及其分类中提到,食品通常是指消费者所消费的较大数量作为食用的物质。食品包括人类食品、从相关物质中迁移到食品中去的物质、宠物食品以及动物饲料。

(二)食品的功能

1. 营养功能。

食品最基本的功能,为人体提供所需营养和能源,如:蛋白质、碳水化合物、脂肪、维生素、矿物质、膳食纤维等。

2. 感官功能。

满足消费者在视觉、触觉、味觉、听觉等感官方面的需求,体现在外观、质构、风味方面。

3. 保健功能。

食品第三功能,是食品功能的新发展,调节人体生理功能,预防疾病,还有益智、美容、抗衰老等多方面功能。

(三)食品的特性

1. 安全性。食品必须是无毒、无害、无副作用的。

2. 保藏性。食品必须具有一定的保藏期,在一定时间内食品应该保持原有的品质或加工时的品质或质量。

3. 方便性。食品应具有方便实用性,应便于食用、携带、运输及保藏。

任务2 食品加工技术与加工工艺

一、食品加工研究领域

即研究食品原材料特点、食品保藏原理、影响食品质量、包装及污染的加工因素、良好生产操作及卫生操作的一门科学。

二、食品加工定义

《食品工业基本术语》(GB/T 15091-1994)中食品加工指"改变食品原料或半成品的形状、大小、性质或纯度,使之符合食品标准的各种操作"。

食品工业指"主要以农业、渔业、畜牧业、林业或化学工业的产品或半成品为原料,制造、提取、加工成食品或半成品，具有连续而有组织的经济活动工业体系"。

三、食品加工技术定义

食品加工技术是指应用化学、物理学、生物学、微生物学和食品工程原理等各方面的基础知识，研究食品资源利用、原辅材料选择、保藏加工、包装、运输以及上述因素对食品质量货架寿命、营养价值、安全性等方面的影响的一门科学。食品加工的目的是满足消费者要求；延长食品的保存期；增加多样性；提高附加值。

四、食品工艺定义

食品工艺是根据技术上先进，经济上合理的原则，研究食品的原材料、半成品和成品的加工过程和方法。从这样一个概念出发可知所要遵循的原则是技术上先进，经济上合理。

（一）技术观点。即所谓技术上先进，包括工艺先进和设备先进两部分。

要达到工艺上先进，就需要了解和掌握工艺技术参数对加工制品品质的影响，实际上就是要掌握外界条件和食品生产中的物理、化学、生物学之间的变化关系，这就需要切实掌握物理学、化学和生物学方面的基础知识。在这个基础上，才能将过程中发生的变化和工艺技术参数的控制联系到一起，主动地进行控制，达到工艺控制上的高水准。

设备先进包括设备自身的先进性和对工艺水平适应的程度，一般地说，这是设备制造行业的任务。但工艺技术的研究则应该考虑到设备对工艺水平适应的可能性，因此需要了解有关单元操作过程的一般原理，掌握化工原理和食品工程原理这门学科，并初步了解机电方面的相关知识，以对设备的水平进行判断。

（二）经济观点。我国在改革开放前计划经济的体制下，教育忽视了经济这一要素。随着我国社会主义市场经济体制的不断完善，教育的任务也随之扩大，对学生的培养也提出了要适应社会主义市场经济发展的要求。

工艺学本身实际上包含着经济的观点，所谓经济上合理，就是要求投入和产出之间有一个合理的比例关系。任何一个企业的生产，一项科学研究的确定，都必须考虑这个问题。

五、食品加工工艺和加工技术相关性

（一）两者的关系

食品加工工艺是使加工过程规范化、标准化，在食品加工生产时候起指导作用，是在食品加工技术的基础上加以延伸；而食品加工技术是产品出来时必须的设计和思路，是前期工作，是从无到有的过程。实现食品加工技术要求的手段就是食品加工工艺，确保食品加工工艺的保证就是食品加工技术。

（二）两者的的研究对象和内容

食品加工技术与工艺的研究对象是从原材料到制成品相关的特性、加工技术和加工工艺。对原材料或制成品的品质规格要求，性质和加工中的变化必须能充分把握，才能有产品设计和思路，并正确地制定工艺技术要求。

食品加工技术与工艺研究的内容包括加工的原理、加工的思路和设计、加工或制造过程中每个环节的具体方法。

加工的原理主要研究食品的特性，腐败变质的原因，各种食品保藏方法的原理过程；加工工艺也可以说是工艺流程，从原材料到成品的途径可能有多种，具体到每一种过程，是切块还是切片，还是整果，是否进行熟烫处理，是否进行熏硫处理，对不同果实品种采用的具体处理条件如温度、浓度、时间、压力、pH 值等，都属于方法也就是具体的技术条件。所有过程和方法的确定是否有科学依据，就表明了该制品生产技术水平的高低。

当今环境与发展的问题越来越引起人们的重视，只有认真地保护环境，人类才能得以发展。任何生产所产生的环境污染都必须加以治理。在食品加工的研究中，应该选用不产生污染或少产生污染的工艺路线，对可能造成的污染则应采取有效的措施加以处理，达到废弃物的达标排放。

六、食品加工的三原则

在食品加工制造中必须注意到以下三原则：

（一）安全性。食品的安全性作为供给人类食用的产品，首先应保证食用者的安全。因此在加工过程中必须充分注意每种食品的卫生指标。从使用的原料到加工过程中使用的工器具和设备、工艺处理条件，环境以及操作人员的卫生，应遵照有关的标准和法规，以确保加工产品的安全。我国的国家标准中，食品卫生标准属于强制性标准，这也是为了保证广大人民的身体健康。

（二）营养价值。食品的营养性食品的基本属性是提供给人类以生长发育、修补组织和进行生命活动的热能和营养素。随着科学的发展，为了保证人体的健康，对食物的营养平衡越来越重视，人们对食品的要求越来越高，希望能获得营养均衡的食品。因此，食品的营养功能包括防止过多的热量和胆固醇等摄入所造成的危害等，都对食品加工提出了更高的要求。美国对上市的食品要求必须在标签上附有营养成分说明，将食品中的各种与人体健康密切相关的成分的含量加以注明，让消费者可以自由地选择和安排膳食，保证自身的营养需要。

（三）嗜好性。感官嗜好特性如果将营养性作为生存的基础，是动物的本能所驱使的话，那么感官嗜好特性就可以作为人类的高级需求即心理需求的特性。在衣不蔽体、食不果腹的情况下，这种高级的需求是不可能言及的，但随着人类社会的发展，对感官嗜好的要求越来越高，人们要求食品能满足在色、香、味、质地、形态等各方面的不同需求。因此，作为食品行业的从业人员，必须要在前两个方面的基础上，注意到这一要求。

应该知道，食品不是未经加工的原料，它是经过食品技术工作者采用不同的处理手段，制成的能从不同的侧面满足消费者需求的产品，仅仅以色香味来描述食品的感官嗜好特性是远远不够的。质地作为食品的一个感官嗜好特性，包括酥、软、硬、松、韧、脆、绵、艮、弹性、劲道、黏稠、稀薄等等触觉的感知，在某些时候对它们的要求甚至要超过对色香味的要求。

在食品的评价中包含有对组织结构的评价内容时,也常用"质构"一词。"风味"一词也是感官嗜好特性的表述方法之一。通常风味的含义带有一定的地方特色,但有时也可作狭义的理解,即主要是指香气和滋味,而在特有所指时,则更偏重于气味。

任务3　食品的种类及要求

一、一般的食品分类

由于不同的人群对食品关心的侧面不同,不同地区也有不同的喜好习惯,故食品名称有多种多样,目前尚无统一、规范的分类方法,按常规或习惯对食品的分类有下列几种方法:

(一)按食品保藏方法分罐藏食品、脱水干藏制品、冷藏食品和冻制食品、冷干食品、腌渍食品、烟熏食品、辐射保藏食品。

(二)按原料来源分类的有肉制品、乳制品、水产制品、谷物制品、果蔬制品、大豆制品、糖果、巧克力等。这些名称反映了食品的原料组成,一般在农产品加工行业或食品工业采用。

(三)按加工工艺分类的有罐藏食品(或罐头食品)、冷冻食品、干制食品、腌渍食品、烟熏食品、辐射食品、发酵食品、焙烤食品、挤压膨化食品等。从这些名称就可知道这类食品所用的加工工艺或保藏方法。一般食品工厂采用这种分类。

(四)按照食品食用人群不同分婴幼儿食品、中小学生食品、孕哺期妇女食品、特殊人群需要的特殊营养食品、高危工作条件人群食品。

(五)按照原料不同和加工方法的不同分粮食加工、油料加工、大豆加工、蔬菜加工、水果加工、淀粉加工和制品、水产品加工、肉和肉制品、禽和禽制品、乳和乳制品、制糖、酒和酒的酿造、饮料、发酵制品、核苷酸类调味料等。

二、现代新型食品

随着科学技术发展,出现了许多应用现代加工技术生产供现代人食用的新食品类型,这些食品也反映出了现代人的生活方式和特点。现代食品工业不仅仅是农业或牧业的延伸和继续,它还具有制造工业的性质,人类可以利用现代科技生产或制造出更多适于人类需要的食品。现代新型食品主要有以下几种:

(一)方便食品

方便食品是对各种各样使用简便的食品的统称,主要指以米、面、杂粮等粮食为主要原料加工制成,只需简单烹制即可作为主食的,具有食用简便、携带方便,易于贮藏等特点的食品。方便食品的种类很多,大致可分成以下三种。

1. 即食食品。是指不需要额外加工处理,打开包装(或散装)可直接入口食用的一类食品,如快餐、罐头类、膨化食品、烘炒食品、烘焙类。

2. 速冻食品。这类食品稍经加热后就可食用,如速冻饺子、速冻汤圆、速冻粽子等。

3. 干的或粉状方便食品。这些食品通过加水泡或开水冲调也可立即食用，如方便面、方便米粉、方便米饭、方便饮料或调料、速溶奶粉等。

(二) 仿制或模拟制品

仿制食品也称仿真食品，在食品领域通常以人造食品相称，这是由食品厂商根据自然界中某些食物的形状、色泽用类似原料制成形态、风味、质地和其相似的食品。如人造肉、人造鸡、人造海蜇、人造蟹肉、人造草莓等。

(三) 保健食品

保健食品是具有一般食品的共性，能调节人体的机能，适用于特定人群食用，但不以治疗疾病为目的的食品。保健食品现在迈入第三代，即保健食品不仅需要人体及动物实验证明该产品具有某项生理调节功能，更需查明具有该项保健功能因子的结构、含量、作用机理以及在食品中应有的稳定形态。

(四) 强化食品

强化食品是指为保持食品原有的营养成分，或者为了补充食品中所缺乏的营养素，向食品中添加一定量的食品营养强化剂，以提高其营养价值，这样的食品称为营养强化食品。

(五) 新资源食品

指依据《新资源食品卫生管理办法》，称为新资源食品的产品类别。新资源食品系指在我国新研制、新发现、新引进的无食用习惯或仅在个别地区有食用习惯的，符合食品基本要求的物品。以食品新资源生产的食品称新资源食品(包括新资源食品原料及成品)。

(六) 绿色食品

指遵循可持续发展原则，按照特定生产方式生产，经专门机构认定，许可使用绿色食品标志的无污染的安全、优质、营养类食品。由于与环境保护有关的事物国际上通常都冠之以"绿色"，为了更加突出这类食品出自良好生态环境，因此定名为绿色食品。

◆ 知识拓展

绿色食品，是指产自优良生态环境、按照绿色食品标准生产、实行全程质量控制并获得绿色食品标志使用权的安全、优质食用农产品及相关产品。

(七) 有机食品

有机食品是指来自于有机农业生产体系，根据国际有机农业生产要求和相应的标准生产加工的，并通过独立的有机食品认证机构认证的一切农副产品。有机食品的主要特点来自于生态良好的有机农业生产体系。有机食品的生产和加工，不使用化学农药、化肥、化学防腐剂等合成物质，也不用基因工程生物及其产物，因此，有机食品是一类真正来自于自然、富营养、高品质和安全环保的生态食品。

(八) 疫苗食品

是指运用细胞嫁接、基因改良等生物工程技术，研制开发的食品。科学家研制出可生产、能接种、储运简便、价格低廉的疫苗传输系统，对蔬菜、水果等产品植入抗病菌的疫苗，使人食后达到预防疾病的目的。

食品疫苗的免疫通常有两种方法,一种是通过基因工程,让食品植入某种抗原,食用后人体获得相当于接种某种疫苗的效果;另一种是经常直接食用含有人体防病抗体所必须的免疫球蛋白的食品,提高人体免疫功能,达到强身健体,抵御疾病的目的。

(九)调理食品

调理食品在英语国家中叫做"Preparedfoods",翻译成中文是"经过洗、切或其他预处理,可直接进行烹饪的预制食品、预加工食品"。其一般指以农产、畜禽、水产品等为主要原料,经前处理及配制加工后,采用速冻工艺,并在冻结状态下(产品中心温度在负18摄氏度以下)储存、运输和销售的包装食品。

三、食品作为商品应符合的条件

食品一经出售即为商品,作为商品应符合一定的要求。预包装食品应按国家规定具有商标标签,食品营养成标明在商标上,标签应符合《预包装食品标签通用标准》GB 7718－2011 的有关规定,食品应具有本身应有的色泽和形态、香气和味感、营养和易消化性、卫生和安全性、方便性、贮运和耐藏性等特点。

项目二　食品工业与食品加工技术

任务1　食品工业的重要性

一、食品工业是基础产业

民以食为天,饮食是人类生存的基本需求。食品产量、种类、结构、质量,不仅关系广大人民群众的生活质量和生命安全,而且关系民族的兴衰,饮食水平是衡量一个国家文明程度和人民生活质量的重要标志。广义上讲食品工业无论从哪个角度都是各个国家国民经济的基础或支柱产业之一。

由于食品工业是国民经济的重要支柱产业和关系国计民生及关联农业、工业、流通等领域的大产业,因此,食品工业现代化水平是反映人民生活质量及国家文明程度的重要标志。食品工业是整个工业中为国家提供积累和吸纳城乡就业人数最多、与农业关联度最强的产业。作为农产品面向市场的主要后续加工产业,食品工业在农产品加工中占有最大比重,对推动农业产业化作用巨大。

二、我国食品工业是最具潜力的经济增长点

随着我国城市化、工业化、现代化建设步伐的加快和国民经济持续高速的增长,人民生活水平的普遍快速提高,我国食品工业已经成为国民经济中十分重要的独立的产业体系,成为集农业、制造业、现代流通服务业于一体的增长最快、最具活力的国民经济支柱产业,

成为我国国民经济发展极具潜力的新的经济增长点。2004年,食品工业为3.3万亿美元的销售额居各行业之首,是全球经济的重要产业,也是全球最大的制造业。同样食品工业也是我国国民经济的重要支柱产业,是关系国计民生及关联农业、工业和第三产业的朝阳产业,是解决农副产品出路和增加农民收入的主渠道。

三、我国食品工业规模

我国食品工业无论在国际还是国内均是第一大产业。从国际上看,我国食品工业是世界食品工业第一大产业;从国内看,在国民经济工业各门类中,食品工业列第一位。

2015年,食品工业规模以上企业主营业务收入11.35亿元,比上年增长4.6%,年均增长13.25;上缴税金总额9643亿元,比2010年增长71.4%,年均增长11.4%;食品工业实现利润总额8028亿元,比2010年增长56.9%,年均增长9.4%。2015年食品工业资产占全国工业总资产的比重为7.1%,增加值占12.2%,利润占12.6%,上缴税金占19.3%。食品工业在国民经济中的支柱产业地位进一步提升。

"十二五"期间,食品工业企业不断发展壮大,生产集中度进一步提升。2010年超过百亿元的食品工业企业有27家,2015年,据不完全统计,全国达到和超过这一规模的食品工业企业有54家,超额完成了"十二五"规划中提出的百亿元食品工业企业超过50家的发展目标。2014年规模以上大中型食品工业企业共计5789家,占食品工业规模以上企业总数的15.4%。完成主营业务收入占全行业的54.0%;实现利润总额占全行业的62.9%;上缴税金占全行业的83.2%。

2015年食品工业固定资产投资突破2万亿元,达到20205亿元,比2014年增长8.4%。"十二五"期间累计完成固定资产投资总额77568亿元,比"十一五"期间增加54521亿元,增长2.36倍。2014年全国食品工业总资产值6.58万亿元,比2010年增长66.6%,年均增长13.6%。

"十二五"期间,2015年食品进出口总额9918亿元,同比下降0.7%。其中出口3806亿元,同比增长1.6%,进口6112亿元,下降2.1%。2011年~2015年累计实现食品进出口贸易总额7408.9亿美元,比"十一五"期间累计增长94.4%。食品出口五年累计2871亿美元,比"十一五"期间的1750.4亿美元增长64%;进口累计4537.9亿美元,比"十一五"期间的2060.3亿美元增长120.3%。

任务2 食品工业现状

一、发达国家食品工业现状

发达国家的农产品加工已实现规模化、集约化和自动化,农产品精深加工的程度和副产物利用水平均较高。工业发达国家,初级农产品直接上市销售的比例越来越低,农产品原料的加工比例一般达到70%以上,加工食品约占饮食消费的90%。

发达国家产业化经营的水平高,已实现了食品原料生产、加工和销售一体化经营,比如原料生产基地化、加工品种专用化、质量体系标准化、生产管理科学化、加工技术先进化等,食品企业趋向规模化、网络化、信息化经营。高新技术与设备在食品加工领域得到普遍应用,高温瞬时杀菌技术、高真空技术、深度冷冻加工技术、微胶囊技术、高效浓缩发酵技术、膜分离技术、微波技术、真空冷冻干燥技术、无菌贮存与包装技术、超高静压技术、超微粉碎技术、超临界流体萃取技术、冷冻浓缩技术、膨化与挤压技术、生物工程技术等高新技术与设备使用广泛。

各国政府不断加大对食品生产领域的公共基础投资,特别是大批实力强劲的企业纷纷投身于食品生产领域。发达国家对农产品原料产后加工环节的投入比例要大于对农业的投入。美国农业总投入中用于产前和产中的费用仅占30%,70%的资金都用于产后加工环节。发达国家资源的综合利用加强,农产品加工和食品生产企业都是从清洁生产和经济效益两个角度对农产品原料进行综合利用,在农产品生产食品的同时,将生产中的副产品或废物转化成高附加值的产品。产品质量标准体系愈加完善,在完善的技术标准体系下,标准已深入社会生活的各个层面,为法律法规提供技术支撑,成为市场标准、契约合同维护、贸易仲裁、合格评定、产品检验、质量体系认证等的基本依据。

二、我国食品工业现状

(一)我国食品工业总体情况

近年来,中国食品工业发展成绩显著,食品质量和安全状况总体良好。我国人口众多,随着国民收入的增加,购买商品的能力将与日俱增,食品工业的发展空间非常广阔。我国食品资源的现状是除奶类的总产量和人均奶量低于世界水平以外,其他各类食品资源的总产量都位居世界之首。

虽然我国是世界人口大国,但资源的人均占有量大都超过世界人均占有量,充分表明目前我国拥有进一步发展食品工业的资源优势。我国果品、蔬菜、肉类、奶类、大豆、谷物的加工制品占资源总量都低于10%,这充分说明我国食品工业的加工深度与我国丰富的食品资源极不相称。当前中国食品工业还是以农副食品原料的初加工为主,精细加工的程度比较低,食品制造业产值在食品工业总产值中所占的比例仅为25%左右,正处于成长期。我国食品工业也正处在向现代化食品制造业转变的阶段,导致目前我国食品的加工深度、农产品资源转化能力不够高是受资源的规格、产品的质量、企业的规模、技术的储备、发展的时间等诸方面的综合因素制约。食品工业制成品在居民食品消费支出中,我国的比重为30%~40%。我国乳品业、罐头产品业的发展现状与其应有的地位、作用有一定差距;方便食品、快餐食品的发展与市场需求存在着明显不足等。未来食品消费将由单纯追求数量转向追求质量,特别是对工业制成品、半成品的需求将大幅度增长。

(二)我国食品工业发展成绩

1. 食品工业结构已成规模并不断优化

食品工业已经形成28大类(共525种):粮食加工品,食用油、油脂及制品,调味品,肉制品、乳制品、饮料、方便食品、饼干、罐头、冷冻饮品、速冻食品、薯类和膨化食品、糖果制品（含巧克力及制品）、茶叶、酒类、蔬菜制品、水果制品、炒货食品及坚果制品、蛋制品、可可及焙烤咖啡产品、食糖、水产制品、淀粉及淀粉制品、糕点、豆制品、蜂产品、特殊膳食食品及其他食品。2007年，大米、小麦粉、食用植物油、鲜冷藏冻肉、饼干、果汁及果汁饮料、啤酒、方便面等产品产量已位居世界第一或世界前列。精深加工食品的比重不断上升。如液体乳产量占到乳制品总量的85%以上，软饮料制造业形成了包装饮用水、碳酸饮料、果蔬饮料、茶饮料等多元化发展的态势。产品结构的优化和产业技术升级促进了食品产品的出口。2006年，出口食品2417.3万吨，出口额为266.59亿美元。

2. 大中型企业已成为产业的主体

目前，全国共有食品生产加工企业44.8万家。其中规模以上企业2.6万家，产品市场占有率为72%，产量和销售收入占主导地位；规模以下、10人以上企业6.9万家，产品市场占有率为18.7%；10人以下小企业小作坊35.3万家，产品市场占有率为9.3%。2006年销售收入排名前100家的食品企业销售总额占全行业比重达24.9%；乳制品行业10强企业销售收入占全行业的54.7%；饮料行业10强企业产量占全行业的39.5%；制糖行业10强企业产量占全行业的43.6%；肉制品50强企业的生产能力和销售量占整个行业的70%；啤酒行业中100万千升以上的8家企业集团产量占全国总产量的57%；葡萄酒产量前10位的企业占全国葡萄酒产量的62.1%；方便面行业中最大的3家中国名牌企业占据中国国内市场份额的76%。目前共有10.7万家食品生产企业获得质量安全市场准入资格，2675家食品生产企业获得了危害分析与关键控制点（HACCP）认证。

3. 食品产业发展科技支撑体系基本形成

2004年到2007年，世界食品科学与技术领域的高水平学术论文发表量增长率为6.94%；中国增长率达到67.3%。在全世界所发的食品科学技术领域的研究论文里，中国发表的论文所占比例从3.94%提高到6.16%，增加了56%。2007年，食品科技领域申请的专利达8300多项，约占全国专利总数的2%。

（三）国内外差距

1. 整体发展水平不高，国际竞争力有待提高。

以食品工业总产值与农业总产值之比来衡量一国食品工业整体发展水平的重要指标。其中美国为3.7∶1、日本为2.2∶1。2007年中国为0.67∶1。2006年中国食品工业销售产值仅占世界的1/5。中国的粮食、蔬菜、果品、肉类产量均居世界首位，但加工程度浅，半成品多，制成品少。深加工用粮不到总产量的8%，而发达国家的这一比例在70%以上。欧美、日本等发达国家90%以上的蔬菜都经过商品化加工处理后进入流通领域，而中国仅为30%左右。美国、巴西的柑橘加工量占总产量的70%以上，而中国不到10%；中国虽为肉类大国，产量占世界总产量的1/4，但加工量只有5%左右。

2. 中小企业多，生产效能普遍不高

中国食品产业囊括的行业门类众多,由于自然因素和人为因素的分割,造成了数量众多、规模狭小、布局分散的格局。公布的《中国的食品质量安全状况》白皮书介绍,在总数44.8万家的食品企业中,规模以下、10人以上企业有6.9万家,产品市场占有率为18.7%;10人以下小企业小作坊有35.3万家,产品的市场占有率却只有9.3%。因企业规模小、数量众多,多数食品行业生产设备落后,资源消耗多,经济效益低。

3. 食品安全形势依然严峻,缺乏长效机制

主要的源头性污染包括:化肥、农药残留;抗生素、激素与有害物残留;病疫性生物污染;动植物中毒素过敏污染;转基因食品原料的负面反应以及环境污染等。从技术角度目前的食品安全全程控制技术还缺乏针对性,对食品加工过程中有害物质的形成机理、变化规律和控制技术的研究还相当薄弱,缺乏有效的在线检测技术和装备;在物流安全方面相关研究严重滞后。

4. 装备技术相对落后,严重影响食品产业的技术升级

中国食品装备的制造水平低、种类少,只能制造一些低附加值的普通机械设备。技术含量高、可带动食品工业技术升级的关键设备主要从国外引进。传统的技术装备生产出的传统食品,只能拥有不断萎缩的传统市场,很难适应不断变化的食品市场需求。

5. 节能减排技术研究和应用力度不够,食品行业能耗等指标偏高

虽然全国大、中型食品企业实现工业总产值51.10%,但是70%的小企业普遍生产技术落后,节能减排新技术、新工艺难以大范围推广应用。例如,日本每生产1吨罐头食品耗水量为我国的1/3,采用高效热风干燥技术每生产1吨干制食品耗电量是采用传统冷冻干制技术的1/20~1/30。

6. 科技投入不足,食品产业技术创新能力难以支持企业参与全球竞争

近年来,国家对食品科技的投入有所增加,"十一五"前三年国家在科技支撑计划中对食品产业的总投入达到5亿元,地方政府和企业配套资金为15亿,总投入达到20亿元,但与食品产业创造着我国4万亿的国民生产总值,并承载着十三亿人的基本食物需求与营养健康保障相比,科技投入水平还是远远不够。

(四)我国食品产业的战略需求

食品产业横跨第一、第二和第三产业,是一个产值大、解决就业人口多的重要支柱产业,同时也是承载着国民营养健康和农民增收的民生产业,在我国国民经济和社会发展中起着重要作用。

1. 食品产业事关公众营养水平和生命健康,提供营养均衡的安全食品是整体提高国民身体素质的基本要求,是国家长远的基础战略。食品数量和质量安全直接关乎我国国民营养健康。经过近三十年的高速发展,我国的食物需求和食品消费结构已发生了根本性的改变。2008年,工业食品和经商业化预处理或预加工的食品在国民食物消费中的比重已达到约70%。以现代食品供应链为特征的现代食品产业已成为与社会稳定和国民健康素质高度关联的"现代餐桌子工程"。

2. 食品安全不仅事关国民健康，而且事关国家声誉与竞争力。保障食品安全是关系我国社会主义现代化建设全局的重大任务。随着经济全球化和食品国际贸易的增加，食品安全不仅是相关国家的国内问题，同时也是全球性的重大问题。食品安全问题不仅关系公众健康，对国际贸易也正在产生非常重要的影响。农副产品、食品出现安全问题后，损害的不仅是国民的身体健康、企业的经济效益，还会引发国际食品贸易争端、损害国家利益，甚至导致消费者对企业、政府信任度的下降，造成的间接损失难以估计。在可以预见的将来，食品安全问题将一直会成为民生关注的热点。因此，提高食品安全领域的科技水平，完善与食品安全相关的法规和标准，是社会稳定和经济可持续发展的必然要求。

3. 食品产业是国民经济的重要支柱产业，依靠科技进步大力发展食品产业是实现国民经济可持续发展的重要保证。食品产业不仅关乎国计民生，而且还是一个产业链很长、关联度很高的行业。它根植于农业，联动机械、制造、包装、运输、材料、化学化工行业及服务业等。因此，以市场为导向，加快食品产业的发展，不仅对全面提高人民的生活水平，向更加富裕和更加丰富多彩的全面小康生活跨进具有重要的战略意义，而且对协调产业发展、打造循环经济、繁荣城乡市场、带动小城镇建设、扩大劳动就业、促进农村经济与社会的可持续发展等均具有十分重要的现实意义和深远的影响。

4. 发展食品产业是发展现代化农业的重要突破口。是新农村建设的重要推进器。"三农"问题的核心是农民增收、农业增效和农业产业结构调整，大力发展以食品产业为主的农产品加工业是解决"三农"问题必由之路。

目前我国主要农作物的产量均位于世界前列，但农产品加工基本上还是以初级和低层次加工为主，二次以上的深加工不足20%，而世界发达国家这一比值高达60%；我国农产品加工产值仅为自然产值的50%，而发达国家这一比值高达150%。主要农产品的加工增值程度低造成了农业原料的大量损耗和浪费，同时也造成了农副产品"卖难"、"买难"的情况长期反复地出现。解决农业增产不增收的出路是实现农产品深加工，建立食品加工产业链条，实现在生产、流通、加工等各环节的增值，使农民得到产业链条各个环节的平均利润，转变农民单纯作为原料供应者的角色，增加收入来源。

◆ 知识拓展

所谓"三农"问题，就是指农业、农村、农民这三个问题。研究三农问题目的是要解决农民增收、农业发展、农村稳定。实际上，这是一个居住地域、从事行业和主体身份三位一体的问题，但三者侧重点不一，必须一体化地考虑以上三个问题。中国作为一个农业大国，"三农"问题关系到国民素质、经济发展，关系到社会稳定、国家富强、民族复兴。

5. 发展食品产业可拉动关联产业，有效扩大内需。

作为国民经济的基础支柱产业，食品产业与其他产业之间存在着直接与间接联系。食品产业发展不仅通过扩大初级农产品原料需求带动农业发展，有效延伸农业产业链，而且还横跨第一、第二产业进入第三产业，通过扩大机械、设备、材料、物流、服务等方面的需求带动相关产业的发展。在目前由于国际金融危机带来的不确定风险中,食品产业将成为有效扩大内需、联动多行业发展的重要途径。

任务3　现代食品工业

一、现代食品工业

现代食品工业是与人类营养科学、现代医学、食品安全与食品科学,以及生物技术、信息技术、新材料技术、现代制造技术和智能化控制技术密切关联的"现代食品制造业";是与国计民生和国民的饮食安全与健康及身体素质密切关联的"现代餐桌子工程"。现代食品工业体系的建立与发展,现代食品产业链与供应链的形成,是现代社会保障食品安全和促进农民增收的重要基础和必要条件。

二、现代食品工业发展趋势

(一)原料绿色化、有机化

保护环境、探索人与环境之间友好共生与协调发展是21世纪食品工业的发展方向。食品安全始于农场。绿色食品、有机食品是目前为止要求最为严格的安全健康食品,但市场份额小,目前占世界全部食品的市场份额仅为2%;国内这类食品占国内食品市场份额还不到0.1%。发达国家这类食品年增长率均超过20%,我国为30%。绿色食品、有机食品被认为是21世纪最有发展潜力和前景的产业之一。

(二)原料专用化、产品全球化

食品形式的多样性和社会分工的精细化决定了食品加工原料由功能通用型向专用型发展,各国会根据新的食品形式和加工工艺的要求开发更细分化的专用食品原料,食品工业中各个功能领域的专用产品将不断涌现。目前美国专用面粉有100多种、英国70多种、日本60多种而我国仅有10余种。随着全球化的日益渗透,不同人种、不同民族、不同国家的概念将逐渐淡化,食品的区域性特点越来越小,走向具有本土化特点的全球化。

(三)技术高新化

技术高新保证食品营养、安全、卫生、方便、快捷、风味多样,降低生产成本,节约资源和保护环境等。世界食品工业,能够保持持续增长的重要原因之一,就是广泛、普遍、不断地采用高新技术。近年来,生物技术、膜分离技术、超临界流体萃取技术、微胶囊技术、超微粉碎技术、纳米技术、高静压技术、挤压膨化技术、电磁场技术、生物传感器技术、基因芯片技术、快速冻结、冷冻干燥、超高温瞬时杀菌、新型包装技术等高新技术,已经成功地用于世界食品工业的各个方面,开发、生产出种类繁多、功能各异的新型食品。

(四)产品安全化和营养化

食品的安全和营养是人们对食品的基本要求。采用各种先进技术(检测技术、安全控制技术)全面控制保证食品从农场到餐桌的安全性是各国食品发展的一个重要方向。基于营养学的发展，采用最新理论复配食品或制备工程化食品以满足人体均衡营养的需要是食品工业发展的永恒追求。

(五)产品保健化

食品的保健功能是消费者对食品的更高层次的追求。经济的发展、生活的高压力、快节奏引起大量亚健康人群的产生，保健食品是保证人们健康、预防疾病的需要。中国消费者平均用于保健品方面的花费，只占其总支出的0.07%，而欧美国家消费者平均用于保健品方面的花费，占其总支出的25%，可见中国保健食品市场的发展潜力巨大。

(六)产品方便快捷化

这是工作、生活高节奏、高效率的需要。目前，全世界方便食品的品种已超过1.5万种，有向主流食品发展的趋势。这类食品的发展趋势是包装多样化、品种丰富化、风味特色化、调理简单化、食用家庭化。

三、我国食品工业发展要求

国家紧紧围绕国民经济与社会协调发展的主线，根据国际食品产业发展的基本态势，本着"突出重点与全面发展结合"、"近期安排与长远部署结合"和"整体布局与分类实施结合"的原则，重点安排了"食品加工"、"食品安全"、"功能食品"、"果蔬贮藏保鲜"、"农产品现代物流"和"奶业专项"等有关推进我国食品工业科技发展的多项科技项目。重点从粮油食品、果蔬食品、畜禽食品和水产食品加工等主要食品加工产业链系统设计出发，发展我国食品工业体系中食品制造工业、食品加工工业、软饮料工业、食品装备制造、食品添加剂与食品包装材料开发、食品营养评价与质量安全控制等领域，立足自主研发能力和自主创新能力的提高，强化产业技术的集成创新和产业化示范作用。

任务4　食品加工技术

一、食品加工技术发展史

人类早期的历史，是一部以开发食物资源为主要内容的历史。正是在这个过程中，形成了一定的社会结构，促进了社会向前发展，创造了悠久的史前文化。在远古时代，人类是以生长在自己周围的动植物为食物的。由于环境条件的影响，这些生物受到自然灾害和恶劣气候的影响而难以生存，这样依靠这些生物生存的人类就得不到充足的食物了。在这种形势下，人们开始用火和各种生活用具，对食物加工、烹调，在增加了食物种类的同时，食物的价值也提高了。于是有了剩余食物，以备饥荒之用。然而能够食用的动植物几乎都含有大量的水分，收获后很快腐败变质，原来的保藏方法不适宜了。于是，我们的祖先在长期的生活实践中，积累和总结出许多保藏食物的经验。比如：把食物放在强阳光下晒或者放在通风凉爽的地方，使之自然干燥，即可作为较长时间食用的食物。公元前2000年左右，在美洲布1达米亚等地，已经有了用太阳晒干食物的做法，埃及人已经使用盐腌的方法来长久保藏食物，人们还知道了炒、烤、熏、煮、蒸等方法。在严寒地区的爱斯基摩人，用天然的冰和雪冷藏或冷冻食物。以后进而用糖、盐、醋腌制食品。中国古代将栽培谷物统称为五谷或百谷，通常指稷（粟）、黍、麦、豆、稻。中国传统家畜的"六畜"，即马、牛、羊、鸡、犬、豕，在新石器时代均已驯育成功，人们当今享用的肉食品种的格局，早在史前时代便已经形成了。原始农业和畜牧业的发生和发展，使人类获取食物的方式有了根本改变，数千年来，我国人民在长期的劳动实践中创造了许多优良的食品品种和加工方法，积累了丰富的经验。不少传统食品风味独特，广受欢迎，甚至流传国外。

现代食品加工开始于西方的工业革命，1700年，氯净化水、柠檬酸调味和保藏食品成为最早的科学发明。18世纪90年代的法国尼可拉·阿培尔发明了商业化灭菌，18世纪末，英国有以蒸汽机为动力的面粉厂，法国出现了用热空气干燥食品的例子。1804年，法国人Nichols Appert发明罐藏技术。19世纪60年代巴斯德研究啤酒时发明了巴氏消毒法。20世纪20年代，Birdseye研制了使食品温度降低到冰点之下的冷冻技术。我国直到19世纪末才开始建立食品加工厂，而且多是外国投资建立的。改革开放以来，我国农、林、牧、副、渔得到了持续稳定的发展，为食品工业提供了充足的资源，目前，我国食品工业已逐步发展与完善，现已经形成具有一定规模的工业体系。

二、现代食品加工技术的研究前沿

目前食品共性关键技术方面的主要研究现状有以下几方面：

（一）现代食品杀菌技术

食品杀菌与包装技术是一个国家食品产业发展水平的重要标志之一。目前，人们对食品安全和品质问题的关注程度日益加深，这就对食品杀菌与无菌包装技术提出了更高的要求与期待。先进的食品杀菌与无菌包装技术不仅能保障食品安全性，而且还能很好地保持食品原有的质构、色泽、风味和营养等。传统的食品杀菌技术主要有热杀菌（包括高温杀菌、低温杀菌）、化学杀菌等，虽发展较为完善，但都存在一定的缺陷。

现代食品杀菌技术的发展弥补了传统杀菌技术的不足，在保持食品原有品质、降低能耗、提高食品安全、提高效率等方面有独特的优势。近年来，国内外一些关于现代食品高新杀菌技术的研究已经广泛开展，主要有超高温技术、超高压技术、脉冲强光、微波技术、激光杀菌技术、辐照杀菌技术、半导体光催化杀菌技术、软电子束杀菌技术等，其中很多现代杀菌技术已经应用于工业化生产中，并取得了很好的效果。在此领域，美国、欧洲、日本等发达国家的研究开始较早，在一些关键技术研究中取得了突破，形成了较为成熟的技术。

（二）现代食品干燥技术

三十多年来，我国的许多干燥技术已进行了工业化应用，主要有喷雾干燥、流态化干燥（普通流化床，振动流化床，内加热流化床，流化床喷雾造粒干燥）、蒸汽回转干燥、气流干燥、回转圆筒干燥、旋转快速干燥、圆盘干燥、带式干燥、双锥回转真空干燥、桨叶式干燥、冷冻干燥、微波及远红外干燥等。常规干燥设备基本可以满足生产需要，有部分机型已达到国际水平并出口到国外。干燥单元的重要性不仅在于它对产品生产过程的效率和总能耗有较大的影响,还在于它往往是生产过程的最后工序,操作的好坏直接影响产品质量,从而影响市场竞争力和经济效益。我国有许多产品,就纯度而言已经达到甚至超过国外产品,只是因为干燥技术比国外还显不足,堆积密度、粒度、色泽等物性指标还有待提升,在国际市场竞争中处于劣势,有的售价仅为国外同类产品的三分之一。据估计,我国生产的干燥设备种类仅为国外的30%~40%。由此可见,我国的干燥技术研究仍然需要大力发展。

1. 喷雾干燥技术

在商业领域特别是食品工业领域被广泛应用。由于其设备简单、成本低、易于推广、有利于大规模连续生产等优点,未来发展趋势是研究设备制造材料,尤其是内壁材料,节能环保材料可能是将来干燥设备制造的方向;不同物料的本身性质和壁材开发;不同物料干燥工艺的优化;喷雾干燥后产品的功能性评价等。

2. 冷冻干燥技术

冻干食品就是将新鲜的蔬菜、肉类、水产品,通过冻干机在真空条件下,将经过速冻后物料的水分由固态冰升华成蒸汽,使物料脱水干燥而成的食品。这种冻干食品不需冷藏设备,在室温下可长期保存不变质,复水后似鲜品。从20世纪80年代中期至90年代末,是全球冻干技术快速发展阶段,到2005年,美国冻干食品厂超过百家、日本有冻干食品厂35家,美国、日本有近一半的方便食品采用冻干技术生产。冻干食品在欧、美、日等国家已经被人们广泛地接受。

3. 微波干燥技术

使用微波或无线电波射频(RF)干燥、组合干燥代表了干燥技术的最近期的发展,微波和无线电波频率是物料内部和外部同时加热,改变了传统的由表及里的加热方式。工业微波使用的频率为(2450 ± 50)MHz和(915 ± 50)MHz两个频率,微波干燥很少单独使用,一般和热风干燥组合,可以提高干燥速度,特别是后期的干燥速度。

4. 超临界干燥系统

由于超临界干燥消除了传统干燥过程中的受热过程,使获得的产品没有热应力。关于超临界干燥,近年来研究很多。不少研究者通常采用简易流程来获得药品的微米干粉。超临界干燥技术在制备多孔介质如吸附剂或催化剂载体方面也有不少研究。目前大部分是以二氧化碳作为流体。随着中草药提取、生物质炼制技术的发展,使用其他流体或者混合流体的前景是广阔的。

5. 组合干燥式干燥技术

国内目前使用的组合干燥技术包括:喷雾—流化床组合干燥、喷雾—带式组合干燥、气流—流化床组合干燥、气流—旋流组合干燥、回转圆筒—流化床组合干燥、转鼓—盘式组合干燥、转鼓—通风耙式(桨叶)组合、低温组合干燥、超声波热风干燥、超声波喷雾干燥等,以及新近发展起来的低温联合干燥技术和喷雾冷冻干燥技术等。

(三)现代食品冷冻冷藏技术

食品冷藏链是建立在食品冷冻工艺学、制冷技术、包装技术、物流技术、销售技术等学科的基础上发展起来的一门综合技术,是一项系统工程。它是以制冷技术与设备为基本手段,使食品的生产和流通的全过程在适度低温状态下运行的综合系统,以最大限度地保持食品原有品质、提供优质食品为目的的冷藏体系。食品冷藏链的组成主要包括以下几个环节:

1. 冷冻加工。包括肉类、鱼类的冷却与冻结,果蔬的预冷与各种速冻食品的加工等,主要涉及冷却与冻结装置。

2. 冷冻储藏。包括食品的冷藏和冻藏,也包括果蔬的气调储藏,主要涉及各类冷藏库、冷藏柜、冻结柜及家用冰箱等。

3. 冷藏运输。包括食品的中、长途运输及短途送货等,主要涉及铁路冷藏车、冷藏汽车、冷藏船、冷藏集装箱等低温运输工具。在冷藏运输过程中,温度的波动是引起食品质量下降的主要原因之一,因此,运输工具必须具有良好的性能,不但要保持规定的低温,更要切忌较大的温度波动,长途运输尤其如此。

4. 冷冻销售。包括冷冻食品的批发及零售等,由生产厂家、批发商和零售商共同完成。早期,冷冻食品的销售主要由零售商的零售车及零售商店承担,近年来,城市中超级市场的大量涌现,已使其成为冷冻食品的主要销售渠道。超市中的冷藏陈列柜,兼有冷藏和销售的功能,是食品冷藏链的主要组成部分之一。

冷藏食品物流是冷藏食品在加工、储藏、运输、分配流通各个环节和过程中,始终处于规定的低温状态,以保证易腐食品的质量,减少易腐食品损耗的一项系统工程。它是以冷冻工艺学为基础,以制冷技术为手段,在低温条件下的物流现象。它需要特别的运输工具,是需要注意运送过程和时间掌握、运输形态,以及物流成本所占总成本比例非常高的一种特殊物流形式。

(四)信息网络技术的应用

运用高新技术和信息网络技术对现有食品加工装置和生产工艺进行改造,是技术进步的重要手段。大力推广电子计算机进入生产领域,根据生产工艺特点,编制控制软件,由电脑自动控制各个环节的生产工艺要求,自动检测各工艺参数,自动选择最佳工艺参数组合,自动协调控制阀门。使人工操作、经验判断为主的加工过程逐步过渡到以电脑自动控制为主,既避免了操作失误、经验失误、减轻工人的劳动强度,又能保证和提高产品的内在、外观的各项综合指标。

伴随着国民经济的发展和人民生活水平的日益提高,食品工业将呈现凭借高科技工业技术,加大深加工、精加工开发,拓展多元化产品,凸现"环保、营养、健康"的特点,在较长一段时期内保持快速增长的态势,成为国民经济发展的一大增长点。与此同时,全球经济一体化的提速,也势必推动食品工业国际交流与合作进一步加强,世界食品聚焦中国,中国食品走向世界已是不可逆转的趋势。

三、我国食品加工技术的发展要求

我国食品工业的发展可谓方兴未艾、潜力巨大，食品工业在整体技术水平、自主创新能力、食品安全、精深加工与综合利用等方面亟待提升。食品加工技术未来发展的重点领域有以下几个方面：

（一）食品组分分离、重组与物性修饰技术

现代食品组分分离技术的发展目标是提高分离效率、分离产物质量和通用性；质构重组和物性修饰技术的发展目标是根据加工需要制作有特定质构和理化特性的原料或产品。围绕食品基本原料成分的制备及产品开发，重点开展从植物、动物、海藻、微生物资源中分离提取蛋白质、糖质、油脂、色素等主要营养物质和生物活性物质和对淀粉、蛋白质、油脂、色素的物性修饰技术研究，以及利用分离组分重构、重组食品的关键技术研究，开发新型方便营养食品、强化食品和特定功能食品，满足不同消费群体的食品需求。

（二）现代干燥技术

研究开发高能源利用效率或可利用再生资源及风能、水能和太阳能等的环境友好型的单个干燥器或组合干燥器与自动控制操作相结合的现代干燥机械制造技术；以能源和产品质量最佳平衡为研究重心，重点研究最大限度保存食品功能性成分的高效干燥技术；根据不同食品的性质和加工要求，开发出适应不同物料特点的现代食品高效干燥技术。

（三）现代杀菌与无菌包装技术

围绕高效和对食品组分和功能影响小的现代杀菌和杀菌与无菌包装一体化，重点研究超高压、高压脉冲电场、高压脉冲光、辐照、高密度 CO_2 等冷杀菌技术及产业化应用；开展现代杀菌技术的杀菌机理及无菌包装核心技术攻关，实现在杀菌机理、杀菌工艺过程控制、包装材料和杀菌与无菌包装一体化技术的重要突破；重点开发鲜果蔬汁冷杀菌技术及无菌包装新技术。

（四）食品生物加工技术

重点发展微生物选育技术，微生物发酵控制与优化技术，食品加工用重要酶制剂筛选和改造，生物大分子的酶法改性修饰技术，酶的固定化技术，多酶协同技术，酶反应器设计与优化，酶反应分离耦合技术以及生物工程下游技术提取分离技术等研究，推进传统食品生物制造业结构优化升级，推进食品生物技术产业进步。

（五）食品纳米技术

重点研究纳米食品、纳米食品配料和添加剂的结构控制，纳米复合包装材料，纳米检测技术等；食品和营养素经纳米化产生的新功能和新特性，如生物利用率、靶向性、缓释性、生物活性（抗氧化、抗突变、抗肿瘤等）等；纳米食品及配料的规模化生产技术与设备；具有预防和辅助治疗功效、无毒副作用的不同于药品的纳米功能食品的研究与开发等。

（六）食品工程新技术

在充分研究食品加工传统技术中"三传"行为、模型化理论以及工程化技术的基础上，开展新材料技术、生物技术、海洋技术、新能源技术等新技术在食品加工中的应用研究，应用高新技术改造传统技术，以提高食品质量、生产效能、资源利用率和减少食品加工对环境的影响。

随着世界食品工业向"高科技、新技术、多领域、多梯度、全利用、高效益和可持续"的方向发展，发达国家在世界范围内将其技术领先的优势快速转化为市场垄断优势，以专利为先导、以知识产权保护为手段，不断提高产业技术门槛，并不断以食品安全问题作为国际贸易竞争的技术壁垒，大幅度扩大竞争优势，这就对我国食品工业在国际市场竞争和可持续发展上提出了十分严峻的挑战。因此，食品工业的技术进步已成为国民经济发展中具有全局性和战略性的必须高度重视和长期支持的问题，这也是构建社会主义和谐社会必须常抓不懈的国家战略任务和历史使命。

项目三 食品质量要求及标准

任务1 食品加工的质量要求

一、食品质量的定义与内容

食品质量是指食品好的程度，包括口感、外观、风味和营养价值等。或者将质量看成是构成食品特征及可接受性的要素。随着人们生活水平的提高，人们选择加工食品时会考虑各种因素，这些因素可以统称为"质量"。虽然产品的质量和价格并不总是相称的，但食品生产者知道，对于优质产品来说，他们通常可以卖到较高的价格或获得较大的销量。在挑选食物或进餐的时候，我们会运用到自己所有的感觉器官，包括视觉、触觉、嗅觉、味觉甚至是听觉。土豆条的脆、谷物早餐食品的酥、芹菜的咯吱声均属质构特征，而且我们也可以听到。人的感观所能体验到的食品质量要素可分为三大类，即外观、质构和风味。

二、食品质量要素

外观要素包括大小、形状、完整性、损伤类型、光泽、透明度、色泽和稠度等。例如，市售苹果汁既可以是混浊型的，也可以是澄清型的，它们的外观不同，常被认为是稍有差异的两种产品；质构要素包括手感和口感所体验到的坚硬度、柔软度、多汁度、咀嚼性以及砂砾度等。食品的质构通常是决定人们对某一产品喜爱程度的重要因素；风味要素既包括舌头所能尝到的口味，如甜味、咸味、酸味和苦味，也包括鼻子所能闻到的香味。尽管口味和香味常常混用，但前者一般指"风味"，而后者则专指"气味"。风味和气味通常都是非常主观的，难以精确测量，而且也很难让一组人达成共识。已有数百种术语用于描述不同类型食品的风味，品茶专家拥有一套同行间代代相传的专属于他们自己的语言，品酒员也是如此。人们一般按外观——质构——风味的顺序来认识一种食品的质量特性。

（一）外观要素

1. 食品的样式或图案

食品的样式或图案是一个很重要的外观要素。完整性指食品块的完整或破碎程度。外观对产品质量具有正反两方面的影响，如香草冰淇淋中香草豆粉末产生的外观对产品质量的贡献，香草豆碎屑和杂质沉淀造成的缺陷。尽管有些生产者向冰淇淋中加入香草豆粉末以此作为优质产品的标志，但其他一些制造商则得出这样一个结论，即不时有为数不少的消费者因经验不足对此类碎屑产生误解，从而拒绝接受这种产品。

2. 大小和形状

大小和形状均易于测量，果蔬可以根据其所能通过的孔径来按照大小进行分级，粗分级后的产品大小也可以按照重量进行估算。形状并不仅仅具有视觉上的重要性，一些腌制食品的分级还包括弯曲度。这类过分挑剔的标准有时可能非常重要，特别是在设计某种用于代替手工操作的机械装置时。若工程师试图设计一种机器以便将腌菜自动快速地放入瓶子中，那么就必须考虑到并不是所有的腌制品都具有统一的形状，所以那种分配圆形物体的设备根本就不足以完成这种操作。目前，为大规模人群快速提供食物的机械化厨房、餐厅和自动售货系统已经非常普遍，研制这类设备时所遇到的主要困难在于设计一种能将各种形状怪异的食品放入输送盘子上的机械装置。

3. 色泽和光泽

食品的色泽除有助于判断食品的质量外，还能说明很多问题。色泽一般是成熟和败坏的标志。油炸时土豆色泽变暗，所以我们就根据色泽来判断油炸终点；储藏时番茄粉的脱色表明包装容器的顶隙中氧气含量过高，而色泽变暗则表明产品中的最终水分含量过高。食品泡沫（如面糊）的颜色随密度变化，它可以反映出混合的效率。从巧克力表面色泽可以推测出它的储藏过程。所有这些，连同其他各种类型的色泽变化，无论是在实验室还是在工厂都可以精确测定，也都影响或反映着食品的质量。

对于液体或固体食品，我们可以与标准比色板进行比较来确定它的颜色。质量控制检查人员不停地变换比色板直到它与食品的色泽相近为止，然后将食品的颜色界定为与之相称的比色板的颜色或者是介于两相邻比色板之间的颜色。处理番茄制品时，仅需一些绿色和红色的比色板即可囊括产品的所有色泽，番茄的等级标准的确定就是以这种方法为基础。

色泽测量还可以进一步定量化。有色物体反射光线的定量表示可分为三个部分，分别为亮度、色调和彩度，物体的色泽可通过三者来精确表示。色泽化学家和质量控制人员能将这类数据与色泽联系起来，并通过数值的变化来推测产品在成熟、加工和储藏过程中可能发生的显著或细微变化。利用类似的方法，质量控制人员能够决定产品的色泽，并将其传送至远处的工厂，以便与以后的生产数据相配。在食品色泽极其不稳定以至于不可能预先制作标准样品时，这种方法特别有效。与色泽类似，有的光学测量仪器也能够定量测定食品表面的光泽程度。光泽程度对提高明胶甜点、涂有奶油的蔬菜等类似产品的吸引力非常重要。

4. 稠度

尽管可以将稠度作为一个与质构有关的质量属性，但在很多场合我们都能直接观察到食物的稠度，因此它也是一个食品外观因素。巧克力糖浆可以是稀的，也可以是黏稠的；番茄酱同样可稀可稠。这些食品的稠度常用黏度来表示，高黏度的产品稠度大，低黏度的产品稠度小。

（二）质构要素

质构所代表的是那些能被手指、舌头、上腭或牙齿所体验到的食品质量。食品质构的范围极其广泛，若偏离期望的质构就是质量缺陷。我们希望口香糖非常耐嚼，饼干或土豆条又酥又脆。消费者通过挤捏甜瓜和面包来判断质构，因为它反映了产品的成熟度或新鲜程度。在实验室里，我们有更精确的测定方法。

1. 质构测定

对食品质构的测定可以归结为测定食品体系对外力的阻力。将食品挤成片状是压缩作用，如挤压面包；施以某种力使食品的一部分滑过另一部分称为剪切作用，如咀嚼口香糖；使一个力穿过食品将其分开叫做切割作用，如切苹果；对食品施力将其撕裂或拉开，此时测定的是食品的抗张强度，如撕开脆皮松饼。汁度计作为一种汁度测定方法，是利用压缩作用将汁液从食物中挤压出来、嫩度计利用压缩和剪切作用来测定豌豆的嫩度。多功能实验仪配有各种合适的装置，能够测量硬度、酥脆度以及其他一些质构参数。这类仪器常常与连续记录仪相连，记录纸上的时间与受力曲线生动地说明了所测食品的流变性质。目前使用的穿透仪有多种类型，一般是测定探头在食品物料内移过一定距离时所需力的大小。一类穿透仪被称为嫩度计，它将多针探头刺入新鲜牛肉的里脊肉中，所需力的大小由传感器接收后在仪器上显示出来。在上述测定质构的方法中，有些使食物发生了改变，不能再用于生产。既然色泽与质构在某些场合具有相关性，那么，有时候就可以利用色泽作为一种质构优劣的标志。在受控条件下，色泽自动检测仪可作为一种非破坏性的质构测量方式，如用于评价传输带上某些果蔬的成熟程度。另外一种非破坏性的鉴定方法是经验丰富的干酪生产者利用敲击干酪的外表听取声音的办法来判断质构，在瑞士干酪成熟过程中，这是对干酪孔形成情况的粗略指示方法。一种新型的非破坏测定方法利用了声能，因为声波的吸收程度取决于物体的坚硬度。

2. 质构变化

食品的质构如同形状和色泽一样，并不是一成不变的，其中水分变化起着主要作用。果蔬损失更多的水分时会变得干燥、坚韧、富有咀嚼性，但面包和蛋糕在老化过程中损失水分则造成质量缺陷。用蒸汽处理这种老化的面包使其结构变软，能在一定程度上返鲜，而饼干、曲奇、椒盐卷饼则必须防止吸潮，以免质构软化。

除未加工食品有质构变化外，加工食品也有质构变化。如油脂是软化剂，也是润滑剂，焙烤工人把油脂掺入糕点配料中使其嫩化。淀粉和许多胶类物质为增稠剂，可提高产品黏度，液态蛋白质也是增稠剂，但随着溶液温度的升高，蛋白质会发生凝结，形成坚硬结构。糖对质构的影响取决于它在体系中的浓度，为稀溶液时可增加软饮料的品质和口感，为浓缩溶液时可提高黏度和咀嚼性，在浓度更高时可产生结晶、增加体系脆性，如硬糖中那样。食品制造商不仅可以将各种食品组分掺和成无数的混合配料，还可用不计其数的经批准允许使用的食品添加剂与化学试剂来改善食品质构。

（三）风味要素

风味包括口味和气味，非常具有主观色彩，因此难以测量，常常导致质量鉴定人员之间的不同看法。任何一种给定食品的风味不但取决于咸、酸、苦、甜的组合，而且还取决于无数能产生食品特征香气的化合物，因此，食品的风味非常复杂，对于大多数食品而言，还没能有一个全面的描述，而且由于人们的文化和生理差异，即便对于同一食品，不同的人往往也有不同的感受。

对风味的评判往往受色泽和质构的影响，例如我们常将樱桃、树莓和草莓这类水果的风味与红色联系在一起，事实上它们所含的天然香精与化学物质都是无色的。如果生产的明胶型甜点没有颜色，那么缺乏经验的品尝人员将很难区分它究竟是莱姆酸橙风味还是樱桃风味。奶油和人造奶油可以通过添加染色剂进行着色处理，许多顾客都会认为，两种样品中黄色的那个具有较重的奶油风味，但事实上并不一定如此。这也是为什么风味评价中常采用"暗室"尝评的原因，因为有色光源照明是掩盖色泽干扰的一种手段。质构同样也会产生误导作用，如两种完全相同的调味肉汁样品，其中一个用没有任何味道的植物胶作增稠处理，很多人都会认为较稠样品的风味更浓郁些，这完全是心理因素造成的。有些化学物质能够影响其他化合物的味道，因此利用增稠物质切实地影响食品的口味和气味是完全可能的。例如，当增稠剂影响风味物质的溶解度或挥发性时，它对嗅觉和味觉的间接影响也是十分明显的。

（四）其他质量要素

三种非常重要却并不总能被感官觉察的食品质量要素是营养质量、卫生质量和耐藏性能。营养质量常常采用化学分析或仪器分析的方法通过测定某种特殊营养成分的含量来进行评价。在很多情况下，这并不十分充分，还必须采用动物饲养实验或相当的生物试验方法。动物饲养实验在评价蛋白质资源质量时尤为常见。此时，蛋白质含量、氨基酸组成、消化性能以及氨基酸吸收之间的相互作用均会影响生理价值的测定。目前，工业化牲畜喂养绝大多数都建立在营养质量的测定基础之上。

任务2　食品加工与食品质量标准

一、食品质量标准层次

为了确保食品质量，许多类型的质量标准应运而生，其中包括研究标准、行业标准及各种各样的国家标准等。研究标准是公司为了保证自己的产品在高度竞争的市场中占有优势而建立的内部标准。行业标准通常是由某个行业内的成员自愿建立起来的，目的在于确定行业内各产品可接受的最低质量，防止质量标准的降低。政府也建立各种类型的国家标准，有些是强制性的，如制定的保护消费者身体健康及防止欺诈消费者的行为规范。

二、食品质量标准不同需求

无论是将质量维持在农业原材料上还是在生产的食品上，系统的质量控制方案总是必不可少的。这种方案从说明书中顾客说明与市场需求出发，分析顾客需要什么样质量级别的产品，工厂按照顾客可接受的价格又能生产出什么样质量的产品，另外还需满足哪些法律要求。当这些细节确定以后，就可以建立合适的检测方法和控制站了。几乎所有的食品生产工厂都有一个正规的质量控制或质量保证部门。

三、食品质量控制部门的职责

质量控制部门的职责范围很广，这样一个部门不仅负责质量控制，即产品缺陷的监测与校正，而且还负责含义更广的质量保证，即潜在缺陷的估计和预防。原材料的取样及检验能为接受或拒绝这批原料提供决策依据，同时也为如何处理这批原料提供有用的信息，以便获得具有期望质量及货架寿命的产品。对加工产品的质量检测应贯穿于生产、包装、仓储操作之中，这对确保产品满足顾客及法规要求是必不可少的。

四、食品质量控制可接受范围

由于单位或各批原料间可预料的差异以及任一操作条件在长时间重复检测时出现的波动，将导致本已复杂多样的检验更为复杂了。参数变化是在可接受范围及加工过程的固有控制能力之内，还是表明操作真正失去了控制，这种问题要运用统计方法反复测定某个给定的质量属性或加工条件来解答。重复测定所提供的数据不仅可用来计算所研究变量的平均值、变化范围和正态频率分布，而且还可用来绘制质量控制图表。统计类型的质量控制图表有很多种，可为各种特殊测定参数的监控进行专门设计，如大小、色泽、质构、风味、添加剂组成、营养素、微生物计数以及其他的大量加工参数等，这些和其他一些测定参数正逐渐借助自动仪表系统进行连续测定，它可以检测与规定不符的偏差，并通过计算机控制启动操作调整程序。因此，作为质量控制方案的一部分，对于软饮料中二氧化碳含量以及低度啤酒中作为热量指标的酒精与碳水化合物含量，目前正由红外分析仪进行在线测定。市场需求对质量标准的影响怎么强调都不会过分。虽然营养质量和卫生质量这类因素不允许偏离早已建立的各项标准，但感官质量绝对不是一成不变的。

五、食品质量控制标准体系

近年来，在产品质量与安全方面又提出了两个较新的且已经广泛采用的概念。一个是全面质量管理（TQM），一个是危害分析与关键点控制（HACCP），TQM与HACCP用于确保质量和管理"系统"能够生产出优质安全产品。TQM是一个致力于不断提高产品质量的管理系统,通过在产品添加剂、制造、输送或储藏方面细微却不断增加的改进来达到整体质量的改善。工厂中所有运用 TQM 技术的工人对产品质量均负有责任。

HACCP 是一种预防性的食品安全方案,它通过对食品制造、储藏和销售过程的仔细分析,对关键点(即那些在严格控制操作过程时即可消除潜在危害的各个点)作出鉴定并在危害产生前采取适当控制措施。

任务3 食品加工与食品安全

一、生物性危害

主要指生物污染导致的食源性疾病和食物中存在的天然毒素引起的中毒。包括致病性微生物及其毒素、寄生虫、有毒动植物。预防生物性危害的措施主要有充分加热,在食品加热的同时使用盐或防腐剂,减少食品的暴露时间,要特别避免加热后的半成品积压;控制加工车间的温度;要求食品操作人员保持良好的个人卫生,调离皮肤有创伤的加工人员,禁止有病人员加工食品;避免原料被粪便、污水、容器污染,生熟分开,防止交叉污染。

二、化学残留危害

主要指环境污染物、杀虫剂、兽药。环境污染造成的食品污染物来自两方面:一方面是工业废物污染了水源、土壤和大气,最后在动植物体内富集起来;另一方面是农业中大量施用农药,因农药残留而造成食物污染。多氯联苯在油墨、纸、塑料及橡胶中都作为添加剂而使用,它在食物链中的积累是由于其高度稳定性及其在脂肪中的高溶解度所致。鱼是人体摄入多氯联苯的主要来源。工业废水中的无机汞在自然生物过程中变成神经毒素甲基汞,它先在鱼体内积聚,再进入人体。食物中的硝酸盐及亚硝酸盐的来源一是在肉制品中作为发色剂,二是施肥过度而由土壤中转移到蔬菜中。熏制食品和煎炸食品中主要的毒素和致癌物是多环芳烃。

三、人造食品

人造鸡蛋中主要成分是树脂、淀粉、凝固剂、色素等化学物质,蛋黄是色素和树脂制成。使用了白矾,长期食用可能会患上老人痴呆症;"人造菜"不仅没有一点营养价值,还以平时只是作为食品添加剂、辅助剂的明胶为主要成分。而国家标准对食品添加剂的用法、用量都有明确规定,如果长期食用这种人造菜,会影响身体健康。人造奶油对心脑血管影响大,糖尿病,肥胖症、高血压、脂肪瘤都与有很大关系。

四、食品添加剂

有的食品添加剂的转化物有毒,如赤藓红色素在储存中转变为萤光素,糖精在体内代谢转化为环己胺等;食品添加剂中的杂质污染,切勿忽视添加剂的规格及级别,决不能随便代用;某些食品添加剂的特殊生理效应,如食品中常加入一些营养物质作为强化剂,摄食过多会引起中毒。

项目四　食品工程技术原理

任务1　食品工艺与工程

一、概述

1. 食品工艺与食品工程关系

食品工程研究是食品工业生产中所用加工方法、过程和装置的一门技术科学，是食品生产工艺的基础。食品工程的任务是不断为食品工业生产的科学、合理、优化，提供必要的论证、技术和设备机理。食品工程研究的对象是食品生产中单一的或复合的过程和典型设备，研究这些过程和设备的机理及其共性和特性。食品工程具有基本学科的性质，它所研究的基本原理是各门类食品工艺学、发酵工艺学、食品机械学等学科的主要基础和组成部分。

2. 食品工程原理

食品工业是利用物理和化学方法将自然界的各种物质加工成生活资料的工业。食品的生产过程使用各种物理加工过程的操作原理即食品工程原理。加工过程可以归结为数个应用广泛的基本操作过程，如流体输送、搅拌、沉降、过滤、热交换、制冷、蒸发、结晶、吸收、蒸馏、粉碎、乳化萃取、吸附、干燥等。这些基本的物理过程称为单元操作。若干个单元操作串联起来组成一个工艺过程，食品生产过程通常由其中的几个基本单元操作过程组成。单元操作只改变物料的状态或其物理性质，不改变其化学性质。单元操作用于不同的生产过程其基本原理相同，进行该操作的设备也可以通用。

大部分单元操作过程是由传质、传热和流体流动等食品工程原理所决定的，这些过程的实质既包含热量的传递，又包含着质量的传递。食品工程原理主要包括以下三方面：

（1）流体流动

流体流动过程是动量传递，流体流动时，其内部发生动量传递，故流体流动过程也称为动量传递过程。凡是遵循流体流动基本规律的单元操作，都可以用动量传递的理论去研究。包括流体输送、搅拌、沉降、过滤等。

（2）传热

传热过程是热量传递，物体被加热或冷却的过程也称为物体的传热过程。凡是遵循传热基本规律的单元操作，都可以用热量传递的理论去研究。包括加热、冷却、蒸发、杀菌等。

（3）传质

传质过程是质量传递，两相间物质的传递过程即为质量传递。凡是遵循传质基本规律的单元操作，都可以用质量传递的理论去研究。包括吸收、蒸馏、萃取、吸附、干燥等。

而有些单元操作又存在不只一种原理影响如真空浓缩包含传热、传质和流体流动；过滤包含流体流动和传质。单元操作不仅有可能统领各种不相同的化工生产工艺，而且便于系统深入地研究每一单元操作的内在规律和基本原理,从而更科学有效地促进化工生产工艺的发展。

3.食品工程学特点

食品生产引入和运用单元操作理论较晚,这主要是因为食品生产特殊性和复杂性。生物有机质原料的组织结构、化学成分及其性质十分复杂,蛋白质、酶等生物活性物质,加工时常会变性、钝化或被破坏;而维生素、芳香类物质易在加工中受损等。因此食品工程学具有下列特点:

(1)生物原料具有热敏性并易氧化变质,因此常采用低温、低压的单元操作,如真空蒸发、冷冻干燥等。

(2)食品原料和制品有易腐性,因此,浓缩食品、干制食品、冷冻和速冻食品的生产日益受到重视,从而浓缩、干燥和冷冻等单元操作占有重要地位。

(3)食品生物质原料大多为固态,因此,粉碎、提取、分离、等作用突出。

如果说食品工艺学是纵向研究由原料到产品的各种食品生产过程,那么食品工程学则是横向研究在各种食品生产工艺中的多种单元操作。在分析众多食品生产过程后,主要归纳出下述单元操作与过程,并形成食品工程学,即固体粉碎过程、流体流动过程、传热过程和传质过程等。

虽然各种食品的生产工艺都可视为各种过程的单元操作的运用和组合,但并不是各单元操作的简单加合,而是具有一定工艺理论且各加工步骤联系紧密、系统完整的工艺过程。

二、单元操作与过程

1.粉碎

(1)粉碎概念

粉碎是用机械力克服固体物质内聚力使固体物料破碎的过程。粉碎不仅能使大颗粒变小,而且能增加固体颗粒的比表面积,利于化学反应及有关单元操作的进行,对某些食品的品质具有重要影响。例如,面粉、巧克力的生产,研磨粉碎是其主要单元操作。

(2)粉碎方法种类的选择

按施力的种类与方式可分为以下几种:

①压碎 物料置于两平面间,被缓慢增加的压力粉碎。

②劈开 物料在楔状刀具作用下,沿压力作用线方向劈裂。

③剪切 物料在利刃剪切力(斩切)作用下被折断。

④研磨 物料受运动表面的压力和摩擦力的综合作用而被研磨成细粒。

⑤击碎 物料在瞬间受外加冲击力作用而被粉碎。

(3)粉碎方法的选择

选择粉碎方法取决于物料的粉碎性质(如硬度、强度、脆性、韧性、水分含量等)及所要求的粉碎比。实际上,任何一种粉碎机都不是单纯利用某一种粉碎方式而是综合利用两种或两种以上的粉碎方式(如冲击和研磨等)实现粉碎。但一定类型的粉碎机,有其主要粉碎力。一般说,对坚硬、脆性的大块物料以挤压力和冲击力较有效;对固体料进行微粉碎,宜用球磨等研磨机;粉碎纤维质多和肉类等柔韧性物料则以剪切力最有效。含水分较多的物料易粉碎,但粉碎成微粒后,水分会增加其黏性,因而粉碎机易被堵塞或黏着等,使生产能力降低,这时可通过向粉碎机内吹入热风以使物料干燥来解决。此外,还要考虑粉碎机所耗用能量有一大部分以热能形式发散,热敏性物料易因此而变质、熔解或黏着,使粉碎机的生产能力降低。适当采用湿法粉碎、缩短物料在粉碎机内的停留时间、以剪切粉碎代替冲击粉碎等,都是预防粉碎热作用的较好方法。

(4)粒度、粉碎比与粒度分布

粒度是指颗粒的大小,是粉碎程度的指标,对于球形颗粒粒度可用其直径表示;对于非球形、不规则颗粒可用以其表面积、体积等为基准的名义粒度来表示。对于粉碎物料,颗粒越细小,颗粒的比表面积越大,而且颗粒球形度越小,即越不规则,颗粒的比表面积越大。因此,通过粉碎或研磨,获得细颗粒物料以提高物料的比表面积,增大颗粒间的接触面积,是提高化学反应速度等操作效率(或效果)的一个常用重要方法。

物料粉碎前后的粒度比称粉碎比或粉碎度,它表明物料在粉碎前后的粒度变化,能近似地反映出粉碎设备的作业情况。一般粉碎比为 3~30;超微粉碎的粉碎比可达 300~1000 以上。由于粉碎机械的粉碎比有一定范围,故要将大块物料粉碎为细粉需要多级(次)粉碎。物料在粉碎前后,颗粒形状不一、大小各异,不同粒度的颗粒占总颗粒的分数称为粒度分布。粒度分布可通过筛分或显微镜观测的方法测定。

(5)筛分

筛分是将颗粒物料通过筛孔使物料按粒径分成若干粒级的操作。经过筛分所得每一级分级物,其粒度都较筛分前原物料均匀。从物料中清除夹杂物,例如在制米磨面过程中,用筛分离稻壳、麸皮;将粉碎后的物料分级,获得粒度分布较均匀、不同粒级的物料,从而满足工艺或产品性能的要求;分析测定粉料的粒度时使用标准筛。

标准筛用规定网眼尺寸的筛网制成。测定方法为,用机械力摇动或振动样品使之通过逐级减小的标准筛系列筛孔,称量每一级筛面上保留的样品。筛面的运动方式影响筛分过程与筛分结果,以振动最有效。时间是一重要影响参数。单位筛面积上物料的载荷或厚度会影响筛分时间。用一组选定的筛面筛分定量物料所需时间大致与筛面载荷成正比。因此,分析测定所用运动方式、筛分时间与载荷均应标准化。

2.流体输送

在食品工业生产中,常要将液体或气体从一处输送到另一处,也常要使气体升压或减压(真空),为此需要采用泵、通风机、压缩机、真空泵等动力设备,因而流体输送与压缩成为食品生产中一种很普遍的单元操作。

实际流体在导管内流动不论是流体与导管壁面之间,还是在流体内部,都有摩擦。流体流动时内部质点(或分子)间相互混杂碰撞,有阻碍流动作用,因而产生摩擦。这表现为流体具有黏性。在紧贴管子内壁的流体是一层黏附于管壁不流动的膜,从管内壁到管子中心流速逐渐加大,以中心的流速为最大。这种流速变化似乎像分为许多由管中心到管内壁流速逐渐减小、互相套起来的筒状流层一样,故称这种流动状态为层流。这种层流状态仅在流速小时才存在,当流速增大或其他条件改变时,可能会出现另外的形态。

3. 传热

传热即热量传递。各种食品生产几乎都要在一定的温度下进行,为了达到或保持所需要的温度,要对物料加热或冷却,即要有热能的输入或输出。此外,生产设备或管道多在高温或低温下运行,为减少热量(或冷量)损失,需要作保温(或保冷),以阻止热量交换。

热的传递是由于温差而引起,并且总是从温度较高处自动向温度较低处传递。根据传热机理的不同,传热的基本方式可分为三种:热传导、对流传热和辐射传热。实际生产中,这三种传热方式很少单独存在,常是以一种或两种为主的传热过程。传热基本原理有如:

(1) 导热

导热传导依据傅里叶定律,当物体内部或相互直接接触的物体之间存在温度差时,温度较高处的热能传到温度较低处的传热称为热传导。热传导直到整个物体中温度达到完全相同,不再存在温度差时为止。

(2) 对流传热

在流体中,由于流体质点的位移和混合,将热量从一处传到另一处的传热方式称为对流传热。生产中的加热或冷却常是使热量由流体传给固体壁面或相反。流体中产生对流的原因,一是流体中各处的温度不同而引起的密度差使轻者上浮、重者下沉,称自然对流;二是因搅拌等外力引起流体质点的运动所造成,此称为强制对流。实际上这两种对流常同时发生,但都是靠流体质点的移动与混合传热。提高流速、加强搅拌作用,以增加流体湍动程度,降低固体壁面上的层流层(膜)厚度,提高表面传热系数,降低热阻等,是强化对流传热过程的常用方法。

(3) 辐射传热

任何物体都能以电磁波的形式而不依靠任何介质持续地辐射能量,同时又不断吸收其他物体的辐射能量,当物体向外界辐射的能量与从外界吸收的辐射能量不相等时,该物体与外界就会发生热量的传递,这种传热方式称为热辐射。物体间相互辐射和吸收的净结果是高温物体向低温物体传递热量。

辐射传递的热量正比于两物体温度四次方之差,故同样大小的温度差,在高温时远大于低温时传递的热量。辐射传热主要在高温下进行。传统的焙烤食品(烤面包、烤肉、烤白薯等),主要是利用高温的辐射传热,对流传热相对次要。在工业生产上一般所用温度范围,有实际意义的热辐射波长为 $0.4 \sim 40 \mu m$,且大部分能量集中在红外线区段的 $0.76 \sim 20 \mu m$ 范围内。在食品生产中,物料的加热可分为直接加热和间接加热(如对流热交换),

辐射加热方法如红外线加热属于直接加热。

4. 传质

(1) 传质基本原理

传质是指因物质的浓度差而发生的物质在介质中由高浓度向低浓度迁移的过程。传质是一种普遍存在的自然现象，例如糖在水中的溶解、二氧化碳溶于水等。传质既可在一相内，也可在相际之间进行，例如，敞口容器中的水蒸发进入空气。发生在单相流体中的传质可分为分子扩散和湍流扩散。在静止或层流流体里的扩散为分子扩散，在湍流流体里的扩散主要是湍流扩散。分子扩散是由于分子无规则热运动造成。湍流扩散又称对流扩散，是由流体微团的宏观运动所引起，仅发生在流动的流体中。

相际间的传质过程复杂，但主要是扩散。例如，吸收过程是被吸收的气体物质首先在气相中向气—液界面扩散，继而穿过界面，再由相界面向液相主体扩散。这一过程类似换热器中间壁两侧流体通过间壁的传热。相际传质的极限是达到平衡，而真正的相平衡常需要很长甚至无限长时间的接触才能达到，但实际操作过程中的接触时间有限。在单位接触时间内通过单位面积传递的物质量 $[Kmol/(m^2 \cdot s)]$ 称为传质速率，它可以表明传质分离过程的效率。

在食品工业中应用的分离单元操作，如吸收、蒸馏等都属气液两相间的传质。传质理论是研究各种传质单元操作的基础。

(2) 吸收

吸收是根据混合气中各组分在液体吸收剂中溶解度的不同而分离混合气各组分的过程。一般待分离的混合气含两个或更多个组分（溶质），选用一种液体作吸收剂能有选择性地溶解其中一个或几个组分，而对其余组分（惰性组分）可几乎不溶解。

在气体吸收中，有的没有明显的化学反应，例如通气发酵中氧气的吸收、挥发性香精（如苹果芳香）的回收，都可视为单纯的气体溶于液体的物理过程，称为物理吸收。伴随明显化学反应的吸收称化学吸收。气体的溶解热较小，对体系的温度无明显影响时的吸收，称等温吸收；溶解热较大，体系的温度明显改变，称非等温吸收。根据传质理论，提高在吸收设备中气液两相的接触面积，增强流体的流速提高湍动程度、使气液的接触界面不稳定，不断进行界面更新，采用逆流操作扩大传质推动力等，是强化吸收过程的有效途径。

(3) 蒸馏

蒸馏是利用混合液体各组分挥发性（或沸点）不同而将各组分分离的单元操作。将混合液加热沸腾，使部分液体气化，在产生的蒸气中含有比原来的液体更多的易挥发（低沸点）组分。将产生的蒸气部分冷凝，则剩余的蒸气含易挥发组分会更多。将这种部分气化、部分冷凝的操作反复连续进行，就有可能将混合液体中不同挥发度的组分在一定程度上分离，甚至得到很纯的组分。

蒸馏是分离混合液最常用，也是最早工业化的分离方法，其原因首先是混合物中各组分的挥发度不同有很大的普遍性;第二,混合物通过蒸馏得到产品,不必像吸收等那样加入溶剂等介质;第三,操作过程比较简单。其不足之处是,蒸馏的能耗较大,降低能耗应是改进蒸馏的主要方向。蒸馏在工业上应用广泛,食品工业中常用于酿酒。蒸馏有多种,按操作原理可分为简单蒸馏、精馏、水蒸气蒸馏、分子蒸馏等;按操作方式可分为间歇蒸馏、连续蒸馏;按操作压力可分为常压蒸馏、加压蒸馏和真空(减压)蒸馏等。

任务2 食品工艺与技术原理

食品技术原理研究内容是现代食品加工工艺的理论。主要研究包括食品资源利用、原辅材料选择、保藏、加工、包装、贮藏、运输以及上述因素对食品质量、货架寿命、营养价值和安全性等方面的影响。

一、热加工原理

食品热处理是食品加工与保藏中用于改善食品品质、延长食品贮藏期的最重要的处理方法之一。食品热处理包括烹饪、焙烤、油炸、热烫、挤压和杀菌等。

食品热处理的作用在于杀灭致病菌和其他有害的微生物,纯化酶类,破坏食品中不需要或有害的成分或因子,改善食品的品质与特性,以及提高食品中营养成分的可利用率、可消化性等。热处理也存在一定的负面影响,如对热敏性成分影响较大,也会使食品的品质和特性产生不良的变化,加工过程消耗的能量较大等。

1. 加热对微生物的影响

每种微生物生存都有一定的温度范围,当加热使外界环境温度高于其生存的最高温度使,就会对它们有明显的致死作用。微生物对热的敏感性常受各种因素的影响,如种类、数量、环境条件等。鉴定微生物的死亡,常以它是否失去了繁殖与变异能力为标准。

2. 微生物耐热性

当食品中微生物菌群与高温接触时,各种微生物细胞的变化和微生物活力的降低使得微生物数量随着时间的增加而减少,这可以通过微生物学方法进行定量测定。虽然微生物营养细胞没有芽孢对温度的忍耐力强,但高温对微生物数量减少的影响都有一个相似的变化,微生物菌群在一定的致死温度下,随着时间的增加,微生物数量以对数减少。

3. 影响微生物耐热性的因素

(1)菌种与菌株。菌种不同、耐热性不同;同一菌种,菌株不同,耐热性也不同。一般而言,霉菌和酵母耐热性都比较低,在50~60℃条件下就可以杀灭,而一部分的细菌却很耐热,尤其是有些细菌可以在不适宜生长的条件下形成非常耐热的芽孢。

(2)细菌芽孢的培育和经历。生物有抵御周围环境的本能,食品污染前腐败菌及其芽孢所处的生长环境对他们的耐热性有一定影响,如在高温下培养比在低温下培养形成的芽孢的耐热性要强。

(3)热处理介质或食品成分影响。在中性范围内耐热性最强,提高内容物酸度以降低杀菌温度和时间;高浓度的糖液对受热处理的细菌的芽孢有保护作用;食盐的浓度在4%以下时对芽孢的耐热性有一定的保护作用,而8%以上浓度时则可削弱其耐热性;食品中其他成分的影响如蛋白质、脂肪、油能增强细菌芽孢耐热性的作用,杀菌剂和抑制剂能减弱芽孢的耐热性。

(4)热处理温度。在微生物生长温度以上的温度,就可以导致微生物的死亡。微生物的种类不同,其最低热致死温度也不同。对于规定种类、规定数量的微生物,选择了某一个温度后,微生物的死亡就取决于在这个温度下维持的时间。一般热处理温度越高,杀死一定量腐败菌芽孢所需要的时间越短。

(5)原始活菌数。腐败菌或芽孢全部死亡所需要的时间随原始菌数而异,原始菌数越多,全部死亡所需要的时间越长。因此罐头食品杀菌前被污染的菌数和杀菌效果有直接的关系。

4. 热处理对食品品质的影响

加热对食品成分的影响可以产生有益的结果,也会造成营养成分的损失。热处理可以破坏食品中不需要的成分,如禽类蛋白中的抗生物素蛋白、豆科植物中的胰蛋白酶抑制素。热处理可改善营养素的可利用率,如淀粉的糊化和蛋白质的变性可提高其在体内的可消化性。加热也可改善食品的感官品质,如美化口味、改善组织状态、产生理想的颜色等。大部分与食品保藏加工有关的热加工会引起质量属性的降低。加热可引起食品成分产生明显的不良后果,主要表现在食品中热敏性营养成分的损失和感官品质的劣化。

如热处理虽然可提高蛋白质的可消化性,但可引起美拉德反应、蛋白质热变性、聚集、降解等。美拉德反应虽然有时候对食品加工有好处,但也会造成某些必需氨基酸的损失,降低蛋白质的营养特性,有时候还会产生不良气味或有害物质。热加工会使蛋白质中氢键和某些非共价键断裂,破坏了它的二级或更高级的天然结构,从而形成变性状态。加热还能使蛋白质之间发生共聚形成稳定的聚集物。热加工时,蛋白质也可以超越聚集作用而形成沉淀或明胶化,甚至发生降解。沉淀时,食品中蛋白质保水量要下降,但明胶化时,水进入蛋白冻胶的母体,保水量可能会增加。降解使肽链水解,氨基酸要遭到破坏,所以过分的或不适当的热加会降低蛋白质的功能性质和可消化性。

对于碳水化合物,人们一般不考虑它们在热处理中的损失量,而对其降解反应产物的有关;特性特别注意,如焦糖化反应、凝胶化、降解产物等。通过加热使淀粉糊化,可以改善糖类物质的营养品质,如加工生产方便面,其淀粉已经糊化,用开水冲泡后即可食用,这既方便摄食,又易于人体吸收,然而在水果、蔬菜的加工过程中,往往需要进行烫漂处理,这就有可能使一些可溶性糖类物质受到损失。此外,在食品加工时,还会发生焦糖反应或糖氨反应(羰氨反应)而使糖类失去营养作用,但是,从食品的感官评价出发,这类反应往往又给食品的色、香、味带来良好的作用。

而在热加工时,食品中脂类所发生的化学变化与食品的成分和加热的条件有关,缺氧时，主要发生热解反应；富氧时，除了非氧化性热解反应外，同时还发生氧化反应。不饱和脂肪酸的氧化反应一般认为是一种自由基反应。它氧化后所形成的过氧化物作为一种自氧化的原始产物，会进一步经过许多复杂的分解和化合，产生数以万计的化合物，主要包括醇、酮、醛、半醛和酸等，这些产物的分子量不同，有不同的香味阈值和不同的生理学作用。脂类在超过200℃时可发生氧化聚合，影响肠道的消化吸收，尤其是高温氧化的聚合物对肌体甚为有害。

热处理造成营养素的损失研究最多的对象是维生素，脂溶性的维生素一般比水溶性的维生素对热较稳定。食品营养成分和感官品质指标对热的耐性也主要取决于营养素和感官指标的种类、食品的种类，以及pH、水分、氧气含量和缓冲盐类等一些热处理时的条件。实际生产上，也可以根据这些食品质量的变化，制定热加工条件并避免过度加工和造成产品质量不必要的下降。

二、食品罐藏原理

1. 食品罐藏基本原理

食品罐头的基本保藏原理在于杀菌消灭了产毒及在食品上造成食品腐败的有害微生物的营养体，达到商业无菌的目的。罐头杀菌后可能大多数残存细菌为需氧性芽胞菌。但这些带活菌的罐头并未出现有腐败变质的迹象。因为同时应用真空技术，使残存的微生物芽胞无法生长活动，这是罐内缺氧环境抑制了它们生长的结果，从而使罐头内的食品保持相当长的货架寿命。真空的作用还表现在可以防止因氧化作用而引起的各种化学变化。罐头在杀菌的同时也破坏了食品中酶的活性，从而保证罐内食品在保存期内不发生腐败变质。罐头内允许残留有微生物或芽胞，要求在常温无冷藏状况的商业贮运过程中，在一定的保质期内，不引起食品腐败变质即符合法律法规。

2. 影响微生物耐热性的因素

微生物的耐热性随其种类、菌株、数量、所处环境及热处理条件等的不同而异。就罐头的热杀菌而言，微生物的耐热性主要受下列因素的影响：

（1）食品在杀菌前的污染情况

食品中污染的微生物种类很多，微生物的种类不同，其耐热性有明显不同。一般说，非芽胞菌、霉菌、酵母菌以及芽胞菌的营养细胞的耐热性较低。细菌芽胞的耐热性很强，其中又以嗜热菌的芽胞为最强，厌氧菌芽胞的次之，需氧菌芽胞最弱；微生物的耐热性还与微生物的数量密切相关。杀菌前食品中所污染的菌数越多，其耐热性越强，在同温度下所需的致死时间就越长。

（2）食品的酸度（pH）

食品的酸度对微生物耐热性的影响很大。对于绝大多数微生物来说，在pH中性范围内耐热性最强，pH升高或降低都可以减弱微生物的耐热性。特别是在偏向酸性时，促使微生物耐热性减弱作用更明显。由于食品酸度与微生物耐热性这一关系在罐头杀菌的实际应用中具有相当重要的意义。所以在罐头生产中常根据食品的 pH 将其分为酸性食品和低酸性食品两大类。低酸性食品一般应采用高温高压杀菌,即杀菌温度高于 100℃;酸性食品则可采用常压杀菌,即杀菌温度不超过 100℃。在罐头生产中常根据食品的 pH 将其分为酸性食品和低酸性食品两大类根据肉毒所装芽孢杆菌的生长习性来决定的。肉毒所装芽孢杆菌是嗜温厌氧性细菌。试验证明,肉毒杆菌在 pH≤4.8 时就不会生长,在 pH≤4.6 时,其芽孢受到强烈的抑制,因此 pH4.6 被确定为低酸性食品和酸性食品的分界线。低酸性食品 pH≤4.6,肉毒梭状芽孢杆菌不能生长,而其他微生物的耐热性远低于肉毒杆菌,因此不需要高强度的热处理杀菌。

(3)食品的化学成分

食品中含有糖、酸、脂肪、蛋白质、盐分等成分,除了上述的酸对微生物耐热性有较大影响外,其他成分对微生物的耐热性也有不同程度的影响。

(4)罐头的杀菌温度

罐头的杀菌温度与微生物的致死时间有着密切的关系,微生物的热致死时间随杀菌温度的提高而呈指数关系缩短。

三、食品的冷加工原理

食品的冷加工是利用低温来控制微生物生长繁殖、酶活动及其他非酶变质因素的一种方法。在食品冰点温度以上的低温下进行储藏称为冷却冷藏,在食品冰点温度以下的低温下进行储藏称为冷冻储藏。

1. 食品低温保藏原理

新鲜的食品在常温下放置一定时间后,原有的色、香、味和营养价值逐渐发生变化,其结果导致食品质量的下降,甚至不能食用,这种变化称为腐败。实验和研究证明,食品腐败的基本原因是酶和微生物的作用。酶是一种生物催化剂,它能使蛋白质变成氨基酸的分解速度大大加快,为微生物的繁殖提供营养;而微生物的大量繁殖,则消耗食品的营养成分,使食品质量下降。微生物在繁殖过程中,排出各种有害的物质,造成人食后易得病。

酶的分解和微生物的繁殖对温度具有较强的敏感性和依赖性,温度降低,酶的活性就大大减弱,微生物的生命活力就受到抑制,繁殖能力大大地降低。利用酶和微生物的这种特性,在食品保存上发展了食品低温保藏技术,破坏了酶和微生物的生活机能,从而达到长期保存食品的目的。

2. 低温对食品物料的影响

低温对食品物料的影响因食品物料种类不同而不尽相同。根据低温下不同食品物料的特性,可以将食品物料分为三大类:一是指新鲜水果蔬菜等;二是动物性食品物料如屠宰后的家禽和牲畜以及新鲜乳、蛋等;三是指其他类食品物料如粮油制品等。对于完整的新鲜水果、蔬菜等植物性食品物料而言仍维持一定的新陈代谢,对外界微生物的侵害有抗御能力,因而具有一定的耐贮存性,温度降低会使植物个体的呼吸强度降低,新陈代谢的速率放慢，植物个体内贮存物质的消耗速率也会减慢，植物个体的贮存期限会延长，因此低温具有保存植物性食品原料新鲜状态的作用。对于屠宰后动物个体进行低温处理时，虽然在肌体内还进行着生化反应，但肌体对外界微生物的侵害失去了抗御能力。动物死亡后体内的生化反应主要是一系列的降解反应，侵入的腐败微生物也开始大量繁殖。降低温度可以减弱生物体内酶的活性，延缓自身的生化降解反应过程，并抑制微生物的繁殖。

3. 低温对其他生理活动的影响

由于氧化作用与分子动能有关，温度愈高，氧化作用愈强，低温降低氧化作用。呼吸作用的强弱与温度有直接关系，果蔬的储藏以接近最佳贮存温度为宜，此最佳贮存温度称为储藏适温。

四、食品干藏原理

1. 干藏基本原理

食品中的水分活度降到一定程度，使食品能在一定的保质期内不受微生物作用而腐败，同时能维持一定的质构不变即控制生化反应及其他反应。食品的腐败变质与食品中水分含量具有一定的关系。有一些食品具有相同水分含量，但腐败变质的情况是明显不同的，如鲜肉与咸肉，水分含量相差不多，但保藏却不同，这就存在一个水能否被微生物酶或化学反应所利用的问题，这与水在食品中的水分活度有关。水分活度指食品中水分可被微生物利用的程度。

2. 食品中水的存在形式

食品中水的存在形式分为自由水或游离水和结合水两类。自由水指水分子之间的氢键的键合产生的连续相结构未遭破坏的那部分，具有水的一切特性；结合水指存在于溶质附近，通过静电相互作用或氢键与溶质分子结合的那部分水，与食品中脂肪、蛋白质、碳水化合物等形成结合状态，不能被微生物利用，蒸汽压比自由水低很多。

3. 水分活度对食品的影响

大多数情况下，食品的稳定性（腐败、酶解、化学反应等）与水分活度是紧密相关的。食品的腐败变质通常是由微生物作用和生物化学反应造成的，任何微生物进行生长繁殖以及多数生物化学反应都需要以水作为溶剂或介质。干藏就是通过对食品中水分的脱除，进而降低食品的水分活度，从而限制微生物活动、酶的活力以及化学反应的进行，达到长期保藏的目的。

4. 水分活度与其他化学反应的关系

食品化学反应的最大反应速度一般发生在具有中等水分含量的食品中，进一步降低水分活度，除脂肪的氧化酸败速度增大外，其他反应速度保持最低，水分活度除影响微生物生长和生化反应外，还影响干燥和半干燥食品的质地。比如欲保持饼干脆性，防止砂糖、奶粉结块、蜜饯黏结等均应保持适当低的水分活度值。

5. 降低食品中水分活度的方法

加入破坏食品中水分子之间的氢键键合产生的连续相结构的物质，如糖、盐、蛋白质等，尽管食品的总水量没有变化，但自由水所占的比例下降，从而水分活度降低；另外以加热或非加热的方式使食品脱水，降低其自由水含量，如食品的干燥、食品的浓缩及烟熏等。

6. 物料干制过程的推动力和阻力

干制过程中潮湿食品表面水分受热后首先有液态转化为气态，而后水蒸气从食品表面向周围介质扩散，此时表面湿含量比物料中心的湿含量低，出现水分含量的差异形成水分梯度。水分扩散一般总是从高水分处向低水分处扩散，亦即是从内部不断向表面方向移动；如果食品表面受热高于它的中心，在物料内部则会建立一定的温度差即温度梯度，温度梯度将促使水分从高温向低温处转移。

干制过程中，湿物料内部常同时会有水分梯度和温度梯度存在，因此水分流动的方向将由导湿性和导湿温性共同作用的结果。

五、腌渍加工中的防腐原理

1. 腌渍防腐基本原理

食品的腌渍过程，实际上是扩散和渗透相结合的过程，是一个动态平衡过程，其根本动力是由于浓度差的存在。但浓度差逐渐降低直至消失时，扩散和渗透过程也达到了平衡。食品腌渍时，食品外部溶液和食品组织细胞内部溶液之间借助溶剂的渗透过程及溶质的扩散过程逐渐趋向平衡，其结果是导致食品组织细胞失去大部分自由水分，溶液浓度升高，水分活度减小，渗透压增加，从而抑制微生物所导致的食品腐败变质，使食品的保质期得以延长。

2. 腌渍对微生物影响

微生物细胞实际上是由细胞壁保护及原生质膜包围的胶体状原生浆质体。细胞壁是全透性的，原生质膜则为半透性的。高渗溶液就是外界溶液的渗透压大于微生物细胞液的渗透压。处于高渗溶液的微生物细胞，其内部的水分会透过细胞膜向外界溶液渗透，导致细胞的原生质脱水而与细胞壁分离，这种现象称为质壁分离。质壁分离的结果使细胞变形，微生物的生长活动受到抑制，脱水严重时还会造成微生物死亡。腌渍就是利用这种原理来达到保藏食品的目的。在用糖、盐和香料等腌渍时，当它们的浓度达到足够高时，就可抑制住微生物的正常生理活动，并且还可赋予制品特殊风味及口感。

食盐溶液中的一些离子，如钠离子、镁离子、钾离子和氯离子等，在高浓度时能对微生物发生毒害作用。食品中溶于水的大分子营养物质，微生物难以直接吸收，必须先在微生物分泌的酶作用下，微生物的酶活性常在低浓度的盐溶液中就遭到破坏。腌渍溶液降低微生物环境的水分活度，由于没有自由水可供微生物利用，细菌、酵母等微生物都难以生长。腌渍溶液中氧气浓度的下降，食品腌制所使用的腌渍剂渗入食品组织中，氧气难以溶解在其中，形成了缺氧的环境，在此环境中好氧菌的生长受到抑制，从而降低了微生物的破坏作用。

六、挤压膨化原理

1. 膨化的基本原理

挤压式膨化是靠螺旋套杆推动，曲折地向前挤压，在推动和摩擦力的作用下物料被加压、混合、压缩并获得和积累能量而达到高温高压，成为带有流动性的凝胶状态。此时所有的成分均积累了大量的能量，水分呈过热状态，当骤释至常压时，这两种高能状态体系即朝向混乱度增大即熵值增大的方向进行，而发生膨化。膨化使过热状态的水分瞬间气化而发生强烈爆炸，水分子约膨胀2 000倍。物料组织受到强大的爆破伸张作用而形成无数细致多孔的海绵体，体积增大几倍到几十倍，组织结构和理化性质也发生了变化。膨化过程中的高温高压和高旋转作用对物料形成分子水平的剪切，使蛋白质变性降解，长链淀粉被剪切成短链淀粉、糊精和糖，因此膨化后的物料处于易被酶水解的状态。

2. 膨化的产生条件

要实现物料的膨化过程，必须达到一定的条件。膨化过程的产生与物料的特性、物料的变化和外部环境条件的改变等因素直接相关。只有当物料和外部环境的变化同时达到膨化所需的特定条件时，膨化才有可能顺利进行。产生膨化所需要的特定条件有：

（1）汽化剂。在物料的组分中必须有均匀分布的、在一定的加工条件下能够发生相变的物质，这些物质称为汽化剂。对于大多数的食品物料而言，最常见、最适宜的汽化剂就是物料中的水分。

（2）弹性小室。从相变阶段到增压阶段，为了使物料内部的压力不断增大，物料内部应能形成大量的相对封闭的弹性气体小室，弹性小室能对气体具有一定的阻隔作用，能够保证小室内气体的压力不断上升。构成气体小室的内壁材料，必须具备一定的拉伸成膜性能，并能在固化阶段蒸汽外溢后，迅速得到干燥和形成固定的网架结构，其物理形状不因内部水分的减少而回缩。构成小室的成膜材料主要是物料中的淀粉、蛋白质等高分子物质，而成品的网架材料中除淀粉、蛋白质外，还充填有少量其他高分子物质，如纤维素等。

（3）能量。仅有膨化的物质基础还不行，还要为物料提供完成膨化全过程所需要的足够能量，汽化剂在升温、相变（汽化）、推动物料发生膨胀时需要能量，而物料的其他组分在升温和干燥过程中也需要能量，这些能量需要由外部提供。

3. 膨化动力的产生机制

（1）能量的转移。产生膨化的前提之一是必须有由外部直接或间接地向物料内部的水分分子提供能量，外部能量的提供方式和能量的转换效率对于膨化效果起着至关重要的作用，同时也决定着膨化设备的不同工作方式。用于膨化加工的外部能量供给方式通常有：热能、机械能、电磁能、化学能等。这些能量可通过一定的传递、转换形式作用于水分子，加剧分子热运动，增加分子动能。

（2）膨化动力的产生。膨化动力的产生主要由物料中高能量水分的能量释放所致。在外部提供一定能量的前提下，在物料内部的各种物质成分中，由于水具有分子量小、沸点低、易汽化膨胀的特性，水分子的热运动最先加剧，同时水分子的动能加大。当水分子所获能量超出相互间的束缚极值时，就会发生分子离散，水分子的分子离散使物料内部水分发生相变并产生蒸汽膨胀，其结果会造成对与之相接触的物料结构的冲击。当这种冲击作用力超出维持高分子物质空间结构的力，并超出高分子物质维持的物料空间结构的支撑力时，就会带动这些大分子物质空间结构的扩展变形并最终导致物料的质构变化。

食品物料中所含的水分通常有自由态和结合态，结合态水含量不高，但因与物料内的物质呈氢键缔合，结合较为紧密，若对其施加外力影响，就可能通过其对与之结合的物料分子产生影响，物料的膨化主要是通过对这部分水施加作用得以实现的。

七、食品发酵技术原理

1. 发酵基本原理

发酵原来指的是轻度发泡或沸腾状态。随着人们对发酵认识的不断增加，发酵的概念也逐渐成熟。发酵广义是指通过微生物的培养使某种特定代谢产物或菌体本身大量积累的过程，是以有机物作为电子受体的氧化还原产能反应。工业上的发酵泛指利用微生物制造或生产某些产品的过程，如厌氧培养生产酒精、乳酸等过程，通气（有氧）培养生产抗生素、氨基酸、酶制剂等过程。发酵产品有细胞代谢产物，也包括菌体细胞、酶等。

2. 发酵与微生物

微生物发酵生产的水平最基本的是取决于生产菌种的性能，但有了优良的菌种还需要有最佳的环境条件即发酵工艺加以配合，才能使其生产能力充分，因此必须研究生产菌种的最佳发酵工艺条件，如营养要求、培养温度、对氧的需求等，据此设计合理的发酵工艺，使生产菌种处于最佳成长条件下，才能取得优质高产的效果。

3. 温度对发酵的影响

温度对发酵的影响及其调节控制是影响有机体生长繁殖最重要的因素之一，因为任何生物化学的酶促反应与温度变化有关的。温度对发酵的影响是多方面且错综复杂的，主要表现在对细胞生长、产物合成、发酵液的物理性质和生物合成方向等方面。微生物发酵生产的水平最基本的是取决于生产菌种的性能，但有了优良的菌种还需要有最佳的环境条件即发酵工艺加以配合，才能使其生产能力充分，因此必须研究生产菌种的最佳发酵工艺条件，如营养要求、培养温度、对氧的需求等，据此设计合理的发酵工艺，使生产菌种处于最佳成长条件下，才能取得优质高产的效果。

4. 影响发酵温度变化的因素

发酵热就是发酵过程中释放出来的净热量。生产菌在生长繁殖时产生的大量热量。通风发酵都有大功率搅拌，搅拌的机械运动造成液体之间，液体与设备之间的摩擦而产生的热。通入发酵罐的空气，空气进入发酵罐后，就和发酵液广泛接触进行热交换。由于发酵罐内外温度差，通过罐体向外辐射的热量，辐射热的大小取决于罐内外的温差。

八、辐照的原理

食品辐照技术是人类利用核技术对食品进行加工处理,从而起到灭菌、杀虫、抑制鲜活食品生命活动。

1. 食品辐照加工基本原理

食品辐照加工是利用辐照装置的电离辐射(^{60}Co 放射源产生的 γ 射线、电子加速器产生的低于 10MeV 电子束或 x 射线)对食品和其他农副产品进行加工处理,以达到控制食源性病原体,减少微生物负载和虫害,抑制发芽和延长易腐烂农产品使用期的目的。产生的电离辐射以电磁波的形式透过物体,物体中的微生物被辐照时,射线中的能量便转移到微生物的水和其他分子里。这种能量产生瞬间反应物质会破坏微生物 DNA,引起基因序列方面的缺陷。除非微生物可以修复这种破坏,否则其在生长和复制自身时会死亡。如果食品(如种子、土豆)中存活有细胞,它们也会像微生物一样遭到损伤或杀死,所以食品辐照是通过损害微生物或细胞内的遗传物质而有效地阻止它们继续生存的生物过程,从而起到杀虫和杀灭食品中的病原微生物及其他腐败菌、防霉和防腐的作用,达到食品保存或保鲜的目的。

受到放射线照射时所发生的变化为吸收辐射能,发生一系列化学变化,发生一系列生物化学性变化,细胞或个体死亡或出现遗传性变异等。

2. 四种射线及特点

α 射线是快速运动的氦核,含有两个质子和两个中子,带正电。β 射线是带正电荷与负电荷的高速电子。当原子核在发射了 α 和 β 捕获之后,核的能级处于激发态(高能态),当这种激发态回到基态时,原子就发出光子流(即不带电荷的核子流),称 γ 射线。γ 射线其本质与可见光相同,只是波长极短,穿透力最强。核内质子在外层电子云中捕获电子,转变成中子,使质子数减少,则高能态电子会补充进去,释放出能量 X 射线。

以上所讲的四种射线都具有使被辐射物质的原子或分子发生电离作用的能力和不同程度的穿透能力。但是由于射线性质的不同,从而电离能力和穿透能力各不相同。α 射线相对质量较大,电离能力很强,穿透能力很小,一张纸就能阻挡它的通过;β 射线为氢核质量的几千分之一,带电量为 α 射线的一半,电离能力比 α 射线小,穿透能力比 α 射线大;γ 射线的电离能力比 α、β 小,但穿透能力比 α、β 大的 X 射线:电离能力小,穿透力很高。

3. 生物学效应

(1)生物学效应。指辐射对生物体如微生物(包括病毒)、昆虫、寄生虫、植物等的影响,这些影响是由于生物体内的化学变化造成的。生物学效应包括形态结构的改变、代谢反应的改变和繁殖作用的改变,其具体表现的类型及后果与辐射剂量有关。

(2)直接效应。在较低剂量的电离辐射作用下,能引起某些蛋白质和核蛋白分子的改变及细胞膜的损伤,破坏新陈代谢,使自身的生长发育和繁殖能力受到一定的危害。

(3)间接效应。食品辐照的生物学效应也与生成的游离基和离子有关。当射线穿过生物有机体时,会使其中的水和其他的物质电解,生成游离基和离子,从而影响到机体的新陈代谢过程,严重时则杀死细胞。

九、高压杀菌的原理

1. 高压技术基本原理

食品的高压加工,是将软包装或散装的食品放入密封的、高强度的施加压力容器中,将食品放入液体介质中,以水和矿物油作为传递压力的介质,施加 100～1000MPa 的高静压,在常温或较低温度下维持一定时间后,使食品中的酶、蛋白质、淀粉等生物高分子物质分别失去活性、变性和糊化,同时致死微生物,达到杀菌、物料改性、产生新的组织结构、改变食品的品质和某些物理化学反应速度的一种加工方法。

加压是和加热是截然不同的物理过程,在高压下其体积被压缩的液体介质遵从勒夏感列法则,物系的平衡向解除压力升高的方向移动,于是浸于介质中的食品的蛋白质、淀粉等物质在静水压下呈体积减少的趋势,形成生物高分子立体结构的氢键、离子键、疏水键等非共价键发生变化,结果使蛋白质、淀粉等发生变化,酶失去机能,生命停止活动,细菌等微生物被杀死。与此相反,在高压作用下的形成高分子物质及色素、维生素、香气成分等低分子化合物的共价键却不发生任何变化,从而高压处理过的食品仍然保持其原有的营养价值、色泽和天然风味。

2. 高压的具体机理

(1)改变细胞形态。极高的流体静压会影响细胞的形态,包括细胞外形变长、胞壁脱离细胞质膜、无膜结构细胞壁变厚等,这些现象在一定压力下是可逆的,但当压力超过某一点时,细胞的形态便发生不可逆变化。

(2)影响细胞生物化学反应。根据化学反应的基本原理,加压有利于反应向减小体积的方向进行,不利增大体积的化学反应,由于许多生物化学反应都会产生体积上的改变,所以加压将对生物化学过程产生影响。

(3)影响细胞内酶的活力。高压会引起主要酶系的失活,一般来说压力超过 300MPa 时蛋白质的变性是不可逆的。的高压失活根本机制是改变分子内部结构,活性部位上构象发生变化。通过影响微生物体内的酶,进而对微生物基因机制产生影响,主要表现在由酶参与的 DNA 复制和转录步骤会因压力过高而中断。

(4)高压对细胞膜的影响。在高压下,细胞膜磷脂分子的横切面减小,细胞膜双层结构的体积随之降低,细胞膜的通透性将被改变。

(5)高压对细胞壁的影响。20～40MPa 的压力能使较大细胞的细胞壁因受应力机械断裂而松解,200MPa 的压力下细胞壁遭到破坏。真核微生物一般比原核微生物对压力较为敏感。

3. 高压技术的特点

(1)营养成分受影响小:由于高压只对生物高分子物质立体结构中非共价键结合产生影响,加压过程不会使维生素、色素、香味成分等低分子物质发生变化,加压后食品仍保持其原有的生鲜风味和营养成分,并容易被人体消化吸收。

(2)产生新的组织结构,不会产生异味:高压处理可改变食品物性,改善食品高分子物质的构象,加压处理后蛋白质的变性状态及淀粉的糊化状态与加热处理也不同,可以期待获得具有新物性的食品;超高压会消除传统的热加工引起共价键的形成或破坏所致的变色、发黄及加热过程出现的不愉快异味等弊端。

(3)高压处理技术,原料的利用率高:高压处理过程是一个纯物理过程,瞬间压缩,作用均匀,操作安全卫生,不会像加热过程那样伴有化学变化发生,有利于生态环境的保护和可持续发展战略的推进。

(4)高压处理可在保持食品原有风味条件下杀菌,这种食品可再经简单加热后食用,从而扩大半调理食品的用途。

(5)压力加工可与非热加工组合进行,使食品加工过程多样化,能开发出各种未来新食品及其加工工艺。

(6)高压处理是液体介质的瞬间压缩过程,灭菌均匀,操作安全,且较加热法耗能低。

4. 高压对食品成分的影响

(1)超高压对蛋白质的影响。压力导致盐键及少部分疏水键的破坏;压力使氢键在某种程度上得到加强;但共价键的可压缩性较小,对压力的变化不敏感。

(2)高压对食品中酶的影响。受到高压作用的酶,维持其空间结构的盐键、氢键、疏水键等遭到破坏,肽键分子伸展成不规则的线形多肽,其活性部位不复存在,导致了酶的失活。在 100~200MPa 的压力下酶的失活是可逆的,压力达到 350MPa 以上时,会使酶产生永久性的不可逆失活。

(3)高压对淀粉的影响。在常温下把淀粉加压到 400~600MPa,并保持一定的作用时间后,淀粉颗粒将会溶胀分裂、晶体结构遭到某种程度的破坏、内部有序态分子间的氢键断裂,分散成无序的状态。高压处理可提高淀粉对淀粉酶的敏感性,从而提高淀粉的消化率;超高压还可提高各种淀粉的胶凝温度。

(4)高压对脂类的影响。高压对脂类的影响是可逆的,室温下,呈液态的脂肪在高压下基本可固化,发生相变结晶,形成更稠、更稳定的脂类晶体,但解压后仍会复原,只是对油脂的氧化有一定的影响。

思考题

1. 食品工艺的三原则是什么?
2. 请简述绿色食品和有机食品、疫苗食品的区别。
3. 现代食品的杀菌与无菌包装技术有哪些?试举例说明。
4. 食品罐藏和干藏的原理是什么?

模块二　果蔬食品加工技术

◆**基础理论和知识**

果蔬及其加工相关概念。

◆**基本技能及要求**

1. 掌握果蔬化学成份及储藏原理。
2. 掌握果蔬各类加工技术。

◆**学习重点**

掌握果蔬化学成分及储藏原理。

◆**学习难点**

掌握果蔬各类加工技术。

◆**导入案例**

在日常生活,果蔬可以说是人们赖以生存的主要食品。各种各样的水果蔬菜以它们独特的色、香、味、质地和它们所含有的营养成分来满足广大消费者的不同需要,特别是维生素.矿物质以及人们近年来所认识的食物纤维。水果是人们膳食生活中维生素A和C的主要来源,大部分水果都是有益身体的食品。专家分析早上吃水果营养价值最高、晚上吃水果营养价值最低,早上吃水果,各种维生素和养分易被吸收。同时专家建议,成人每日宜摄入500克蔬菜,其中2/3为叶菜,1/3为瓜果和根茎类。

◆**讨论**

果蔬中的哪些成分对人体有利?

项目一　果蔬的化学成分及储藏原理

任务1　果蔬的化学成分

果蔬的化学成分十分复杂,按在水中的溶解性质将其分为两大类:一类是水溶性成分,另一类是非水溶性成分。

水溶性成分主要是:糖类、果胶、有机酸、单宁物质,水溶性维生素、水溶性色素、酶部分含氮物质部分矿物质等。非水溶性成分主要是:纤维素、半纤维素、木质素、原果胶、淀粉,脂肪、脂溶性维生素、脂溶性色素、部分氮物质、部分矿物质和部分有机酸盐等。

一、水分

果蔬中的水分含量很高,一般在90%左右,有的高达95%以上。按照水分的存在形式可将果蔬中的水分分为两大类:一类是自由水分(游离水),在果蔬中占大部分。这种水分存在于果蔬组织的细胞中,可溶性物质就溶解在这类水中。自由水分容易蒸发,果蔬在贮存和加工期所丢失水分就是这一类水分,在冻结过程中结冰的水分也是这一类水分。

果蔬中的另一类水分是结合水,他是果蔬体内与大分子物质相结合的一部分水分,常与蛋白质、多糖类、胶体等大分子以氢键的形式相互结合,这类水分不仅不蒸发,就是人工排除也比较困难。水分对果蔬的质地、口感、保鲜和加工工艺的确定有着十分重要的影响。

二、碳水化合物

碳水化合物是果蔬干物质中的主要成分。在新鲜原料中的含量仅次于水分,主要包括糖、淀粉、纤维素、仁纤维素、果胶等物质。

1. 糖类

果蔬中的糖类,含量以蔗糖、葡萄糖、果糖最多。一般情况下,水果中的总糖含量为10%左右。其中仁果和浆果类中还原糖类较多,核果类中蔗搪含量较多,坚果类中的糖的含量较少。蔬菜中除甜菜以外,糖的含量较少。糖因种类不同而甜度差别较大,糖的含量以及糖酸比对制品的口味有很大影响。

2. 淀粉

淀粉是由葡萄糖分子经缩合而成的多糖,相对分子质量很大。蔬菜中薯类所含的淀粉最多可达20%左右。未成熟的仁果中含有数量不多的淀粉,随着成熟度的增加,淀粉在淀粉酶的作用下,渐渐分解,完全成熟时淀粉含量约在1%左右。其他水果如桃、李、杏、柑橘等品种在成熟后基本不含淀粉。

3. 果胶物质

果胶物质是构成细胞壁的主要成分,也是影响果实质地的主要因素,果实的软硬程度和脆度与原料中果胶的含量和存在形式密切相关。果胶是由半乳糖醛酸形成的长链。果蔬中的果胶物质以原果胶、果胶和果胶酸三种形式存在。在未成熟的果实中,果胶物质大部分是以原果胶的形式存在。原果胶不溶于水,与纤维素结合成为细胞壁的主要成分,并通过纤维系把细胞与细胞及细胞与皮层紧密地结合在一起,此时果实显得既硬且脆。随着果实的成熟,原果胶在原果胶酶的作用下,渐渐分解未能溶于水的果胶,并与纤维素分离,存在于细胞液中。此时的细胞液黏度增大,细胞间的结合变得松软,果实随之变软且皮层也容易剥离。

4.纤维素和半纤维素

果实中的纤维素含量在0.5%~2%之间,半纤维素的含量在0.3%~2.7%之间,蔬菜中的纤维素含量约在0.2%~2.8%之间,半纤维素的含量约在0.2%~3.1%之间,纤维素和半纤维素都是植物的骨架物质,是细胞壁和皮层的主要成分,对果蔬的形态起支持作用。幼嫩的植物的细胞壁为含水纤维素,软而薄,食用时感觉细嫩,脆度高,容易咀嚼。但老熟之后,纤维素即产生木质和角质,使植物成为坚硬而粗糙的物质,食用价值显著下降。

半纤维素在水果蔬菜中有多重作用,既有类似纤维素的支持功能,又有类似淀粉的贮藏功能。半纤维素也不溶于水,能溶于稀碱,也易被稀酸水解成单糖。

三、有机酸

果蔬中含有多种有机酸,主要是柠檬酸、苹果酸和酒石酸,它们通称为果酸;除此之外果蔬中还含有少量的草酸、苯甲酸和水杨酸等。有机酸是果蔬中的主要呈酸物质。果蔬原料及果蔬的加工中所用的酸主要是有机酸,有机酸口感柔和。酸感的产生除了与酸的种类和浓度有关外,还与体系的温度、缓冲效应和其他物质的含量,主要是糖和蛋白质的含量有关。体系缓冲效应增大,可以增大酸的柔和性。酸与加工工艺的选择和确定有十分密切的关系。

◆ 知识拓展

酸含量的高低对酶褐变和非酶褐变很大的影响;酸还能影响花色素、叶绿素及单宁色泽的变化;酸能与铁、锡反应,对设备和容器产生腐蚀作用;在加热时,酸能促进蔗糖和果胶等物质的水解。

四、含氮物质

果蔬中含氮物质的种类主要有蛋白质、氨基酸、酰胺、氨的化合物及硝酸盐等。坚果中的含氮物质有的可高达16%左右,其他果实含氮物质一般比较少,在0.2%~1.3%之间。蔬菜中的含氮物质相对水果来讲较为丰富,一般含量在0.6%~9%之间。果蔬中的蛋白质虽然不是人体所需蛋白质的主要来源,但是从营养角度讲,它具有提高谷物中的蛋白质在人体中的吸收率的作用。

◆ 知识拓展

蛋白质和氨基酸的存在是产生美拉德反应的基础,该反应对产品的色泽具有很大的影响。游离氨基酸的含量越多,pH越高、温度越高、还原糖的含量越高,该反应越易产生。蛋白质在加工过程中易发生变性而凝固、沉淀，这一现象在饮料和清汁类罐头的加工中经常遇到，在等电点附近更易产生。采用适当的稳定剂、乳化剂及采用酶法改性工艺可以防止这类现象发生。蛋白质与单宁物质能够产生絮凝，利用这一性质可以对果蔬汁进澄清。

蛋白质和氨基酸与产品的口味有很大关系，蛋白质含量高时，可使产品的口味更加圆润柔和。

五、单宁物质

单宁又称靴质，属于酚类化合物，其结构单体主要是邻苯二酚、邻苯三酚及间苯三酚。单宁与食品的涩味和色泽的变化有十分密切的关系。在食品中，单宁物质是指具有涩味、能够产生褐变及与金属离子产生色泽变化的物质。

1. 涩味

单宁与产品的口味有很大的关系。引起涩味的主要成分是单宁，适度的单宁含量可以给产品带来清凉的感觉，也可以强化酸味的作用。这一点在清凉饮料的配方设计中具有很好的使用价值。

2. 变色

单宁是多酚类物质，可以作为多酚氧化酶的底物而发生酶促褐变，使产品颜色变红；单宁能够自身氧化缩合而生成红粉，加热时该反应更容易产生；单宁遇铁变黑色；单宁遇碱变黑。

3. 单宁与蛋白质产生絮凝

絮凝在果汁澄清中常利用这一性质。

六、酶

果蔬中的酶类多种多样，其中主要有两大类，一类是水解酶类，一类是氧化酶类。

水解酶类主要包括果胶酶、淀粉酶、蛋白酶。氧化酶类是多酚氧化酶，俗称很多，有酪氨酸酶、儿茶酚酶等。该酶诱发酶促褐变，对加工中对产品色泽的影响很大。

七、色素物质

按照溶解性质，可将果蔬中的色素分为两大类，一类是脂溶性色素，一类是水溶性色素。脂溶性的色素为叶绿素和类胡萝卜素，水溶性色素为一大类广义的类黄酮色素，如花色素、无色花色素、花黄素等。

八、维生素

水果和蔬菜中含有多种维生素，是人体维生素的主要来源之一。

1. 维生素C

维生素是己糖衍生物，天然存在且生物效价最高的有L—抗坏血酸。人类饮食中90%的维生素C是从果蔬中得到的，而维生素C在加工过程中又是很易损失的。维生素C是一种水溶性的维生素，在酸性溶液和浓度较大的糖溶液中比较稳定，在碱性条件下不稳定，受热易破坏,也容易被氧化,在高温和有铜、铁离子存在的条件下,更易被氧化。维生素C也是一种重要的抗氧化剂。

2. 维生素 B_1

维生素 B_1 易溶于水,在酸性环境中很稳定,在中性及碱性条件下易被氧化,加热不易破坏,但受氧、氧化剂、紫外线及γ射线的作用很易破坏。

3. 维生素 A

维生素 A 是脂溶性的,只存在于动物性食品中,在植物性食品中只含有胡萝卜素。维生素 A 耐热,在加工过程中损失较少,仅在有较强氧化剂存在时可因氧化失去活性,在有光线照射的条件下会加速氧化进程。

九、矿物质

果蔬中含有多种矿物质,如钙、磷、铁、钾、钠、镁等。在植物体中,这些矿物质大部分与酸结合成盐类(如硫酸盐、磷酸盐、有机酸盐),小部分与大分子结合在一起,参与有机体的构成。

十、芳香物质

果蔬的香味是由其本身所含有的芳香成分所决定的,芳香成分又有精油之称。芳香成分的含量随果蔬成熟度的增大而提高,只有当果蔬完全成熟的时候,其香气才能很好地表现出来。

◆ **知识拓展**

芳香性成分均为低沸点、易挥发的物质,因此果蔬贮藏过久,一方面会造成芳香成分的含量因挥发和酶的分解而降低,使果蔬风味变差;另一方面,散发的芳香成分会加快果蔬的生理活动过程,破坏果蔬的正常生理代谢,使保存困难。

任务二 果蔬产品的储藏原理

一、果蔬产品贮藏保鲜

果蔬产品是指新鲜的蔬菜、水果等产品。这些产品,它们含水量高,营养丰富,极易发生产后损失和腐烂变质,果蔬产品贮藏保鲜就是减少果蔬产品产后损失及避免腐败变质的需要。

二、果蔬产品的特性

1. 呼吸作用

果蔬产品是有生命的组织,在采收后,它的生命活动中最重要的生理活动是呼吸作用,这也是果蔬产品在采收后最重要的特性。产品的旺盛呼吸消耗自身贮存的大量营养物质,释放呼吸热,使产品品质下降;当发生缺氧呼吸时,会积累许多有害物质(如乙醇,乙醛等),对自身造成伤害,果蔬产品的呼吸作用与采后品质变化,成熟衰老进程,贮藏寿命,货架期,生理病害的发生以及采后处理和贮藏技术等有密切的关系,因此,维持尽可能低而正常的呼吸代谢,是果蔬产品贮藏的基本原则和要求。

◆ **知识拓展**

呼吸跃变 是指一些果蔬产品在某一生命阶段中它们的呼吸强度增加的现象。在此时期果实发生了一系列的生化变化,集中体现在呼吸强度的增加而导致的果实成熟。呼吸跃变可分为跃变期前,呼吸高峰和跃变期后3个阶段。一般呼吸跃变开始时是果实品质提高阶段,到了呼吸跃变后期,衰老开始发生,此时品质变劣,抗性降低。呼吸高峰的出现时产品品质变化的转折点。根据产品是否有呼吸跃变现象把现象把它们分为跃变型果实和非跃变型果实,如苹果、杏、鳄梨、香蕉、猕猴桃、甜瓜、桃、梨、柿子、李子、番茄和西瓜为跃变型果实,甜樱桃、酸樱桃、黄瓜、葡萄、葡萄柚、柠檬、荔枝、柑橘、菠萝和草莓为非跃变型果实。

2. 易腐性

果蔬产品含水量很高,大部分水果蔬菜含水量在80%~90%,并且它们营养丰富,这给微生物提供了良好的生长条件。但温度适宜时,微生物就会大量繁殖,侵染产品,引起产品的腐烂变质。贮藏中既要最大限度地维持产品的新鲜度,又要抑制微生物的生产繁殖,从而控制产品的腐烂变质现象,保证果蔬产品的质量。

3. 蒸腾作用

果蔬产品含水量高,采收后由于水分蒸腾作用,产品会大量失水和失鲜。失重,即"自然"损耗,包括水分和干物质两方面的损失,主要是水分损失。这是果实贮藏中数量方面的损失,失鲜是指产品贮藏中质量方面的损失。不同产品具体表现不同。总的来说,失鲜表现为形态,结构,色泽,质地,风味等多方面的变化。一般失水率达5%以上,产品原有的新鲜度,光泽,饱满度都会消失,出现皱皮,萎蔫,品质下降,而且很多新鲜农产品产后一旦失水,就很难补充再恢复新鲜状态。

4. 成熟和完熟

成熟是指果实进过一定时间发育后,细胞膨大结束,果实体积和重量已不再增长,达到充分长成的时候。果实成熟进程用成熟度来表示,包括生理成熟和园艺成熟。

生理成熟是指从果实本身来看,色,香,味等方面表现出该品种固有特性的时候。园艺成熟则是指从园艺学观点看,果实达到某一用途标准的成熟度。

完熟是指果实完全表现出本品种典型性状的时候,一般是食用品质最好的阶段。完熟可以发生在植株上,也可发生在采收后。完熟现象是鲜活果蔬产品的典型特征,完熟也标志着衰老的开始,产品贮藏期的结束。

成熟和完熟是水果蔬菜等果蔬产品在贮藏中持续进行的重要生理过程,在贮藏过程中就是要创造一切有利的条件,调控产品的成熟进程,延缓品质的下降,从而延长其贮藏期。保证新鲜果实的质量。

三、贮藏环境条件的控制

贮藏环境的温度、湿度和气体成分是影响果蔬产品贮藏品质的重要条件。

1. 温度

控制温度直接影响果蔬产品贮藏过程中的呼吸作用、水分蒸散和成熟进程，从而影响产品质量。在一定温度范围内降低温度不仅可抑制微生物繁殖、延缓腐烂速度，而且可以阻止果蔬产品个体发育、减少呼吸热、降低各种代谢活动、延缓衰老进程。因此，控制温度是延长果蔬产品产后寿命和保证产品质量的重要条件。

温度变化，不仅引起果蔬各种生理生化过程的量变，也引起深刻的质变。温度升高，果蔬的呼吸作用、蒸腾作用、水解作用、后熟老化作用等等都加强，并且，缺氧呼吸的比重增大，果实的跃变高峰提早出现。对果蔬来说，一般以35℃~40℃为高限温度，在此温度以上呼吸作用反而缓慢。此温度以下至果蔬冰点以上这个范围内，呼吸强度随温度的升高而增高，这是由于呼吸作用是一系列的酶促生物化学反应的结果。一般温度在0℃左右时，酶的活性几乎停止，呼吸受到抑制，呼吸强度很低。随着温度从0℃上升到35℃酶活性随温度的上升而加强。但温度超过35℃~40℃，会使蛋白质和酶受到伤害而引起某种变性，致使酶活性受到抑制或被破坏。

在适当的低温条件下，蔬菜的各种代谢环节之间仍保持原有的协调平衡，即仍保持正常的新陈代谢过程，这是最合理的贮藏状态。如果温度再下降，即使还在冻结温度以上，正常代谢也会被干扰破坏，从而发生低温生理病害。喜温蔬菜尤其明显，因为它们的适温低限比较高。不同种类的果蔬产品适宜的贮藏温度也不同，这与它们本身的特性、产地等条件有关。新鲜果品蔬菜要有适宜贮藏温度，要维持尽可能低而正常的呼吸代谢，而不能发生冻伤害。冻结对任何果蔬都有害，因为冻结总会造成原生质和细胞结构一定程度的伤害。有些果蔬之所以可进行冻藏是因为这些果蔬的耐寒力强，轻度冻结尚不致引来明显的损害，在缓慢解冻过程中细胞可以重新吸水复鲜，但即使如此，冻结仍然会使这些果蔬受到一些伤害，引起一些生理变化，所以在解冻后就不再能长期保存了。

温度经常变动对贮藏是有害无益的，它对果蔬和微生物的新陈代谢都有刺激性促进作用。

2. 湿度

贮藏环境中相对湿度的高低一方面影响到果蔬的蒸腾作用，另一方面也影响微生物的活动。从降低蒸腾作用防止萎蔫皱皮来说，应保持高湿度。但空气湿度越高，越有利于微生物活动，也就越容易引起果蔬发病腐烂。因此在实际控制贮藏湿度时，必须全面考虑，兼顾两方面的影响，分析矛盾的主要方面，将湿度维持在一个适当的水平。

不同的果蔬产品对于湿度的要求不同，对于绝大多数新鲜果品蔬菜来说，相对湿度应控制在80%~90%，较高的相对湿度对于控制新鲜果品蔬菜的水分散失十分重要。适宜的贮藏湿度可以保持果蔬产品的水分，如果不能很好地保持产品的水分，那么，产品的新鲜度就会下降，直至死亡，失去了果蔬产品的本质特征。但另一方面，新鲜产品也是微生物侵染的主要对象,高湿条件同样有利于微生物的生长繁殖,使微生物病害增加。

◆知识拓展

提高保鲜技术的措施:选择适宜的湿度;采用适合的包装,减少产品水分的散失,保持新鲜度;尽量减少温度的波动,防止结露现象发生。

3.气体成分

果蔬产品最明显的特征是存在呼吸作用,贮藏环境中的氧气和二氧化碳分压直接影响产品的正常呼吸代谢,从而影响产品贮藏品质。在贮藏中,降低氧气含量,提高二氧化碳含量,可有效降低产品的呼吸强度,调节产品代谢,最大限度地维持产品的鲜活状态,同时还可以抑制微生物的生长繁殖,减少腐烂现象,提高产品质量,保证产品食用的安全性。气调贮藏显著提高了新鲜水果蔬菜的品质。

4.果蔬自身释放挥发物的影响

贮藏库内有时会积聚果蔬自身释放的乙烯和其他挥发性物质。乙烯是植物组织在成熟过程中的代谢产物,又是促进组织呼吸和后熟衰老的激素。所以乙烯的积聚对贮藏是不利的,通风贮藏库由于经常通风,因此乙烯的问题不大;气调贮藏和机械冷藏不常通风,贮藏库内空气中的乙烯可能达到有害的浓度,所以要进行空气净化。

◆知识拓展

气调贮藏是指通过调整和控制食品储藏环境的气体成分和比例以及环境的温度和湿度来延长食品的储藏寿命和货架期的一种技术。在一定的封闭体系内,通过各种调节方式得到不同于正常大气组成的调节气体,以此来抑制食品本身引起食品劣变的生理生化过程或抑制用于食品的微生物活动过程。

项目二　果品的涂层

任务1　涂层的作用

用涂料处理果蔬,在一定时间内可以减少果蔬的水分损失,保持其新鲜,增加光泽,改善外观,提高果蔬的商品价值。作为果品销售的一个重要竞争手段,在商业上普遍得到使用。

涂料处理在果品表面形成一层薄膜,抑制了果实的气体交换,降低了呼吸强度,从而减少了营养物质的损耗,减少了水分的蒸发损失,保持了果品饱满新鲜的外表和较高的硬度。

果品由于有一层薄膜保护,也可以减少病原菌的侵染而避免腐烂损失。如果在涂料里混入防腐剂和激素,防腐保鲜效果会更加显著。涂料处理还能增加果品表面的光亮度,改善其外观,提高商品的价值。但是必须注意涂料厚薄的均匀适当。假如果品表面涂料过厚,会导致果品呼吸作用不正常,趋向于缺氧呼吸,引起果品的生理失调,因而使果品的品质、风味迅速劣化,产生异味,并且会快速衰老解体甚至腐烂。

要注意是在一定的时期内,涂料处理也只不过起一种辅助作用,不能忽视果品的成熟度、机械伤、贮藏环境中的温、湿度和气体成分等,对于延长贮藏寿命和保持品质起着决定性的作用。

◆知识拓展

可涂膜的果品有梨、苹果、柑橘、香蕉、杏、油桃、柠檬、油梨、胡萝卜、甘薯、黄瓜、甘蓝、南瓜、土豆、番茄、辣椒和茄子等。

任务2 涂料的种类

果品涂料种类繁多,早期使用的有石蜡、蜂蜡等,近年来研制使用的有虫胶、淀粉膜、蔗糖酯、复方卵磷脂、SM涂膜剂、森柏尔涂膜剂、魔芋甘露聚糖保鲜剂、壳聚糖、细菌胞外多糖等。

果品涂料按作用可分为以下几种:

1. 阻湿性涂料

如石蜡、蜂蜡、聚乙烯醇乳剂和聚乙烯乳剂等等。这类涂料形成的涂层可以抑制果品表面的水分蒸发,保持果品饱满新鲜的外观和嫩脆的品质。

2. 阻气性涂料

如森柏尔保鲜剂等。这类涂料形成的涂层的阻氧能力大于阻二氧化碳的能力,促使涂膜果品内部组织的氧含量减少,二氧化碳浓度不变,从而抑制果品的需氧呼吸,防止果品发黄变软,延长贮藏时间。这是近来人们最新研制的一类果品保鲜剂,具有很广阔的应用前景,也使人们看到了涂层法取代气体贮藏法的希望。

3. 乙烯生成抑制涂料

这类涂料形成的涂层能抑制果品内部乙烯的生成。乙烯是果实在成熟过程中产生的一种挥发性气体,它能加速果实的成熟与衰老,缩短贮藏期限。

果品涂料按性能可分成以下几种:

1. 疏水性涂料

这类涂料是以疏水性物质、表面活性剂及水配制成的,疏水性物质因其极性较低,所形成的涂层通常具有很低的透湿值,从而阻止果品失水,延长果品贮藏期限。用作涂层的疏水性物质很多,有天然蜡、油脂、高级脂肪酸、高级醇、塑料烯烃树脂、虫胶和松香等。防止果品失水的蜡质有石蜡、蜂蜡等,其中石蜡的阻湿性最好,蜂蜡其次。可食蜡的阻湿性由于大大高于大多数其他蜡质或非蜡质薄膜,同时还增加果品的光泽度提高果品的商品性能,因而在目前仍得到普遍使用。表面活性剂除了可以使疏水性物质与水很好地混合,形成稳定的涂料乳浊液外,还可降低果品表面的Aw并减少由蒸发导致的失水和二氧化碳从表皮的逸出。可阻止果品表面微生物的生长,防止果品霉变。

◆ **知识拓展**

表面活性剂的结构对其阻湿性具有很大的影响。常用的表面活性剂有蔗糖月桂酸酯、卵磷脂、三乙醇胺和油酸等。

2. 水溶性涂料

这类涂料是以亲水性聚合物、表面活性剂和水配制成的。亲水性聚合物一般阻湿性很小,阻氧能力却相对较强。因此,从阻止水分蒸发角度考虑,这类涂料只能在较短的贮藏期内保护果品;但从抑制需氧呼吸延迟果品后熟期考虑,这类涂料又可以在较长贮藏期内保持果品新鲜的品质,故这类涂料在使用时对果品的种类有选择性。

◆ **知识拓展**

常用的亲水性聚合物有海藻酸钠、果胶、鹿角菜胶、琼脂、淀粉、纤维素衍生物、阿拉伯胶、壳聚糖、魔芋葡甘聚糖、细菌胞外多糖、明胶和清蛋白等。

各种涂料在使用时,为了防止因微生物侵袭引起的霉变,常常适当加入杀菌剂。近年来,国内在果品贮藏中开始应用高效低毒的防腐剂代替托布津、多菌灵等,防腐效果更加明显。

任务3 涂膜的方法

涂膜方法分为浸涂法、刷涂法和喷涂法三种。

1. 浸涂法:此法最简便,将涂料配制成适当浓度的溶液,将果品整体浸入,使之沾挂一层薄薄的涂料后,取出果蔬,装入箱内晾干即可。

2. 刷涂法:此法用细软毛刷蘸上配制成的涂料液,然后将果品在刷液之间辗转擦刷,使果品表皮涂上一层薄薄的涂料膜。

3. 喷涂法:此法全部工序都在一台机械内完成。目前世界上新型的喷蜡机大多由洗果、擦吸干燥、喷蜡、低温干燥、分级和包装等部分联合组成。

项目三 果蔬的速冻保藏

任务1 果蔬的速冻保藏

所谓速冻保藏,是将经过处理的果蔬原料用快速冷冻的方法冻结,然后在-18℃的低温下保藏。果蔬的速冻保藏不同于新鲜果蔬的保鲜贮藏,属于果蔬的加工范畴。因为冻结之前,需经过修整、热烫等处理,在-25℃~-35℃的低温条件下迅速冻结,这时原料已不再是活体,但物质成分变化极小。速冻保藏是当前果蔬加工保藏技术中保存风味和营养素较为理想的方法。

任务2　果蔬在冷冻、冻藏和解冻过程中的变化

果蔬在冷冻、冻藏和解冻过程中会发生一系列的变化，这些变化包括物理变化，如晶析、膨胀和失水干燥等；化学变化，如色泽、风味和质地等。

一、冷冻中的物理变化对果蔬的影响

冷冻处理过程可以导致细胞膜发生变化，使其增大透性，降低膨压，由此增加细胞膜和细胞壁对水分和离子的通透性。冷冻期间，细胞内水分向细胞间隙转移，致使细胞间隙的冰结晶不断长大。植物组织中冰晶体的增长可导致细胞壁、胞间层和原生质体等的不可逆变化和损害，特别在缓冻情况下，可造成细胞壁破裂、组织结构崩解。在速冻情况下，在显微镜下观察番茄薄壁细胞组织，发现细胞内外和细胞壁中存在的冰晶体都是非常细小的，细胞间隙没有扩大，原生质紧贴着细胞壁阻止水分外移，这种微小的冰晶体对组织结构的影响是很小的。在比较快的解冻过程中观察到对原生质的损伤也是微小的，质体保存的比较完整，液泡膜有时未受到损害。保持细胞液泡膜的结构完整对维持细胞内静压是非常重要的，可以防止汁液流失和组织软化。

果蔬速冻保藏的目的是尽可能地保持其新鲜特性。但在冻结和解冻期间常常组织萎蔫，在冷冻时，组织中形成冰晶体，使细胞发生胞壁分离，靠近冰晶体的许多细胞被扭曲和溃碎，使细胞内容物流入细胞间隙，解冻后汁液流失。冷冻的组织细胞失去水分，解冻后不能恢复其膨张度和原始体积，细胞间隙增大，细胞之间的接触部分减少。果蔬都要进行内外包装以后才进行冻藏，因此冻藏期间的干缩现象不像冻藏肉胴体那样严重。

二、冷冻中的化学变化对果蔬的影响

果蔬原料的降温、冻结、冷冻贮藏和解冻期间都可能发生色泽、风味、质地等变化因而影响了产品的质量。

在冻结和贮藏期间，果蔬组织中会积累碳基化合物和乙醇等，产生挥发性异味。原料中含类脂物较多的，由于氧化作用也会产生异味。

退绿和褐变是果蔬冻藏期间发生的色泽变化。叶绿素转化为脱镁叶绿素，使果蔬由绿色变为灰绿色，影响产品的外观品质，降低了商品价值。酚类物质在酶的作用下发生氧化，使果蔬产生褐变反应。冷冻产品的色泽风味变化很多是酶参与的，酶的活性在低温时仍能保持，只不过反应速率大大降低而已。

冻藏及解冻后果品软化的原因之是由于果胶酶存在使果胶水解，原果胶变成可溶性果胶，组织结构分离。

果蔬在冷冻贮藏中，低温对营养成分有保护作用。但由于原料在冷冻前的一系列处理，使原料暴露在空气中的面积大大增加，维生素 C 因氧化而减少。这些化学变化在冻藏中继续进行，只是进行的缓慢而已。

任务3 冻结前的原料处理

速冻果蔬的质量取决于原料的性质、处理方法和速冻方法。并不是所有的果蔬都适宜速冻。适宜速冻的果蔬种类有：苹果、桃、李、杏、葡萄；草莓、樱桃、菠菜、青豌豆、豆角、胡萝卜、马铃薯、菜花、辣椒、大葱、芦笋、蘑菇等。

原料处理因种类不同而方法各异。一般来说包括原料选择、清洗、去皮、去核、切分、热烫、冷却、沥干等。

一、原料的选择

速冻果蔬原料应选择品种优良、成熟度适宜、能充分体现该产品的色香味特征的原料，并要求质地坚脆、大小长短均匀。一些易腐蔬菜最好做到当日采收、及时加工，以利产品质量。加工前要认真挑选、分级，剔除病、烂、霉以及老化、枯黄和过于萎蔫的原料。

二、清洗、去皮、去核、切分

（一）清洗

因果蔬表面都会沾有泥沙灰尘以及昆虫及农药等，在加工以前，应根据原料的种类采用不同的洗涤方法进行洗涤，以保证加工产品的卫生。

（二）去皮、去核、切分

小型果多进行整果速冻，大型果或果皮比较坚实粗硬或果皮不能食用或含果核的原料，需去皮、去核、切分，以便制成品的大小规格一致，既便于后工序操作，也符合商品的要求。如桃要去皮和去核。切分要根据商品的消费习性，切分成不同的形状，如条、段、丁、丝、片、块等，切分要注意厚薄均匀、长短一致、规格统一。有些原料可根据部位不同，切分成不同的规格。

（三）热烫和冷却、沥干

蔬菜在低温状态下，甚至在-7℃时仍能保持着某些酶的活性，这些酶的催化反应是造成蔬菜冷冻后品质劣变的重要原因之一。其中过氧化物酶、过氧化氢酶、多酚氧化酶、抗坏血酸氧化酶等都是与品质关系密切的酶类。果蔬原料在速冻以前进行热烫，破坏果蔬中的酶类的活性，可以有效地保持速冻果蔬的品质。但也有些蔬菜可以不经热烫，如番茄、黄瓜、木瓜、洋葱、甜椒等。

热烫后应及时进行漂洗冷却，避免果蔬持续受热，导致品质下降，产生煮熟味；还给微生物的污染留下机会。

用冷水急速冷却的时候，对菠菜一类附着水分量较多的叶菜类，如果沥干不充分，包装的底部积水会结冰，在有损于制品外观的同时，还会造成净含量不足。

任务4 速冻果蔬的包装

速冻果蔬的包装不论是在冻结前还是冻结后，其目的是为了有效地防止在冻结和冻藏过程中果蔬的冰结晶升华;防止果蔬在长期贮藏中接触空气而氧化变色、风味变化和维生素损失;防止空气中微生物的污染而引起速冻果蔬腐败变质;便于果蔬产品流通等。

在包装前对于某些产品如蘑菇应镀包冰衣,这是一种最简单的防止产品氧化褐变和干耗的措施。镀包冰衣比较简单,将产品倾入镀冰槽内,冰槽的水温不得高于5℃,产品入水后立即捞出。由于冻结温度较低,使产品外层镀包上一层薄薄的冰衣。

任务5　速冻果蔬的贮藏

速冻果蔬的贮藏任务就是尽一切可能阻止果蔬发生各种变化,以达到长期贮藏的目的。贮藏过程中各种品质的变化主要取决于两个条件:一是低温,二是保持库温相对稳定。冷冻产品贮藏通常采用的温度为 $-1℃ \sim -23℃$,而以 $-18℃$ 为最适用。微生物在这种低温下是不能生长的,冷冻产品在冻藏期间的败坏主要是理化变化引起的。

贮藏库内温度波动范围较大使速冻产品反复解冻和再结晶,促使产品内冰晶体积增大,即出现重结晶现象,破坏果蔬细胞组织结构,影响产品质量,使失去速冻的优越性。因此,在冻藏期间保持库温的相对稳定是极为重要的。

任务6　解冻

速冻食品的解冻就是使食品内冰晶体状态的水分转化为液态,同时恢复食品原有状态的过程。解冻与冻结是两个相反的传热过程,而且速度也有差异,非流体食品的解冻比冻结要缓慢。解冻时的温度变化趋高有利于微生物的活动和理化变化的加强,如果解冻不当,食品内的水分发生重新分布,造成组织结构损伤,食品内容物流失,使食品失去了原有的营养成分、风味和色泽。因此,为了使速冻果蔬解冻后尽可能恢复到冻结前的状态,就不仅要求冻结、冻藏条件要好,而且要求解冻方法适宜,即要使解冻时间尽可能短,解冻终温尽可能低,解冻品表面和中心部位的温差尽可能小,内容物流失尽可能少,并且要有较好的卫生条件。

蔬菜类一般不采用自然解冻,而将解冻和烹煮同时进行。一般冻结蔬菜类的使用,按如下原则进行:

(1)不解冻,以冻结状态煮熟,则其容积、形状、组织能最好的保持。

(2)煮沸用水尽可能少,盖过蔬菜即可。在沸腾以后再放入冻结蔬菜。

(3)蔬菜放入以后 3~6min 应再沸腾起来,成冻块状的疏菜——散开。

果实类的自然解冻一般是 $-1 \sim -5℃$ 的冷藏库内进行,此时可使冻结所分离的水分充分复原到果肉组织中,有好的解冻效果。在个别急需时,也可以其密封的原包装在流水中浸泡解冻。

◆ 知识拓展

根据速冻果蔬种类的不同,可采用其他解冻方法,如微波解冻、真空解冻、低频解冻等。

项目四　果蔬的干制

任务1　原料处理

要获得品质优良的干制品，减少原料消耗，降低生产成本，必须注意原料的选择和处理，果蔬干制对原料总的要求是：果品干物质含量高，纤维素含量低，风味好，核小皮薄；蔬菜原料要求肉质厚，组织致密，粗纤维少，新鲜饱满，色泽好，废弃部分少。因果蔬种类和品种繁多，在原料选择和处理上有不同的要求。大部分果蔬均可进行干制，只有少数种类由于化学成分或组织结构的关系不适宜干制。

任务2　干制方法

果蔬的干制方法很多，最常见的有隧道式干燥、滚筒干燥、喷雾干燥、真空干燥、冷冻升华干燥等。而最好的干制方法既要满足对制干品品质及其特性的要求，费用又比较低廉合理。因此不同种类的果品或蔬菜，干制方法不同。

果蔬的干制方法因热量的来源不同，可分为自然干燥和人工干燥两大类。

一、自然干制

自然干制是利用自然条件如太阳辐射能、热风等使果蔬干燥。直接受日光曝晒的称为晒干；在通风良好的室内或荫棚下干燥的，称为阴干或晾干。

利用太阳辐射使物料温度上升，物料内水分因受热而向周围的大气中蒸发，物料表面附近的空气趋于饱和状态，并与周围空气形成水蒸气分压差和温度差，在空气自然对流中，不断促使果蔬中水分向空气中蒸发，直至它的水分含量降低到和空气温度及其相对湿度相适应的平衡水分为止。太阳光的干燥能力和果蔬原料水分蒸发的速度，主要取决于太阳辐射的强度和果蔬表面接受的辐射强度。晒干主要用于干制固态食品如果品、蔬菜等，我国民间用晒干方法加工果干和菜干极为普遍。阴干和晾干与一个地区的温度，湿度和风速等气候条件有关。我国西北地区常用阴干方法。

自然干制方法的优点是方法和设备简单，生产成本较低，干制过程中管理比较粗放，能在产地和山区就地进行，还能促使尚未完全成熟的原料进一步成熟。因此，自然干制仍然是世界上许多地方常用的干燥方法。我国许多著名的土特产就是采用自然干燥方法制成的，如红枣、葡萄干、金针菜、黄花菜、梅干菜、萝卜干等。

自然干制也有以下缺点，干燥过程缓慢，干燥时间长；干燥过程不能人为控制，产品质量较差；干燥时需要较多的劳动力和相当大的场地；被干燥的果蔬易遭受污染和灰尘、虫、鼠等的危害；常常受气候条件的限制，如果蔬因阴雨季节无法干燥而腐败变质。

二、人工干制

人工干制可以克服自然干制的一些缺点,不受气候条件的限制,可以人工控制干燥条件,因此干燥迅速、效率高,干制品的品质优良,完成干燥所需时间短。但人工干制需要一定的特制设备,且操作比较复杂、生产成本较高。人工干制所用的干燥设备有各种不同的类型,其结构有简有繁,规格可大一可小,形状不一,干燥效果也不相同。

目前果蔬干制常用的干燥方法有:空气对流干燥、滚筒干燥、真空干燥和冷冻干燥等。

(一)空气对流干燥

空气对流干燥是最常见的的果蔬干燥方法,如烘灶、烘房就是最初的空气对流干燥形式。在常压下进行,物料可分批或连续地干制,循环或流动的空气可采用直接法或间接法加热,使物料从热空气中获得热量后,完成水分蒸发过程。

(二)滚筒干燥

滚筒干燥设备因有固有的局限性,限制了在食品工业中应用的范围。为了实现快速干燥,滚筒表面温度必须很高,一般高达145℃左右,因而使成品带有煮熟味和呈现不正常的色泽。若把滚筒装在真空室内,可以降低干燥温度,但是设备造价和操作费用高于常压干燥和喷雾干燥。

(三)真空干燥

真空干燥适合于在高温条件下易氧化或发生化学变化而导致变质的食品,能基本保持食品原有的结构、质地、外观和风味,并可制成轻微膨化制品。真空干燥的气压一般控制在332~665Pa,温度在37℃~82℃。

(四)冷冻升华干燥

冷冻升华干燥的冻干食品具有以下特点。

1. 由于在低温下操作,能最大限度地保存食品的色香味,如蔬菜的天然色素基本保持不变,各种芳香物质的损失可减少到最低限度。

2. 因低温操作,特别适合热敏性高和极易氧化的食品干燥,能保存食品中的各种营养成分。

3. 冷冻干燥食品具有多孔结构,因此具有理想的速溶性和快速复水性。复水后的冷冻干燥食品比其他干燥方法生产的食品,更接近于新鲜食品。

4. 能最好地保持原物料的外观形状。

5. 在低温脱水过程中,抑制了氧化过程和微生物的生命活动。升华过程中避免了果蔬内部成分的迁移。

6. 保存期长,食用方便

影响升华干燥的主要因素是真空度和加热板温度。如果真空室的压力保持足够低,一般在13~267Pa范围内,热量控制在刚刚不足以使冰熔化的程度,则果蔬组织中的冰升华速度接近最高值。

◆ **知识拓展**

在冻结干燥中，冻结速度对制品的多孔性、复水性、营养成分及冷冻干燥速度等都有影响。因此，在果蔬冷冻干燥中，一般采用速冻。

任务3　包装前干制品的处理

干制品在包装前通常需要作一系列的处理，以提高干制品的质量，延长贮存期，降低包装和运输费用等。

(一)回软处理

回软又称均湿或水分的平衡，其目的是使干制品变软，使水分均匀一致。回软的方法是在产品干制后，剔除过湿、过大、过小、结块者及碎屑；待产品冷却后，立即堆积起来或放于大容器内，盖好不使漏气，使水分达到平衡。回软期间，使水分在干制品内部及相互间进行扩散和重新分布，最后使所有的干制品的含水量达到一致，同时产品的质地也稍显疲软。果实干制品回软所需时间为1~3天。

(二)防虫处理

烟熏是控制干制品中昆虫和虫卵常用的方法。晒干的果蔬制品最好能在晒场进行烟熏。特制水果贮藏过程中还常定期烟熏以防止虫害发生。甲基溴在国外已成为使用极为有效的烟熏剂，它对昆虫极毒，因而对人也有毒害。氯化氢气体、二氯化乙烯、四氯化碳等烟熏剂也常在果蔬干制品烟熏中使用，甲酸甲酯常在葡萄干中作为防虫剂使用。在不影响干制品质量的前提下，也可采用高温热处理以控制那些隐藏在干制品中的昆虫和虫卵，可达到防虫目的。对于经过硫熏处理的果蔬制品，不需经过防虫处理，因为果蔬制品中的二氧化硫含量足以预防虫害发生。

(三)速化复水处理

为了加速低水分果蔬干制品的复水速度，现在出现了不少有效的处理方法，这些方法常称为速化复水处理。压片、刺孔和破坏细胞等处理，都可以明显地增加果蔬的复水速度。如刺孔法通常都在反方向转动的双转辊间进行，其中的一根转辊上按一定的距离装有刺孔用针，而在另一转辊上则相应地配上穴眼，供刺孔时容纳针头之用。这不仅可以加速干制品的复水速度，还可以缩短干燥时间。

(四)压块

蔬菜干制后，体积蓬松，容积很大，不利于包装和运输，因此在包装前需要进行压块处理。脱水蔬菜的压块必须同时利用水、热与压力的作用，一般蔬菜在脱水的最后阶段温度为60~65℃，立即压块。否则脱水蔬菜冷却后，质地变脆而易碎。在压块之前喷以热蒸汽以减少破碎率。但是，喷过蒸汽的干菜压块以后，水分可能超过预定的标准，影响耐贮性，所以在压块以后还需作最后的干燥处理。由于压块使最后的干燥需要较长的时间，最好的方法是与干燥剂一起储放在常温下，使干燥剂吸收脱水菜里的水，使其含水量降低到

5%以下。

◆ **知识拓展**

脱水蔬菜压块常用螺旋压榨机。当脱水蔬菜从干燥机中取出以后,不经回软,立即趁热压块。

任务4 包装

干制果蔬的处理和包装宜在低温、干燥、清洁和通风良好的环境中进行,最好能进行空气调节并将相对湿度控制在30%以下,避免干制品受灰尘污染、吸潮及害虫侵入。包装对干制品的耐藏性影响很大,因此对果蔬干制品的包装应能达到以下几点要求:

1. 能防止干制品吸湿回潮,以免结块和发霉,因此要求包装材料在90%的相对湿度中,每年袋内干燥品的水分增加量不超过2%。
2. 能防止外界空气、灰尘、虫、鼠、微生物以及气味等侵入。
3. 不透光。
4. 贮藏、运输和销售过程中牢固,在高温、高湿、浸水和雨淋的情况下也不会破损。
5. 大小、形状和外观设计应有利于产品的推销。
6. 与食品接触的包装材料应符合食品卫生要求,并且不会导致食品变性、变质。
7. 包装费用应低廉或合理。

◆ **知识拓展**

常用的包装材料有镀锡薄板罐、木箱、纸箱和纸盒等。金属罐、玻璃罐及铝箔真空袋是包装干制品较为理想的容器。塑料薄膜袋、玻璃纸以及涂料玻璃纸袋等被用来作为小包装。

任务5 贮藏

影响果蔬干制品贮藏效果的因素很多,如原料的选择与处理,干制品的含水量,包装、贮藏条件及贮藏技术等。选择新鲜、完整、成熟度适宜的原料,经充分洗净,能提高干制品的保藏效果;烫漂的果蔬比未经烫漂的能更好地保持其色香味,并降低在贮藏中的吸湿性;经过熏硫的干制品比未经熏硫的易于保色和避免微生物、害虫的侵染危害。

干制品的含水量对保藏效果影响很大,在不损害制品质量的条件下,含水量越低,保藏效果越好。特别是蔬菜由于组织柔软、易败坏,所以干制品应尽量降低水分含量。当含水量降低到6%以下,则贮藏期的变色和维生素损失都可大为减少;当含水量超过8%以上时,则大多数果蔬的保藏期将缩短,另外还会促使昆虫卵发育成长,侵害干制品。

贮藏环境应保持低温而干燥,高温、高湿对脱水果蔬的贮藏危害极大,贮藏温度最好为0~2℃,不可超过10~14℃。因为氧化作用与温度有关,温度越高,氧化越快,氧化作用不仅促使变色和维生素损失,而且能氧化亚硫酸盐为硫酸盐,降低了保藏效果。温度每增加10℃,蔬菜干制品褐变的速度加速3~7倍。所以应注意干制品的低温贮藏。

光线能促使果蔬干制品变色,同时香味损失也多,为了更好地保藏果蔬干制品,库房应适当避光。

良好的贮藏管理工作对于获得好的贮藏效果极为重要。贮藏干制品的库房要求清洁卫生、通风良好又能密封,具有防鼠设备。贮藏干制品时切忌同时存放潮湿、有异味的其他物品。保证充足的自由空间,以利于空气流动。并应经常检查产品品质。

任务6 复水

干制品的复水性就是新鲜食品干制后能重新吸收水分的程度,一般常用干制品的吸水增重的程度来衡量,而且这在一定程度上也是干制过程中某些品质变化的反映。为此,干制品复水性也成为干制过程中控制干制品品质的重要指标。

干制品一般都要经过复水以后才食用。复水是把脱水果蔬浸在水里,经过相当时间,使它尽可能地恢复干制前的性质(体积、色泽、组织、风味等)。复水时,水的用量和质量关系很大。用水过多,可使花色素和其他黄酮类色素溶出而损失;水的pH不同也能使色素的颜色发生变化,此种影响对花色素特别显著;白色蔬菜主要含黄酮类色素,在碱性溶液中会变为黄色,所以马铃薯,花椰菜、洋葱等干制品不能用碱性的水处理;水中含有金属盐对花色素有害;水中如含有碳酸氢钠或亚硫酸钠,易使组织软化,复水后软烂;硬水常使豆类质地变粗硬,影响品质;含有钙盐的水还能降低复水率。

复水率($R_{复}$)就是复水后沥干质量($m_{复}$)与干制品质量($m_{干}$)的比值。复重系数($K_{复}$)就是复水后制品的沥干质量($m_{复}$)与该干制品在干制前相应原料质量($m_{原}$)之比。复水率、复重系数说明了干制品的复水性,而复水性受原料、干制方法等因素的影响。在实际生产中经常检测,以便及时有效地控制干制品的质量。

项目五 果蔬糖制与腌制

果蔬糖制与腌制是果蔬加工的两种主要方式,其产品包括果脯蜜饯、泡菜、酸泡菜、咸菜和酱菜等产品。

任务1 糖制品的保存原理

糖制品是以高浓度食糖的保藏作用为基础的一种可保藏的食品。高浓度的糖液会形成较高的渗透压,微生物由于在高渗环境中会发生生理干燥直至质壁分离,因而生命活动受到了抑制,高浓度的糖液使水分活度大大降低,可被微生物利用的水分大为减少,此外,由于氧在糖液中的溶解度降低,也使微生物的活动受阻。

任务2 糖制品中常用糖的种类

1. 白砂糖

白砂糖中蔗糖含量在99%以上,为粒状晶体,根据晶粒大小可分为粗砂、中砂和细砂三种。

2. 饴糖

饴糖又称米稀或麦芽糖浆,为用谷物作原料,经淀粉酶或大麦芽的作用,把淀粉水解为糊精、麦芽糖及少量葡萄糖得到的产品。饴糖色泽淡黄而透明,能代替部分白砂糖使用,可起到防止晶析的作用。饴糖的甜度为蔗糖的50%左右。

3. 淀粉糖浆

淀粉糖浆又称葡萄糖浆或化学稀。它是由淀粉加酸或酶水解制成,主要成分是葡萄糖、麦芽糖、高糖和糊精,甜度是蔗糖的50%~80%。也可起到防止晶析的作用。

4. 果葡萄糖浆

果葡糖萄浆是将淀粉经酶法水解制成葡萄糖,用异构酶将葡萄糖异构化制成含果糖和葡萄糖的糖浆,甜度是蔗糖的80%~100%。

5. 蜂蜜

蜂蜜主要成分是果糖和葡萄糖,两者约占总量的66%~77%,蜂蜜甜度与蔗糖相近,由于其价格昂贵,只在特种制品中使用。

任务3 糖的特性与应用

果蔬糖制加工中所用的糖主要是砂糖,其特性与加工条件控制和制品品质密切相关。

1. 糖的溶解度与晶析

当糖制品中液态部分的糖在某一温度下浓度达到饱和时,即可呈现结晶现象,称为晶析,也称返砂。一般地讲,返砂降低了糖的保藏作用,有损于制品的品质和外观。但果脯蜜饯加工中也有的利用这一性质,适当地控制过饱和率,给有些干态蜜饯上糖衣。

◆ 知识拓展

糖制加工中,为防止返砂,常加入部分饴糖、蜂蜜或淀粉糖浆,可抑制结晶。也可在糖制过程中促使蔗糖转化,防止制品结晶。

2. 蔗糖的转化

蔗糖适当的转化可以提高砂糖溶液的饱和度,增加制品含糖数量;抑制晶析,防止返砂。

当溶液中转化糖含量达30%~40%时即不会返砂。蔗糖的转化还可增加渗透压,减少水分活度,提高制品的保藏性,增加风味与甜度。但一定要防止过度转化而增加制品的吸湿性,致回潮变软,甚至返砂。

3. 糖吸湿性

糖制品吸湿以后,降低了糖浓度和渗透压,因而削弱了糖的保藏作用,引起制品的败坏和变质。糖吸湿性各不相同,以果糖的吸湿性最强,其次是葡萄糖和蔗糖。各种结晶糖吸水达15%以后,便开始失去结晶状而成为液态。纯结晶蔗糖的吸湿性很弱,商品砂糖因含有少量灰分等非糖杂质,因而吸湿性增强。

4.糖的甜度

糖的甜度影响着糖制品的甜味和风味,糖的甜度随糖液浓度和温度的不同而变化。糖浓度增加,甜味增加,增加的程度因糖的种类而异。温度对甜度也有一定的影响,低温时,温度升高,甜味增加,高温时,结果相反。

5.糖液的沸点温度

糖液的沸点温度随糖液浓度的增加而升高,随海拔高度的增加而降低。此外浓度相同而种类不同的糖液,沸点也不相同。通常在糖制果蔬过程中,需利用糖液沸点温度的高低,掌握糖制品所含的可溶性固形物的含量,判断煮制浓缩的终点,以控制时间的长短。

任务4 果脯蜜饯的加工工艺

蜜饯是我国特产食品之一,原称"蜜煎",后改为现名蜜饯。果品或蔬菜在糖液中徐徐熬煮,使糖分渗入组织中而形成高浓度之糖分,至接近无水状态,并基本保持果品或蔬菜的原形,即蜜饯,蜜饯可直接食用,耐久贮,此类制品因原料处理方法不同,有附糖浆者、包糖衣者、附糖结晶者及干燥状者。不加糖而直接使果实脱水而制得之产品,也纳入蜜饯类。

(一)果脯蜜饯加工工艺

1.原料预处理

不同的蜜饯制品对原料的要求和处理不尽相同,目的是便于糖煮和提高产品品质。

(1)原料的选择、清洗、去皮和切分 选择大小和成熟度一致的新鲜原料,剔除霉烂变质、生虫的次果,按不同制品的要求进行去皮、去核、切分等处理,以利糖煮时糖的渗入。

(2)硬化处理 原料的硬化处理是为了提高果肉的硬度,增加耐煮性,防止软烂。其原理是硬化剂物质中的金属离子能与果蔬中的果胶物质生成不溶性的果胶酸盐类,使果肉组织致密坚实,耐煮制。常用的硬化剂有消石灰、氯化钙、明矾、亚硫酸氢钙、葡萄糖酸钙等稀溶液。

(3)硫化处理 为了使糖制品色泽明亮,常在糖煮之前进行硫处理,既可防止制品氧化变色,又能促进原料对糖液的渗透。方法是0.1%~0.2%的硫磺熏蒸处理。

(4)染色 某些蜜饯类和作为配色用的制品常需人工染色,以增进制品的感官品质。染色的方法是将原料浸于色素液中着色,或将色素溶于稀糖液中,在糖煮的同时完成染色。为增加染色效果,常用明矾作为媒染剂。

(5)果坯腌制 为避免新鲜原料腐烂变质,常将其腌渍为果坯保存,以延长其加工时间。腌渍程度以果实呈半透明为度,取出晒制成干坯或仍作水坯保存。果坯的腌制过程为腌渍、曝晒、回软和复晒。

2.加糖煮制

加糖煮制是蜜饯加工的主要工序,作用是使糖分更好地渗透到果实里。煮制时间的长短，加糖的浓度和次数应以果实的种类、品种而异。煮制技术的好坏直接影响到产品的品质和产量。煮制分常压煮制和真空煮制两种方法，常压煮制又有一次和多次煮成之分。

（1）一次煮成法　将处理过的原料入锅后经一次煮成成品。一次煮成法虽然快速省工，但加热持续时间较长，若处理不当，果实易软烂，色香味及维生素损失较多，糖分渗入不易均衡，影响产品品质。

（2）多次煮成法　即将预处理过的原料经过多次糖煮和浸渍后才成为产品。这种方法的缺点是加工周期过长。

（3）速煮法　此法是将果实在糖液中交替加热和冷却，使果实内部水蒸气产生的压力迅速消除，加速糖液渗透。

（4）连续扩散法　是用由淡到浓的几种糖液，对一组扩散器内的果实连续进行多次浸渍以逐渐提高糖浓度的方法。

（5）真空煮制法　其原理是利用在真空条件下，降低果实内部的压力，然后减压，借放入空气时果实内外压力之差，促进糖液渗入果肉。这种煮制和渗糖方法所需温度低、渗糖快，能较好地保持果实的色香味和维生素C等。

3. 烘烤与上糖衣

蜜饯制品需要在糖煮以后烘烤。烘干后的果脯蜜饯应保持完整和饱满状态，不皱缩、不结晶、质地致密柔软，水分含量18%~20%。

如制糖衣果脯蜜饯，可在干燥后上一层糖衣。方法是用过饱和的糖液在蜜饯表面粘上一层透明糖膜。糖衣蜜饯保藏性强，可减少保存期间的吸湿、粘结等不良现象。

4. 整理与包装

蜜饯在干燥过程中往往由于收缩而变形，甚至破裂，干燥后需加以整理（形），使外观整齐一致，也便于包装。

蜜饯包装以防潮防霉为主，真空或充气包装更有利于制品保存和品质保持。

（二）果脯蜜饯加工中的品质控制

在蜜饯加工中，由于原料的种类和品质不同或加工操作不当，产品可能规格不一或达不到质量标准。常见且显著影响产品质量的问题是返砂、流汤、煮烂、皱缩及颜色褐变等。

1. 返砂和流汤

一般达到质量标准的果脯蜜饯质地柔软、光亮透明。但在实际生产中，如果条件掌握不当，成品内部或表面易返砂，失去光泽，容易破损，从而造成商品价值降低，返砂的原因主要是制品中蔗糖含量过高而转化糖不足引起的。相反，如制品中转化糖含量过高，在高潮湿和高温季节就容易吸潮而形成流汤现象。

2. 煮烂与皱缩

煮烂与皱缩是蜜饯生产中常出现的问题。果脯的软烂除与果实品种有关外，成熟度也是重要影响因素，过生过熟都比较容易煮烂。因此，采用成熟度适当的果实为原料是保证质量的前提。

果脯蜜饯之皱缩主要是"吃糖"不足所致，干燥后易出现皱缩和干瘪。克服的方法是在糖制过程中分次加糖，使糖液浓度逐渐提高，延长浸渍时间。

3. 成品褐变

各种果脯蜜饯的颜色大体为金黄至橙黄色，或是浅褐色。除熏硫等办法外，热烫处理也是防止变色的一个重要措施。但如果热烫的温度达不到要求，酶的活性没有被破坏，甚至还能起促进变色的作用。

煮制果脯蜜饯时颜色变深的另一原因是糖与果实中氨基酸作用，产生黑褐色素（美拉德反应）。糖煮的时间越长，温度越高，转化糖越多，越能加速这种褐变。

非酶褐变不仅在糖煮时产生，在干燥过程中也能继续变化，特别是烘房内温度高、通风不良、干燥时间长时，成品的颜色较暗。

任务5 蔬菜腌制加工

蔬菜腌制的原理

一、蔬菜腌制中的生物化学变化

1. 食盐的渗透作用

蔬菜腌制主要利用了食盐的高渗透压作用、微生物发酵作用、蛋白质分解作用以及其他一系列的生物化学作用，变化复杂而且缓慢。因而当细胞外环境浓度变化时，会有压差出现，进而水由细胞内向胞外渗透甚至脱水，于是蔬菜活细胞失去活性，此时，调味料才渗入细胞内至整体各部，得到制成品。

食盐水之渗透压较高，腌菜时食盐浓度在2%以上，则易形成脱水作用，使蔬菜组织变软，达到腌制的目的。细胞在活动期间，呼吸作用继续消耗蔬菜中含有的成分。细胞死亡后，那些未被利用的成分便形成腌菜的特有风味.此时，细胞自身所含的一些酶的活动反而加剧，也会发生自消化现象，形成特有之风味。但与此同时腐败菌也会繁殖，渐至使之变质。

◆ 知识拓展

如果以长期贮存为目的，则盐浓度应在10%以上，以抑制自消化，同时因高渗透压之关系，亦可防止腐败菌繁殖而耐久存。

2. 微生物与酶的作用

腌菜中主要的微生物有乳酸片球菌、植物乳杆菌等8大种，还有酵母、假丝酵母等。

(1) 乳酸发酵作用

乳酸发酵是乳酸菌将原料中的糖分分解成乳酸、乙醇及CO_2等产物，甚至还会有乙酸产生。

（2）酒精发酵作用

酒精发酵时，酵母菌将蔬菜中的糖分分解而生成酒精和CO_2。

（3）醋酸发酵作用

醋酸发酵是醋酸菌氧化乙醇而生成，在蔬菜腌制过程中也有微量的醋酸形成。极少量的醋酸不但无损反而有益于制品的品质，只有在醋酸形成量过多时才会影响成品的品质。醋酸菌仅在有氧条件下才能将乙醇氧化成醋酸，因此腌制时要及时将制品装入坛中封口，隔绝空气，以防过多醋酸产生。

在蔬菜腌制过程中微生物发酵主要是乳酸发酵，其次是酒精发酵，醋酸发酵极轻微。

3. 有害的发酵及腐败作用

在腌制过程中，若出现下述有害的发酵和腐败作用，制品会降低品质，甚至不能食用。

（1）丁酸发酵，由专性厌氧细菌丁酸菌引起，可将糖和乳酸发酵成丁酸和CO_2及氢气。丁酸有不良气味，无保藏作用。

（2）不良的乳酸发酵，由乳菌杆菌分解糖成有臭味的甲烷气体。

（3）细菌的腐败作用，腐败菌分解蛋白质及其他含氮物质，产生吲哚、甲基吲哚、硫化氢和胺等恶臭甚至有毒物质成分。

（4）有害的酵母的作用，这些由好气性酵母引起的分解作用会使制品表面长膜生花。pH升高，造成其他微生物生长，另一些酵母菌会分解氨基酸成醇，同时放出臭气。

（5）好氧的旋生霉腐败，旋生霉多好氧且耐盐，不易除去，使制品品质下降。同时这类微生物还能分泌果胶酶类，产品会失去脆性，甚至变软腐烂。

4. 蛋白质分解作用

制过程中的蛋白质分解作用及其产物氨基酸的变化，是腌制过程中生化作用也是制品色香味的主要来源，在咸菜腌制过程中起主要作用。

5. 脆度的变化

腌制品脆度的变化主要是由两方面形成的，一是细胞的膨压，二是细胞中的果胶成分。一般腌制后制品脆度有所降低，但也可以采取保脆措施。

二、影响腌制过程中生物化学变化的因素

1. 食盐和pH

食盐和pH在腌制过程中主要起保藏作用，高盐和低pH都会抑制微生物生长。

2. 原料之组成

原料组成主要决定制品的特征，如脆性和色香味等。

3. 空气或氧气

空气或氧气主要决定微生物作用的类型及有益与否，同时对组织中的还原类物质如维生素C之保持不利。

4. 温度

最适温度 20~32℃，为抑制腐败微生物生长，通常在 12~22℃ 下发酵。

思考题

1. 果蔬的化学成分有哪些？
2. 贮藏环境条件的控制果品有哪些？
3. 涂料按作用分有哪几种？
4. 果蔬速冻工艺有哪些？
5. 果蔬的干制方法有哪些？

模块三 饮料加工工艺

◆ **基础理论和知识**

饮料加工的相关概念。

◆ **基本技能及要求**

1. 了解饮料的相关概念。
2. 掌握饮料用水处理工艺。
3. 掌握各类饮料加工技术。

◆ **学习重点**

掌握各类饮料加工技术。

◆ **学习难点**

饮料用水处理工艺。

◆ **导入案例**

对于人类而言，除了空气，再没有比水更重要的了。从自然水到人造饮料的发展可以影射出世界历史的发展。从这一意义上说，可把几千年的文明史划分成：啤酒时代、葡萄酒时代、烈酒时代、咖啡时代、茶时代及可口可乐时代。

面对琳琅满目的饮料货架，我们常常会换上选择恐惧症。对于含有大量水分的饮料产品，它们到底有什么区别？常见的百事可乐、可口可乐为什么能够占据市场长达数百年，它们成功征服消费者的秘诀在哪里？口服液、纯净水以及品种繁多的酒类饮料中的"另类"是否属于饮料的范畴？

项目一 饮料加工概述

任务1 饮料的概念和历史

一、饮料的的概念及特点

饮料是以提供人们身体所必需的水分和营养成分，达到生津止渴和增进健康为目的，供人饮用的工业产品。井水、泉水虽然可饮用，但不是饮料。口服液等专用于保健和医疗作用的制品也不属于饮料范畴。

二、饮料的发展历史

距今1万年左右，水之外的饮料才出现，随之而来的就是对水的统治地位的挑战，人类也由此步入文明时代。大约于1万年前，近东地区的人类开始培植谷物，随之而出现了最原始形式的啤酒。约5000年后，在美索布达米亚及埃及地区诞生了最早的文明社会。大规模农业生产所带来的谷物剩余基础使人无意间发现酿酒方法。公元前1000年左右时，古希腊城邦内繁荣的文化孕育出葡萄酒文化。罗马帝国灭亡一个世纪之后，欧洲的探险家们发明了一种浓缩耐久的饮料，非常适宜于海上运输，这就是蒸馏酒。属于此类的酒有白兰地、朗姆及威士忌。随着人们对地理范围认识的扩大，知识领域也出现更新。西方思想家们超越了长期坚守的承袭自古希腊的信念，建立了新的科学、政治及经济理论。而统治着这个"理性"时代的饮料就是咖啡。同时咖啡遭到来自中国的茶的挑战。茶在欧洲的兴起及流行，帮助打开了与东方的利润丰厚的贸易通道。欧洲人早在18世纪末就首先制作了含二氧化碳的饮料，但是，这种软性饮料只是在100年后，通过可口可乐的发明才独立于世，并跻身于饮料王国。

◆ 知识拓展

咖啡

"咖啡"（Coffee）一词源自埃塞俄比亚埃塞俄比的一个名叫卡法（kaffa）的小镇，在希腊语中"Kaweh"的意思是"力量与热情"。世界上第一株咖啡树是在非洲之角发现的。当地土著部落经常把咖啡的果实磨碎，再把它与动物脂肪掺在一起揉捏，做成许多球状的丸子。这些土著部落的人将这些咖啡丸子当成珍贵的食物，专供那些即将出征的战士享用。古时候的阿拉伯人最早把咖啡豆晒干熬煮后，把汁液当作胃药来喝，认为有助于消化。到16世纪时，早期的商人已在欧洲贩卖咖啡，由此将咖啡作为一种新型饮料引进西方的风俗和生活当中。

三、饮料的发展概况

碳酸饮料是饮料的传统主流产品，发展最早，产量最大，它可以起到解渴、促进消化和帮助解除疲劳的作用，这是一般饮用水无法取代的。由于世界发展的不平衡，大多数国家还处于贫困和发展之中，生产水平还比较低下，碳酸饮料很适应这些国家的国情，故碳酸饮料在相当长的一段时间内还会占有很大的市场。

随着生活水平不断提高，人们对饮料有了更高的要求，除满足于卫生之处，还要求有更好的色香味和更高营养价值的果蔬汁饮料和植物蛋白饮料。近年来果汁饮料、瓶装饮用水、咖啡和茶饮料等发展很快。饮料新产品的开发，主题是保健、方便、新奇和趣味，重点是营养强化、非一般原料及香料的使用。新产品包括功能性饮料、保健饮料、运动饮料、茶饮料、咖啡饮料、调香矿泉水等。

软饮料是不含酒精的饮料，我国饮料工业自改革开放以来发展迅速1980年全国饮料点产量只有30万吨，2005年达2260万吨，2015年达到17661.0万吨，同比增长6.23%。发展方向是充分发挥我国资源丰富的优势，遵循天然、营养的方向，适应消费者对饮料多口味的需要，积极发展果蔬汁、植物蛋白饮料、天然矿泉水和乳、茶饮品等天然饮料，打造民族品牌，积极开拓市场。

任务二　饮料的分类

一、根据组织形态分类

根据组织形态，饮料可以分为3类：

1. 固体饮料指是以糖（或不加糖）、果汁（或不加果汁）、植物抽提物及其他配料为原料，加工制成粉末状、颗粒状或块状的经冲溶后饮用的制品粉末状、颗粒状或块状饮料，水分含量在5%以内，冲溶后饮用。如咖啡、麦乳精等。

2. 液体饮料指那些固形物含量为5%~10%（浓缩者达30%~50%），没有一定形状，容易流动的饮料，如可乐、橙汁等。

3. 共态饮料指那些既可以是固态又可以是液态，在形态上处于过渡状态的饮料。如冷饮中的冰淇淋、冰棍、冰砖、雪糕等。

二、根据酒精含量分类

根据酒精含量分为含酒精饮料（包括各种酒类）和不含酒精饮料。其中，不含酒精的饮料又称软饮料。本章主要介绍软饮料的加工工艺与关键技术。

对软饮料有各种不同的分类方法，我国国家标准以使用原料、产品形态及作用为出发点，将软饮料分为10类：

1. 碳酸饮料类

这一类饮料是在经过纯化的饮用水中，压入二氧化碳气的饮料；或者是在糖液中，加入果汁（或不加果汁）、酸味剂、着色剂及食用香精等制成调和糖浆，然后加入碳酸水（或调和糖浆与水按比例混合后，吸收碳酸气）而制成的饮料。

2. 果汁(浆)及果汁饮料

这一类饮料是用成熟适度的新鲜或冷藏果实为原料,经机械加工所得的果汁或混合果汁类制品,成品中的原果汁含量不少于5.0%。

3. 蔬菜汁饮料类

这一类饮料是一种或多种新鲜蔬菜汁(或冷藏蔬菜汁)、发酵蔬菜汁、加入食盐或糖等配料,经脱气、均质及杀菌等所得的各种蔬菜汁制品。

4. 含乳饮料类

这一类是以鲜乳或乳制品为原料未经发酵或经发酵,加入水或其他辅料加工制得的液状或糊状制品。

5. 植物蛋白饮料类

这一类饮料是以大豆经钝化、研磨、去残渣、加入(或不加入)风味剂(糖类、咖啡、可可、果蔬汁液、着色剂和食用香精等),经杀菌、脱臭、均质等制成的制品。

6. 瓶装饮用水类

瓶装饮用水是来自地下深处的天然露头或经人工开采的深层地下水,以含有一定量的矿物盐或微量元素或二氧化碳以及温度较高为特征。

7. 茶饮料类

茶饮料是用水浸泡茶叶,经抽提、过滤、澄清等工艺制成的茶汤或茶汤中加入水、糖液、酸味剂、食用香精、果汁或植(谷)物抽提液等调制而成的制品。

8. 固体饮料类

这一类是以糖(或不加糖)、果汁(或不加果汁)、植物抽提物及其它配料为原料,加工制成粉末状、颗粒状或块状的经冲溶后饮用的制品。

9. 特殊用途饮料类

特殊饮料就是通过调整饮料中天然营养素的成分和含量的比例,以适应某些特殊人群营养需要的制品。

10. 其他饮料类

特殊用途饮料是用于防治由于膳食不平衡或营养过盛而造成的现代"文明病",如肥胖症、高血脂、冠心病、糖尿病和结肠癌等的制品。

三、根据加工工艺方法分类

根据饮料的加工工艺,可以将其分为如下4类:

1. 采集型:采集天然资源,不加工或有简单的过滤、杀菌等处理的产品,如天然矿泉。
2. 提取型:天然水果、蔬菜或其他植物经破碎、压榨或浸提、抽提等工艺制取的饮料,如果汁、菜汁或其他植物性饮料。
3. 配制型:用天然原料和添加剂配制而成的饮料,包括充二氧化碳的汽水。
4. 发酵型:包括酵母、乳酸菌等发酵制成的饮料,包括杀菌的和不杀菌的。

任务三 软饮料常用辅料

一、甜味剂

甜味剂是指能赋予软饮料甜味的食品添加剂。甜味剂按营养价值可分为营养性甜味剂和非营养性甜味剂两类,按其甜度可分为低甜度甜味剂和高甜度甜味剂,按其来源可分为天然甜味剂和合成甜味剂。常用的甜味剂有蔗糖、葡萄糖、果葡糖浆、蜂蜜、淀粉糖浆、糖醇类(山梨糖醇、木糖醇、麦芽糖醇和甜菊苷)等。

二、酸味剂

赋予食品酸味为主要目的的食品添加剂统称酸度调节剂(亦称酸味剂)。酸味剂按其组成可分为有机酸和无机酸。酸味剂主要是有机酸。天然食品中含有的有机酸主要有柠檬酸、酒石酸、苹果酸等,食品发酵产生的酸有醋酸和乳酸,使用较多的无机酸是磷酸。人工合成的有富马酸和葡萄糖酸。

三、香料和香精

食用香料是能赋予食品以香气,同时赋予食品特殊滋味的食品添加剂。食用香料一般是各种天然或合成的香料原料或其相互调和而成的调和香料。而以这些天然、人造香料为原料,经过调和并加入适当的稀释剂配制而成的多成分混合体称为香精。

软饮料中,香料和香精可以用来辅助增强香气、稳定每批产品的香气、补充加工过程中损失的香气、矫正食品中令人不易接受的气味、赋予产品一定类型的香味,其中人造香料是目前香料的主要来源。使用时应注意用量的多少、食品原料的均匀性、其他原料质量、甜酸比和温度的影响,以获得良好的香味效果。

四、食用色素

食品着色剂又称为食用色素,是以食品着色为目的的一类食品添加剂、很多天然食品都具有很好的色泽,但在加工过程中由于加热、氧化等各种原因,食品容易发生退色甚至变色,严重影响食品的感官质量。在食品加工中为了更好的保持或改善食品的色泽,需要向食品中添加色素。

食用色素按其来源和性质可分为合成色素和天然色素。其中天然色素安全性强,且色泽自然,有些还具有一定的营养价值和药理功能。但天然色素一般稳定性较差,对光、热、酸、碱和某些酶等条件敏感,从而导致在加工、储存中发生变色或退色的现象,影响食品的光泽。因此饮料一般以合成色素为主。合成色素也称为食品合成染料,是用人工合成的方法所制得的有机着色剂。合成色素的着色力强、色彩鲜艳、不易褪色、稳定性好、易溶解、易调色、使用方便、成本低。

选用合成色素,首先应考虑的是其安全性,其次是在水溶液、乙醇溶液或其他溶剂中的溶解度高,坚牢度好,而且不易受到食品中的各种成分及加工条件的影响,不被细菌侵害,对光和热稳定,具有令人满意的色彩。我国允许使用的几种食品合成色素有苋菜红、胭脂红、柠檬黄、日落黄、靛蓝等。

五、防腐剂

防腐剂是指能防止由微生物引起的腐败变质,以延长食品保存期的食品添加剂。防腐剂对微生物有杀灭或抑制其生长的作用,可防止食品的腐败和变质,因而可以提高食品的保藏期。

防腐剂按其来源和性质可以分为有机防腐剂与无机防腐剂两类。有机防腐剂主要是苯甲酸及其盐类、山梨酸及其盐类、对羟基苯甲酸酯类和丙酸盐等。无机防腐剂有二氧化硫、亚硫酸盐等。此外,还有乳酸链球菌肽等肽类抗生素。

六、抗氧化剂

抗氧化剂是为了阻止或推迟食品的氧化变质,提高食品稳定性和延长食品储藏期而使用的食品添加剂。抗氧化剂的种类繁多,软饮料生产中使用的是水溶性的抗氧化剂,如抗坏血酸、异抗坏血酸、亚硫酸盐类、葡萄糖氧化酶、过氧化氢酶等。

七、食品增稠剂

食品增稠剂指能溶解于水中,并在一定条件下充分水化形成黏稠溶液或冻胶的大分子物质。饮料工业中主要用于增加果汁的粘稠度、延长果肉的悬浮效果,改善饮料的口感、质感和风味,防止蛋白质沉淀等方面。

八、乳化剂

乳化剂是能使互不相溶的两种液体中的一种呈微滴状分散在另一种液体中,提高其稳定性的一类食品添加剂。主要用于含油脂和蛋白质的饮料(如豆乳、花生乳等饮料)中,可提高溶解度和稳定性,具有乳化和稳定的作用。

九、酶制剂

食品酶制剂是具有生物催化功能的物质,用于加速食品加工过程和提高食品产品质量的制品。饮料工业中常用的酶制剂有果胶酶、淀粉酶、纤维素酶、柚苷酶和柠碱前体脱氢酶。其中果胶酶主要用于果汁饮料生产中果汁的澄清,提高果汁过滤速度,降低果汁黏度,提高果汁得率。纤维素酶主要用于消除果汁、葡萄酒、啤酒等饮料中由纤维素类引起的浑浊,提高和改善绿茶、红茶等的速溶性等。柚苷酶主要用于柚子和苦味橘子的果汁、果肉和果皮的脱苦。柠碱前体脱氢酶可阻止新鲜的柑橘制品在加热和长期储藏时形成柠碱,预防柑橘制品"迟发苦味"的现象。

十、二氧化碳

二氧化碳是碳酸饮料和汽酒的主要原料之一,主要用于饮料的碳酸化,在碳酸饮料中起着其他物质无法替代的作用。二氧化碳在软饮料中的主要作用有以下几点:

1. 清凉解暑，二氧化碳被压入碳酸饮料后就生成碳酸，人们喝入碳酸饮料后，碳酸进入人体受热分解．释放出二氧化碳，当二氧化碳从体内排出时，体内的热量随之排出，使人感到清凉，在夏天有消暑作用；

2. 抑制微生物生长，延长产品货架期，二氧化碳压入饮料后，一方面由于碳酸气的浓度增高，造成缺氧环境，从而抑制好氧微生物的生长，另一方面二氧化碳使碳酸饮料中的压力增加，对微生物也有抑制作用．从而延长产品的货架期；

3. 增加饮料的风味，二氧化碳与饮料中其他成分配合，可产生特殊的风味，当二氧化碳从饮料中逸出时，能带出香味，增强饮料的风味特征；

4. 增加爽口感，碳酸饮料中逸出的碳酸气，具有特殊的刹口感，能增强对口腔的刺激．给人以爽口的感觉，能够增进人的食欲。

项目二　饮料用水的处理工艺

任务一　水源及水中杂质

一、水源的分类及其特点

1. 地表水

指江水、河水、湖水、水库水、池塘水和浅井水等天然水。水量丰富，矿物质含量较少，硬度为 1~8mmol/L，但是水质不稳定，杂质随地理位置（如发源地、上游、下游）和季节等的变化（如雨季、旱季）而改变。

2. 地下水

指经过底层的渗透、过滤、存积在底层中的天然水，主要有深井水、泉水和自留井水等。地层可滤去大部分藻类、微生物等悬浮物，故地下水质较澄清，且受气候影响下，冬暖夏凉，水温变化小，但流进地下，会溶入较多可溶性矿物质，如 Ca^{2+}、Mg^{2+}、Fe^{3+} 的碳酸氢盐，一般含盐量 100~5000mg/L，硬度为 2~10mmol/L，有的高达 10~25mmol/L。

3. 自来水

一般是地表水经过水处理，水质达到一定标准要求的水，是多种饮料的水原料。其特点是：水质好、稳定、符合生活饮用水标准，容易处理，一次性投资小，但水价高，经常性费用大，使用时要注意控制 Cl^-、Fe^{3+}、微生物含量及碱度。

二、水中杂质与水质指标

1. 天然水源中杂质及其分类

天然水在自然界循环过程中不断地和外界接触，使空气中、陆地上和地下岩层中各种物质溶解或混入，因此，自然界里没有绝对纯洁的水，它们都受到不同程度的污染。

天然水源中的杂质按其微粒分散的程度,大致可分为3类:悬浮物质、胶体物质和溶解物质。水源中杂质的特征及其对饮料品质的影响如下:

(1)悬浮物质

天然水中凡是粒度>200nm的杂质统称悬浮物。这类杂质使水质浑浊,大的肉眼可见,静置自行沉降。悬浮物质主要是泥土、沙粒等无机物,也有浮游生物(如蓝藻类、绿藻类、硅藻类)及微生物等。悬浮物在饮料中会沉淀形成瓶底积垢或絮状沉淀,并影响CO_2的溶解,有害微生物会影响产品风味甚至使产品变质。

(2)胶体物质

胶体粒径为1~200nm,胶体有两个特性:一是光线照射时光被散射呈浑浊状(丁达尔现象);二是因吸附水中大量离子而带电荷,颗粒间同性电排斥,不相黏结,稳定在胶粒状态而不下沉,即具有稳定性。

(3)溶解物质

这类杂质的微粒在1nm以下,主要是溶解的气体(O_2、CO_2、H_2S和Cl_2等)、盐类及某些有机物。天然水源中的溶解气体主要是氧气和二氧化碳,此外是硫化氢和氯气等。这些气体的存在会影响碳酸饮料中二氧化碳的溶解量并产生异味,影响饮料的风味和色泽。其中盐类常以离子的形式存在,阳离子有H^+、Na^+、K^+、NH_4^+、Ca^{2+}、Mg^{2+}、Fe^{2+}、Fe^{3+}、Mn^{2+}、Al^{3+}等;阴离子为OH^-、Cl^-、HCO_3^-、CO_3^{2-}、NO_3^-、NO_2^-、SO_4^{2-}、SiO_2^{2-}、$H_2PO_4^-$等,它们构成了水的硬度和碱度。

2. 水质指标

水的质量关系到软饮料的质量。软饮料生产厂家的水源有各种不同的情况,有的只有天然水源,需要制造厂对天然水进行全面处理;也有的有自来水源,可以只对自来水中不符合软饮料用水要求的指标进行处理。经过处理的水(除瓶装水,见瓶装饮用水),除需符合饮用水的要求之外,一般另有如表3-1、3-2、3-3所示之各项指标。

表3-1　　　　　　　　　　　　　天然水源中杂质分类

杂质类型	溶解物	胶体	悬浮物
粒径	<1nm	1~200nm	>200nm
特征	透明	光照下浑浊	浑浊(肉眼可见)
识别	电子显微镜	超显微镜	普通显微镜
常用处理法	离子交换	混凝、澄清、自然沉降、过滤	混凝、澄清、自然沉降、过滤

表3-2　　　　　　　我国卫生部颁发的生活饮用水卫生标准

项目	标准	项目	标准
1.感官性指标		3.毒理学指标	
色	不超过15度，无异色	氟化物	不超过1.0mg/L
浑浊度	不超过5度	氰化物	不超过0.05mg/L
臭和味	不得有异臭、异味	砷	不超过0.04mg/L
肉眼可见物	不得含有	硒	不超过0.01mg/L
2.化学指标		汞	不超过0.001mg/L
pH	5.5-8.5	镉	不超过0.001mg/L
总硬度（以CaO）计	不超过250mg/L	铬（六价）	不超过0.05mg/L
铁	不超过0.3 mg/L	铅	不超过0.1mg/L
锰	不超过0.1 mg/L	4.细菌学指标	
铜	不超过1.0 mg/L	细菌总数	1ml水中不超过1000个
锌	不超过1.0 mg/L	大肠菌群	1L水中不超过3个
挥发酚类	不超过0.002 mg/L	5.游离性余氯	接触30min后不低0.3mg/L水
阴离子合成洗涤剂	不超过0.03 mg/L		

表3-3　　　　　　　一般软饮料用水标准

项目名称	指标	项目名称	指标
浊度/度	<2	高锰酸钾消耗量/(mg/L)	<10
色度/度	<5	总碱度（以$CaCO_3$计）/(mg/L)	<50
味及嗅	无味无嗅	游离氯含量/(mg/L)	<0.1
总固形物含量/(mg/L)	<500	细菌总数/(个/mL)	<100
总硬度/(mmol/L)	<2	大肠菌群/(个/L)	<3
铁（以Fe计）含量/(mg/L)	<0.1	霉菌含量/(个/mL)	<1
锰（以Mn计）含量/(mg/L)	<0.1	致病菌	不得检出

三、水的硬度和碱度

1.水的硬度

水的硬度是指水中离子沉淀肥皂的能力。通常，与水中的钙、镁离子相比，其他离子的含量很小，所以水的硬度的大小，一般指水中钙、镁离子盐类的含量。

硬度分为总硬度、碳酸盐硬度和非碳酸盐硬度。

（1）碳酸盐硬度（又称暂时硬度）。碳酸盐硬度的主要化学成分是钙镁的碳酸氢盐（又称重碳酸盐），其次是钙镁的碳酸盐。由于这些盐类一经加热煮沸就分解成为溶解度很小的碳酸盐,硬度大部分可以除去,故又称暂时硬度。

$$Ca(HCO_3)_2 \rightarrow CaCO_3 \downarrow + CO_2 + H_2O$$

$$Mg(HCO_3)_2 \rightarrow Mg(OH)_2 \downarrow + 2CO_2$$

(2)非碳酸盐硬度(又称永久硬度)。非碳酸盐硬度表示水中钙、镁的氯化物($CaCl_2$、$MgCl_2$)、硫酸盐($CaSO_4$、$MgSO_4$),硝酸盐[$Ca(NO_3)_2$]、$Mg(NO_3)_2$]等盐类的含量,这些盐类经加热煮沸不会产生沉淀,使硬度不变化,故又称永久硬度。

总硬度是碳酸盐硬度和非碳酸盐硬度之和。

硬度的单位是 mmol/L 或 mg/L $CaCO_3$。

饮料用水若硬度过大,会产生碳酸钙沉淀和有机酸钙盐沉淀,对饮料有不良影响。例如 $Ca(HCO_3)_2$ 等与有机酸反应产生沉淀,影响产品感官品质;非碳酸盐硬度过高时,使饮料有盐味。

2. 水的碱度

水中碱度取决于天然水中能与 H^+ 结合的 OH^-、CO_3^{2-} 和 HCO_3^- 的含量。分别称为氢氧化物碱度、碳酸盐碱度和重碳酸盐碱度。三种碱度的总量为总碱度。

天然水中通常不含 OH^-,且只要有钙、镁离子存在时,由于其碳酸盐的溶解度很小,所以 CO_3^{2-} 含量也很小,因此,天然水中通常仅有 HCO_3^- 存在。只有在含 Na_2CO_3 或 K_2CO_3 的碱性水中才有 CO_3^{2-}。

水的碱度过大对饮料生产不利,主要原因是,与金属离子反应形成水垢,产生不良气味;与饮料中有机酸反应,改变饮料的糖酸比与风味;还会造成饮料酸度下降,使微生物容易在饮料中生存;生产碳酸饮料时,影响 CO_2 的溶入量,且因与某些成分反应而产生沉淀。

任务二 水处理的一般方法

一、水处理的一般过程

为达到水质要求,针对原水的水质不同,采取不同的水处理方法。但是,只靠一种水处理单元操作是不可能达到水质要求的。为达到软饮料用水的水质要求,必须将数种水处理的单元操作相结合。一般常用的水处理过程如下:

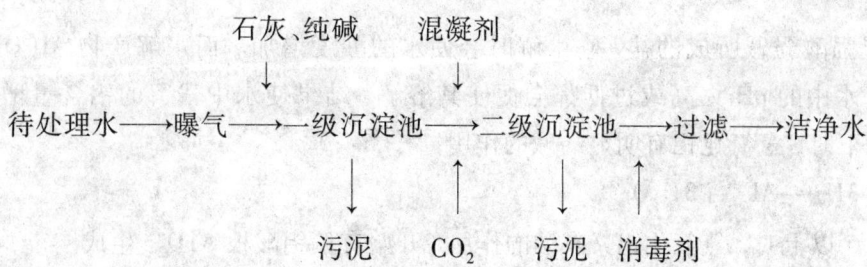

其中曝气是使水与空气充分接触,除去水中挥发性溶质,如 H_2S、CO_2、CH_4 及臭味气体,加石灰、纯碱是为了消除硬度,加混凝剂是为了除去用沉淀法未能除去的胶体物质。

二、水处理的方法

1. 悬浮物和胶体物质的去除

取一杯浑浊的水进行观察,首先,发现一些粗大的泥沙颗粒迅速沉到杯底,水逐渐澄清,杯底的下沉物渐渐增多。但在一定时间以后,水就不容易进一步澄清,甚至放置很久时间,也达不到透亮程度,有时水还带有颜色和臭味。这种浑浊、颜色和臭味,是细小悬浮物和胶体物所致。

去除方法有两种:一种方法是混凝,即在水中加入混凝剂,使水中细小悬浮物及胶体物质互相吸附结合成较大的颗粒,从水中沉淀出来;一种方法是过滤,即使细小悬浮物和胶体物质吸附在一些相对巨大的颗粒表面而除去。若两种途径并用,过滤安排在混凝之后。

(1) 混凝

混凝的目的在于向水中投加一些药剂(混凝剂),使水中难以沉淀的胶体颗粒能互相聚合,长大至能自然沉淀的程度。水处理中最常用的混凝剂是铝盐和铁盐。

① 明矾 $[Al_2(SO_4)_3]$

明矾是一种复盐,在水中 $Al_2(SO_4)_3$ 发生水解作用生成氢氧化铝:

$$Al_2(SO_4)_3 \rightarrow 2Al^{3+} + 3SO_4^{2-}$$

$$Al^{3+} + H_2O \rightarrow Al(OH)_2^+ + H^+$$

$$Al(OH)_2^+ + H_2O \rightarrow Al(OH)_2^+ + H^+$$

$$Al(OH)_2^+ + H_2O \rightarrow Al(OH)_3 \downarrow + H^+$$

氢氧化铝是溶解度很小的化合物,它经聚合后,以胶体状态从水中析出。在近乎中性的天然水中,氢氧化铝带正电荷,而天然水中的自然胶体大多带有负电荷,它们中间可起电性中和作用。同时,氢氧化铝胶体又可吸附水中的自然胶体和悬浮物。在这种中和和吸附作用下,水中的胶体微粒渐渐凝聚成粗大的絮状物而下沉,在沉降过程中,可将悬浮物裹带同时沉降下来。

明矾的用量一般是 $0.001\% \sim 0.02\%$。

② 硫酸铝

因硫酸铝是强酸弱碱所成的盐,它水解时会使水的酸度增加。而水解产物 $Al(OH)_3$ 是两性化合物,水中的 pH 太高或过低都会促使其溶解,结果使水中残留的铝含量增加。当 pH 在 5.5 以下时,氢氧化铝有明显的碱的作用。

$$Al(OH)_3 + 3H^+ \rightarrow Al^{3+} + 3H_2O$$

当 pH 在 7.5 以上时,氢氧化铝又有酸的作用,开始有偏铝酸根 AlO_2^- 生成。

$$Al(OH)_3 + OH^- \rightarrow AlO_2^- + 2H_2O$$

当 pH>9 时，水中不再有 $Al(OH)_3$ 存在。当水的 pH 为 5.5~7.5 时生成的 $Al(OH)_3$ 量最大，所以在使用硫酸铝为混凝剂时，往往要用石灰、氢氧化钠或酸调节原水的 pH 近中性，一般取 6.5~7.5。

由于混凝过程不是单纯的化学反应，所需的药量不能根据计算来确定，应根据试验确定加药量。采用 $Al_2(SO_4)_3 \cdot 18H_2O$ 时的有效剂量为 20~100mg/L，每投 1mg/L $Al_2(SO_4)_3$ 需加 0.5mg/L 石灰(CaO)。

③铁盐

一般将铁盐的化学反应表示为：

$FeSO_4 + Ca(HCO_3)_2 \rightarrow Fe(OH)_2 + CaSO_4 + 2CO_2 \uparrow$

$4Fe(OH)_2 + 2H_2O + O_2 \rightarrow 4Fe(OH)_3$

$Fe_2(SO4)_3 + 3Ca(HCO_3)_2 \rightarrow 2Fe(OH)_3 + 3CaSO_4 + 6CO_2 \uparrow$

铁盐在水中发生水解，生成 $Fe(OH)_3$ 胶体，其过程与铝盐相似。

由于 $Fe(OH)_2$ 氧化产生 $Fe(OH)_3$ 的反应在 pH 大于 8.0 时才能完成，因此在水处理时需要加石灰去除水中的 CO_2。

$Ca(OH)_2 + CO_2 \rightarrow CaCO_2 + H_2O$

每投加 1mg/L $FeSO_4$，需要加 0.37mg/L 的 CaO。用 $FeSO_4 \cdot 7H_2O$ 时的有效剂量一般为 14~70mg/L。

当 pH 大于 6 时，铁离子与水中的腐植酸能生成不沉淀的有色化合物，所以处理含有机物较多的水质时，铁盐是不适合的。

总之，混凝反应的条件受下列因素的影响：①原水的性质；②混凝剂的种类；③混凝剂的添加量；④混凝时的 pH；⑤搅拌的时间；⑥搅拌的强度；⑦水温；⑧助凝剂。

混凝反应的条件要通过试验确定。

（2）过滤

原水通过一种多孔性介质及由介质组成的具有孔隙结构的滤层时，水中一些悬浮物、胶体杂质等被截留在孔口或孔隙以及介质的表面上，从而使原水得到净化，这一过程称为水的过滤。过滤过程是一系列不同过程的综合，包括阻力截留（筛滤）、重力沉降和接触凝聚。

①阻力截留：单层滤料层中粒状滤料的级配特点是上粗下细，也就是上层孔隙小，下层孔隙大。当原水由上而下流过滤料层时，直径较大的悬浮物首先被截留在滤料层的孔隙间，从而使表面的滤料孔隙越来越小，拦截住后来的颗粒，在滤层表面逐渐形成一层主要由截留的颗粒组成的薄膜，起到过滤作用。

②重力沉降：当原水通过滤层时，众多滤料颗粒提供了大量的沉降面积，例如 $1m^3$ 粒径为 5×10^{-2} cm 的球形砂粒，可供悬浮物沉淀的有效面积约 $400m^2$。当原水经过滤料层时，只要速度适宜，其中的悬浮物就会向这些沉淀面沉淀。

③接触凝聚：构成滤料的砂粒等物质，具有巨大的表面积，它和悬浮物的微小颗粒之

间有着吸附作用,因此砂粒在水中带有负电荷,能吸附带正电荷的微粒(如铁、铝的胶体微粒及硅酸),形成带正电荷的薄膜,因而能使带负电荷的胶体(黏土及其他有机物)凝聚在砂粒上。

接触凝聚和重力沉降是发生在滤料深层的过滤作用,而阻力截留主要发生在滤料表层。过滤的工艺过程基本上由两个过程组成,即过滤和冲洗两个循环的过程。过滤为生产清水的过程;而冲洗是从滤料表面冲洗掉污物,使之恢复过滤能力的过程。多数情况下,冲洗和过滤的水流方向相反,因而一般把冲洗称为反冲或反洗。

当过滤进行到一定阶段以后,由于滤料层中所含污泥的数量大大增加,这时,水中悬浮杂质开始穿透砂层,随水流出滤池,使出水质量下降。冲洗是用一定强度的水流由下而下地通过滤层,使滤料上吸附的悬浮物脱落下来,并随反冲水流出滤池。这样,当冲洗结束时,砂粒已经得到清洗,滤池可以重新投入工作。

冲洗效果取决于冲洗强度。冲洗强度过小,不能达到从滤料表面剥离杂质所需要的力量,强度过大,滤料层膨胀过度,减少了在反冲过程中单位体积内滤料之相间碰撞的机会,对冲洗不利,还会造成细小粒料的流失和冲洗水的浪费。在冲洗时根据情况可以采取辅助措施,如表面冲洗、空气冲洗和机械冲洗等。

常用的过滤器如下:

①砂过滤器

当用水量较少,原水中硬度、碱度指标基本合乎要求,只含有少量的有机物、细菌及其他杂质时,可采用砂滤棒过滤器。砂滤棒又叫砂芯,是雪松细微颗粒的硅藻土和骨灰等可燃性物质在高温下焙烧、熔化制成的。在制作过程中,可燃性物质变为气体逸散,形成直径为 $0.16-0.41\mu m$ 的小孔,待处理水在外压的作用下通过砂滤棒的微小孔时,水中存在的少量有机物及微生物即被微孔截留在砂滤棒表面,滤出的水可达到基本无菌。

②微孔膜过滤器

微孔膜过滤器外壳为一立式不锈钢圆筒,内置一只或多只滤芯。滤芯为高分子材料的滤膜。滤膜的材料结构决定了过滤效果。

③活性炭过滤器

活性炭是一种多孔性物质,具有很强的吸附能力,能吸附水中的气体、臭味、氯离子、有机物、细菌及铁与锰等杂质,一般可将水中的有机物除去90%以上。活性炭过滤器的结构与压力过滤器相似,只是将滤料由砂改成了颗粒状活性炭而已。活性炭过滤器在使用过一段时间后,由于截污过多,活性炭表面及内部的微孔被水中的杂质堵塞,活性丧失,造成压降增大和出水水质变差,这时应对它进行反冲洗与再生。

不同滤料的过滤效果不同。细砂、无烟煤常在结合混凝、石灰软化和水消毒的综合水处理中作初级过滤材料;对原水水质基本满足软饮料用水要求者,可采用砂滤棒过滤器;为除去水中的色和味,用活性炭过滤器;要达到精滤效果,可以采用微孔滤膜过滤器。在过滤的概念中，甚至可以将近年来发展起来的超滤和反渗透列入。

2. 溶解杂质的去除

（1）石灰软化法

饮料用水对水的硬度要求高。过硬的水配制饮料甚至会影响成品的外观质量。洗瓶用水硬度过高会与洗瓶所用的碱溶液起反应，导致洗瓶机内的冲洗喷嘴形成水垢发生堵塞，瓶子得不到有效洗涤，甚至会使瓶子蒙上水垢而发暗。饮料生产用水在用前必须软化，降低原水的硬度。

石灰软化法是在水中加入石灰等化学试剂，在不加热的条件下除去 Ca^{2+}、Mg^{2+}，降低水的硬度，达到水质软化的目的，这种方法称之为石灰软化法。石灰软化法不仅可以去除水中的 CO_2 和大部分的碳酸盐硬度，而且可以降低水的碱度和含盐量。

将生石灰 CaO 配制成石灰乳：

$CaO + H_2O \rightarrow Ca(OH)_2$

用石灰乳除去水中的重碳酸钙 $Ca(HCO_3)_2$、重碳酸镁 $Mg(HCO_3)_2$ 和 CO_2。

$CO_2 + Ca(OH)_2 \rightarrow CaCO_3 + H_2O$

$Ca(HCO_3)m2 + Ca(OH)_2 \rightarrow 2CaCO_3 + 2H_2O$

$Mg(HCO_3)_2 + Ca(OH)_2 \rightarrow MgCO_3 + CaCO_3 + 2H_2O$

$MgCO_3 + Ca(OH)_2 \rightarrow Mg(OH)_2 + CaCO_3$

$2NaHCO_3 + Ca(OH)_2 \rightarrow CaCO_3 + Na_2CO_3 + 2H_2O$

反应先去除水中的 CO_2，CO_2 除去后才完成后面的软化反应，不然水中的 CO_2 会和 $CaCO_3$、$Mg(OH)_2$ 这些沉淀物重新化合，再产生碳酸盐硬度，反应如下：

$CaCO_3 + H_2O + CO_2 \rightarrow Ca(HCO_3)_2$

$Mg(OH)_2 + CO_2 \rightarrow MgCO_3 + H_2O$

$MgCO_3 + H_2O + CO_2 \rightarrow Mg(HCO_3)_2$

（2）离子交换法

离子交换树脂是有三维网络结构的多孔海绵状高分子化合物。在构成网络的主链上有许多活性的化学功能团。这些功能团由带电荷的固定离子和以离子键与固定离子相结合的反离子所组成。离子交换树脂吸水膨胀后，化学功能团上结合的反离子与水中的离子进行交换。阳离子交换树脂能吸附交换 Ca^{2+}、Mg^{2+} 等阳离子；阳离子交换树脂能吸附交换 Cl^-、HCO_3^-、SO_4^{2-}、CO_3^{2-} 等阴离子。例如，阳离子交换树脂 $R-SO_3Na$（R－树脂母体）与 Ca^{2+}、Mg^{2+} 发生交换反应而将 Ca^{2+}、Mg^{2+} 除去，对 Ca^{2+} 的交换反应为：

$2R-SO_3Na + Ca^{2+} = (R-SO_3)_2Ca + 2Na^+$

对 Mg^{2+} 也有类似反应。随交换反应的进行，$R-SO_3Na$ 转变为 $(R-SO_3)_2Ca$（或 Mg）而失去交换能力。这时要停止交换，用食盐水处理，使 Na^+ 与树脂上的 Ca（或 Mg）交换而恢复交换能力。

若使用阴离子交换树脂与水中的阴离子杂质进行交换，则可除去水中的阴离子杂质，例如：

$R - NOH + Cl^- = R = NCl + OH^-$

用 NaOH 溶液处理失去交换作用的阴离子交换树脂，则可使树脂再生。如果将待处理水先后通过阴、阳两种离子交换树脂，则不仅可使其软化，而且可以除盐。

离子交换法的优点是：脱除离子的效率高，设备简单，较易操作。在使用上要防止树脂被氧化破坏和减少有机物污染，以延长使用寿命。此外，待处理水含盐量过高时需经常再生，消耗酸碱的量大，且排出的酸碱废液需要达标处理。因此，本法较适用于处理含可溶性杂质较少的水；含盐类较多的水，在离子交换前应做预处理（如电渗析等）降低盐含量。

（3）电渗析

电渗析技术常用于海水和咸水的淡化，或用自来水制备初级纯水。电渗析是通过具有选择通透性和良好导电性的离子交换膜，在外加直流电场的作用下，根据异性相吸、同性相斥的原理，使原水中阴、阳离子分别通过阴离子交换膜和阳离子交换膜而达到净化作用的一项技术。电渗析用的离子交换膜，类似离子交换剂，有两种：一种只能渗透和交换阳离子，称阳离子交换膜；另一种只能渗透和交换阴离子，称阴离子交换膜。由这两种膜相间排列构成电渗析装置。

电渗析工作原理如图所示，进入第 1、3、5、7 室的水中离子，在直流电场作用下作定向移动。阳离子向阴极移动，透过阳膜进入极水室以及 2、4、6 室；阴离子要向阳极移动，透过阴膜进入 2、4、6、8 室。因此，从第 1、3、5、7 室流出来的水中，阴、阳离子数都会减少，成为含盐量降低的淡水。进入第 2、4、6、8 室的水中离子，在直流电场作用下也要作定向移动。阳离子要移向阴极，但被阴膜阻挡而留在室内；阴离子要向阳极移动，受阳膜阻挡也留在室内。第 2、4、6、8 室内原来的阴、阳离子均出不去，而第 1、3、5、7 室中的阴、阳离子都要穿过膜进入其中，所以从第 2、4、6、8 室流出来的水中，阴、阳离子数都比原水的多，成为浓水。

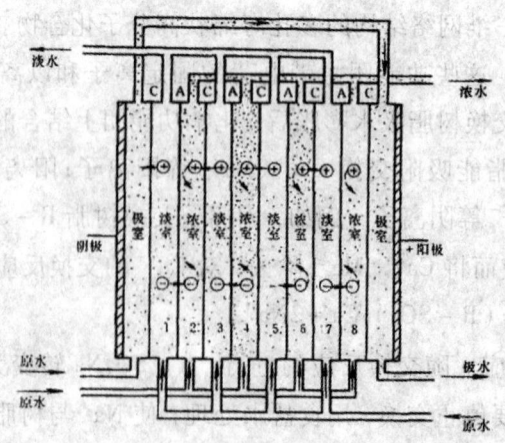

图 3-1 多层膜电渗析器脱盐示意图

多层膜电渗析器脱盐示意图(见图3-1)

电渗析器通电后,两端的电极表面上还有电化学反应发生。以含 NaCl 水溶液为例,反应如下。

在阳极:$H_2O = 2H^+ + OH^-$; $2OH^- - 2e^- \rightarrow [O] + H_2O$; $[O] \rightarrow (1/2)O_2 \uparrow$

$Cl^- - e^- \rightarrow [Cl]$; $[Cl] \rightarrow (1/2)Cl_2 \uparrow$

在阴极:$H_2O = 2H^+ + OH^-$; $2H^+ + 2e^- = H_2 \uparrow$; $Na^+ + OH^- = NaOH$

在阳极室,由于 OH^- 减少,极水呈酸性,并产生性质非常活泼的初生态氧和氯,这些都会对电极造成强烈腐蚀。所以一定要考虑电极材料的耐腐蚀性。在阴极室,由于 H^+ 减少,极水呈碱性,当极水中有 Ca^{2+}、Mg^{2+} 和 HCO_3^- 等时,则与 OH^- 生成 $CaCO_3$ 和 $Mg(OH)_2$ 等水垢,并结集在阴极上,同时阴极还有氢气排出。

电渗析器的工作特点决定其适用范围。第一,要求水质浑浊度要小(2mg/L),否则应做适当预处理(如混凝、过滤、杀菌等)后再用电渗析;第二,电渗析靠水中离子传递电流,被迁移的杂质只能是电解质,对 HCO_3^-、$HSiO_3^-$ 等弱电解质的去除率很低,对非电解质和不溶性杂质更无去除作用,也不能去除水中呈硅酸盐与 SiO_2 等形式的硅;第三,也不可能制备高纯水,这是因为水越纯,电阻越大,若用于制高纯水,则需与离子交换法结合使用。

采用电渗析脱盐法具有投资少、脱盐率高、原水耗电省、可连续处理、操作简单、检修比较方便和占地面积小等优点。目前电渗析在膜分离领域占有重要地位,在国内饮料行业和苦咸水脱盐中应用较广,是饮用水的一种主要生产方法。电渗析的主要不足时水的利用率低(50%左右),且排放的大量浓盐水也需要处理。

(4)反渗透

反渗透是从20世纪50年代发展起来的一项新型膜分离技术,是依靠反渗透膜在压力下使溶液中的溶剂与溶质进行分离的过程。我国对反渗透技术的研究始于二十世纪六七十年代,目前应用范围已发展到食品领域中果汁、牛乳的浓缩和饮料用水的净化方面。

反渗透的原理如下:在一个容器中用一层半透膜把容器隔成两部分,一边注入淡水,另一边注入盐水拼使两边液位相等,由于半透膜是一种只能让溶液中的溶剂单独通过而不让溶质通过的选择透性膜,当用半透膜隔开两种不同浓度的溶液时,溶液中的溶剂(纯水)就会通过半透膜进入浓溶液(盐水)一侧,这种现象叫渗透。由于渗透作用,溶液的两侧在平衡后会形成液面的高度差,产生一定的压力,这种高度差所产生的压力叫渗透压,抑制了纯水进一步向盐水方向的渗透。如果在浓溶液(盐水)一侧施加一个大于渗透压的压力时,溶剂(纯水)就会从浓溶液(盐水)一侧通过半透膜进入稀溶液(纯水)中,这种现象称为反渗透,见图(3-2)。

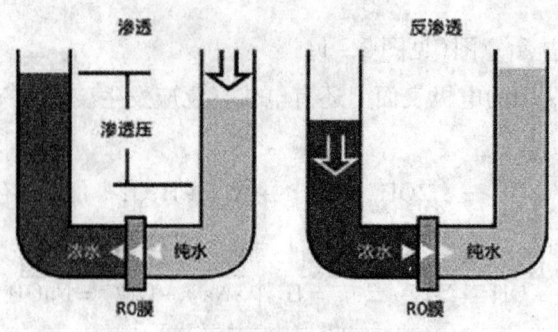

图3-2 反渗透工作原理

反渗透作用的结果是使浓溶液变得更浓,稀溶液变得更稀,最终达到脱盐目的。反渗透法主要利用溶剂或溶质对膜的选择性原理。反渗透膜的选择透过性与组分在膜中的溶解、吸附和扩散有关,还与膜的化学、物理性质有密切关系。

各种纯水制法中,反渗透与离子交换法相结合被认为是最佳选择。反渗透可将大部分粒子去除,最后用离子交换法除去残余离子。这样做,离子交换剂负荷较轻,树脂的使用周期延长,而且所制造的纯水质量很好,可用于制作饮用纯净水。

(5) 水消毒

为了达到软饮料用水的微生物指标的要求,需要对经化学处理的水进行消毒。消毒的方法有氯消毒、紫外线消毒和臭氧消毒等。氯消毒是基于氯在水中生成次氯酸(HOCl),当其以分子状态进入微生物菌体内部时,由于强氧化作用,破坏了微生物的酶系统,从而达到消毒目的。漂白粉和漂粉精的作用原理和氯相同。一种更好的消毒剂是二氧化氯(ClO_2),它与水中的杂质形成三氯甲烷(一种致癌物质)的可能性要比氯消毒小得多。紫外线消毒是利用波长在200~295nm的紫外线进行连续的水消毒处理,微生物受紫外光照射后,营养细胞中的蛋白质和核酸吸收了紫外光谱的能量,导致蛋白质变性,使微生物死亡。紫外线对清洁透明的水有一定的穿透能力,所以能消毒水。臭氧是一种不稳定的气态物质,在水中易分解成氧气和一个原子的氧。原子氧是一种很强的氧化剂,能与水中的细菌以及其他微生物或有机物作用,使其失去活性。

项目三 碳酸饮料

任务一 碳酸饮料的分类

碳酸饮料即含二氧化碳气的饮料，俗称汽水。碳酸饮料在软饮料中是最重要的产品。根据 GB10789－1996（软饮料的分类）、GB/T10792－1995（碳酸饮料）之规定，碳酸饮料主要分为下列种类：

1. 果汁型。果汁型饮料是指原果汁含量不低于 2.5% 的碳酸饮料。如橘汁汽水、橙汁汽水、菠萝汁汽水或混合果汁汽水等。

2. 果味型。果味型饮料是指以果香型食用香精为主要赋香剂，原果汁含量低于 2.5% 的碳酸饮料。如柠檬汽水、橘子汽水等。

3. 可乐型饮料。可乐型饮料是指含有焦糖色素、可乐香精、水果香精或类似可乐果、水果香型的辛香和果香混合香气的碳酸饮料。无色可乐不含焦糖色素。可乐型汽水是世界上碳酸饮料生产的主要产品之一，代表产品为"可口可乐"、"百事可乐"等，已有百多年历史，畅销不衰，是一种嗜好型的饮料。

4. 低热量型饮料。低热量型饮料是指以甜味剂全部或部分代替糖类的各型碳酸饮料和苏打水。成品热量低于 75kJ/100mL。

5. 其他型。其他型饮料是指上述 4 种类型以外，含有植物抽提物或非果香型的食用香精以及补充人体运动后失去的电解质、能量等的碳酸饮料。如姜汁汽水、沙士汽水、运动汽水等。

◆ 知识拓展

碳酸饮料的生产始于 18 世纪末至 19 世纪初。最初的发现是从饮用天然涌出的碳酸泉水开始的。以后证实，人为地将水和二氧化碳气混合一起，与含有二氧化碳气的天然矿泉水一样，具有特异的风味，这大大推动了碳酸饮料制造和研究进程。

1772 年英国人普里司特莱发明了制造碳酸饱和水的设备，成为制造碳酸饮料的始祖。他不仅研究了水的碳酸化，还研究了葡萄酒和啤酒的碳酸化。他指出水碳酸化后便产生一种令人愉快的味道，并可以和水中其它成分的香味一同逸出。

1807 年美国推出果汁碳酸水，在碳酸水中添加果汁用以调味，这种产品受到欢迎，以此为开端开始工业化生产。

任务二 碳酸饮料的生产工艺

生产工艺主要有与二次灌装法和一次灌装法两种，生产工艺如下：

一、二次灌装法（现调式）

二次灌装法是先将调味糖浆定量注入容器中，然后加入碳酸水至规定量，密封后再混合均匀。这种糖浆和水先后各自灌装的方法又称现调式灌装法、预加糖浆法或后混合法。其工艺流程如下：

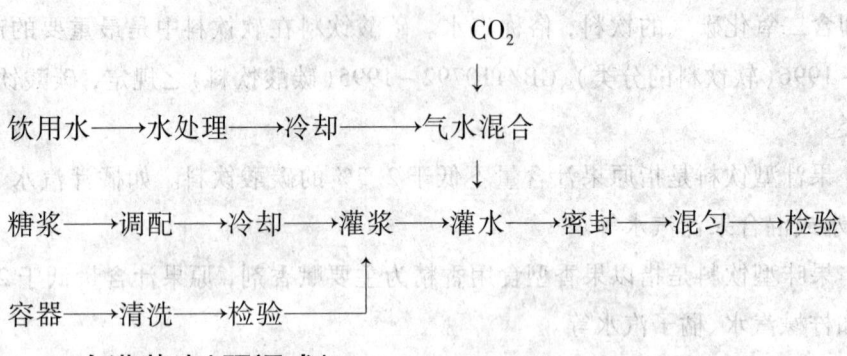

二、一次灌装法（预调式）

将调味糖浆与水预先按一定比例泵入汽水混合机内，进行定量混合后再冷却，然后将该混合物碳酸化后再装入容器，这种将饮料预先调配并碳酸化后进行灌装的方式称为一次灌装法，又称预调式灌装法、成品灌装法或前混合法。其工艺流程如下：

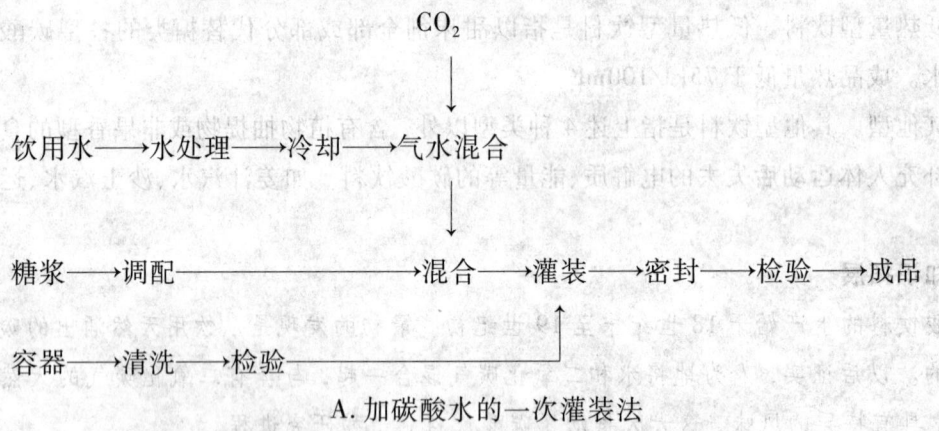

A. 加碳酸水的一次灌装法

B. 一次灌装法

任务三 原料与配合

一、原料

1. 水:水为汽水主体,对制品起决定作用。采用自来水必须去尽其中的游离氯。至于用井水、河水,都要符合饮用水指标硬度在3度以下者(超过易发生沉淀)为宜。所用的水都应经净化过滤器除去悬浮物和微生物。

2. 二氧化碳气(CO_2):常用贮于高压钢瓶中液化二氧化碳。二氧化碳在水中的溶解度随压力升高而增加,随温度上升而降低。当1个大气压0℃时,1ml水中可吸收二氧化碳1.7969毫升。

3. 甜味剂:蔗糖、糖精钠等。

4. 酸味料:柠檬酸、酒石酸、乳酸、苹果酸等。

5. 着色料:须采用不因日光或酸性而褪色的食用色素。

6. 香精:分为水溶型和乳化型。

7. 防腐剂:苯甲酸钠。

二、原料配合

主要是为了甜酸适宜,两者配比与所用香料有关。一般若糖度为10%~13%,则酸度(以柠檬酸汁)约为0.07%~0.15%。

1. 糖浆的制备

(1)原糖浆:先将优质砂糖溶解配成30°~32°Be,(55.2%~59.0%)糖液,经过滤后得到纯净透明的液体,在此浓度下糖液不易腐败,冷时黏度也不过高,称为原糖浆;

(2)调和糖浆:将酸味料、香料、食用色素、防腐剂等预先溶解、过滤,然后与糖液按一定顺序相混合,得到的澄清溶液称为调和糖浆。糖浆调配时的投料原则是:调配量大的先调入,如糖液、水;配料间容易发生化学反应的间开调入,苯甲酸钠不能和柠檬酸同时放入,否则会引起絮状沉淀;黏度大,易起泡的原料较迟调入,如乳化剂、稳定剂;挥发性的原料最后调入,如香精、香料。

投料的一般顺序为:糖液→防腐剂→甜味剂→酸味剂→果汁→乳化剂→稳定剂→色素→香精→加水定容。各种原料成先配成溶液过滤后,在搅拌下徐徐加入以避免局部浓度过高,混合不均匀,同时搅拌不能太剧烈,以免成空气大量混入,影响碳酸化、灌装和降低密闭性。操作中须严格注意清洁卫生。

三、洗瓶

将空瓶置于浸瓶槽内用清水浸渍后,倾尽瓶内积水,置于碱液(3%)内浸泡10分钟左右,再放在氯水池中消毒(含有效氯100ppm),并经毛刷清洗后,在冲瓶机上用除菌水冲洗瓶壁与瓶身,去除瓶内残余的氯水,最后沥干水分。

四、碳酸化

即在低温高压下与二氧化碳相溶解。先把水预冷至4℃~5℃，共同以345~483kPa压力送入混合机内，在该压力下充分吸收混合。为了提高碳酸化的效率，应尽量增大水与二氧化碳的接触面积，有将水以雾状喷入的，也有以薄膜状流下的。装瓶后瓶内压力在15℃时为为345kPa。

五、灌装

1. 二次灌装法：先将配好的糖液定量注入瓶中1/7~1/5后，再注入碳酸水，立即压盖密封；此法因CO_2水较糖液轻，易分为两层，所以须经混合装置，促使其混合均匀。

2. 一次灌装法：将糖液与水预先经计量混合。但用水先经脱气机除去所含的空气，与糖液共同经过同步计量机至碳酸冷却器。在此用冷冻机冷却，并吸收二氧化碳。然后装瓶、压盖、密封。

六、碳酸饮料的抑菌作用

碳酸饮料装瓶后，难以加热杀菌。但因有如下原因，确有抑制微生物繁殖效果。

1. 碳酸饮料所含氧气量少，好氧菌难以繁殖。

2. 饮料酸味较强，pH2.5~4.0，细菌中除乳酸菌等耐酸菌外，其他细菌耐酸力很弱，病原菌不能生存。根据试验，碳酸饮料有2容积CO_2时，就有抑菌作用。而通常碳酸饮料中CO_2含量在3.7容积以上（瓶内压力约为276kPa），所以相当安全。

任务四 碳酸饮料的质量标准

一、感官指标

色泽及透明度：无色、透明、澄清（加色素的汽水应符合该品种应有之色泽）；混汁型汽水应具有一定的浑浊感。

外观：瓶内外清洁，瓶颈内壁无牢固的油圈，瓶盖牙口不外张，无锈斑，不漏水和气。

香气及滋味：香气纯正，滋味和顺，酸甜适中，并符合该品种应有的风味。无异臭，无异味。

杂质：无杂质（果汁型汽水允许少量果肉）

二、理化指标

项 目	指标			
	果味型	果汁型	可乐型	咸味型
液位（毫米）	液面与瓶口间距20-50			
含汽量（倍/瓶）	≥3.5	≥2.5	≥3.5	≥2.5
蔗糖含量（%）	3.5~6	≥8	≥8	≥8

三、卫生指标：按 GB2759-81《冷饮食品卫生标准》

任务五 常见碳酸饮料配方

一、可乐汽水

以美国可口可乐为代表，凡应用可乐籽实或叶的抽出液者均属之。

原料配方：可乐果、咖啡各20g、白砂糖200g、柠檬酸4g、可乐香精1滴~2滴、小苏打3g、焦糖2g。

制作方法：

1. 先将可乐果用石墨磨成细粉，与咖啡混合，放入锅内，加水150毫升，煮沸，用文水保持20分钟，晾凉，用干净纱布过滤去渣留汁，待用。

2. 把糖、焦糖放入锅内，用开水500毫升冲泡，使糖充分溶解，把混合液倒入。边倒边搅，同时加入柠檬酸，搅拌均匀。

3. 静置后加入可乐香精，搅匀。放入冰箱内镇凉。

4. 饮用时取出，加入小苏打即可。

5. 炒制焦糖时，温度不能超过200℃，否则过分烧焦，就会有苦味。

二、甜汽水

适合家庭制作的夏季饮品。

原料配方：白砂糖5千克、柠檬酸367克、橘子香精5毫升、食用小苏打100克。

制作方法：

1. 用冷开水将白砂糖熔化过滤。

2. 将过滤后的糖水加入已溶好的柠檬酸汁，最后加入小苏打及香精，待熔化后立即装瓶封口即成。

3. 宜贮存阴凉处，不得用力振荡。

三、橘子汽水

原料配方：白砂糖8千克、糖精10克、橘汁5千克、柠檬酸100克、苯甲酸钠13克、柠檬黄0.5克、胭脂红0.2克、橘子香精25克、碳酸水100千克。

制作方法：

1. 橘汁必须先过滤澄清、灭菌。

2. 将糖加水煮沸熔化、冷却、过滤，再将糖精、防腐剂、柠檬酸、橘汁、色素及香料按顺序加入糖浆内，搅拌，冷却至室温。

3. 250ml的汽水瓶内装糖浆约30ml，再装入"碳酸水"，压盖即成。

4. 无"碳酸水"，可用小苏打200克溶入水100千克中，澄清备用。

项目四　果蔬汁饮料

任务一　果蔬汁的分类

根据 GB 10789-1996《软饮料的分类》，果蔬汁饮料分为果汁及果汁饮料类和蔬菜汁及蔬菜汁饮料类。

一、果汁及果汁饮料类

1. 果汁:采用机械方法将水果制成汁液，或者采用渗滤、浸取工艺提取水果中的汁液.再用物理的方法除去加入的水，或者在浓缩果汁中加入与果汁浓缩时失去的天然水分等量的水，由此制成的具有原水果果肉的色泽、风味和可溶性固形物含量的制品。

2. 果浆:采用打浆工艺将水果的可食部分加工制成浆液；或者在浓缩果浆中加入与果浆在浓缩时失去的天然水分等量的水，由此制成的具有原水果果肉的色泽、风味和可溶性固形物含量的制品。

3. 浓缩果汁:采用物理方法从果汁中除去一定比例的天然水分，由此制成的具有果汁应有特征的制品。

4. 浓缩果浆:采用物理方法从果汁中除去一定比例的天然水分，由此制成的具有果浆应有特征的制品。

5. 果肉饮料:在果浆（或浓缩果浆）中加入水、糖液、酸味剂等调制而制成的制品，成品中果浆含量不低于 300g/L；用高酸、汁少肉多或风味浓烈的水果调制而成的制品，成品中的果浆含量不低于 200g/L。

6. 果汁饮料:在果汁（或浓缩果汁）中加入水、糖液、酸味剂等调制而成的清汁或浑汁制品。成品中果汁含量不低于 100g/L。

7. 果粒果汁饮料:在果汁（或浓缩果汁）中加入水、柑橘类的果粒（或其他水果切细的果肉）、糖液、酸味剂等调制而成的制品。成品果汁含量不低于 100g/L，果粒含量不低于 50g/L。

8. 水果饮料浓浆:在果汁（或浓缩果汁）中加入水、糖液、酸味剂等调制而成的含糖量较高、稀释后方可饮用的制品。成品果汁含量不低于 50g/L，乘以本产品标签上标明的稀释倍数。

9. 水果饮料:在果汁（或浓缩果汁）中加入水、糖液、酸味剂等调制而成的清汁或浑汁制品，成品中果汁含量小低于 50g/L。

二、蔬菜汁及蔬菜汁饮料类

1. 蔬菜汁:是用机械方法在用蔬菜汁加工制得的汁液中加入水、食盐、糖液等调制而成的制品，如番茄汁。

2. 蔬菜汁饮料:是在蔬菜汁中加入水、糖液、酸味剂等调制而成的可直接饮用的制品。

含有两种或两种以上的蔬菜汁称为混合蔬菜汁饮料。

3. 复合果蔬汁饮料：是在蔬菜和果汁中加入水、糖液等调制而成的制品。

4. 发酵蔬菜汁饮料：是蔬菜或蔬菜汁经乳酸发酵后制成的汁液中加入水、食盐、糖液等调制而成的制品。

5. 其他：如食用菌饮料、藻类饮料、蕨类饮料等。

任务二 果蔬饮料的加工过程

一、果蔬汁的加工工艺

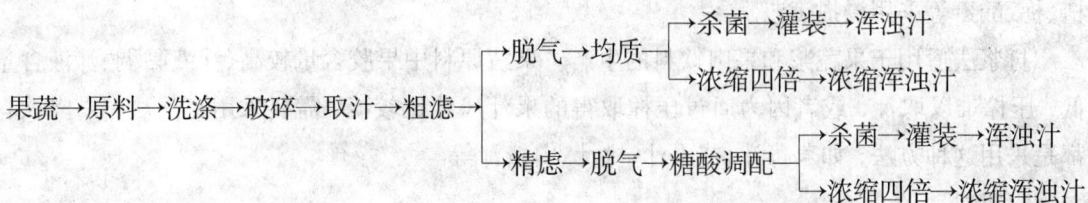

二、操作要点

1. 原料选择

果蔬汁加工必须选择适宜制汁的原料。一方面要求加工品种具有香味浓郁、色泽好、出汁率高、糖酸比合适、营养丰富等特点，另一方面生产时原料应该新鲜、清洁、健康、成熟，加工过程中要剔除腐烂果、霉变果、病虫果、未成熟果以及枝、叶等，以充分保证最终产品的质量。

2. 原料洗涤

洗涤是为了减少杂质污染、降低微生物污染和农药残留，特别是带皮榨汁的原料更应注意洗涤。洗涤包括流水输送、浸泡、刷洗（带喷淋）、高压喷淋等4道工序。浸泡液根据原料的具体情况还可以添加清洗剂如盐酸、柠檬酸和消毒剂如漂白粉、高锰酸钾等。

3. 取汁

（1）破碎和打浆

因为果蔬的汁液都存在于果蔬的组织细胞内，只有打破细胞壁，细胞汁中的汁液和可溶性固形物才能出来，因此取汁之前，必须对果蔬进行破碎处理，以提高出汁率，特别是一些果皮较厚、果肉致密的果蔬原料。果实破碎程度要适当。破碎后的果块应大小均匀，一般要求果浆粒度在 $3\sim9m^2$ 之间。目前果蔬汁生产，绝大部分采用机械破碎，即用机械力的方法来克服固体内部凝聚力达到破碎的单元操作。

（2）榨汁前的处理

为了提高果品的出汁率，必须抑制果胶酶活性和降低物料的黏度。主要采用以下两种方法：

①加热处理：红色葡萄、红色两洋樱桃、李子、山楂等水果，在破碎之后，必须进行加热处

理。由于加热使细胞原生质中的蛋白质凝固，改变了细胞的半透性，同时使果肉软化、果胶质溶出，降低了汁液的黏度，因而提高了出汁率。

②加果胶酶制剂处理：果胶酶可以有效地分解果肉组织中的果胶物质，使果汁黏度降低，容易榨汁过滤，提高出汁率。

(3) 取汁

果蔬取汁有压榨、浸提和打浆两种。大多数水果的果汁包含在整个果实中，一般通过破碎就可榨取果汁。压榨法是通过一定的压力取得果蔬中的汁液，榨汁可以采用冷榨、热榨甚至冷冻压榨等方式，如制造浆果类果汁为了获得更好的色泽可以采用热榨，在60~70℃压榨使更多的色素能溶解汁液中。但对一些汁液含量较少、难以用压榨方法取汁的水果原料如山楂、梅、酸枣等采用浸提工艺。

打浆法适用于果蔬浆和果肉饮料的生产。果蔬原料中果胶含量较高、汁液黏稠、汁液含量低，压榨难以取汁，或者因为通过压榨取得的果汁风味比较淡，需要采用打浆法，果肉饮料都是采用这种方法，如草莓汁、芒果汁、桃汁、山楂汁等。

4. 粗滤

(1) 粗滤

榨出的果汁，含有种子、果品等粗大悬浮物质，一般用筛孔为50~60目的筛滤机如水平筛、回转筛、振动筛等进行过滤。

(2) 粗滤汁的保存

粗滤后汁液不浓缩而以原汁作为半成品保存时，果蔬汁必须进行杀菌处理。常用方法是：

①加热杀菌法：用80℃~99℃，维持3~5分钟或用90℃~95℃，维持40~60秒，冷却后装入干净消毒贮藏桶密闭冷凉处保存。

②亚硫酸盐处理：这种保存方法主要用于果酒类发酵前的处理。

5. 果蔬汁的澄清与过滤

(1) 澄清

要产生澄清果汁，需通过澄清和过滤，除去新鲜榨出的果汁中的全部悬浮物，同时还需除去容易产生沉淀的胶粒。按澄清作用的机理，有5类方法：

①酶法澄清：添加果胶酶和淀粉酶分解大分子果胶和淀粉，破坏果胶和淀粉在果蔬汁中形成的稳定体系，悬浮物质随着稳定体系的破坏而沉淀，果蔬汁得以澄清

②电荷中和澄清：果蔬汁中存在的果胶、单宁、纤维素等带负电荷，通过加入带正电荷的物质如明胶、壳聚糖等，发生电性中和，从而破坏果蔬汁稳定的胶体体系。

③吸附澄清：通过加入表面积大具有吸附能力的物质，吸附果蔬汁中的一些蛋白质、多酚类物质。

④冷热处理澄清：通过冷冻或加热处理使果蔬汁中的胶体物质变性，絮凝沉淀。

⑤超滤澄清：利用超滤膜的选择性筛分，在压力驱动下把溶液中的微粒、悬浮物质、胶

体和大分子溶剂和小分子分开。

(2) 过滤

果汁不论采用哪一种澄清法，澄清后都必须进行过滤操作，以分离其中的沉淀和悬浮物，使果汁澄清透明。果汁中的悬浮物可通过各种滤材过滤除去。

5. 混浊果汁的均质与脱气

(1) 混浊果汁的均质处理

均质是混浊果汁制造中的特殊操作，多用于玻璃瓶包装的产品，而马口铁罐包装的产品很少采用，冷冻保藏的果汁和浓缩果汁则尤须均质。均质的目的是使果蔬汁中的悬浮果肉颗粒进一步破碎细化，大小更为均匀，同时促进果肉细胞壁上的果胶溶出，使果胶均匀分布于果蔬汁中，形成均一稳定的分散体系，获得不易分离和沉淀的果汁。

(2) 脱气

果蔬组织中溶解一定的空气，加工过程中又经过破碎、取汁、均质以及泵、管道的输送都会带入大量的空气到果蔬汁中，在生产过程中需要将这些溶解的空气脱除，称为脱气或去氧。

脱气可以减少或避免果蔬汁的氧化，减少果蔬汁色泽和风味的破坏以及营养成分的损失如维生素 C 的氧化，防止马口铁罐的氧化腐蚀，避免悬浮颗粒吸附气体上浮，以及防止灌装和杀菌时产生泡沫。脱氧的同时也会带来挥发性芳香物的损失，因此在生产中有时添加香精来弥补这一部分损失。果汁的去氧有真空法、氮气交换法、酶法脱气法和抗氧化剂法等。

6. 浓缩果汁的浓缩

浓缩果汁体积小，可溶性固形物含量达到 65%~68%，可节约包装及运输费用，能克服果实采收期和品种不同所造成的成分上的差异，使产品质量达到一定的规格。浓缩后的果汁，提高了糖度和酸度，所以在不加任何防腐剂的情况下也能使产品长期保藏，而且适用于冷冻保藏和制成冷冻果汁等。另外浓缩果蔬汁，除了加水还原成果蔬汁或果蔬汁饮料外，还可以作为其他食品工业的配料，用于果酒、奶制品、甜点等的配料，因此，浓缩果汁的生产增长较快。

果蔬汁的浓缩有真空浓缩法、冷冻浓缩法和反渗透浓缩法。真空浓缩，即在减压的条件下使果蔬汁中的水分迅速蒸发，浓缩时间很短，能很好地保存果蔬汁的质量。浓缩温度一般为 25-35℃，不宜超过 45℃。真空度为 0.095MPa。冷冻浓缩法是利用冰与水溶液之间的固液相平衡原理，将水以固态冰的形式从溶液中排除。反渗透技术是一种膜分离技术，借助压力差将溶质与溶剂分离，在果蔬汁工业上可用于果蔬汁的预浓缩。

7. 果蔬汁的调整与混合

果蔬汁的调整与混合，俗称调配。各种果蔬汁产品的类型和要求并不完全一致。调配的基本原则是：一方面要实现产品的标准化，使不同批次产品保持一致性；另一方面是为了提高果蔬汁产品的风味、色泽、口感、营养和稳定性等，力求各方面能达到很好的效果。

为了适合消费者的口味，达至产品的规格，有些原料果汁还需进行糖酸比调整，绝大多数果汁成品的糖酸比在13:1~15:1在右为宜。风味平淡的果汁与风味浓厚的果汁相互配合为混合原汁，提升风味道，如甜橙汁和橘汁的比例可以是60:40或70:30。调整的主要方法是，在需制作的果汁中加入适量的糖浆及食用酸（柠檬酸或苹果酸）。

8. 果蔬汁的包装与杀菌

（1）装罐密封

果汁包装容器有铁罐、涂料铁罐、铝罐、软罐、玻璃瓶、复合薄膜瓶等。

（2）杀菌冷却

杀菌冷却一是为了消灭微生物，防止因发酵导致的品质变劣；二是破坏酶活性，防止制品的味变和色变。

果汁的pH值在4.0以下时，只有酵母和霉菌可能繁殖，此时果汁杀菌对象为酵母和霉菌。一般酵母于60℃~65℃经数分钟、霉菌于78℃经20分钟均可被杀死，故采用加热杀菌。但加热时间过长有损风味，所以果汁在93℃~95℃经1分钟杀菌后，经薄板换热器迅速冷却至50℃以下则最为适宜。破坏原料中酶的活性则需88℃约1~2分钟或93℃约25~45秒。果汁的热敏度较强，一般杀菌温度在80℃以上，若时间过长则易产生蒸煮味。再加之果汁的种类不同，其pH值也不同，常采用高温短时方法杀菌。

为了符合规格和改进风味，果汁的配比常需适当调整，但果汁风味应接近于鲜果，调整的范围不宜过大，一般只作糖分或酸分的调整。对于不浓缩果汁，适宜的可溶性固形物和酸分的比例大都在13:1~15:1左右。可按果品种类与消费者的口味来调整，例如. 柑橘汁糖度为12°~14°Bx，酸分为0.9%~1.2%；菠萝汁糖度大多达14°Bx，酸分以0.9%较为适宜。

杀菌后的果汁应立即装入消毒过的瓶或罐内，上留顶隙，随即密封。果汁制品宜保藏于4℃~5℃环境中，以减少一切不良变化。为了使果汁能较长时间保藏，有时应用防腐剂、抗氧化剂，如装瓶时加入山梨酸和异维生素C等。

任务三　常见果蔬饮料的加工

一、柑橘汁

（一）工艺流程

原料→清洗、分级→取汁→过滤→调整→均质→脱气去油→巴氏杀菌→灌装→冷却→成品

（二）操作要点

甜橙经过严格清洗、分级后用压榨机取汁，如FMC柑橘榨汁机或布朗榨汁机，果汁经0.3毫米筛孔过滤机过滤，可以根据产品的要求决定果汁中的果肉含量，一般要求果肉含

量为3%~5%。

果浆太少，色泽浅，风味平淡；果浆太多，浓缩时会产生焦煳味。过滤后的果汁按成品标准调整，一般可溶性固形物13~17°Bx，含酸0.8%~1.2%。

均质是柑橘汁的必需工艺，高压均质机要求在10~20兆帕下完成，橙汁需要进行脱气处理，既可脱出果汁中的氧气，同时脱除一些甜橙油，通常橙汁中应保留0.015%~0.025%的甜橙油。为了钝化橙汁中的果胶甲基酯酶，保证橙汁的稳定性，生产中应尽快对果汁进行杀菌。橙汁一般采用高温短时杀菌，杀菌条件为在15~20秒内升温至93℃~95℃，保持15~20秒，降温至90℃，趁热保温在85℃以上。热灌装于预先消毒的容器中，装罐（瓶）后的产品应迅速冷却至38℃，也可以将杀菌后的果汁冷却至5℃左右进行冷灌装或进行无菌灌装。

橙汁可进一步浓缩生产浓缩橙汁，一般其可溶性固形物为65°Bx，或进一步采用回调工艺生产42°Bx的浓缩橙汁。目前几乎所有浓缩橙汁都采用冷冻贮藏，因此也称冷冻浓缩橙汁。

◆知识拓展

麦芽汁浓度常用Bx表示，意即糖分含量值，化工业上常用糖锤度计测。它即糖度表，又称勃力克斯比重计。这种比重计是用纯蔗糖溶液的重量百分数来表示比值，它的刻度称为勃力克斯刻度（Brixsale，简写BX）即糖度。

二、苹果汁

（一）工艺流程

苹果→分选→清洗→破碎→压榨→粗滤→澄清→精滤→调整混合→杀菌→灌装→冷却→成品

（二）操作要点

进厂的苹果应保证无腐烂，在水中浸洗和喷淋清水洗涤，也有用1%氢氧化钠和0.1%~0.2%的洗涤剂浸泡清洗的方法。用苹果磨碎机或锤击式破碎机破碎至3~8毫米大小的碎片，然后用压榨机压榨，苹果常用连续的液压传动压榨机，也可用板框式压榨机或连续螺旋压榨机。苹果汁采用明胶单宁法澄清，单宁0.1克/升，明胶0.2克/升，加入后在10℃~15℃下静置6~12小时，取上清液和下部沉淀分别过滤。目前生产中苹果汁生产采用酶法澄清，再结合硅藻土过滤或超滤进行精滤。直饮式苹果汁常控制可溶性固形物12%左右、酸0.4%左右，在93.3℃以上温度进行巴氏杀菌，并应采用特殊的涂料罐。

果汁生产时需要进行护色。苹果破碎时需要喷雾添加维生素C或异维生素C溶液，防止果汁发生褐变。压榨取汁后果汁通过筛滤，不经澄清直接进行巴氏杀菌、灌装，产品的风味浓、质量好，因此逐渐受到消费者的青睐。浓缩汁生产可利用澄清苹果汁浓缩至可溶性固形物为68°~70°Bx或利用混浊苹果汁浓缩至可溶性固形物为32°Bx。

项目五 瓶装饮用水

任务一 概述

瓶装水,又称瓶装饮用水,是指密封在容器中,并出售给消费者直接饮用的水,瓶装是泛指用于装水的包装容器,包括塑料瓶塑料桶、玻璃瓶、易拉罐、纸包装等。在瓶装水生产过程中,首先是玻璃瓶包装,然后才出现塑料瓶、塑料桶包装,目前市场销售的瓶装水以塑料容器为主。

世界各国对瓶装水的分类不太一致,我国 GB10789-1996 将瓶装饮用水分为 3 大类,它们分别是饮用天然矿泉水、饮用纯净水和其他饮用水,其中前两类已制定有国家标准(《饮用天然矿泉水》和《瓶装饮用纯净水》),而第三大类饮用水主要有富氧水、活性水、果味水、电解水、离子水等。

任务二 饮用天然矿泉水

矿泉水是一种理想的矿物质补充源,并且多为微碱性,适合人的生理特点,利于维持正常渗透压和酸碱平衡,促进新陈代谢,加速消除疲劳。

饮用天然矿泉水是从地下深处自然涌出的或经人工揭露的、未受污染的地下矿泉水;含有一定量的矿物盐、微量元素和二氧化碳气体;在通常情况下,其化学成分、流量、水温等动态指标,在天然波动范围内相对稳定,矿泉水界限指标见表 3-4。我国矿泉水资源丰富,全国已知产地多达 3000 多处,较著名的有青岛崂山、广东龙川、黑龙江五大连池等地的矿泉水。

表 3-4 矿泉水界限指标

项目	指标(含量)/(mg/L)	项目	指标(含量)/(mg/L)
锂	≥0.20	硒	≥0.010
锶	≥0.20(0.20-0.40 时水温必须>25℃)	偏硅酸	≥25.0(25.0-30.0 时水温必须>25℃)
锌	≥0.20	游离 CO_2	≥250
溴化合物	≥1.0	可溶性总固体	≥1000
碘化合物	≥0.20		

表 3-4　　　　　　　　　　矿泉水限量指标　　　　　　　　　　单位：mg/L

项目	指标	项目	指标
锂	<5.0	汞	<0.0010
锶	<5.0	银	<0.050
碘	<0.5	硼	<30.0
锌	<5.0	硒	<0.050
铜	<1.0	砷	<0.050
钡	<0.70	氟	<2.00
镉	<0.010	耗氧量（以 O_2 计）	<3.0
铬	<0.050	硝酸盐（以 NO_3 计）	<45.0
铅	<0.010	镭放射物质/(Bq/L)	<1.10

饮用矿泉水的基本生产工艺由饮水、曝气、过滤、杀菌、空气和灌装等组成。

曝气是使矿泉水与经过进化了的空气充分接触，脱去其中的 CO_2 and H_2S 等在地下高压存在的气体，并发生氧化作用。

过滤一般要经过粗滤和精滤。粗滤能截留水中较大的悬浮颗粒物质，是初步过滤。精滤可以采用砂滤棒过滤。但近来多用微滤和超滤，例如采用四级微滤的精滤技术，是连续通过孔径 $5\mu m \rightarrow 3\mu m \rightarrow 1\mu m \rightarrow 0.2\mu m$ 的滤膜的微滤过程，能显著提高饮用矿泉水质量，但仍不能滤除病毒。

灭菌常用臭氧杀菌和紫外线杀菌。瓶和盖的消毒采用消毒剂如双氧水、次氯酸钠、过氧乙酸、二氧化氯（ClO_2）、高锰酸钾等。

任务三　饮用纯净水

饮用纯净水是以符合生活饮用水卫生标准的水为原料，通过电渗析、离子交换、反渗透、蒸馏及其他适用方法制得，密封于容器中，不含任何添加物，可直接饮用的水。纯净水在加工过程中已去除了水中的矿物质、有机物和微生物。

目前纯净水主要采用膜技术制备，常结合电渗析或离子交换，一般由预处理、脱盐、后处理三大工序组成。预处理的目的是降低原水的色度与浑浊度，后处理能除去全部病毒和部分大分子有机物、细微粒子并杀菌。

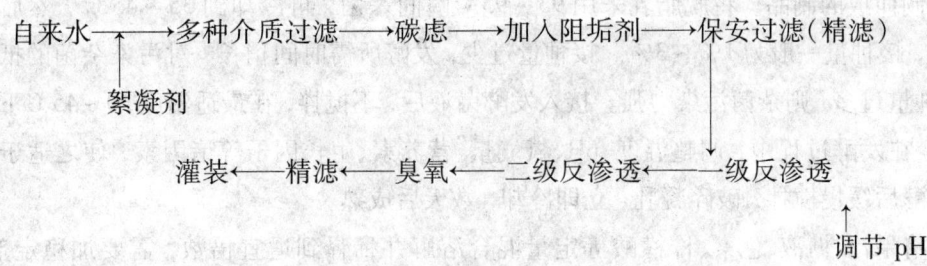

项目六 乳饮料

任务一 概述

乳饮料根据原料的来源不同分为动物性乳饮料和植物性乳饮料两大类。动物性乳饮料是以牛乳或乳制品为主要原料(经发酵或未经发酵)加工制得的饮料,即含乳饮料;植物性乳饮料是以大豆或花生为主要原料加工制得的饮料,因其中蛋白质含量不低于0.5%(质量浓度),又称为植物蛋白饮料。

任务二 动物性乳饮料

动物性乳饮料分为配制型含乳饮料和发酵型含乳饮料两种。

一、配制型含乳饮料

配置型含乳饮料是以鲜乳或乳制品为原料,加入水、糖液、酸味剂等调制而成的制品。

配制型乳饮料使用苹果汁、菠萝汁或使用果味香精作为水果风味的来源。调制pH值时必须注意乳饮料的pH值与香型要适应,以及pH值与牛乳酪蛋白之间的关系。

在生产过程中,首先将果汁、果味香精、有机酸配成酸性溶液,酸度控制在混合乳浊液加入以后能符合产品酸度的要求。与此同时进行混合乳浊液的配制,混合乳浊液的配制,是先将稳定剂、糖等固体物质分别制成溶液,然后与牛乳或脱脂乳相混合。混合乳浊液制成以后加入到酸性溶液中,一边添加,一边强力搅拌,然后进行均质、杀菌、冷却和灌装。

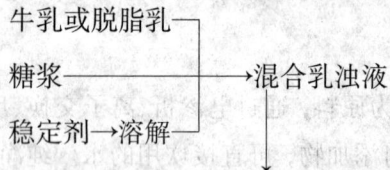

果汁、香精、有机酸→酸性溶液→均质→杀菌→冷却→灌装

二、发酵型含乳饮料

发酵型含乳饮料是以鲜乳或乳制品为原料,经乳酸菌类培养发酵制得的乳液中加入水、糖液等调制而成的制品。将脱脂乳采用93~95℃瞬间杀菌,再冷却到35~45℃。然后接入发酵菌液,接种量一般为1%~3%。接种量过少,发酵所需时间稍长,对污染杂菌的抵抗力就弱;接种量过多,则杂菌污染力强。接入发酵菌液后,不搅拌,在最适温度30~45℃下发酵18~24h。在发酵过程中,调整温度、pH、氧气量、营养素、生长因子等诸因素,使之适于菌株发育。发酵后缓慢搅拌,破碎凝乳,立即冷却,数天后成熟。

同时将果汁、糖液、色素、柠檬酸等定量混合溶解并稀释到适宜倍数,需要加稳定剂时,应先制成2%~3%浓度的溶液。经过80~85℃，10~15min或90~95℃，15s杀菌后冷却至3~5℃，再与培养好的乳酸菌发酵乳混合，充填入容器制成活菌型乳饮料；或再经过杀菌工序制成杀菌型乳饮料。因配方不一、蛋白质含量不同，还可制成乳酸菌乳饮料或乳酸菌饮料。

生产中所用发酵剂与制作酸乳所用的菌种是不相同的。制作酸乳采用高温型乳酸菌，发酵温度高，成熟时间短；而发酵型含乳饮料采用中温乳酸菌，配方温度较低，接种培养时间较长。

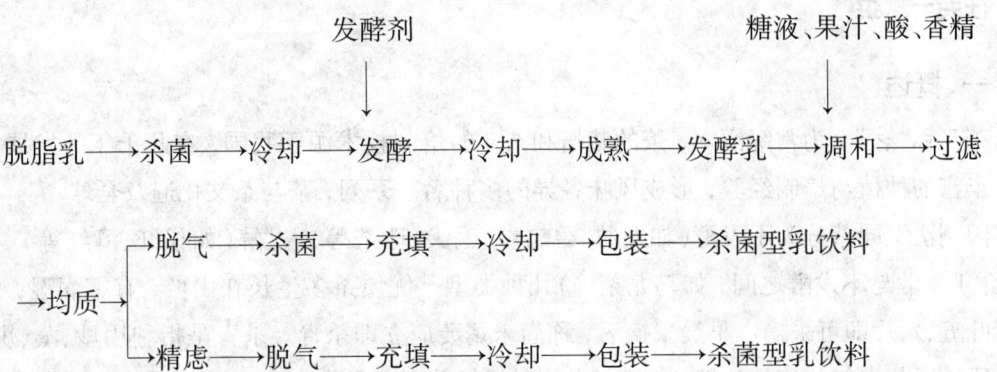

任务三　植物性乳饮料

目前植物性乳饮料主要是利用大豆、椰子、杏仁、花生、核桃、葵花子等为原料加工制得，其中成品中蛋白质含量不低于5g/L。

选择新鲜、无霉烂变质、成熟度较高的原料，经脱皮处理后浸泡磨浆。经过浸泡的植物籽粒，细胞结构软化，组织疏松，这样可以降低磨浆能耗和设备磨损，提高胶体的分散程度和悬浮性，蛋白质的提取率也增加。浸泡时要根据季节确定浸泡水温和时间并一次加足水量。一般磨浆加水量约为配料水量的50%~70%，经粗磨后送入胶体磨细磨，使其组织内蛋白质及油脂充分析出。经过粗、细磨后的浆体中应有90%以上的固形物通过150目筛。浆体离心后所得汁液即为生产植物蛋白饮料的主要基料。将余下的30%~50%水量用于溶解乳化剂、增稠剂、白砂糖、甜味剂等配料，加入分离汁液进行调配，为使其与分离汁液混合均匀，可用胶体磨磨制，以改善饮料的口感和细腻感。然后通过列管式或板式热交换器升温至所需要的温度。通过真空脱臭将大量带异味的挥发性物质在低温下抽出。再通过二次均质破碎脂肪球、蛋白质颗粒，使饮料口感细腻，并防止脂肪上浮，成为稳定的乳浊液。第一次均质压力约为20~25MPa，第二次约为25~40MPa，温度约为75~85℃。最后灌装杀菌。

乳化剂、增稠剂、白砂糖、甜味剂
↓
原料──→预处理──→浸泡、磨浆──→渣浆分离──→加热调制──→真空脱臭──→均质──→灌装杀菌

项目七　茶、咖啡、可可

任务一　茶

一、概述

茶又称"茗",为常绿灌木,茶的栽培和茶业的焙制技术源于我国,在几千年的发展中积累了丰富的种植与焙制经验,形成风味各异的多种名茶系列,茶与茶文化遍及全球。

因制法不同茶分为不发酵(如龙井、碧螺春、毛尖、珠茶等)、发酵(如祁红、滇红等)、半发酵(介于发酵与不发酵之间,如乌龙茶等)几种类型。优质茶多生长在山坡,有雾润湿,嫩枝发芽叶五、六片即可采摘。早晨采摘后,称尚未蔫萎应立即杀青。杀青是指利用炒、蒸、烘、晒等手段杀灭茶中氧化酶的活性,使酶钝化,以保护茶多酚和维生素C等不受或少受损失。带露(或雨)水的绿茶鲜叶,杀青前要适当摊放轻微萎缩,利于增进绿茶的色、香、味。杀青后对绿茶还要再经烘干(或晒、炒)降低水分(含水量6%以下)并固定其有效成分。

茶叶初加工时往往分散进行,经上述杀青、烘炒等工序加工成毛茶后,再经茶厂精制。茶厂分等收购经粗加工后的茶叶,精制是经筛选、分选分出茶梗、茶屑等各种杂质并复(补)火进一步干燥(最终含水量为4%~5%),制成茶叶制品。

二、茶饮料

茶饮料是用水浸泡茶叶,经抽提、过滤、澄清等工艺制成的茶汤或茶汤中加入水、糖液、酸味剂、食用香精、果汁或植(谷)物抽提液等调制而成的制品。

选择茶叶时应注意不同种类和产地,茶叶的风味差异较大。浸提时选择去离子水,并选择合适的温度和时间浸提茶汁。浸提后滤去茶渣,迅速冷却,以免提取液温度高而逸散香气成分,然后再精滤。精滤的茶浸提液稀释至适当的浓度,按制品的类型要求加入糖、香精等配料。调配后过滤,除去可能存在的沉淀物,经过板式热交换器加热至85~95℃进行热灌装。PET瓶或纸包装则采用UHT杀菌,冷却后进行灌装。茶饮料的pH在4.5以上时,要采用高压灭菌。单一茶类等产品采用121℃、3~13min或115℃、15min杀菌处理,均可有效杀灭茶饮料中的肉毒杆菌芽孢,达到预期杀菌效果。

茶叶——热浸提——过滤——茶浸提液——调配——过滤——加热灌装——密封——杀菌——冷却——检验

任务二 咖啡和可可

一、咖啡

在欧美等国家,咖啡、可可是人们生活必需品中的嗜好性固态饮料。咖啡因含咖啡碱(咖啡因)和可可碱而使咖啡有苦味和兴奋神经作用。

随着食品科技的进步,咖啡饮料已有炒磨咖啡、速溶咖啡、调味咖啡等多个品种。咖啡豆经过调配、焙炒、磨碎后得到的纯咖啡粉,其中焙炒能够使咖啡产生香味、易于磨粉、改变颜色、除去水分;纯咖啡粉经过调配成为调味咖啡。

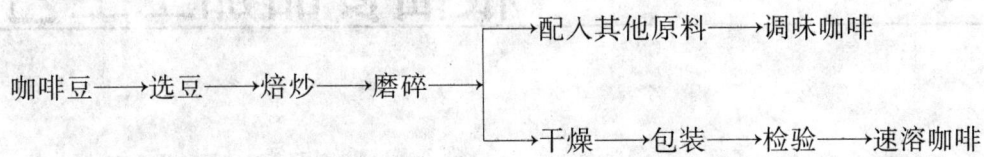

二、可可咖啡和可可

可可饮料是以可可豆经榨油后加工制得的可可粉为原料,配以糖、乳等制得。可可饮料花色品种繁多,除素可可粉和加糖可可粉外,大多为蛋奶香型制品。配方中主要原料有蔗糖、乳制品(全乳、甜炼乳、鲜乳)、蛋粉、可可粉、花生乳等。如果加工成可可乳、可可花生乳、可可豆乳等液体饮料,该饮料可可粉的添加量为1%~1.5%,蔗糖7%~8%,乳化剂0.05%,经均质、灭菌、装瓶等工序就可制得;可可也可加工成固体饮料产品。

思考题

1. 软饮料的概念是什么?
2. 天然水中的杂质及其对软饮料生产有何影响?
3. 离子交换树脂的原理和在水处理中的作用有哪些?
4. 简述茶饮料的加工工艺。
5. 简述咖啡、可可饮料的加工工艺。

模块四　粮油食品加工工艺

◆ **基础理论和知识**

粮油食品及其加工相关概念。

◆ **基本技能及要求**

1. 掌握粮油食品加工学的概念及分类。
2. 掌握各类粮油食品加工技术。

◆ **学习重点**

1. 掌握粮油食品加工学的概念及分类。
2. 掌握各类粮油食品加工技术。

◆ **学习难点**

粮油食品加工分类。

◆ **导入案例**

我国是农业大国，食品加工业是重要的产业之一。我国的粮油食品加工业源远流长，已有几千年的历史了，而且我国是世界最早使用石臼、石磨等原始工具加工稻麦谷菽的国家之一。米制品和焙烤制品是我国传统食品，早在公元前2700年我国就有磨粉的记载。到唐代中期，面条制作传至日本，尔后又由著名旅行家马可·波罗带到意大利，经后人改革创新，成为当今的通心面。我国本土的面食加工，更是品种繁多、花色各异。南北朝时期，食品加工就有了系统的专著，《齐民要术》记载了面、饭的烹制方法。北宋时期，月饼、油条、春卷等新品种又相继问世。如今，随着科技的进步、社会的发展和人民生活水平的提高，特别是改革开放之后，粮油食品工业的发展以提高产品质量、增加花色品种、扩大市场占有率和满足人民生活需求为方向，发展了方便食品、速冻食品，开发了功能性食品等一系列粮油食品的种类。

项目一　粮油食品概述

任务一　粮油食品的范围

粮油加工是指对原粮和油料进行工业化处理,制成粮油半成品、粮油成品、粮油食品及其他产品的过程。根据粮油加工原料的不同可以将粮油食品分为:粮食作物加工食品、食用油脂加工食品、植物蛋白及其制品加工食品、淀粉及其制品加工食品。

一、粮食作物加工食品

1. 小麦加工食品

(1)小麦粉:将净麦中的胚乳磨制成面粉。

(2)面制方便食品:面制方便食品是以面粉为主要原料加工成的方便食品,可大致分为方便面、半成品的挂面及面包、饼干、糕点、馒头等。

2. 稻谷加工食品

(1)稻米:将稻谷加工成大米,包括成品米或特种米。

(2)米制方便食品:米制方便食品是以大米为主要原料加工成的方便食品,可大致分为速食米饭、米粉、速冻汤圆、速冻粽子、膨化米饼等。

3. 杂粮加工食品

包括膨化玉米、玉米片等玉米加工食品;马铃薯片、红薯条等薯类加工食品;以及虎皮花生、花生蓉、花生酱等花生食品等。

◆知识拓展

杂粮通常是指水稻、小麦、玉米、大豆和薯类五大作物以外的粮豆作物。主要有:高粱、谷子、荞麦(甜荞、苦荞)、燕麦(莜麦)、大麦、糜子、黍子、薏仁、籽粒苋以及菜豆(芸豆)、绿豆、小豆(红小豆、赤豆)、蚕豆、豌豆、豇豆、小扁豆(兵豆)、黑豆等。其特点是生长期短、种植面积少、种植地区特殊、产量较低,一般都含有丰富的营养成分。粗杂粮的某些微量元素,例如铁、镁、锌、硒的含量要比细粮多一些。这几种微量元素对人体健康的价值是相当大的。粗杂粮中的钾、钙、维生素e、叶酸、生物类黄酮的含量也比细粮丰富。

二、油脂加工食品

1. 食用油脂:从油料作物中提取出来,供食品加工使用的油脂。

2. 油脂深加工食品:以油脂为原料所生产的专用油脂,如氢化油、人造奶油、起酥油等。

三、植物蛋白及其加工食品

1. 大豆蛋白:目前大豆蛋白加工的产品有大豆浓缩蛋白、大豆分离蛋白、大豆组织蛋白、水解大豆蛋白等。

2. 大豆蛋白深加工食品：以大豆蛋白为原料加工成的方便食品。包括豆腐、腐竹、腐乳、豆乳等。

四、淀粉及其加工食品

1. 淀粉：包括玉米淀粉、薯类淀粉等。
2. 淀粉加工食品：以淀粉为原料加工成的方便食品，如淀粉糖、粉丝等。

任务二　粮油食品的发展方向

根据当今粮油食品市场的现状，粮油加工食品发展思路是：(1)扩大规模，降低成本；(2)树立品牌，扩大影响力；(3)加强产品研发，提高科技含量。在此基础上，粮油食品发展的方向包括以下几个方面：

一、功能性保健食品

目前，人们对食品功能性和保健化的需求成为一种趋势，食品工业的发展也主要体现在营养价值的提高和功能性的改善上。功能性食品是指能调节人体节律、提高机体免疫功能、预防疾病及有利于健康的特殊食品。要充分利用特殊食品资源，开发膳食纤维、寡糖、糖醇、多种不饱和脂肪酸及蛋白质、胆碱、醇类、酸类等功能食品原料，进行合理配方和食品形态选择，利用现代科学技术，在某些食品中添加人体所需要的营养素，开发出好的功能食品，从而改善国民的营养状况。

二、方便食品

所谓方便食品，就是为了适应快节奏的生活、经加工制成的食品成品，可以直接食用或稍加烹制就可以食用的食品。方便食品种类繁多，如方便食品（方便面、方便米饭、方便粥、包子及馒头系列蒸制品等）；速冻方便食品（速冻饺子、速冻包子、速冻馄饨、速冻汤圆、速冻春卷、速冻馒头等）；中西式快餐配餐（米饭配菜套餐、肉饼、包子、糖点、饼干、蛋糕、汉堡包、比萨饼、三明治等）；早餐食品（油饼、油条、速溶麦片、速溶豆奶粉、黑芝麻糊等）。这些食品以其快捷、方便、营养较全面等特点深受广大群众的欢迎。

三、专用米、面、油

米、面、油是食品工业的基本原料，开发适应食品工业需要的多种专用面粉、专用大米、专用油脂等产品，使我国的粮油加工技术达到或接近发达国家的水平。

四、食品添加剂

没有食品添加剂就没有现代的食品工业，也就没有现代化工业食品，我国传统食品就无法实现工业化、产业化和现代化。食品添加剂的生产和应用水平是一个国家食品工业现代化程度和发展水平的重要标志。食品添加剂的应用将进一步拉长农产品的加工链和产业链，提高农产品的附加值和经济效益。

项目二　小麦加工技术

任务一　小麦相关知识

一、小麦的籽粒结构

有沟的一面称为腹面,该纵沟称为腹沟。与腹面相对的一面称为背面,背面的基部有胚,顶部有短而坚硬的茸毛。小麦的子粒结构如图4-1所示,包括果皮、种皮、珠心层、糊粉层、胚乳和胚几大部分。最外层为表皮,向内依次是果皮、种皮、珠心层、糊粉层、胚乳,其中胚乳占子粒质量的80%左右。制粉时,糊粉层随珠心层、种皮、果皮一同去掉,形成麸皮。

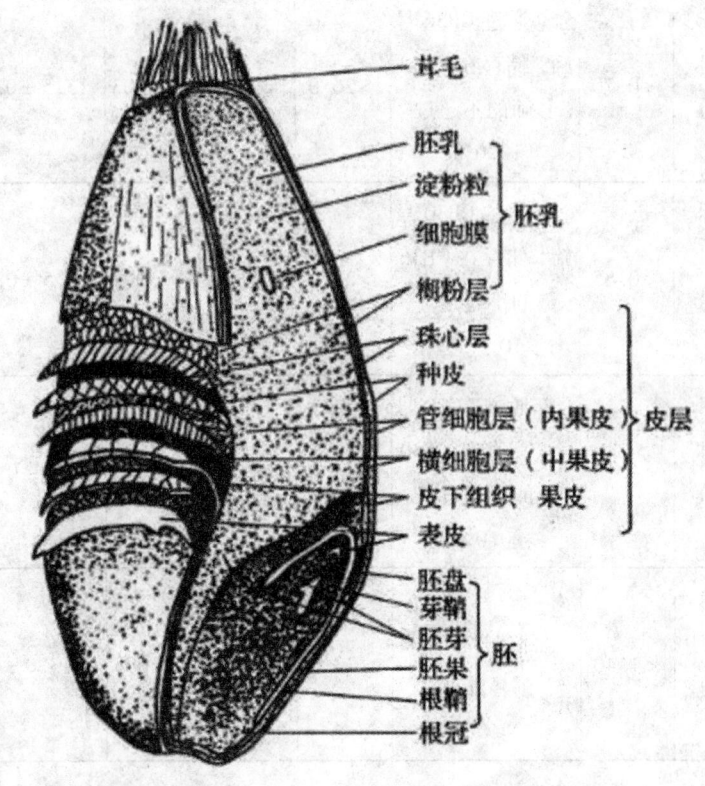

图4-1　小麦的子粒结构

二、小麦的化学组成

从化学角度看,小麦中含有水分、蛋白质、碳水化合物、脂肪、矿物质、纤维素等。矿物质、纤维素主要分布在皮层;维生素主要分布在胚和糊粉层;脂肪主要分布在胚;碳水化合物主要指淀粉,分布在胚乳;糊粉层和胚中蛋白质的含量较高,但不能形成面筋,胚乳中的蛋白质是构成面筋的主要物质。

三、小麦粉的等级标准

中国小麦粉国家标准 GB1355-1986《小麦粉》中有 4 个等级：特制一等粉、特制二等粉、标准粉和普通粉。等级指标有 9 项：水分、灰分、粗细度、面筋质含量、含砂量、磁性金属物含量、加工精度、气味、口味及酸度。不同等级小麦粉的区别主要在于加工精度、灰分、粗细度、面筋质含量以及水分的差异（中国小麦粉国家标准见表 4-1）。

表 4-1　　　　　　　　　　中国小麦粉国家标准见表

等级	加工精度	灰分（以干物计）	粗细度/%	面筋质%（以湿重计）	含砂量/%	磁性金属物/(g/kg)	水分/%	脂肪酸值（以湿基计）	气味口味
特一	按实物标准样品对照检验粉色麸星	<0.70	全部通过 CB36 号筛，储存在 CB42 号筛的不超过 10.0%	>26.0	<0.02	<0.003	13.5±0.5	<80	正常
特二	按实物标准样品对照检验粉色麸星	<0.85	全部通过 CB30 号筛，储存在 CB36 的不超过 10.0%	>25.0	<0.02	<0.003	13.5±0.5	<80	正常
标准粉	按实物标准样品对照检验粉色麸星	<1.10	全部通过 CQ20 号筛，留存在 CB30 的不超过 20.0%	>24.0	<0.02	<0.003	13.0±0.5	<80	正常
标准粉	按实物标准样品对照检验粉色麸星	<1.40	全部通过 CQ20 号筛	>22.0	<0.02	<0.003	13.0±	<80	正常

任务二　小麦磨粉工艺

一、小麦磨粉工艺流程

（一）工艺流程

小麦的清理→润麦→碾磨→筛理→成品

（二）具体工艺

1. 小麦的清理

小麦在收获、储存、运输的过程中，会混入各种杂质。其中一些为无机杂质，如沙石、泥块、灰尘、金属物等；一些为有机杂质，如植物的根、茎、叶，其他植物的种子、绳头纸屑、鼠粪、虫卵、发芽或霉变的粮粒等。为了保证加工产品的质量，防止杂质在生产过程中对加工设备造成危害，在对小麦进行正式加工之前必须对其进行清理。

不同的杂质具有不同的特性，应根据杂质与小麦特性的差异，选用不同的分离方法，使杂质与谷物分离，达到有效清理的目的。清理杂质的基本方法有：风选法（根据杂质与谷物悬浮速度的差异）、筛选法（根据宽度和厚度的差异）、精选法（根据形状和长度的差异）、密度分选法（根据密度的差异）、磁选法（根据磁性的差异）、撞击法（根据强度的差异）、色选法（根据颜色的差异）。其中前六种方法在生产实践中已得到广泛应用，色选法主要用于对大米成品中。

2. 润麦

将适量清水加入原料小麦中的工艺手段称为着水，着水后的小麦在密闭的仓内静置一定时间，称为润麦。这个过程需要 12h 以上，一般在室温或加温条件下进行。

小麦着水润麦后，皮层及胚乳的水分均上升，加入的水主要以游离水的形式存在于皮层及胚乳的细胞之间。皮层的水分增加后，其韧性明显增强，在制粉过程中，皮层较难破碎，有利于提高产品的精度。胚乳的水分增加后，淀粉颗粒的结构则变得较松散，其强度降低，研磨的动耗下降，胚乳易磨细成粉。因皮层、胚乳吸水后膨胀程度的区别，导致两者的结合力下降，有利于胚乳与皮层的分离。

3. 制粉

制粉工艺就是将经过清理和水分调节后的小麦（净麦），逐级破碎，从破碎的麦渣上刮下胚乳并研磨成粉的生产过程。这个过程并不是通过一二道研磨就能完成的，而是通过多道研磨，逐级筛理，才能获得一定粗细度和精度的面粉以及刮尽胚乳的麸皮。根据各道研磨物料的性质，制粉生产一般由皮磨系统（代号 B）、渣磨系统（代号 S）、心磨系统（代号 M）等组成。各系统均包括研磨和筛理两部分。

研磨包括以下系统：

（1）皮磨系统：将小麦剥开，并从剥开的麸片上逐步刮下胚乳。由于在剥刮过程中所施研磨作用的不同，所以能产生不同数量的麦渣、麦心和面粉。麦渣主要是指带麸皮的胚乳麦粒，麦心主要指纯胚乳颗粒或带少量麸屑的胚乳颗粒。

（2）渣磨系统：将皮磨系统筛出的麦渣，通过较轻的研磨，剥去附在粗粒上的麸皮，以提取高纯度的胚乳颗粒，于此同时，磨出部分质量较好的面粉。

（3）心磨系统：将皮磨和渣磨系统所提取的胚乳颗粒，逐道研磨成具有一定粗细度和精度的面粉；同时分离出质量较次的细麸屑。

（4）尾磨系统：将连麸粉粒中的麸皮去掉。

4. 筛理和清粉

小麦经过磨粉机逐道研磨以后,获得颗粒大小不同及质量不等的混合物,将这些混合物利用筛理设备按其粒度进行分级的工序,称为筛理。筛理是利用筛面来进行的,一般由以下几种筛面组成:

(1)粗筛:从皮磨磨下的混合物中分离出麸皮的筛面。

(2)分级筛:将同类粗粒(麦渣与麦心混合物)按粒度大小进行分级的筛面。

(3)细筛:在加工等级粉时,分离粗粉的筛面。

(4)粉筛:筛出面粉的筛面。

为了提高面粉的精度和出粉率,生产等级面粉时,可利用筛理和吸风相结合的设备,将麦渣、麦心和粗粉进行精选,分成纯粉粒、连麸粉粒和麸屑的过程,称为清粉。

筛理是制粉生产过程中不可缺少的重要环节。磨制高质量面粉,通常还要对粗粒、粗粉进行清粉。筛理与清粉工作的好坏,对制粉厂的产品质量、出粉率、产量及成本有很大的影响。

二、小麦制粉方法

制粉方法的精简随面粉加工精度的要求而不同。面粉加工精度越高,要求在制品的分级越细。配备的研磨系统越长,工艺流程(粉路)越复杂。面粉加工精度要求低,则在制品分级粗,系统较短,工艺流程也就越简单。如按系统的配备分,制粉方法有下列4种:

1. 连续制粉法

小麦经过研磨和筛理后,除筛出面粉外,其余物料全部送入下道研磨系统,连续进行研磨和筛理,直至面粉出完为止。这种制粉方法,工艺过程简单,操作方便,适用于加工低精度面粉。

2. 皮心分磨制粉法

整个制粉工艺由皮磨系统和心磨系统组成。小麦经研磨和筛理后,除筛出面粉外,还应分出麸片(带胚乳的麦皮)和麦心,由皮磨系统和心磨系统分别进行研磨和筛理。这是一种逐级将麸皮剥刮干净,将胚乳颗粒研磨成粉的制粉方法。

3. 皮渣心分磨制粉法

整个制粉工艺由皮磨、渣磨和心磨等系统组成。小麦经研磨和筛理后,除筛出面粉外,其余在制品按照粗细和质量分为麸皮、麦渣、麦心等物料,分别送到各系统处理。麸皮送到后道皮磨逐步将麸皮上的胚乳刮净;麦渣送到相应的渣磨进行磨粉和提取质量较好的麦心;麦心送到各道心磨而磨细成粉。

4. 精研细分制粉法

整个制粉工艺由皮磨、渣磨、清粉心磨与尾磨等系统组成。小麦经头道皮磨研磨后,除提取小部分面粉外,其余在制品按质量和大小细分为粗麸片、细麸片、麦渣、粗麦心和细麦心等物料,分别送到粗细皮磨、清粉机、渣磨及心磨,进行不同的处理。这种制粉法可以获得质量较高的麦心和面粉。为了处理细麸屑还专门增设了尾磨系统。

项目三 稻谷加工技术

任务一 稻谷相关知识

一、稻谷的分类

稻谷的分类方法很多，按稻谷的生长方式分为水稻和旱稻；按生长的季节和生长期长短不同分早稻谷(90~120 d)、中稻谷(120~150 d)、晚稻谷(150~170 d)；按粒形粒质分有粳稻谷、籼稻谷、糯稻谷。

1. 早籼稻谷：早籼稻谷的糙米腹白较大，硬质粒较少。
2. 晚籼稻谷：晚籼稻谷的糙米腹白较小，硬质粒较多。
3. 粳稻谷：粳型非糯性稻谷，稻粒一般呈椭圆型。
4. 籼糯稻谷：籼型糯性稻谷，稻粒一般呈长椭圆形或细长形状。米粒呈乳白色，不透明；也有的呈半透明状（俗称长糯），黏性大。
5. 粳糯稻谷：粳型糯性稻谷，稻粒一般呈椭圆形。米粒呈乳白色，不透明；也有的呈半透明状（俗称圆糯），黏性大。

◆ 知识拓展

稻谷是人类重要的粮食作物之一，耕种与食用的历史都相当悠久。现时全世界有一半的人口食用稻，主要在亚洲、欧洲南部和热带美洲及非洲部分地区。水稻起源于地处亚洲亚热带地区的中国长江下游地区，稻的栽培历史可追溯到约公元前4000年的中国长江下游地区，浙江余姚河姆渡发掘考证，早在六七千年以前这里就已种植水稻，后逐渐向西向南传播，中世纪引入欧洲南部。

二、稻谷的籽粒结构

稻谷籽粒由颖(外壳)和颖果(糙米)两部分组成，制米加工中稻壳经砻谷机脱去而成为颖果，又称为糙米。稻壳由2片退化的叶子内颖和外颖组成，内、外颖的两缘相互钩合包裹着糙米，构成完全封密的谷壳。糙米是由受精后的子房发育而成。由于其果皮和种皮在米粒成熟时愈合在一起，故称为颖果。颖果没有腹沟，长5-8 mm，粒质量约25 mg，是由颖果皮、胚和胚乳3部分组成。颖果皮由果皮、种皮和珠心层组成，包裹着成熟颖果的胚乳。胚乳在种皮内，是由糊粉层和内胚乳组成。胚位于糙米的下腹部，包含胚芽、胚根、胚轴和盾片4个组成部分。在糙米碾白时，果皮、种皮和糊粉层一起被剥除，故这3层常合称为米糠层。稻谷的籽粒结构见图4-2。

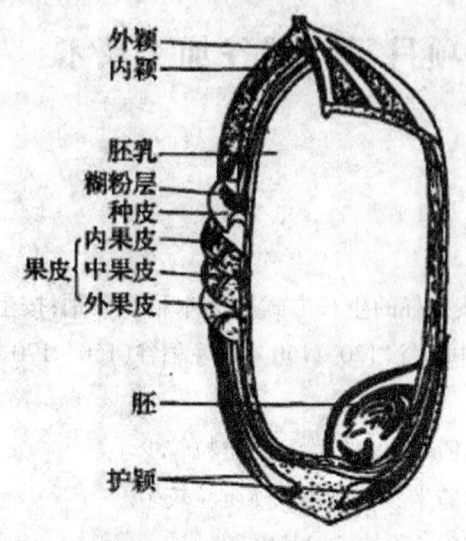

图 4-2 稻谷的籽粒结构

三、稻谷的物理性质

稻谷的物理性质是指与稻谷加工工艺、设备、操作有密切关系的物理性质。

1. 稻谷的色泽和气味

新鲜正常的稻谷,其色泽应该是鲜黄或金黄色,糙米的色泽多为蜡白色或灰白色,红色糙米呈紫红色,有光泽。未成熟的稻谷和糙米,一般呈淡绿色,且表面富有光泽。

稻谷具有其固有的香味,无不正常异味。

稻谷的表面状态是指稻谷表面粗糙或光滑的程度,它对稻谷加工的工艺效果有直接的影响,如表面粗糙的稻谷,脱壳和谷糙分离都比较容易。一般粳稻谷比籼稻谷表面粗糙。

2. 稻谷的粒型与大小

稻谷籽粒的大小是指稻谷的长度、宽度和厚度,一般称为粒度。在加工过程中,籽粒的形状和大小,是合理选用筛孔和调节设备操作的依据之一。

3. 容重和千粒重

(1) 容重

稻谷的容重是指单位容积中稻谷的重量,以 kg/m^3 为单位,大而饱满的子粒容重较大,出糙米率高。

(2) 千粒重

稻谷的千粒重是一千粒稻谷的重量。一般粳稻的干粒重为 25-27g,籼稻为 23-25g。千粒重的大小,直接反映出稻谷的饱满程度与质量好坏。千粒重大的稻谷,其籽粒饱满坚实,胚乳占籽粒的比例高,出米率高。

4. 腹白度和爆腰率

(1) 腹白度

米粒腹部不透明的粉质白斑称为腹白。腹白度是米粒腹部乳白色不透明部分的大小。腹白度大的米粒,其角质含量少,强度低,加工时易碎,出米率低。

(2) 爆腰率

糙米的腰部有横向裂纹,称为爆腰粒。糙米中的爆腰粒数占糙米总数的百分比称为爆腰率。米粒产生爆腰后其强度大大降低,加工时易产生碎米,出米率低。爆腰率高的稻谷不适宜加工高精度的大米。

5. 米粒的强度

米粒受到压缩、拉伸、弯屈、剪切等力的作用时,便会引起变形,同时内部产生相应的抵抗力。当外力增加到使抵抗力达到强度极限时,米粒即破碎。这种抵抗变形和破碎的能力称为米粒的强度。

6. 稻谷的散落性

散落性是指谷物自然下落至平面时,有向四周流散并形成一圆锥体的性质。散落性小的稻谷,其流动性差,加工中容易堵塞机器和输送管道。

7. 自动分级性

谷粒群体(粮堆)在移动或振动过程中,由于各组分在粒形、粒度、表面状态、密度等物理特性上的差异,而导致所受摩擦力、气流浮力等的影响也不同,散粒群体会出现自动分级现象。在谷物加工中为使谷物处于均匀性,所以常采取一定的措施防止粮堆的自动分级。

二、稻谷的加工

(一) 稻谷制米的主要工艺流程

稻谷→原料清理→砻谷→谷糙分离→碾米→成品整理→大米

(二) 稻谷制米工艺流程

1. 稻谷清理

稻谷由于选种、栽培、收割、脱粒、干燥、运输储藏等原因,一般都会混有一定数量的杂质。如:杂草种子、瘪谷、虫尸、虫卵、泥沙、石块、磁性矿石和金属杂质等。这些杂质不仅影响生产工艺,同时也影响成品的质量,因此加工的首要任务是清理除杂。

稻谷清理的要求:净谷含杂总量不超过0.6%,其中含砂石不得超过1粒/kg;含稗不得超过130粒/kg。

清理杂质的方法有很多,主要是根据杂质与谷粒物理性质的不同进行分选。

(1) 风选法:根据谷粒与杂质在悬浮速度的差异,利用一定形式的气流使杂质与谷粒分离的方法。

(2) 筛选法:根据杂质与谷粒在粒度大小、形状等方面的差异,选择合适筛孔尺寸的筛面组合,使杂质和谷类的混合物通过筛面时,分别称为筛上物和筛下物,从而达到稻谷和杂质分离的目的。

（3）密度分选法：借助谷粒与杂质密度不同，利用运动过程中产生自动分级的原理，采用适当的分级面使之分离。

（4）磁选法：利用磁力清除谷粒中磁性杂质的方法。

（5）精选法：根据谷粒与杂质长度的不同，利用具有一定形状和大小的袋孔的工作面进行分离

（6）光电分选法：利用谷物和杂质对光的吸收或反射、介电常数的不同进行分离的方法。

2. 砻谷

脱除稻谷颖壳的工序称为脱壳，俗称砻谷。脱去稻谷颖壳的机械称为砻谷机。砻谷是根据稻谷子粒结构的特点，对其施加一定的机械力破坏稻壳而使稻壳脱离糙米的过程。根据稻谷脱壳时的受力状况和脱壳方式，稻谷脱壳方法通常可分为挤压搓撕脱壳、端压搓撕脱壳和撞击脱壳三种。

挤压搓撕脱壳是靠两个不等速运动的工作面的挤压、搓撕而脱去颖壳；端压搓撕脱壳是指谷粒长度方向的两端受两个不等速运动的工作面的挤压、搓撕而脱去颖壳。撞击脱壳是指高速运动的粮粒与固定工作面撞击而脱去颖壳的方法。

砻谷工艺效果的好坏，不仅影响其后续工序的工艺效果，而且还影响成品大米质量、出率、产量和成本。因此，稻谷砻谷时，在确保一定脱壳率的前提下，要求应尽量保持糙米子粒的完整，减少子粒损伤。具体要求是：稻壳中含饱满粮粒不超过30粒/kg，谷糙混合物中含稻壳量不超过0.8%；糙米含谷量不超过40粒/kg，回砻谷含糙量不超过10%。

3. 谷糙分离

由于砻谷机本身机械性能及稻谷子粒强度的限制，稻谷经砻谷机一次脱壳不能全部成为糙米，砻下物含有未脱壳的稻谷、糙米、谷壳等。因此，经过稻壳分离的砻下物是稻谷和糙米的混合物，谷糙分离就是将稻谷、糙米进行分离，糙米送往碾米机械碾白，未脱壳的稻谷返回到砻谷机再次脱壳。

谷糙分离的基本原理谷糙分离是充分利用稻谷和糙米在物理特性方面的差异，使它们在运动过程中产生良好的自动分级。稻谷"上浮"、糙米"下沉"，使糙米充分接触筛面或其他形式的分离面而得到分选；上浮的稻谷由于不能接触筛面或分离面，故没有机会穿过筛孔而得到与糙米相同的分选。

4. 碾米

碾米是应用物理（机械）或化学的方法，将糙米表露的皮层部分或全部剥除的工序。目前世界各国普遍采用物理方法碾米（亦称机械碾米），运用机械设备产生的机械作用力对糙米进行去皮碾白的方法，所用的机械设备称为碾米机。

5. 成品整理

经碾米机碾制成的白米,其中混有米糠和碎米,而且白米的温度较高,这都会有影响成品的质量,也不利于成品大米的贮存,因此,在成品包装前必须经过整理(称为成品整理),使成品米含糠、含碎符合标准要求,使米温降至有利于贮存的范围。整理具体上可分为擦米、凉米、成品分级和抛光等基本工序。

(1)擦米:主要作用是擦除黏附在白米表面的糠粉,使白米表面光洁,提高成品的外观色泽,同时有利于大米的贮藏和米糠的回收。擦米过程中,作用不应剧烈,以防止产生碎米。现在普遍采用铁辊擦米,常将它与碾米机组合成碾米擦米组合机。

(2)凉米:目的是降低米温,以利于贮藏。在加工高精度米时,米温比室温要高 15~20℃,如不冷却处理,进仓后成品易发霉。凉米一般在擦米后进行,并把凉米和吸糠有机地结合起来。凉米的常用设备有风选器、冷却塔和凉米箱等。

(3)成品分级:根据我国大米质量标准规定,常采用白米分级平转筛分出白米中的大碎米、小碎米,使成品符合我国的大米等级标准。

(4)抛光:所谓抛光实质上是湿法擦米,它是将符合一定精度的白米,经着水、润湿以后,送入专用设备(白米抛光机)内,在一定温度下,米粒表面的淀粉胶质化,使得米粒晶莹光洁、不黏附糠粉、不脱落米粉,从而改善其贮存性能,提高其商品价值。目前白米抛光采用的着水方法比较多样,如滴定管加水、压缩空气喷雾、水泵喷雾、喷风加水和超声波雾化等多种形式。

6.副产品整理

从碾米及成品处理过程中得到的副产品是糠粞混合物,里面不仅含有米糠、米粞(粒度小于小碎米的胚乳碎粒),而且由于米筛筛孔破裂或因操作不当等原因,往往也会含有一些完整米粒及碎米。副产品整理主要是分离米糠中的碎米、米粞以及少量的完整大米粒。一般采用风选和筛选进行分离。

任务三 大米制品加工技术

一、蒸谷米、免淘米和营养强化米加工技术

(一)蒸谷米加工技术

蒸谷米就是把清理干净后的谷粒先浸泡再蒸,待干燥后碾米,此法出米率高米少,容易保存,耐储藏,出饭率高,饭松软可口,可溶性营养物质增加,易于消化和吸收。

蒸谷米的生产工艺除稻谷清理后经水热处理(浸泡、汽蒸、干燥与冷却)以外,其他工序与普通大米生产工艺流程基本相同,蒸谷米生产工艺流程如下:

原粮→清理→浸泡→汽蒸→干燥和冷却→砻谷→碾米→色选→蒸谷米

稻谷在蒸煮前一般在常压或减压下进行浸泡,稻谷吸水并使自身体积膨胀,水分必须在30%以上才能使淀粉全部糊化。浸泡常采用高温浸泡,预先将水加热到 80~90℃,然后放入稻谷进行浸泡,浸泡过程中水温略低于淀粉的糊化温度(通常约70℃),浸泡 3h。

稻谷经过浸泡以后,胚乳内部吸收相当数量的水分,此时应将稻谷加热,使淀粉糊化。通常利用蒸汽进行加热,有常压汽蒸与高压汽蒸两种。汽蒸的目的在于改变米胚乳的物理性质,保持渗入的养分,提高出米率,改进储藏特性和食用品质。

最后经过干燥除去水分,进行冷却,使稻谷水分降到14%的安全水分范围,以便储藏和加工,使碾米时能得到最大限度的整米率。

(二)免淘米加工

免淘洗米是一种炊煮前不需淘洗的大米。米粒在水中淘洗时,随水流失米糠及淀粉2%左右。营养成分损失也很大,其中损失无氮浸出物1.1%~1.9%、蛋白质5.5%~6.1%、钙18.1%~23.3%、铁17.7%。国内很多地区已生产并销售免淘洗米。

湿润法加工免淘米分两步进行。第一步是碾白除糠,主要目的是将糙米着水湿润后,利用皮层容易从胚乳上剥离下来的性质,施加较小的压力进行擦离碾白,使白米达到所要求的精度。可喷雾着水,使糙米在短时间内均匀吸水,在米粒强度还未下降以前完成碾白。着水量在0.5%~2%范围内比较合适,着水后1 min就开始碾白,着水后10min内完成整个碾白过程。第二道工序是添加有黏着力的含糖类、蛋白质类的水溶液湿润米粒表面,利用其使摩擦系数显著增加的性质,进行摩擦轻碾,进一步提高除糠效率。糙米经第一道工序后,胚乳外面的皮层已经基本被碾掉,因而米粒间摩擦系数下降,添加糖类等水溶液后,摩擦系数增加,只要给予适当的压力,就可去掉残留在米沟等凹陷部分的少量米糠,达到与淘洗同样的除糠效果。

(三)营养强化米加工技术

强化米是在普通大米中添加某些营养素而生产的成品米,可强化的营养素包括:(1)水溶性维生素,如维生素B_1、维生素B_2、维生素B_6、维生素C及泛酸。(2)脂溶性维生素,如维生素A、维生素D、维生素E。(3)氨基酸,如赖氨酸和蛋氨酸。(4)矿物质,如Ca、Fe、Zn等。

强化米的生产分为内持法和外加法两种。外加法一般将各种强化剂配成溶液后,由米粒吸进去或涂覆在米粒表面。内持法是通过水热处理,将糙米皮层和胚的营养师转移到胚乳内部,即蒸谷米的生产。

二、方便米饭的加工技术

软罐米饭加工是以大米为原料,以淀粉的糊化和回生现象为基础,经过处理、装罐、密封,还利用了高温灭菌原理,在高温灭菌的同时,破坏原料中的酶系,并使原料熟化,然后冷却而制成的。可使制品达到长期保存的目的。

软罐头起源于美国,是食品包装史上的第二次革新,被称为第二代罐头食品。加工工艺如下:

配菜、调味品

原料预处理──→淘洗──→浸泡──→预煮──→拌匀──→袋装密封

装盘装车──→蒸煮杀菌──→蒸煮袋表面脱水──→成品装箱、入库

1. 原料预处理:主要原料是符合食品卫生要求的大米、糯米、调味料及各种副食品、油脂等。预处理是指大米经筛选除去杂质,副食品如鸡、肉等也要洗干净并炒煮好等。

2. 淘洗:主要是为了除去黏附在大米表面上的粉末杂质,同时也能冲去大米中的碎糠,应严加控制淘洗的次数,因为淘洗会降低成品的营养价值。

3. 浸泡:原料米在蒸煮前必须进行浸泡,以便米粒充分吸水湿润,浸泡用水为酸性,可以使米粒的白度增加。浸泡后加抗黏结剂漂洗可以减少米粒相互黏结,加交联淀粉提高米饭罐头的稳定性。

4. 预煮:将原料米预先煮成半生半熟的米饭。经过预煮,能克服蒸煮袋内上、下层米水比例差别的弊端。蒸煮时大米含水量在60%~65%时,米饭粒较完整,不糊烂,储存期较稳定,不易回生;通常米和水的比例为1:1-1:1.4。预煮时间掌握在25min左右,米粒呈松软、晶莹即可。

5. 配料:混合将预煮以后的大米与烹饪好的配菜混合均匀。

6. 装袋密封:按一定质量,将搅拌均匀后的大米和配菜的混合物逐一装袋、密封。食品的温度在40-50℃时进行充填为好,装填高度应在封口线以下3.5cm处,封口宽度为8-10mm。蒸煮袋密封要在较高的温度(130~230℃)下进行,压力是0.3MPa,时间0.3s以上。

7. 装盘装车:将袋装的半成品人工装入长方形的蒸煮盘内均匀排列,然后一盘一盘地装入专用的蒸煮推车中,为下一道工序做准备。

8. 蒸煮杀菌:把装盘装车的半成品送入压力杀菌装置进行蒸煮杀菌,以使大米中的淀粉全部糊化,同时达到高温杀菌的目的。蒸煮杀菌时的温度一般为105~135℃,时间为35min。

9. 蒸煮袋表面脱水:经高温蒸煮杀菌后取出的软包装袋表面附着水分,如不除去可能造成装箱困难。蒸煮袋表面脱水装置的主要工作构件为特殊海绵制成的一对轧辊,进袋、出袋使用输送带。如要求蒸煮袋表面完全干燥,可以用小型热风机吹拂,然后装箱即可。

三、米粉和方便米粉的加工技术

(一)米粉的生产工艺

我国米粉条的生产历史悠久,品种繁多,生产工艺不尽相同,外观造型各异。米粉条也因产地、生产加工工艺不同而有不同的称呼。常见的有云南过桥米线、广州沙河粉、江西筒子粉、桂林米粉、波纹米粉(又称排米粉)等。

米粉的生产工艺如下:

原料预处理→浸泡→磨浆→蒸粉→挤坯、榨条→冷却→松丝→蒸煮→切条、成形→干燥→计量包装→成品

米粉经过清洗、浸泡,米粒结构疏松,利用机械粉碎,将其分裂成所需细度的米粉,通过蒸粉把相互间无黏性的大米淀粉颗粒糊化,使淀粉分子膨胀、伸展以至成为相互交联,具有一定流变性和可塑性的淀粉凝胶,也有利于挤压成有一定的形态和韧性丝状。蒸粉的

要求是蒸粉后的粉料熟度为75%~80%左右,颗粒呈非常淡的黄色,表面有光泽透明感,不夹生粉,里外熟度基本一致。糊化后的粉料通过螺旋式挤压机挤压成条,并通过降温处理使淀粉回生,松丝处理使米粉条相互之间不粘连。如果在蒸粉过程中淀粉的糊化已达到90%,则挤压出的粉丝粘连成团,不能分开,无法制得松散的米粉条。蒸煮是对米粉条进一步糊化的方法。最后通过切条、成型、干燥,即可包装销售。

（二）方便米粉的生产工艺

方便米粉把大米淀粉α-化,同时大米蛋白经过热变性使之与淀粉颗粒结合,成为具有一定网络的片状结构,然后在一定的温度范围内进行干燥,使淀粉颗粒的α-化定型,最后经包装,食用时将米粉在热水中复水即可食用。

方便米粉与普通米粉生产工艺的不同在于复蒸之前的冷却环节。一般的米粉条生产,冷却(也称熟成)的时间为4~12h,目的是使淀粉充分回生,产品韧性好、耐煮。而方便米粉,为了便于机械连续生产和达到方便快熟的目的,其冷却时间相当短,只是用两台并列轴流通风机进行吹风强制冷却。其作用是：迅速吹干波纹成形后米粉条表面带有的黏性凝液,降低温度,降低湿度,疏松米粉条,减少粘连。由于冷却时间短,大部分还是α-化淀粉,而α-化淀粉很容易复水,快熟。吹风冷却时间不宜太长,以防表面硬化发脆。

项目四　植物油脂加工技术

任务一　油料作物相关知识

植物油料种类很多,资源非常丰富。凡是油脂含量达10%以上,具有制油价值的植物种子和果肉等均称为油料。

一、油料种子的形态结构

油料子粒由壳及种皮、胚、胚乳或子叶等部分组成。不同的油料子实具有不同的形态结构。种皮包在油料子粒外层,起保护胚和胚乳的作用。种皮含有大量的纤维物质,其颜色及厚薄随油料的品种而异。胚是种子最重要的部分,大部分油料的油脂储存在胚中。胚乳是胚发育时营养的主要来源,内存有脂肪、糖类、蛋白质、维生素及微量元素等。但是有些种子的胚乳在发育过程中已被耗尽,因此可分为有胚乳种子和无胚乳种子两种。无胚乳种子,营养物质储存在胚内。

二、油料种子的主要化学成分

油料种子的种类很多,不同油料种子的化学成分及其含量不尽相同,但各种油料种子中一般都含有油脂、蛋白质、糖类、脂肪酸、磷脂、色素、蜡质、烃类、醛类、酮类、醇类、油溶性维生素、水分及灰分等物质。

任务二 植物油脂加工工艺

主要由油料的预处理、油脂的提取、油脂的精炼三部分组成。

一、油料的预处理

油料自投料进入取油设备前的所有工序，统称为油料预处理。油料的预处理包括：

1. 油料的清理除杂

根据油料与杂质之间的粒度、密度、形状、表面状态、弹性、硬度、磁性以及气流中的悬浮速度等物理性质的差异，将油料中的砂石、泥土、茎叶铁器等杂质去除的过程，方法主要有筛选、磁选、风选与水选四种。

2. 油料的剥壳、去皮

凡油料都含皮、壳。剥去皮壳后再进行油脂制取，可以提高出油率，减少油分损失，提高油脂和饼粕的质量，充分发挥制油设备的能力，减少设备的磨损和维修费用，降低生产用电消耗。

3. 油料的破碎、软化与轧胚

油料子粒在进入压榨制油或其他取油设备之前，必须先将其制备成合适于取油的料坯，以便使油脂能够被有效地制取出来。这一过程包括油料的破碎、软化和轧坯工序。油籽破碎的要求是，破碎料粒度均匀，颗粒大小符合规定的要求，粉末少而不出油。油料的软化是对经过破碎或小颗粒油料，尤其是对于含油量低和水分低的油料，进行适当的水分和温度调节。轧胚是利用机械作用将油料由粒状压成片状的过程。轧胚后的油料薄片称为生胚，生胚经炒熟后称为熟胚。轧胚的目的是破坏油料表面的细胞壁，增加表面积，在随后的蒸炒中易于吸水吸热，可以更加彻底地破坏细胞和蛋白质，以利于油脂的提取。

4. 熟胚的制备

将轧坯后的生坯经过加水、加热、烘干等湿热处理而变成熟坯的过程称为蒸炒。蒸炒效果的好坏直接影响出油率的高低和油、粕的质量。生坯经蒸炒后压榨取油称热榨，不经过蒸炒直接取油称为冷榨。绝大多数油料都经热榨取油，只有大豆粕制豆腐时才用冷榨。此外，油脂含量高的油料也可以冷榨，油得率较低，但油品质好。

蒸炒大致有三种方法。

第一种是"只蒸不炒"，生坯只通过蒸煮即包饼上榨，由于该法蒸的时间短，蛋白质变性不够，油分不易析出，同时生坯上蒸，吸收水分过多，不利于压榨，目前该法已基本淘汰。

第二种是"先炒后蒸"，生坯先用间接蒸汽加热，再在蒸桶中用直接蒸汽蒸煮，这是木榨及水压机榨油普遍应用的蒸炒方法，出油率远高于第一种方法，但该法由于第一次加热时，生坯中缺乏足够的水分，蛋白质变性不够彻底，虽然还有蒸煮过程，但也不能达到理想的程度，加上先经加热去水，后又加热吸水，热量浪费较多，这是该法的缺点。

第三种是"先蒸后炒，蒸和炒两个过程连续进行，先让生坯接受足够多的蒸汽或热水进行蒸煮，然后再去间接蒸汽加热，脱去多余的水分以达到适宜的入榨含水量，这样蛋白质变性就非常充分，完整的细胞因吸水和受热也能充分破裂，由于水分充足，可以以水代油使油滴逐片汇集而出，因此该法出油率最高，热源利用也充分。

挤压膨化法是利用挤压膨化机将粉末状或经过轧坯的片状油料，即通过混合、挤压（加热挤压）、胶合、减压膨化成型、切割以及冷却、干燥等过程，使物料形成具有某种结构和形状的熟坯，以利于制油或其他方面（食品、饲料）的用途。

二、油脂的提取

目前常用的油脂提取方法主要是机械压榨法和溶剂浸出法，另外还有水代法和水酶法。

1. 机械压榨法

机械压榨法制油就是借助机械外力把油脂从料坯中挤压出来的过程。在压榨取油过程中，榨料坯的粒子受到强大的压力作用，致使其中油脂的液体部分和非脂物质的凝胶部分分别发生两种不同的变化，即油脂从榨料空隙中被挤压出来和榨料粒子经弹性变形形成坚硬的油饼。

2. 溶剂浸出法制油

浸出是植物油厂用溶剂提取油料中的油脂的俗称，浸出法制油又称萃取法取油，属固——液萃取原理。浸出法制油就是利用溶剂将含有油脂的油料料坯进行浸泡或淋洗，使料坯中的油脂被萃取溶解在溶剂中，经过滤得到含有溶剂和油脂的混合油。加热混合油，使溶剂挥发并与油脂分离得到毛油，毛油经水化、碱炼、脱色等精炼工序处理，成为符合国家标准的食用油脂。挥发出来的溶剂气体，经过冷却回收，循环使用。我国目前常用的浸出溶剂为"6号溶剂油"，俗称浸出轻汽油。

3. 超临界流体萃取法

超临界流体萃取技术是用超临界状态下的流体作为溶剂对油料中油脂进行萃取分离的技术。一般物质，当液相和气相在常压下平衡时，两相的物理特性如密度、黏度等差异显著。但随着压力升高，这种差异逐渐缩小。当达到某一温度T（临界温度）和压力P（临界压力）时，两相的差别消失，合为一相，这一点就称为临界点。

在临界点附近，向超临界气体加压，气体密度增大，逐渐达到液态性质，这种状态的流体称为超临界流体。超临界流体具有介于液体和气体之间的物化性质，其相对接近液体的密度使它有较高的溶解度，而其相对接近气体的黏度又使它有较高的流动性能，扩散系数介于液体和气体之间。

油脂工业用 CO_2 作为萃取剂，CO_2 的临界温度为 31.1℃，临界压力 7.3 MPa，当温度高于 31.1℃，压力大于 7.3 MPa 时，CO_2 即处于超临界流体状态。CO_2 超临界流体萃取技术与普通分离技术相比有许多优点。

三、油脂的精炼

用压榨、浸出等方法提取的未经精制的油脂称为毛油。毛油的主要成分是甘油三酸酯,俗称中性油。此外,毛油中还存在非甘油三酸酯的成分,这些成分统称为杂质。油脂精炼的要求就是去掉杂质、保持油脂生物性质、保留或提取有用的物质。实际上,精炼并非将所有的杂质去除,而是有选择性地除杂。按照毛油中杂质的组成和性质可以将杂质分为4类:

1. 不溶性固体杂质

泥沙、料坯粉末、饼渣、纤维、金属等固体杂质。

2. 胶溶性杂质

磷脂、蛋白质、糖类等,其中最主要的是磷脂。

3. 油溶性杂质

游离脂肪酸、色素、甾醇、生育酚、醛、酮、烃类等。

4. 水分

水分不仅影响油脂的透明度而且会促使油脂水解酸败;不溶性杂质和酸性物质都是油脂变质的促进因素;游离脂肪酸影响风味、加重劣化;磷脂能使油脂浑浊,而且在加热时会产生黑色沉淀物、起泡等;各种色素直接影响油色,有的色素还会促进油脂酸败;胶质、含硫、磷化合物以及皂脚等的存在,对后续精炼工艺如汽提造成脱酸困难、氢化催化剂中毒;很多金属离子(铜离子、铁离子)不仅是油脂在高温下的促氧化剂,而且直接对人体有害。

此外,毛油中有些"杂质",如生育酚、谷维素等既是油脂的天然抗氧化剂,也对人体有益,在精炼时可以保留。

植物油脂精炼的方法:

植物油精炼的方法可分为三类:

1. 物理精炼

物理精炼又称机械精炼,是通过沉淀、过滤和离心分离的方法将毛油中的水分和机械杂质去掉。静置沉淀原理是利用油和杂质的相对密度不同,借助重力的作用,达到自然分离的一种方法,又称重力沉降法。主要用来分离机榨毛油中的饼渣、油脚、皂脚、粕末等杂质。它是利用悬浮杂质和油脂密度的不同,较轻的油浮于上面,较重的杂质沉于器底,使悬浮物与油脂分离。

过滤是在一定压力(或负压)和温度下,将毛油通过带有毛细孔的过滤介质(滤布),使杂质截留在过滤介质上,让油脂通过滤饼层而达到分离的一种方法。过滤分离不仅用于毛油中悬浮杂质的去除,在油脂脱色、脱蜡、分提及氢化后分离催化剂等也应用过滤的方法。离心分离是借助于离心机转鼓高速旋转所产生的离心力来分离悬浮杂质的一种方法。

2. 化学精炼和物理化学精炼

化学精炼和物理化学精炼包括脱胶、脱酸、脱色、脱臭、脱蜡和脱脂等。

脱胶是为了为了脱除油中胶溶性杂质,主要为磷脂,还有蛋白质、黏液质以及胶质与多种微量金属离子(Ca^{2+},Mg^{2+},Fe^{2+},Cu^{2+})形成的配位化合物和盐类。胶质的存在不仅影响油的品质和储藏稳定性,而且影响到后续碱炼脱酸工序。脱胶的方法很多,应用最普遍的有水化脱胶与酸炼脱胶。加酸脱胶是利用加入磷酸等进行脱胶的方法。磷酸脱胶可以除去油中非水化磷脂,因而适合于高级食用油的精炼。磷酸脱胶油耗少、色泽浅、能与金属离子形成络合物、解离非水化性磷脂而使油中含磷量明显降低(可达 30×10^{-6})。

  油脂脱酸的目的,就是用碱来中和游离脂肪酸,使游离脂肪酸生成肥皂而从油中分离析出。肥皂具有很好的吸附作用,它能吸附相当数量的色素、蛋白质、磷脂、黏液及其他杂质,甚至悬浮的固体杂质也可被絮状肥皂夹带着一起从油中分离出来。脱酸的方法很多,在工业生产上应用最广泛的是碱炼法。

  油脂中的色素可分为天然色素和非天然色素。天然色素主要包括胡萝卜素、类胡萝卜素、叶绿素和叶红素等。非天然色素是油料在储藏、加工过程中的化学变化引起的,如酯类及蛋白质的分解使油脂呈棕褐色;铁离子与脂肪酸作用生成的脂肪酸铁盐溶于油中,使油成深红色;叶绿素受高温变化成赤色。叶绿素红色变体在脱色工序中是最难除去的。

  脱色的方法有日光脱色法(又称氧化法)、化学药剂(双氧水)脱色法、加热脱色法和吸附脱色法等。目前应用最广泛的是吸附脱色法,即将某些具有强吸附能力的物质(酸性白土、漂土和活性炭)加入油脂,在加热的情况下吸附除去油中的色素及其他杂质(蛋白质、黏液、树脂类及肥皂等)。所使用的脱色剂,通常是活性白土。

  油脂脱臭的主要目的是除去油脂中引起臭味的物质及易于挥发的其他物质,改善油脂的气味和色泽,提高油脂的稳定性。油脂脱臭是根据引起油脂风味、气味、色泽的物质的挥发度上的差异进行的。脱臭是在高真空及高温的条件下,向油脂中喷入直接蒸汽的蒸馏法。脱臭的方法有真空蒸汽脱臭法、气体吹入法、加氢法和聚合法等。目前国内外应用最广、效果最好的是真空蒸汽脱臭法。真空蒸汽脱臭法的原理是水蒸气通过含有臭味组分的油脂,汽——液接触,水蒸气被挥发出来的臭味组分所饱和,并按其分压比率逸出而除去。

任务三 植物油脂制品的加工工艺

一、调和油

  是根据天然食用油的化学组分,以大众高级食用油为基质油,加入一种或一种以上具有功能特性的食用油,经科学调配得到具有增进营养功效的食用油。调和油的品种很多,根据我国人民的食用习惯和市场需求,可以生产出多种调和油,如风味调和油、营养调和油、煎炸调和油。

  调和精炼油的原料油主要是高级烹调油或色拉油,并使用一些具有特殊营养功能的一级油,如玉米胚油、红花籽油、紫苏油、浓香花生油等。各种油脂的调配比例主要是根据单一油脂的脂肪酸组成及其特性调配成不同营养功效的调和油,以满足不同人群的需要。在满足一定的脂肪酸组成及其特性调配成不同营养功效的调和油,以满足不同人群的需要。在满足一定营养功效的前提下,尽量采用当地丰富的、价廉的油脂资源,以提高经济效益。

调和油在一般的全精炼油车间均可调制。调制风味调和油时,先计量全精炼的油脂,将其在搅拌的情况下升温到 35~40℃,按比例加入浓香味的油脂或其他油脂,继续搅拌 30 min,即可储藏或包装。如要调制高亚油酸营养油,则需在常温下进行调和,并加入一定量的维生素 E。如要调制饱和程度较高的煎炸油,则调和时温度要高些,一般为 50~60℃,最好再按规定加入一定量的抗氧化剂。

二、人造奶油

人造奶油一般是采用精炼植物油为原料,经过加氢使之成为固体,然后添加牛奶、水、香料、乳化剂、食盐等辅料,经乳化、急冷、捏合而成的具有类似天然奶油特点的一类可塑性油脂制品。其外观呈鲜明的淡黄色,可塑性固体质地均匀、细腻,风味良好,无霉变和杂质,其脂肪含量在 75%~80% 以上,含水量为 16%~20%,食盐含量小于 3%,同时可含有少量乳化剂、维生素、乳酸等添加剂。

基本工艺流程:

原料油 + 辅料调和→乳化→急冷→捏合→包装→熟成

其中乳化温度 55℃ 左右,时间 15~30min,速冷温度 -10℃~-20℃。

三、起酥油

起酥油是指精炼的动、植物油脂、氢化油或上述油脂的混合物,经急冷、捏合制造的固态油脂或不经过急冷、捏合制造的固态或流动态的油脂产品。起酥油具有可塑性、乳化性等加工性能。外观呈白色或淡黄色,质地均匀;无杂质,滋味、气味良好。

起酥油一般不宜直接食用,而是用在食品加工的煎炸、焙烤烹调方面,或者作为食品馅料、糖霜与糖果的配料。因此起酥油必须有良好的加工特性。

起酥油的生产一般是将精炼后的食用油经速冷、捏合、充氮、熟化等工序

充氮

原料油添加剂──→调和罐──→高压泵──→速冷、捏合──→包装──→熟化

几种原料油按一定比例经计量后进入调和罐,添加剂先用油溶解后倒入调和罐。混合油在调和罐内预先冷却到 50℃,再用齿轮泵(两台齿轮泵之间倒入氮气)送到急冷机。用液氮将油脂迅速冷却到过冷状态(25℃),部分油脂开始结晶。然后通过捏合机连续混合并在此结晶,出口时油脂温度为 30℃。急冷机和捏合机都要在 2.1~3.8MPa 压力下操作。当起酥油通过最后的背压阀时,压强突然降到大气压而使充入的氮气膨胀,因而起酥油获得光滑的奶油状组织和白色外观。刚生产出来的起酥油是液状的,当充填到容器后不久就将呈半固体状,制成的成品包装后,再进行后熟,提高了油脂的可塑性和稳定性。

项目五　面类食品加工技术

任务一　面包加工技术

面包是以小麦粉、酵母、盐和水为基本原料，再添加其他辅料，经调粉、发酵、整形、醒发、烘烤等工序生产的一类方便食品。

面包制作技术最早出现在公元前 3000 年前后的古埃及。古埃及人偶然发现和好的面团在温暖处放久后，会导致面团发酵、膨胀、变酸。再经烤制可以得到远比"烤饼"松软的一种新面食，这就是世界上最早的面包。大约在公元前 3 世纪面包制作技术传出了埃及。公元 2 世纪末罗马的面包师行会统一了制作面包的技术。17 世纪人类发现酵母菌后，面包发酵技术得到改善和发展。直到 19 世纪，小麦品种的改良、面粉加工的发展使面包加工技术日趋成熟。

面包的品种繁多。按用途分为主食面包和点心面包；按口味分为甜面包和咸面包；按柔软度分为硬式面包和软式面包；按成型方法分为普通面包和花色面包；按配料不同分为水果面包、椰蓉面包、巧克力面包、全麦面包、奶油面包、鸡蛋面包等。

◆ 知识拓展

面包制作技术最早出现在公元前 3000 年前后的古埃及。古埃及人偶然发现和好的面团在温暖处放久后，会导致面团发酵、膨胀、变酸。再经烤制可以得到远比"烤饼"松软的一种新面食，这就是世界上最早的面包。大约在公元前 3 世纪面包制作技术传出了埃及。公元 2 世纪末罗马的面包师行会统一了制作面包的技术。17 世纪人类发现酵母菌后，面包发酵技术得到改善和发展。直到 19 世纪，小麦品种的改良、面粉加工的发展使面包加工技术日趋成熟。

一、面包的加工方法与工艺流程

1. 一次发酵法

原辅材料处理→面团调制→发酵→整形→醒发→饰面（刷蛋液）→烘烤→冷却→包装→成品

2. 二次发酵法

　　　　　　　　　　　　　　　全部余料
　　　　　　　　　　　　　　　　↓
部分配料──→第一次面团调制──→第一次发酵──→第二次面团调制
第二次发酵──→整形──→醒发──→饰面（刷蛋液）──→烘烤──→冷却
──→包装──→成品

3. 快速发酵法

原辅材料处理→面团调制→静置→分割→中间醒发→成型→最终发酵→饰面(刷蛋液)→烘烤→冷却→包装→成品

4. 冷冻面团法

原辅材料处理→面团调制→发酵→整形→冷冻→解冻→醒发→饰面(刷蛋液)→烘烤→冷却→包装→成品

以上方法比较起来：一次发酵法加工面包生产周期短、风味好、口感优良，但成品瓤膜厚、易硬化；二次发酵法加工面包的瓤膜薄、质地柔软、老化慢，但生产周期长、劳动强度大；快速发酵法加工面包生产周期短、出品率高，但成品发酵香味不足、瓤膜厚、易老化；冷冻面团法是面包加工的一种新的工艺方法，有利于实现面包生产的规模化和现代化。

二、面包加工技术

1. 原料与配方

生产面包的原料主要有以下几种：

（1）面粉　面包对面粉的要求是面筋量多而质好，多用高筋（强力）粉，高级面包要用特制粉。

（2）糖　砂糖除了起到营养调味、为酵母生命活动提供碳源等作用外，还可以通过在烘烤时高温下的美拉德反应，赋予面包一定风味和色泽。在使用前应首先用温水溶解，然后过滤除去杂质。

（3）油脂　主要用酥油。适量的起酥油，能够保持面包水分、延长货架期，同时可以增加面包体积，使面包内部的蜂窝均匀而细密、表皮光亮而美观。

（4）蛋和乳　能提高制品的营养价值，赋予优良风味、色泽。蛋白质凝固，利于形成海绵结构，具有起酥性，并提高含气量。

（5）食盐　面包中加入食盐一方面可以增加产品风味，另一方面可以增强面团筋力。在使用前应首先用温水溶解，然后过滤除去杂质。

（6）疏松剂　主要有以下2种。

①酵母　酵母是生物疏松剂，有鲜酵母和干酵母2种。用酵母发酵，产生二氧化碳和酒精，面包蜂窝多，疏松，并能改善其风味。

②化学疏松剂　具有酸性和碱性两种。酸性疏松剂有酒石酸及其盐；碱性疏松剂有碳酸氢钠、碳酸氢铵等。碳酸氢钠是最基本的化学疏松剂，受热产生分解，产生碳酸钠、二氧化碳和水；遇有机酸或无机酸或两性盐发生中和反应产生二氧化碳。

（7）改良剂　一部分是高活性、高浓度、高效力的氧化剂、乳化剂、酶、酵母营养物质等；另一部分是起稀释作用的面粉或脱脂豆粉等填充料。面包改良剂主要作用是为酵母提供所需营养，促进面团发酵和成熟，保证产品在烘烤过程中持续膨胀，增加产品色泽等。

2. 面团调制

(1) 面团调整技术

一次发酵法和快速发酵法是先将水、糖、蛋、面包改良剂置于调粉机中充分搅拌,使面包改良剂均匀地分散在水中,糖全部溶解;然后,将已均匀混入的即发酵母和奶粉的面粉倒入调粉机中搅拌成面团;当面团已经形成、而面筋还未充分扩展时加入油脂;最后加盐,继续搅拌直至面团不粘手、均匀而有弹性时为止。

二次发酵法面团调制分两次投料,第一次面团调制是先将30%~70%的面粉、适量的水和全部酵母在调粉机中搅拌10min,调成软硬适当的面团,而后进行第一次发酵,制成种子面团。第二次面团调制是将发酵成熟的种子面团和剩下的原辅料(不包括油脂)在调粉机中一起搅拌,快成熟时放入油脂继续搅拌,直至面团不粘手、均匀而有弹性时为止。

(2) 需注意问题

面团调制过程中应注意以下问题:

①水:小麦粉的吸水率与其蛋白的含量成正比,一般加水量为小麦粉总量的50%~60%,防止过多或过少。水温应根据季节调整,冬季一般控制面团温度在25~27℃,夏季28~30℃。

②搅拌:搅拌要均匀,防止面团发生粉粒现象;注意搅拌终点(即面筋完全扩展)的判断,搅拌时间一般在15-20min左右,它取决于小麦粉及捕料加入的量与质,也与搅拌的方式和水温关系密切。小麦粉筋力强,搅拌时间较长,反之,则短。

③油脂的添加:油脂会吸附在小麦粉颗粒表面形成一层油膜,阻碍水分子向蛋白质胶粒内渗透,面筋得不到充分吸水、胀润,使面团较软、弹性降低,黏性减弱,故面团中油脂用量增加,加水量要相应地减少。为防止油阻隔水与蛋白质结合,一般采用后加油法。

④其他因素:奶制品能使面团的吸水性发生变化,蛋品对面粉和糖的颗粒黏结作用很强,但要考虑鸡蛋的含水量;食盐含量多的面团,搅拌时间需要延长。

3. 面团发酵

在适宜条件下,面团中的酵母利用营养物质进行繁殖和代谢,产生二氧化碳气体和风味物质,使面团膨松、形成大量蜂窝,并使面团营养物质分解为人体易于吸收物质的过程。它是面包加工过程中的关键工序。

(1) 发酵技术

面包发酵一般在发酵室进行,发酵室需要控制适宜的温度和湿度,理想温度大致为27~28℃,相对湿度为75%~80%。面包发酵通常采用一次发酵法和二次发酵法。

一次发酵法温度一般控制在25~27℃,相对湿度为75%~80%。由于一次发酵法在面团调制同时加入所有原料,其中奶粉、盐等对酵母发酵有抑制作用,所以发酵时间稍长,约为4~5h。一次发酵法发酵到总时间的60%~75%需要翻面,即将四周的面拉向中间,使一部分的二氧化碳放出,减少面团体积。面粉筋力强、蛋白质含量高的面团可适当增加翻面次数。

二次发酵法的第一次发酵是第一次调制完毕的面团在温度23~26℃、相对湿度70%~75%下发酵3~4h，使酵母扩大培养；第二次发酵是将第一次发酵成熟的面团加入剩余的原材料，调制成面团后，在温度28~31℃，相对湿度75%~80%下经过2~3h发酵即可成熟。

（2）需注意问题

①面团的温度：面包酵母最适温度是25~28℃。温度低于25℃，发酵速度慢，生产周期长；相反，温度过高，会为杂菌生长提供有利条件，影响产品质量。发酵温度一般控制在28℃左右，不可超过35℃。

②酵母的质量和数量：在发酵力相同的前提下，发酵速度的快馒取决于酵母的用量，增加酵母的用量可以加快发酵速度。但酵母使用量过高，酵母的繁殖能力不升反降，因此酵母用量一般为面粉使用量的1%~2%。

③面团的含水量：面团含水量适当高一些，比较容易形成面筋网络，容易被二氧化碳气体所膨胀，同时具有较好的持气能力，加快面团的发酵速度。

④面团的酸度：当面团pH5.5时持气能力最合适，为了保持面团适宜的强度，一方面应保证酵母的纯度；另一方面在发酵过程中必须通过控制温度，防止产酸菌的生长和繁殖。

⑤揿粉：面团发酵到一定程度时，将发酵面团四周的面向上面翻压，放出部分二氧化碳气体的同时，也混入部分空气，并达到面团各部分的均匀混合。这一过程叫做揿粉。揿粉不仅促进面团面筋的结合和扩展，增加了面筋对气体的保持力，而且由于放出部分二氧化碳气体，混入部分空气。防止了二氧化碳浓度过高对发酵的抑制。

⑥其他：原辅材料的质量、面团调制的程度、酶类等。

4. 整形

面团整形是将发酵好的面团做成一定形状的面包坯。其包括切块、称量、搓圆、中间醒发、成型、装盘（模）等工序。

面团整形通常在整形室进行，由于整形处于基本发酵和后发酵的过程之间，面团发酵并没有停止，温度和湿度的较大波动对面包品质将有较大影响，因此整形室一般要求温度保持在25~28℃，相对湿度保持在65%~70%。

（1）切块、称量

按成品的质量要求，切成一定质量的面块，并进行称量，最好在15~25min内完成。分割与称量有手工操作和机械操作两种。

（2）搓圆与中间醒发

搓圆是将分割后的不规则小块面团搓成圆球状，使面团内部组织结实、表面形成一层光滑的薄膜，具有良好的保持气体能力。搓圆分为手工操作与机械操作两种。

中间醒发是面块的静置过程，在70%~75%相对湿度和28~29℃条件下醒发10~20min，面坯轻微发酵，使分块切割时损失的二氧化碳得到补充，同时使经过搓圆而紧张的面团得到舒张,有利于面包的成型。

(3)成型

用手工或机械将面团压片、卷成面卷、压紧然后做成各种形状。手工适于制作花色面包,机械适于制作主食面包。

(4)装盘(模)

将面团整形后装入特制的面包盘(模)中,进行醒发。

5. 面团的醒发

醒发(也称后发酵),它是把整形好的面包坯,再经最后一次发酵,以使其达到应有的体积和形状,符合烘烤要求。

醒发通常在醒发室(箱)内完成,理想的温度38~40℃,相对湿度85%~90%,时间一般应控制在50~65min,醒发程度为原来体积的2~3倍,手感柔软,表面半透明。

6. 面包的烘烤

面包的烘烤是醒发后的生面包坯在烤炉内成熟、定型、上色的过程。

(1)烘焙技术

面包的烘烤温度通常在180~220℃之间,时间在12~35min之间。工业化生产一般采用三段温区控制:

①体积膨胀阶段:面包坯入炉初期,烘烤应在温度较低和相对湿度较高(60%~70%)的条件下进行,面火不超过120℃,底火为180~185℃;②面包定型阶段:底火、面火可同时提高,面火达210℃,底火不高于210℃,时间占总烘烤时间的35%~40%;③上色阶段:面火高于底火,面火为220~230℃,下火为140~160℃,使面包产生褐色表皮,同时增加面包香味。时间占总烘烤时间的30%~40%。

(2)烘焙原理

①面包坯的体积和微生物变化

酵母菌死亡,面包内部积累的二氧化碳、发酵产生的酒精因受热而变成气体,以及水的汽化作用进一步促使面包的体积增大。

②面包坯的水分和重量变化

当面包坯入炉烘烤后,由于表面水分气化,迅速干燥,立即形成表皮。随着面包坯温度的升高,面包坯中蒸发出大量水分,面包会出现7%~10%的重量损耗。

③面包坯中的生物化学变化

随着温度的升高,面包坯中的淀粉开始糊化,蛋白质由于变性而逐步释放出水分,开始软化、液化,失去骨架作用。糊化的淀粉从面筋中夺取水分,膨胀到原来的几倍并固定在面筋的网状结构内,成为面包的骨架,同时蛋白质在蛋白酶的作用下分解成多肽和氨基酸等。在烘烤温度达到150℃以上时,多肽和氨基酸等与还原糖发生美拉德反应。使面包上色和产生特殊风味。随着温度升高,面包表面的糖类发生焦糖化反应。

7. 冷却与包装

刚出炉的面包温度很高,中心温度约为98℃,皮硬瓤软没弹性,不可挤压,中心冷却至接近室温才可包装,包装材料必须无毒,常用蜡纸或塑料袋。包装环境为:温度22~26℃,相对湿度75%~80%。

任务二 饼干与糕点加工技术

一、饼干加工技术

饼干是以小麦粉(或糯米粉)为主要原料,加入(或不加入)糖、油及其他辅料,经调粉、成型、烘烤制成的水分低于6.5%的松脆食品。饼干口感酥松,水分含量少,体积轻,块形完整,易于保藏,便于包装和携带,食用方便。

饼干品种花色繁多,按加工工艺的不同把饼干分为酥性饼干、韧性饼干、发酵饼干、压缩饼干、曲奇饼干、夹心饼干、威化饼干、蛋圆饼干、蛋卷及煎饼、装饰饼干、水泡饼干及其他类饼干12类。

不同品种饼干的配方及生产工艺中操作的方法各异,但都具有如下的基本工艺流程。即:
原辅材料的选择与处理→面团调制→面团辊轧→成型→烘烤→冷却→包装→成品

(一) 原材料的选择

主要有面粉、糖、油脂、淀粉、疏松剂、食盐等。原辅材料的质量和预处理的方法、效果真接影响着产品的质量。

(二) 面团的调制

1. 酥性面团以面粉为主,加入适量的油、糖、蛋、膨松剂、水以及其他辅料一次混合揉和而成。

2. 韧性面团要求具有较强的延伸性和韧性,适度的弹性和可塑性,面团柔软光润,一般是先将油、糖、乳、蛋等辅料加热水或热糖浆在和面机中搅拌均匀,再加面粉进行面团的调制。

3. 苏打饼干采用生物发酵剂和化学疏松剂相结合的发酵性饼干,具有酵母发酵食品的特有香味,多采用2次搅拌、2次发酵的面团调制工艺。第一次将配方中面粉的40%~50%与活化的酵母溶液混合,刚加入调节面团温度的生产配方用水搅拌4~5min。然后在相对湿度75%~80%、温度26~28℃下发酵4-8h。第二次将第一次发酵成熟的面团与剩余的面粉、油脂和除化学疏松剂以外的其他辅料加入搅拌机进行第二次搅拌,搅拌开始后,缓慢撒入化学疏松剂,使面团的pH达7.1或稍高为止。

(三) 面团辊轧

辊轧是饼干面团制成薄片的工序。是将调好的面团,经过辊轧的过程达到厚度均匀一致、形态平整、表面光滑、质地细腻的面片。

(四)成型

饼干面团经过辊轧成面带或直接进入成型工序。饼干的成型方式以所用设备的不同,一般分为冲印成型、辊印成型、辊切成型、挤条成型、钢丝切割成型、挤浆成型等。

(五)烘烤

烘烤是成型后的饼坯进入烤炉成熟、定型而成饼干成品的过程。它是决定产品质量的重要环节之一。烘烤远不只是把饼干坯烘干、烤熟的简单过程,而是关系到产品的外形、色泽、体积、内部组织、口感、风味的复杂的物理、化学及生物化学变化过程。

(六)冷却

刚出炉的饼干温度和水分都处于较高水平,水分蒸发、温度下降,油脂凝固以后,才能使其形态固定下来。因此,饼干烘烤后必须冷却到38~40℃,相对湿度保持在70%~80%范围内后再进行包装。

(七)包装

饼干的包装形式分为袋装、盒装、听装和箱装等不同包装,包装材料应符合相应的国家卫生标准。

二、糕点加工技术

糕点是以面粉、大米、食糖、油脂等为主要原料,以蛋、乳、果仁等为辅料,经过面团调制、成型、熟制、装饰等加工而成的,具有一定色、香、味、形的粮油方便食品。

目前,糕点产品主要有中式糕点和西式糕点两大类。西式糕点简称西点,是指从外国传入我国的糕点的统称。西式糕点突出特点是:使用的油脂主要为奶油,乳品和巧克力用得也较多,成品具有浓郁的奶油味。传统的西点主要包括面包、蛋糕和点心三大类。

中式糕点是我国传统糕点的统称。目前,中式糕点尚无统一分类规定,大致有以下几种分类方法。按制作方法可分为:烘烤制品、油炸制品、蒸煮制品及其他制品,每一类又因配方中含油、糖比例不同,面皮制作方式不同,又可分为酥类、松酥类、松脆类、酥层类、酥皮类、松酥皮类、糖浆皮类、硬酥类、水油皮类、发酵类、烤蛋糕类、供糕类等12类。按地理位置及生产持点分为南点、北点及苏式、京式、广式、潮式、川式糕点。

基本工艺流程如下:

原料选择与处理→面团的调制→成型→熟制→冷却→装饰→包装→成品

1. 原料的选择和处理。按照产品特点选择合适的原捕料,并对原辅料进行预处理。

2. 面团(糊)调制。按照配方和不同产品加工方法制成所要求的面团或面糊。馅料种类繁多,其配制反映着各地糕点的特色。馅料制作方式一般可分为拌馅和炒馅两大类。拌馅是将糖、油、水及其他辅料放入调粉机内拌匀,再加入熟面粉、糕粉等进行搅拌。炒馅是将面粉与馅料中其他原料经加热炒制成熟制成的馅料。代表性的有豆沙馅、果仁馅、黑芝麻椒盐馅等。

3. 成型。将调制好的面团或面糊加工制成一定的形状。成型的方式有手工成型、模具成型、器具成型等。中式糕点有时需要制皮、包馅等。

4. 熟制加工。熟制工序主要有蒸、煮、煎、烙、烤等,其中采用较多的是烘焙、油炸及蒸煮等。

5. 冷却。将熟制后的产品经自然冷却至室温后,以利于后面工序的操作,如装饰、切块、包装。

6. 装饰。装饰不仅能使糕点更加美观,也能增加糕点的风味、营养和品种。装饰材料主要有糖浆类、糖霜类、膏类、果冻、果酱等,大多用于糕点外表装饰或夹馅。

任务三 面制方便食品加工技术

一、挂面加工技术

挂面是由湿面条挂在杆上干燥制成,是我国目前生产量最大、销售较广的半成品面食。挂面加工工艺如下:

原辅料选择→面团调制→熟化→压片→切条→湿切面→干燥→切断→计量→包装→成品

（一）面条加工的原铺材料选择

1. 面粉

我国目前也出台了相应挂面专业粉的标难,其基本参数包括:蛋白质含量9.5%～12%,湿面筋含量大于26%,粉质仪稳定时间在3min以上,灰分含量小于0.70%,降落值在200s以上为宜。

2. 水

符合饮用水标准。

3. 食盐

食盐能增加面条的强度,减少断条率,促进了面粉快速均匀地吸水,加快面团的成熟进程,避免湿面条因烘干过快而引起酥面、断条的现象。挂面中食盐的添加量为1%～3%,添加方法首先将食盐溶解于水中,作为食盐水使用。

4. 食碱

生产挂面用的食碱有碳酸钠和碳酸钾两种。它们能改善面团的黏弹性并增强了面条的强度;中和湿面条可能出现的酸度,因而延长了保存时间,添加量为面粉重量的0.15%～0.20%。

5. 其他添加物

可添加的物质包括面粉品质改良剂和营养强化剂。面粉品质改良剂包括增稠剂(如海藻酸钠、黄原胶、变性淀粉和交联马铃薯淀粉等)、氧化剂(如溴酸钾和维生素C等)和乳化剂(如单硬脂肪酸甘油酯等)。营养强化剂包括维生素、矿物质、氨基酸、蛋白质、膳食纤维及活性物质等。

(二) 和面

和面亦称揉面、打粉、搅拌，是挂面生产的第一道工序，和面工艺的要求是形成具有良好加工性能的面团。即面团形成颗粒坯状，吸水均匀而充足，面筋扩展适宜，颗粒松散，粒度大小一致，色泽一致并略显肉黄色，不含"生粉"，手握成团，搓揉时仍能呈松散小颗粒状。

1. 和面操作

为了保证良好和面效果，必须精心操作，做到"一知、二算、三调、四定、五清、六要"。

一知：首先要知道原料情况，即了解本班用小麦粉湿面筋含量的多少，面筋质量的优劣，含水率的多少。

二算：根据所知道的原料情况，估算加水量、加盐率。

三调：根据原料变化和季节气候变化，灵活机动地调整加水率、水的温度。

四定：定量、定水、定时、定温。这"四定"中关键是定水量要求一次定准，以利于小麦粉能均匀吸水。

五清：粉袋倒清、用粉数量记清、设备消、周围环境清、个人工作服清。

六要：要防止粉袋或异物落入和面机、要防止粉料堵塞、要防止取样检验时手指碰到搅拌杆、要有可靠的防护罩、要定时加润滑油、要随时注意设备运转是否正常。

2. 影响和面的因素

影响和面的主要因素有：

(1) 面粉质量：制作挂面的面粉应具有足够的湿面筋含量，一般要求为28%~32%。

(2) 加水量：面粉含水量在13%左右时，和面加水量控制在面粉重量的30%左右较好。

(3) 水质：软水和面。

(4) 和面用水的温度：实践证明，蛋白质在30℃时形成的面筋最多，所以，和面时能使面坯温度为30℃最理想。

(5) 和面时间：和面时间的长短对和面效果有明显的影响，最好在15min左右。

(6) 和面机搅拌强度：和面效果好坏，与和面机的形式及其搅拌速度也有关系。一般转速范围为70-110r/min，以90r/min为最佳速度。

(7) 干湿面头回机量：挂面在生产中不可避免地产生许多断头，大致分为湿面头、半湿碎面头和干面头三种。湿面头及时回收，半湿面头通常将其干燥脱水后与干面头一起处理。干面头需经湿法浸泡或干法粉碎处理后才能掺入和面机中与小麦粉一起搅拌。

(8) 添加剂：为了提高和面效果，可在和面时使用一些添加剂，如食盐、碱等。

(三) 熟化

所谓"熟化"，就是把经过和面后的湿粉存放一段时间或通过低速搅拌或静置，促使水分最大限度地渗透到蛋白质内部，进一步形成面筋质，改善粒状面团工艺性能的过程。同时消除面团的内应力，使面团内部组织结构稳定、均匀一致，保证压片质量，利于均匀喂料。熟化工艺的要求是：时间一般为15min，最少不能低于10min。熟化最好在在静态下进行，但在生产中为防止面团结块，并在连续生产中不影响供料，一般都是把和面后的如故豆腐渣状湿粉放入一个低速搅拌的容器中，在低温低速搅拌下完成熟化。

（四）压片

把经过熟化的熟粉通过压片机初压成两片面片，再通过几道压辊逐步压薄到所需厚度。

（五）切条

将压片工序中形成的具有一定厚度的面片，纵向切成一定形状和横向切成定长度的过程。主要目的是把压片机输出的合格面片切成一定长度和宽度的湿面条，以备挂杆挑起上殃进入烘道烘干。切条的工艺要求是切出的湿面条表面光滑、厚薄均匀、长宽一致、无毛边、无并条、断条要少等。

（六）干燥

挂面的干燥是指采用加热或自然通风、晾晒等方法，降低湿面条水分的过程。

二、方便面加工技术

方便面又称"快食面"、"即席面"、"快餐面"，其加厂的基本原理是将成型后的面条通过蒸汽蒸面，使其中的蛋白质变性，淀粉高度糊化（又称∂-化），然后借助油炸或热风将蒸熟的面条进行迅速脱水干燥，这样制得的产品不但易保存，而且复水性好。方便面团食用方便，包装精美，便于携带，营养丰富．安全卫生，且可以实现工业化大批量生产，还可在生产中加入各种强化营养剂、药物治疗剂及各种风味的调料等特点，而使其在短短十几年内成为我国国内销售最大的方便食品。

方便面的生产工艺流程为：配料→和面→熟化→轧片→切条折花→蒸面→切断折叠→切断折叠→油炸或热风干燥

方便面配料与挂面相似，根据方便面的特点，要添加一些添加剂，例如：用磷酸盐提高面条的复水性和使其有好的咀嚼感；用乳化剂可延缓面块制品老化；用增稠剂羧甲基纤维素钠和变性淀粉，可改善面条的口感，降低面条的吸油量。用抗氧化剂，可防油脂氧化变质。

方便面的生产过程，在轧片以前的工序与挂面生产相似。除此之外，方便面的特定操作还有如下项：

1. 切条折花，做成波浪形以减少粘连。
2. 蒸面，使生淀粉吸水膨胀并糊化为熟淀粉，同时蛋白质变性，面团由生变熟。
3. 切断折叠，将熟面条块切成一定长度
4. 脱水干燥，用油炸或热风干燥。油炸多用棕榈油，于140℃~150℃进行。油炸在面条中形成许多微孔，复水性好于热风干燥。但是面条约含20%油脂，易氧化酸败，且棕榈油的饱和脂肪酸过高，容易引起动脉硬化及心血管疾病；在口味上所产生的油腻味容易使人厌食。

传统面条在我国已有2000多年历史。改革开放后，油炸方便面传入我国发展迅速，年产量已突破100万吨大关，居世界之首。但因上述一些问题，开始研发第三代方便面——保鲜湿面，又称 LL 面（Long life Noodle）。

LL 面生产过程为，将备好的面团，经波纹辊连续压延、三段控温水煮，再经水洗、酸浸、包装、蒸汽杀菌等工序制成。

其中水洗是用冷水冲洗掉煮熟面条上的淀粉糊等黏附物，并使面条冷却收缩，加强黏弹性，使口感光滑、不粘条。浸酸使面条保持 pH4 以下，以保证在温和杀菌条件下面条可长期保存。

LL 生产工艺能使面条不脱水，蛋白质充分吸水膨胀，形成最佳面筋网络。因此，LL 面能较好保持传统水煮面条的特性，筋力强，弹性好，口感滑爽，能达到手擀面的食用效果；不含任何防腐剂，可在自然条件下保存 6 个月，而且食用便捷，用开水泡制 1min 即可，既可直接凉调，也可炒食，也适合涮火锅。

LL 面能适应人们崇尚天然、营养全面、健康、快捷的饮食追求，有望成为油炸方便面的换代产品，势必会有更大发展。

任务三　馒头加工技术

馒头被誉为我国面食文化的象征，可与西方面包媲美。经发酵制成的馒头、面包，比未经发酵制作的烙饼、面条等营养能够更丰富且松软。面粉发酵有使用老面（面肥）、酵母等不同方法。

蒸馒头不超过 100℃，营养价值优于面包，但保鲜性能不如面包。传统上所用的老面发酵会使面团产酸，在用碱中和酸的同时，虽然也能产生部分 CO_2，但加碱量难以控制，需要有一定经验，可改用酵母，但酵母成本较高。

目前我国生产馒头以面粉、活性干酵母、水为原料，有时也加少量的盐和糖，不加其他配料。生产过程主要有以下几步：

第一步：和面。将一定量的面粉在和面机搅拌 1~2min 后，边搅拌边缓慢加入 30℃温水活化的干酵母（面粉量的 0.5%~1%），搅匀，加温水（面粉量的 45%~50%）和面，搅拌至无干面，至表面光滑、面团略微粘手为宜。

第二步，静置。将和好的面团在 30℃、相对湿度约 80% 的环境静置 10min，使面筋松弛，利于成型。

第三步，成型。将面团切小，通过成型机揉搓成表面光滑的馒头坯。

第四步，发酵。将馒头坯置 35℃左右、相对湿度 85% 的发酵室中发酵 70~90min，直到有酒香味、色泽白净、滋润、发亮为止。

第五步，蒸制。向蒸笼通蒸汽，达到 100℃，放入发酵好的馒头坯，汽蒸 25-30min 即可。

馒头在我国人民膳食结构中地位重要，应加强生产研发工作，以满足人们提高馒头质量的要求。例如，研制有传统地方特色、营养强化有保健作用的馒头；解决好馒头的储藏保鲜问题，延长馒头的货架期；以及进行标准化、规范化管理等。

项目六　休闲食品加工技术

任务一　膨化食品

膨化食品是指谷物粉、薯粉或淀粉等为主要原料，利用挤压、油炸、砂炒、烘焙等技术加工而成的一种体积膨胀许多倍，内部组织成为多孔、疏松的海绵状结构的食品。它具有品种繁多、质地松脆、美味可口、食用方便、营养物质易于消化等特点。作为一种休闲食品，膨化食品深受广大消费者尤其是青少年的喜爱和欢迎。

一、膨化食品概述

（一）膨化食品的特点

1. 产品营养素损失少，消化吸收率高

膨化食品中的营养成分因受热时间短受破坏较小，并因淀粉糊化、蛋白质变性而增强了食物的可消化性，破坏了某些食品中的不良因子，使消化率提高。

2. 食用快速方便、食品不易老化

膨化食品一般可直接食用或用沸水冲食，且加工简单。采用膨化技术，可使淀粉体积增大显著（一般加热糊化只能使淀粉体积增大60－100倍，而膨化可增大1000－2000倍）。由于体积显著增大，支链和直链淀粉的分子间被切断呈现较大的间隙，冷却后不易复合，可防止食品老化。

3. 食品风味好，用途广

由于食品膨化后有很多微孔，吸水力强，容易复水，可保持食品独特的风味。同时，粗粮膨化后口感得到改善。

4. 卫生水平高、贮存性能好

膨化过程是在高压、高温条件下进行，相当于一次高压杀菌，从而提高了食品卫生水平。膨化食品的含水量一般在10%以下，能有效地抑制微生物的生长繁殖，贮存性能好，利于食品长期、安全贮存。

二、膨化食品的种类

根据原料和加工过程的不同，膨化食品可分为三类

1. 直接膨化食品

以谷物、薯类和豆类为原料，用膨化机直接膨化成球形、薄片、环形、棒状等各种形状，再喷洒糖浆、盐或味精等调味品，最后干燥，以供食用。爆米花、爆薯片、爆豆子等均属于直接膨化食品。

2. 膨化再制食品

先将谷物、薯类和豆类膨化,然后将膨化产品磨成粉,配上各种辅料再制成各种食品。如面包、饼干、糕点等。

3. 膨化植物蛋白

以大豆、豆饼或其他植物蛋白为原料,用膨化机进行膨化,制成组织化的植物蛋白,可以生产"人造肉"。

三、食品膨化原理

膨化食品的加工过程是:将原料装入膨化机内,密闭加热或加压,原料中的水分在高压、高温的情况下达到过热状态,但不汽化,经过一段时间后突然瞬间降压,由于外界压力突然下降,原料中的过热水分急剧汽化喷射出来,产生爆炸使食品体积膨胀许多倍,内部组织出现许多喷孔,成为多孔、疏松的海绵状结构。

将整个膨化过程分为二个阶段:第一为相变阶段,此时物料内部的液体因吸热或过热,发生汽化;第二为增压阶段,汽化后的气体快速增压,并开始带动物料膨胀;第三为固化阶段,当物料内部的瞬间增压达到或超过极限时,气体迅速外逸,内部因失水而高温干燥,最终形成膨化产品。

要生产出质量好的膨化产品,主要是根据原料的不同控制好膨化压力、温度,同时要求原料的含水量为7%~15%。

任务二 膨化食品生产工艺

目前,膨化食品的生产工艺大致可分为挤压膨化生产工艺、微波膨化生产工艺、油炸膨化生产工艺和气流膨化生产工艺等几种类型。

一、挤压膨化食品生产工艺

1. 挤压膨化原理

膨化食品的生产原料主要是含淀粉较多的谷物粉、薯粉或生淀粉等。这些原料由许多排列紧密的胶束组成,胶束间的间隙很小,在水中加热后因部分胶束溶解空隙增大而使体积膨胀。当物料通过供料装置进入套筒后,利用螺杆对物料的强制输送,通过压延效应及加热产生的高温、高压,使物料在挤压筒中被挤压、混合、剪切、混炼、熔融、杀菌和熟化等一系列复杂的连续处理,胶束即被完全破坏,淀粉糊化,在高温和高压下其晶体结构被破坏,此时物料中的水分仍处于液体状态。当物料从压力室被挤压到大气压力下后,物料中的超沸点水分因瞬间的蒸发而产生巨大的膨胀力,物料中的溶胶淀粉体积也瞬间膨化,这样物料体积也突然被膨化增大而形成了疏松的食品结构。

2. 挤压膨化食品生产工艺

挤压膨化食品从膨化方式分为:传统膨化、直接膨化、间接膨化。

(1)传统膨化:以虾片为代表

```
                        淀粉、鲜鱼、虾肉
                             ↓
淀粉、水、调味料、色素──→煮糊──→混合搅拌──→成型──→蒸煮──→老化
──→切片──→干燥──→虾片
```

工艺要点:

①煮糊:将总水量的3/4倒入夹层锅中煮沸,同时加入基本调味料及食用色素。另取总水量20%左右的淀粉与剩余的1/4水调和成粉浆,缓缓倒入不断搅拌着的煮沸的料水中,至糊呈透明时停止加热,温度控制在70℃以上。

②混合搅拌:将淀粉及鲜鱼、虾肉倒入搅拌机中搅拌,同时倒入已糊化的淀粉浆,不断搅拌使其成为均匀的粉团,约需10min。

③成型:将粉团投入成型机,制成直径约约为5.0cm、长45cm的圆形条,或根据实际要求切成相应规格的虾条。

④蒸煮:一般需要45min至1h,使虾条剖面呈半透明状,条身软而富有弹性即可。

⑤老化:将冷却的虾条放入温度为2.0℃左右的冷库中,冷藏4天,使条身硬而有弹性。

⑥切片:用切片机将虾条切成厚度约为1.5mm的薄片。

⑦干燥:干燥机入料口温度50~60℃,中心温度90~95℃,时间2h左右。要求干燥后的虾片半透明、脆,断面有光泽,水分含量控制在8.0%~12%。

(2)直接挤压膨化制品

这类产品是在高剪切蒸煮挤压机上生产的,由于从挤压机模板处出来产生直接膨化而得名,并且除了干燥外不需要进一步加工处理。玉米卷(焙烤的或油炸的)、洋葱圈、马铃薯条都是利用挤压膨化制得。基本工艺流程如下:原料混合→挤压膨化→半成品→烘干或油炸→调味→成品包装

①混合:使物料与水相调和达到预润湿的效果。

②挤压:用于生产这类产品的设备可以是简单的夹套式挤压机或双螺杆挤压机。

③干燥:面团的含水量为15%~20%,挤压后由于水分变成水汽散发掉而降至8%~12%,接着产品再进行于燥使水分降至2%~3%,以形成松脆的质地和具有稳定的货架寿命。由于产品密度小,故干燥时间一般非常短。

④涂料:最后用油和调味料进行喷涂。油能给予产品更好的口感,调味剂能生产出不同风味的产品。调味剂占成品质量的35%左右。

(3)间接膨化制品。间接膨化休闲小食品也称为"第三代休闲食品",这类食品具有一定的外观或质地,它们从挤压机模板处出来后并不直接膨化,获得一定形状后得到干燥,使水分低于12%已达到稳定,最后通过油炸或热空气膨化过程来去除水分以获得最终质地。这类食品可长时间保存、远距离运输并售给小型的休闲食品生产商(或直接给消费者),接着通过油炸而膨化,涂上调料并包装上市。

二、微波膨化食品生产工艺

1. 微波膨化原理

微波膨化是利用微波辐射对物料内部的加热特性,使物料的内部迅速受热升温使水分吸热汽化,物料内部大量的蒸汽往外冲出,从而带动食品物料组织膨化的一种新的常压膨化技术。出于加工过程中,食品物料受热时间很短,能克服油炸膨化造成产品含油或挤压膨化造成食品成分不必要的受化等弊端,因此,微波膨化的前景非常广阔,但是在此领域的基础研究还很薄弱。采用微波膨化工艺可生产许多方便食品和点心。

2. 微波膨化食品生产工艺

以米饼为代表,米饼由于松脆爽口而深受消费者尤其是青少年的喜爱和欢迎。

工艺流程如下:

米→浸泡→蒸煮→捣饭→成型→速冻→切片→干燥→加热膨化→膨化米饼

①浸泡:在20~26℃下浸泡3~4h,在相同的浸泡时间里,由于支链淀粉的结构疏松,吸附水的能力强,所以,糯米的含水量高于粳米的含水量。当米的水分含量基本稳定,米饼的膨化性和口感均较好。并且糯米含量可以控制在15%左右。

②蒸煮:米与水的比例控制在1:1~1:1.2,在常压下,100℃蒸煮30~60min,煮熟后要焖几分钟。

③捣饭:将热饭充分捣烂,直到看不出米粒或米酱。

④成型:将米酱置于棒状模具中,充分压实成米糕,取出冷冻。

⑤冷冻:在-20~18℃条件下冷冻20~24h。

⑥切片:用切片机将冷冻的米糕切成3~4mm厚薄均匀的薄片。厚度过大,会造成米饼的膨化度低、口感软、不松脆。

⑦干燥:采用二次干燥法。

第一次干燥:60~65℃,8~10h。第一次干燥结束后,在自然环境中放置12~16h。

第二次干燥:60~65℃,10~12h。使其含水量达到9%左右。

⑧加热膨化:频率为2450MHz,2min。

三、油炸膨化食品生产工艺

1. 油炸膨化原理

油炸膨化食品源于中国,发展在马来西亚,深受许多国家的欢迎。物料在油炸膨化时,淀粉先糊化再老化,使淀粉具有一定的持水性,在高温油中过热的水分急剧汽化造成强大的内压,使物料体积迅速膨胀,形成了组织疏松的膨化食品。

2. 油炸膨化食品生产工艺

以油炸米制品膨化来说明油炸膨化工艺:

糯米→清洗、浸泡→沥干→磨粉→和粉→成型→蒸煮→冷却老化→切片→干燥→油炸→

成品

(1)清洗、浸泡:用内来水将原料糯米清洗二次,除净杂质。然后将洗净的糯米放入30℃的水中浸泡一定的时间。

(2)沥干:将浸泡后的糯米倒入漏篮中,沥去米粒表面的游离水。

(3)磨粉:用电动磨粉机将沥干的米粒磨成一定细度的米粉(粉粒需过80目筛)。

(4)和粉:在米粉中加入适量的水,搅拌均匀,将其调成软硬适中的面团。

(5)成型:将面团辊压成0.8cm厚、10cm宽的条形坯料。

(6)蒸煮:将条形坯料置于压力锅中。

(7)冷却老化:将蒸煮后的坯料分别用17.3℃的流水、5℃的冰箱、-15℃的低温冷冻以及19.3℃的室温进行冷却。

(8)切片:将冷却后的坯料切成4cm×1cm×1cm的长方形小条。

(9)干燥:将切成的长方形小条状坯料置于60℃的干燥箱里分别干燥到不同的程度。

(10)油炸:将干燥后的坯料放入油炸锅,在不同的油温下进行油炸。

四、气流膨化技术

气流膨化与挤压膨化的原理基本上一致,即谷物原料在瞬间由高温、高压突然降到常温、常压,原料水分突然汽化,发生闪蒸、产生类似"爆炸"的现象。由于水分的突然汽化、闪蒸、使谷物组织呈现海绵状结构,体积增大几倍到几十倍,从而完成谷物产品的膨化过程。

气流膨化靠外部加热,所形成的的高压靠密闭容器中加热时水分的汽化和气体的膨胀所致,原料要求以粒状为主,使用范围较小,仅限于小吃食品的生产。

任务三 坚果类休闲食品的加工

一、坚果类食品加工工艺

食用坚果一般指杏仁、核桃、腰果、板栗、椰子、榛子和松子等。葵花子从严格的意义上讲不属于坚果,但在加工利用上大都将其作为最重要的坚果作物对待。

坚果类休闲食品的加工的一般工艺流程为:

坚果→筛选→焙烤→涂衣→调味→冷却→包装→成品

二、休闲食品加工实例

(一)兰花豆加工工艺

1. 加工工艺

蚕豆→浸泡→去壳→二次浸泡→晾干→油炸→冷却→包装

2. 操作要点

(1)浸泡:将干蚕豆倒入清水里淘洗干净,加水至高出豆粒面13cm左右浸泡。

(2)去壳:一般在夏季浸泡5~6h即可剥壳,有的豆粒外壳非常坚韧致密,须用开水浸烫约0.5h，使种皮迅速吸水膨胀，以利及时剥壳。

（3）二次浸泡：豆粒剥壳后，要随即用清洁的冷水进行第二次浸泡，浸至水面漂浮一层水泡为止，一般春、秋两季约1.5d左右、冬季约为2.5d左右，为缩短浸泡时间，也可用热水浸泡。

（4）晾干。豆粒经过第二次浸泡后，用清水冲洗干净后摊开晾干，至豆粒表面无水分即可下锅油炸，若晾晒过度，会使成品变硬，影响质量。

（5）油炸。先把油温烧至180～200℃，然后把盛有豆粒的铁丝篮放到油锅里油炸，至豆粒浮出油面，豆瓣呈奶油色时，即可把铁丝篮提出油面，完成炸制。

（二）开口松子加工技术

松子为松树的种子。由种皮、胚和胚乳组成，其中胚和胚乳为食用部分，称为松仁。使用一定浓度的碱溶液，使种皮外层溶解，发芽孔便直接外露，外壳就能从发芽孔处沿种脐方向开裂，即成开口松子。

1. 加工工艺

松子→碱液浸泡→冲洗→第一次稀酸中和→去外皮→第二次稀酸中和→翻炒→冷却→包装

2. 操作要点

（1）碱液浸泡。在90℃、1.5% NaOH 溶液，松子与碱液之比为1∶0.5的条件下，浸泡20～40min，炒制的松子开口率可达到99%以上。

（2）冲洗。浸泡后的松子表面黏附着碱液及半纤维素的水解产物等，外表发黑，需用水冲洗，并用低浓度的稀酸如柠檬酸或稀盐酸冲洗。

（3）摩擦去除外皮。经碱浸泡后的松子外皮并未完全脱落下来，采用简单的摩擦机械或在冲洗的同时与水一起离心，片刻就可以除去外皮。

（4）第二次中和浸泡。去除外皮后，熟附于外皮与外壳间的 NaOH 游离出来，使 pH 上升，故需进行第二次中和。这次中和后需浸泡一段时间，以完全除去 NaOH，否则，松子有涩味。若浸泡时加入一定量的食盐及其他调味料，可以使松子口味更好。

（5）翻炒。处理后的松子发芽孔已经外露，这时用手沿种脐方向轻轻一捏，松子就会开裂。在炒制过程中，外壳失水收缩，种脐开裂成为开口松子。同时，经焙炒处理后，种仁内部高分子化合物发生一系列的化学与生物化学变化，松子散发出一种特有的香气。

（6）冷却包装。冷却包装前喷洒不同的香精，可使松子风味更佳。采用普通塑料膜包装后，可在室温下存放一年。

（三）瓜子加工工艺

瓜子包括黑瓜子、南瓜子、西瓜子、白瓜子。在全国各地都有生产，种类繁多，口味不同。

常见的有酱油瓜子（以西瓜子为原料，加盐、酱油、茴香、桂皮、香油、石灰等辅料制而成）、奶油瓜子（用生黑瓜子为原料，加甘草、茴香、盐、八角、桂皮、良姜、白芍、丹皮、糖精、明矾、香兰素、奶油香精等调料制成)、玫瑰红瓜子(以红瓜子为原料,加盐、糖精、五香粉、食用油、玫瑰香精等调料制成)、十里香瓜子(以西瓜子为原料,加桂皮、山奈、小茴香、丁香、盐、薄桂、花椒、大料等调料制成)、咸味瓜子(瓜子中加入2.5%~7.5%的盐)、保健瓜子(以大板瓜子为原料,加入人参、八角、黄芪、茴香粉、五味子、桂皮、甘草、丁香、盐和糖制成)。还有各种风味黑瓜子。各种瓜子的制作过程类似,以风味黑瓜子为例说明如下:

瓜子→筛选→浸泡→冲洗→蒸煮→烘晒→干炒→磨光→包装

(1)浸泡。瓜子原料表面有一层黏膜,须用石灰溶液除去,否则将影响产品的口感和外观质量。每100kg原料应放石灰3kg,石灰使用前与水按1∶10的比例溶解后,再倒入浸泡池中配成水溶液,投入瓜子浸泡12h,浸泡时不断用搅拌机翻拌。浸泡之后,必须用清水反复冲洗,以除去瓜子表面的石灰及残存的黏膜。

(2)蒸煮。煮锅中依次加入瓜子、食盐、调味料,蒸煮4h左右,为延长产品保存期,可加入适量防腐剂。

(3)烘干。在60℃烘房内连续烘烤8~10h,使瓜子含水量降至32%以下。

(4)干炒。用炒锅炒15~20min,使含水量在10%以下。

(5)磨光。每100kg瓜子拌入熟清油2kg,最好使用风味淡雅的棕榈油,然后通过摩擦作用将产品磨光。

(6)包装。根据需要包装成袋。

思考题:

1. 粮油食品的范围有哪些?
2. 小麦清理的方法和意义是什么?
3. 稻谷制米的工艺流程有哪些?
4. 简述方便米饭生产工艺。
5. 什么是膨化食品?其特点和种类有哪些?
6. 简述挤压、微波、油炸、气流膨化的工艺安排。

模块五　乳制品工艺

◆**基础理论和知识**

乳制品及其加工工艺相关概念。

◆**基本技能及要求**

1. 了解乳的相关概念。

2. 掌握各种类乳制品加工工艺。

3. 乳的相关概念。

◆**学习重点**

市乳生产工艺。

◆**学习难点**

UHT 灭菌乳。

◆**导入案例**

除婴儿应以母乳喂养为最佳之外，人类食用的乳类食品以牛乳占绝对优势，因而在论述乳的营养价值时以牛乳为代表。牛乳是膳食中蛋白质、钙、磷、维生素 A、维生素 D 和维生素 B_2 的重要供给来源之一；牛乳是各种维生素的优良来源，它含有几乎所有种类的脂溶性和水溶性维生素，可以提供相当数量的核典素，维生素 B_{12}、维生素 A、维生素 B_6 和泛酸；牛乳中含有丰富的矿物质，是动物性食品中惟一的呈碱性食品。

◆**讨论**

学生最好每天早上喝一杯牛奶。

项目一 乳的化学成分和性质

乳或称乳汁,俗作奶,是一种哺乳类动物乳腺的分泌物,乳由乳脂肪、乳蛋白质、乳糖、矿物质、维生素、乳酸、气体、水等物质构成。

任务1 乳脂肪

乳脂肪,乳中脂肪成分复杂,甘油三酯是其主要成分,约占乳脂肪的97%~98%,它和极少量的甘油二酯和甘油单酯及游离脂肪酸共存于乳中。乳中的脂肪酸分为三类:水溶性挥发性脂肪酸,如丁酸、乙酸等;非水溶性挥发性脂肪酸,如十二碳酸等;非水溶性不挥发性脂肪酸,如十四碳酸、二十碳酸、十八碳烯酸和十八碳二烯酸等。

乳脂肪球为圆球形或椭圆球形,表面被一层5~10 nm厚的膜所覆盖,称为脂肪球膜。脂肪球膜由蛋白质和磷脂构成,可以保护脂肪球免受乳中酶的破坏。而且由于脂肪球含有磷脂与蛋白质形成的脂蛋白络合物,使脂肪球能稳定地存在于乳中。

乳脂肪的理化性质重要的有四项,即皂化值、碘值、溶解性挥发性脂肪酸值、非水溶性挥发性脂肪酸值。

任务2 乳蛋白质

乳蛋白是乳中主要的含氮物。牛乳的含氮化合物中95%为乳蛋白质,5%为非蛋白态含氮化合物,蛋白质在牛乳中的含量为3.0%~3.5%。

1. 酪蛋白:pH=4.6沉淀的蛋白质,占乳蛋白的83%,纯净的酪蛋白为不溶于水的白色物质,但可溶于酸碱液中(即两性)形成可溶性盐。

酪蛋白典型的化学反应

(1)与酸碱反应 $NH_3^+ - R - COO^-$ 两性

(2)与醛的反应

弱酸介质:$2R - NH_2 + HCHO \rightarrow R - NH - CH_2 - NH - R + H_2O$

碱性介质:$R - NH_2 + HCHO \rightarrow R - N = CH_2 + H_2O$

(3)与糖的反应:转化为氨基糖而产生芳香味,也可产生色素。

(4)酸凝固:复合体 $Ca_3(PO_4)_2$ + 酪蛋白酸钙;酸…Ca + 酪蛋白,游离的凝固而沉淀。

(5)酶作用:用于制作干酪复合体+皱胃酶→付酪蛋白钙+乳清蛋白+皱胃酶。

2. 乳清蛋白

(1)α-乳白蛋白:所含必需氨基酸较酪蛋白少,但可起到蛋白补偿作用,故乳蛋白是全价蛋白。

(2)β-乳球蛋白:皱胃酶不能使其凝固,常乳中仅0.2~0.4%,初乳中多。

(3)真性球蛋白:与免疫性有关,具抗原作用,故常称为免疫性球蛋白。

3. 非蛋白含氮物

除了乳蛋白质外,还有约5%非蛋白含氮化合物,如氨、游离氨基酸、尿素、尿酸、肌酸及嘌呤碱等。

任务3 乳糖

1. 组成

(1)α-乳糖水合物:即普通乳糖,<93℃时结晶出来的乳糖,常温时最稳定。

(2)α-乳糖无水物:将α-乳糖水合物以120℃-130℃加热失去结晶水时的乳糖。

(3)β-乳糖:在>93℃时从α-乳糖水合物结晶出来的乳糖,甜度、溶解度高于α-乳糖水合物。

2. 乳糖的生理功能

(1)人和哺乳动物从母乳中消耗的第一种碳水化合物。

(2)提高钙、镁、磷及微量元素的吸收,改进骨骼和牙齿的矿化作用。

(3)阻止嗜碱性细菌的生长,有助于肠的蠕动。

(4)促进智力发育,是脑和神经的糖脂质的一种成分。

3. 乳糖的溶解度

(1)初溶解度:将乳糖投入水后,立即溶解时的溶解度,即α-含水乳糖的溶解度。

(2)最后溶解度:上述溶液继续振荡,再添加乳糖则可溶解,达最后溶解度,即α-含水乳糖和β-无水乳糖的溶解度,当Temp.>25℃时,几乎测不出初溶解度。

(3)超溶解度:将上述饱和溶液冷却到饱和时的温度以下,则生成过饱和液(亚稳态),但并未立即析出结晶时的溶解度。

乳糖的相对不溶性与形成过饱和溶液的能力在乳品中有着广泛的应用。

4. 乳糖不耐症

由于有些人体内的乳糖酶活性降低或缺乏乳糖酶,当饮用乳及乳制品时,其中的乳糖不被消化吸收,从而发生腹泻症状。

原因:乳糖在肠道不被分解直接入大肠后,使大肠渗透压高,导致水进入肠道管腔,使得大肠中细菌繁殖,产生乳酸和二氧化碳,导致pH下降,当pH<6.5时,刺激大肠引起腹痛症。

任务4 无机物

牛乳中的无机物亦称为矿物质,含量为0.35%~1.21%,平均为0.8%左右,主要有磷、钙、镁、氯、钠、硫、钾等,此外还有一些微量元素。

常乳中钙盐和钾盐含量极高,然而,盐的含量不总是恒定的,牛乳中无机物的含量随泌乳期及个体健康状态等因素而异。

任务5　维生素

牛乳含有几乎所有已知的维生素。牛乳中的维生素包括脂溶性维生素 A、D、E、K 和水溶性的维生素 B_1、B_2、B_6、B_{12}、C 等两大类。

牛乳中的维生素，部分来自饲料中的维生素，如维生素 E；有的要靠乳牛自身合成，如 B 族维生素。

任务6　酶

1. 脂酶：分解脂肪导致酸败，除乳腺外，微生物（荧光性细菌和霉菌）是其主要来源，最适 pH8，失活条件是 80℃，20s。脂肪含量越高，钝化率越低。

2. 磷酸酶：水解复杂的有机磷酸酯，有碱性磷酸酶和酸性磷酸酶，属原有酶。

主要是碱性磷酸酶，失活条件：62.8℃，30min，或72℃ 15s，最适 PH9 牛乳经 HTST 杀菌后，失活的磷酸酶在贮藏中会复活，根据此性质，通过磷酸酶试验，可用来检验巴氏杀菌乳是否彻底，并推断杀菌乳中是否混入生乳，或者杀菌后贮藏时间的长短。

酸性磷酸酶：最适 pH4，失活条件95℃，5min，分解附于酪蛋白的磷酸丝氨酸和磷酸苏氨酸而游离出磷酸，并残留氢氧根，使失去磷酸的酪蛋白更易氧化。

3. 蛋白酶：分别来自乳本身和污染的微生物，细菌性蛋白酶为多，作用于蛋白质形成蛋白胨、多肽及氨基酸加热至75℃～80℃失活。

4. 过氧化氢酶：来自白血球的细胞成分，初乳乳房炎乳中含量较多，可以判断乳房炎乳或其他异常乳。65℃，30min，95% 过氧化氢酶失活；75℃，20min，100% 钝化。

5. 过氧化物酶：来自白血球的细胞成分，最适 pH6.8，最适温度25℃；失活条件 70℃，150min；75℃，20min；80℃，2.5s。

6. 还原酶：微生物的代谢产物，最适条件：pH 5.5～8.5，温度 40～50℃，失活条件：69℃～70℃，30min；75℃，5min。

任务7　有机酸

乳中的有机酸主要是柠檬酸等。在酸败乳及发酵乳中，在乳酸菌的作用下马尿酸可转化为苯甲酸。乳中柠檬酸的含量为 0.07%～0.40%，平均为 0.18%，以盐类状态存在。除了酪蛋白胶粒成分中的柠檬酸盐外，还存在有分子、离子状态的柠檬酸盐，主要为柠檬酸钙。柠檬酸对乳的盐类平衡及乳在加热、冷冻过程中的稳定性均起重要作用，同时，柠檬酸还是乳制品芳香成分丁二酮的前体。

任务8　气体

主要为二氧化碳、氧气和氮气等，约占鲜牛乳的 5%～7%（V/Y），其中二氧化碳最多，氧最少。在挤乳及贮存过程中，二氧化碳由于逸出而减少，而氧、氮则因与大气接触而增多。

任务9 生物活性物质

乳中含有大量的具有不同生物活性的功能性组分，是自然界免疫因子最为富集的生物资源之一，其中包括重要的免疫因子和生长因子。

1. 免疫球蛋白(IgG)

IgG 具有抗体活性的动物蛋白，是由淋巴细胞产生的一种糖蛋白。免疫球蛋白的两个重要特征是特异性和多样性。如可结合抗原，生成抗原-抗体复合物，使病原体失去致病作用；免疫球蛋白有时也有致病作用，如饮用牛奶会引起皮肤红斑等过敏症状。

2. 乳铁蛋白(LF)

LF 是一种与铁的转运和存贮有关的蛋白质，所以又称乳转铁蛋白。LF 除参与铁的转运，还具有抗微生物、抗氧化、抗癌、调节免疫系统等功能，被认为是一种新型的抗菌抗癌药物和极具开发潜力的食品和饲料添加剂。

3. 牛初乳中的刺激生长因子

牛初乳中含有很多种肽类生长因子，如血小板衍生生长因子、类胰岛素生长因子、转移生长因子等，常乳中没有。新挤出的牛奶中含有溶菌酶等抗菌活性成分。

项目二 乳制品概述

任务1 乳制品定义

乳制品：使用牛乳或羊乳及其加工制品为主要原料，加入或不加入适量的维生素、矿物质和其他辅料，使用法律法规及标准规定所要求的条件，加工制作的产品。

任务2 乳制品分类

乳制品包括液体乳（巴氏杀菌乳、灭菌乳、调制乳、发酵乳）；乳粉（全脂乳粉、脱脂乳粉、部分脱脂乳粉、调制乳粉、牛初乳粉）；其他乳制品（炼乳、奶油、干酪等）。

任务3 原料乳的验收

为了确保乳制品的质量，乳品厂在收奶时必须根据国家生鲜牛乳收购标准对原料乳进行验收。标准规定，收购的生鲜牛乳系指正常饲养的健康奶牛分泌的常乳。

原料乳送到工厂后，必须首先进行感官检验、理化检验和卫生检验。常规检验项目除色泽、滋味、气味、组织形态外，还有密度测定、酒精试验、酸度测定、脂肪含量测定以及还原酶试验等。经检验合格的原料乳，移入磅奶槽或通过流量计计量后验收。

任务4　料乳的预处理

1. 原料乳的净化

为了除去乳中的机械杂质，减少微生物的数量，验收后的原料乳必须立即进行净化。净化的方法可分为过滤净化和离心净化两种：

（1）过滤净化。过滤常使用过滤器。过滤器上装有滤布、不锈钢或合成纤维制成的筛网。过滤方法有常压（自然）过滤、减压（吸滤）和加压过滤等。采用减压或加压方法过滤时，在正常的过滤操作条件下，过滤器进、出口压力差应控制在0.07MPa以内。压差过大会使滤网上的杂质通过（跑滤）。另外注意滤布或滤网的清洗和消毒，否则滤布或滤网将成为微生物和杂质的污染源。通常滤布或滤网应在过滤5000－10000L牛乳后进行更换、清洗和消毒。

（2）离心净化。离心净化使用离心净乳机进行，在离心力的作用下，乳中相对密度较大的微细机械杂质、脱落的体细胞等可被除去，乳中凝固的蛋白质、白血球、红血球以及一些细菌也可被除去，如大肠杆菌、枯草杆菌等。

2. 原料乳的冷却

净化后的原料乳应立即冷却到5～10℃，以抑制细菌的增长，保持乳的新鲜度。

挤出后的鲜乳中含有一种能抑制微生物生长的抗菌物质，这种物质名为乳烃素，可抑制某些链球菌增殖。但乳烃素抗菌作用时间长短与乳的贮存温度有关。将鲜乳迅速冷却至5～10℃，可使抗菌作用时间延长。当然，抗菌作用时间长短与细菌污染程度也有直接关系，污染程度越大，抗菌作用时间越短。因此，将验收合格的原料乳及时冷却是十分必要的。

3. 原料乳的贮存

冷却后的原料乳宜贮存在贮乳罐中，贮乳罐分立式和卧式两种均为不锈钢制成，并装有绝热层和搅拌装置，以保证贮存的原料乳在24h内，温度升高不超过2℃～3℃，脂肪含量变化在0.1%以下。

在冷却条件下贮乳，只能抑制微生物的生命活动，而不能杀灭微生物。因此，贮存时间一般不宜超过48～72h，否则由于乳温高，细菌将大量增加。

项目三 市乳和超高温灭菌乳

任务1 市乳的概念和种类

市乳是指以鲜乳为原料,经标准化(或调制)、均质、杀菌、冷却、灌装、封口等处理后制成的供直接饮用的乳。市乳的种类很多,大体可分为以下几类:

1. 普通市乳

以鲜乳为原料直接加工而成的饮用乳为普通市乳。因其杀菌方法均为巴氏杀菌,故又称巴氏杀菌鲜乳或消毒鲜乳。英国的普通市乳是未经过均质处理的,其他大部分国家,如美、日等国几乎全部为均质乳。世界各国大都规定普通市乳的脂肪含量为3.0%或3.2%以上,因此大都对原料乳的成分进行标准化处理。

2. 浓厚牛乳

在普通市乳中添加浓缩乳或脱脂乳粉与稀奶油,以改善风味并提高营养价值的产品,浓厚乳的脂肪含量多在4.0%左右,喝起来有浓厚的感觉。

3. 强化牛乳

强化牛乳主要是指强化维生素和矿物质的乳。牛乳中除维生素D最为不足外,其他如维生素C、尼克酸、维生素A、维生素B,以及铁、锌含量等也不足,因此,常将这些营养素添加到牛乳中进行强化的。以婴幼儿营养需要而言,牛乳中维生素D含量甚少,通常强化维生素D,使牛乳中维生素D含量为400IU/L。

4. 复原乳

复原乳有时也称再制乳,但在国外两者又有明确的区别,前者系指全脂乳粉溶解后,制成的与普通市乳组分相同的液体乳;而后者则是将脱脂乳粉溶解后,加入无水奶油,再经均质化制成的。

5. 成分调制乳

成分调制乳是指将牛乳本身的成分加以调整的制品。例如,将乳脂肪除去一部分的低脂乳,可分为含脂率2%和1%的两类,而含脂肪极低的就是脱脂乳。也有的将脂肪含量提高,形成牛乳、稀奶油各半的混合物,脂肪含量10.5%以上的高脂乳。

6. 功能性液体乳

这部分乳主要是为了保健目的而设计制造的,因而具有一定的防病治病功能,目前在国外主要有以下几种:

(1)仿制乳。仿制乳中的乳成分主要来自脱脂乳粉或脱脂乳,非乳成分则是取代乳脂肪的植物油。

(2)合成乳。合成乳系指用非乳成分为原料制造的外观上类似牛乳的制品。所谓非乳成分包括植物油、酪蛋白酸钠和乳糖等。

(3) 高蛋白乳。高蛋白乳属浓厚乳之一种,是牛乳凝胶过滤后,将收集的蛋白乳加入到全乳或脱脂乳中,经混合浓缩得到的乳脂肪含量0.5%、乳蛋白质含量5.4%、乳糖含量5%的液体乳。

(4) 低乳糖乳。低乳糖乳是在牛乳中添加乳糖分解酶,使乳糖部分分解后的产品。此类产品是为乳糖不耐症患者生产的。

(5) 低盐乳。低盐乳是将牛乳经离子交换树脂或反渗透膜处理后制成的。是为高血压或浮肿患者开发的低钠牛乳。其原理是以钾型等交换树脂置换牛乳中的 Na^+ 后,使牛乳中 Na^+ 从 50mg~60mg/100g 减少至 3mg/100g 后制成的。

(6) 蛋白消化乳。蛋白消化乳是以蛋白酶将牛乳蛋白质部分分解后制成的。蛋白消化乳凝块较软,可供婴幼儿食用。该乳中通常添加有甜味料或香味料。

(7) 免疫乳。免疫乳主要是采用生物技术提高奶牛机体的免疫能力,从而提高牛乳中免疫因子的含量,以此原料制成的牛乳即为免疫乳。也有从牛乳中提取免疫球蛋白并添加到牛乳中去的。免疫球蛋白热稳定性很低,在加热杀菌时应特别注意保护。

7. 灭菌乳

灭菌乳可分为保持灭菌乳(瓶装灭菌乳)和超高温(UHT)灭菌乳。瓶装灭菌乳目前主要是二段式连续灭菌乳,其风味与巴氏杀菌乳稍有差异,但保存性良好,欧洲国家较为盛行,在市乳市场占有重要地位。

超高温(UHT)灭菌乳保存性较瓶装灭菌乳差些,但风味与巴氏杀菌乳颇为接近。

8. 乳饮料

乳饮料又称调制乳,是以牛乳为主要原料,添加甜味料、香味料、稳定剂等制成的嗜好性乳饮料,如巧克力牛乳、咖啡牛乳、果汁牛乳等。

任务2 市乳生产工艺

市乳一般生产工艺流程

原料乳的验收和预处理→标准化→均质→杀菌→冷却→包装→冷藏。

1. 原料乳验收和预处理

前已介绍。

2. 标准化

标准化就是调整原料乳中脂肪和无脂乳固体含量的比例,使其符合产品标准要求的过程。标准化的目的是为了确定巴氏杀菌乳中的脂肪含量,以满足不同消费者的需求。一般低脂乳脂肪含量为1.5%,常规市乳脂肪含量为3%。乳脂肪的标准化可通过添加稀奶油或脱脂乳进行调整。其方法有如下3种:

(1) 预标准化主要是指乳在杀菌之前把全脂乳分离成稀奶油和脱脂乳。如果标准化乳脂率高于原料乳,则需将稀奶油按计算比例与原料乳在罐中混合以达到要求的含脂率。如果低于原料乳的,则需将脱脂乳按计算比例与原料乳在罐中混合,以达到要求的含脂率。

(2)后标准化在杀菌之后进行,方法同上,但该法的二次污染可能性大。

(3)直接标准化这是一种快速、稳定、精确与分离机联合运作、单位时间内能大量地处理乳的现代化方法。将牛乳加热到55~65℃后,按预先设定好的脂肪含量分离出脱脂乳和稀奶油,并根据最终产品的脂肪含量,由设备自动控制回流到脱脂乳中的稀奶油流量,从而达到标准化的目的。

3. 均质

均质是通过均质机的强力机械作用将乳中的脂肪球破碎,使其粒径变小的过程。均质可以有效地防止脂肪上浮并改善消毒乳品风味,促进乳脂肪和乳蛋白质的消化吸收。均质机有高压式、离心式和超声波式之分。使用最多的是高压式均质机,其均质化的最佳条件通常为温度60~65℃,压力14~21MPa。均质时的温度和压力均影响乳的均质效果。

4. 杀菌或灭菌

牛乳是天然营养品,微生物极易在其中繁殖,病原菌和其他有害菌也常存在。因此,为了食用安全和增加保存性,必须进行杀菌或灭菌。所谓杀菌系指通过加热来杀灭牛乳中的所有的病原菌,抑制其他微生物的生长繁殖,且不破坏牛乳的风味和营养价值的加热处理方法。所谓灭菌是指通过加热杀灭牛乳中所有微生物,以增加保存性的加热处理方法。

牛乳的杀菌与灭菌方法有以下几种:

(1)低温长时间杀菌法,低温长时间(LTLT)杀菌法又称保持杀菌法。加热杀菌条件为62~65℃,30min。该法可充分杀灭病原菌,不产生加热臭,对维生素和其他营养成分的破坏也较少。加热杀菌设备主要是带有搅拌装置的冷热缸。冷热缸在加热或冷却时均需较长时间,一般约15~30 min,故在杀菌保持时间的前或后加热或冷却时,最好配合使用板式热交换器。

(2)高温短时间杀菌法,高温短时间(HTST)杀菌法又称高温瞬间杀菌法,其标准杀菌条件为72~75℃,15s也有采用更高温度的,HTST杀菌多采用板式杀菌器。

◆ 知识拓展

HTST杀菌与LTLT杀菌相比有以下优点:处理量大;可以连续杀菌,处理过程几乎全部自动化;牛乳在全封闭的装置内流动,故微生物污染机会少;对牛乳的品质影响小,因微生物杀灭的温度系数要比牛乳物理化学变化的温度系数高得多,故在杀菌效果等同的条件下,HTST杀菌对牛乳的物理化学变化影响较小;可以使用CIP原装清洗系统进行清洗等。

(3)高温保持灭菌法

高温保持灭菌有间歇灭菌和连续灭菌。

①间歇灭菌:通常是将牛乳在75~77℃下预热、均质后,装瓶、封盖,移入高压釜,通入蒸汽,在110~120℃下加热30min。高压釜有固定式和旋转式两种,以旋转式为佳。此

法处理的灭菌乳,在阴凉通风处可保存一年。但由于高温长时间加热,产品易褐变并产生焦糖味。该法只适于小规模生产。

②连续灭菌:适于大规模连续生产,其代表性设备为荷兰 stork 公司生产的水压式火菌机。该机由 4 个 10m 高的塔组成,第一塔为预热塔(70~80℃),第二塔为蒸汽灭菌塔(最高 120℃),第三塔为预冷塔(65~70℃),第四塔为冷却塔(15~20℃)。封盖后的瓶装牛乳在此四塔内连续移动,在 116~120℃下,保持 15~20min 进行灭菌,通过整个装置的时间为 1h。

(4) UHT 灭菌法

UHT 灭菌法加热灭菌条件为 130~135℃,0.5~5s。用 UHT 灭菌法处理牛乳不但可以杀灭乳中全部微生物,而且可以使牛乳的物理化学变化降低到最低程度。UHT 灭菌后的牛乳必须用玻璃瓶或纸容器进行无菌包装。考虑到高温保持灭菌法易使灭菌牛乳褐变以及 UHT 灭菌乳需用无菌包装机,包装机价格昂贵等因素,目前国内外对瓶装灭菌乳的加热灭菌多采用二段式灭菌法,效果亦比较令人满意。

5. 冷却

杀菌后的牛乳应立即冷却至 4℃以下,冷却方法因杀菌方法而异。采用 LTLT 保持杀菌的牛乳,宜用板式冷却器冷却。采用 HTST 杀菌的牛乳,在板式杀菌器的换热段,与刚输入的温度在 10℃以下的原料乳进行热交换,然后再用冰水冷却到 4℃。瓶装灭菌乳在杀菌后,一般冷却至室温即可。

6. 灌装、封口

冷却后的牛乳即可进行灌装和封口。灌装、封口的设备和方法因包装材料不同而异。

(1) 瓶装,瓶装市乳主要包装容器为玻璃瓶,国内少数厂家也有使用聚乙烯或聚丙烯塑料瓶的。瓶装市乳应采用自动灌装机进行灌装,自动灌装机有重力式和真空式两种,大都使用自动真空灌装机。灌装前,用自动洗瓶机将空瓶充分清洗、消毒后,用真空灌装机灌装,并经自动封盖机将纸盖封好。

(2) 袋装又称软包装,主要材料为复合塑料膜。灌装、封口用全自动液体软包装机进行。

7. 装箱、冷藏

灌装、封口后的市乳,经装箱后,送入冷藏库在 4~6℃下贮存,直至出厂。

任务 3　UHT 灭菌乳

1. UHT 灭菌的基本原理

用嗜热脂肪芽胞杆菌的芽胞确定不同温度下的残存芽胞数曲线,结果发现,温度每上升 10℃,则杀死芽胞的速率增加约 11 倍。利用其他芽胞杆菌如牛乳中经常存在的枯草杆菌的芽胞作试验,其芽胞对热更为敏感,温度每上升 10℃,芽胞破坏率上升约 30 倍。

另一方面,牛乳在高温处理过程中,最常见的化学变化是美拉德反应引起的褐变。尽管牛乳褐变率也随温度上升而加快，但是，并不与UHT温度范围的杀菌效率成正比。研究表明，温度每上升10℃，褐变速率增加不到3倍。

因此，牛乳在135℃或更高的温度下加热处理数秒钟，可以成为褐变程度很小的灭菌产品，而对牛乳的风味、外观、营养价值都不会有大的影响。

2. UHT灭菌乳生产工艺

UHT灭菌乳生产工艺有两个关键过程，一为牛乳在135~150℃，1~4s下瞬间灭菌；二为无菌包装。

（1）UHT灭菌

用于UHT灭菌的装置可分为直接加热和间接加热两种方式，直接加热式直接加热式分为两种，一种是高压饱和蒸汽直接喷入牛乳中，另一种是牛乳直接喷入与灭菌温度、压力相同的饱和蒸汽中。

（2）无菌包装

无菌包装系指用蒸汽、热风或化学试剂将包装材料灭菌后，再以蒸汽、热风或无菌空气等形成正压环境，在防止细菌污染的条件下进行的灭菌乳包装。

3. 灭菌乳质量控制

（1）微生物学

UHT灭菌杀菌效率可用杀菌前后芽胞数比的对数来表示，即

SE = lg（原始芽胞数/最终芽胞数）

牛乳经135℃或135℃以上4s加热处理，其灭菌效果可以满足灭菌牛乳成品的商业标准，即包装品细菌数不得超过1/1000个的规定。

（2）理化学

①风味：UHT灭菌乳的风味变化可分为初期、中期、末期三个阶段。初期变化是由于UHT灭菌使乳清蛋白变性，特别是使β—乳球蛋白的巯基活性化，因而产生强烈的硫化氢臭，即所谓加热臭。中期变化是在保存中由于加热臭的急剧消失，而呈现一段相当时间的良好风味。末期变化则淡而无味，并产生氧化臭和脂肪分解臭。这些风味变化与牛乳中溶氧量及贮存温度有密切关系，低溶氧量、低温贮存条件能保持良好风味。

②色泽：UHT灭菌乳的色泽变化主要来自两个方面，一是美拉德反应引起的褐变；一是由于乳清蛋白的变化，增加了乳中不透明粒子的数量，因而造成白浊化。但这两种变化都不太明显，而且在一定程度上，后者似乎更强一些。

③脂肪上浮：脂肪上浮是影响UHT灭菌乳质量的一个重要问题，特别是在长期贮存之后，这个问题更加显著。不过脂肪的稳定性可借适当均质处理得到改善。

（3）营养学

UHT灭菌乳营养学变化主要体现在维生素的变化上，各种维生素特别是易氧化的维生素C、B族，减少的不多。

项目四 炼乳

任务1 炼乳的种类

炼乳系原料乳经减压浓缩除去大部分水分后制成的产品。炼乳的种类很多，按生产中是否加糖可分为加糖炼乳（即甜炼乳）和无糖炼乳（即淡炼乳）；按原料乳是否脱脂可分为全脂炼乳、脱脂炼乳和半脱脂炼乳；按添加物的种类可分为可可炼乳、咖啡炼乳、维生素等强化炼乳以及模拟人乳组成的婴儿配方炼乳等。此外，还有用途、组成及加工方法不同的种种浓缩乳制品及类似产品，如灭菌浓缩乳、冻结浓缩乳、浓缩酪乳、发酵脱脂浓缩乳等等。

任务2 加糖炼乳

一、加糖炼乳生产工艺

加糖炼乳生产工艺流程：原料乳的验收和预处理→标准化→预热→加糖→浓缩→冷却结晶→包装和贮藏。

1. 原料乳的验收和预处理

前面已介绍。

2. 标准化

原料乳中的脂肪与非脂乳固体含量因奶牛品种、地区、季节和饲养管理等因素不同而有较大的差异，因此，为使产品符合标准要求，必须对原料乳进行标准化处理。当原料乳中脂肪含量不足时，可添加一部分稀奶油或分离除去一部分脱脂乳；而当原料乳中脂肪含量过高时，则可添加一部分脱脂乳或分离除去一部分稀奶油。标准化工作可在贮乳罐的原料乳中进行或在标准化机中连续进行。

标准化时，应首先了解即将标准化的原料乳的脂肪和非脂乳固体含量，以及用于标准化的稀奶油或脱脂乳的脂肪和非脂乳固体含量，这些是标准化的计算依据。

（1）稀奶油中非脂乳固体含量计算

$$w_{s1} = \frac{100 - w_{F1}}{100} \times w_{s2} (\%)$$

式中 w_{s1}——稀奶油中非脂乳固体含量(%)

w_{s2}——脱脂乳中非脂乳固体含量(%)

w_{F1}——稀奶油中脂肪含量(%)

（2）脱脂乳中非脂乳固体含量的计算

$$w_{s2} = \frac{w_s}{100 - w_F} \times 100\%$$

式中 w_{s1}——脱脂乳中非脂乳固体含量(%)

W_{s2}——原料乳中非脂乳固体含量(%)

w_F——原料乳中脂肪含量(%)

(3)原料乳脂肪含量不足时的标准化计算，当原料乳脂肪含量不足时，可添加稀奶油进行标准化，使其中脂肪和非脂乳固体含量的比值符合产品标准要求。即：

$$R = \frac{m \times w_F + m_c \times w_F}{m \times w_s + m_c \times w_{s1}}$$

整理得

$$m_c = \frac{R \times w_s - w_F}{w_{F1} - R \times w_{s1}}$$

式中 R——成品中脂肪含量和非脂乳固体含量的比值

m——原料乳的质量((kg)

w_s——原料乳中非脂乳固体含量(%)

w_F——原料乳中脂肪含量(9]）

m_c——稀奶油质量(kg)

w_{F1}——稀奶油中脂肪含量(%)

w_{s1}——稀奶油中非脂乳固体含量(%)

(4)原料乳脂肪含量过高时的标准化计算，当原料乳中脂肪含量过高时，可添加脱脂乳进行标准化。根据产品标准要求，应有如下关系：

$$R = \frac{m \times w_F + m_s \times w_{F2}}{m \times w_s + m_s \times w_{s2}}$$

整理得

$$m_c = \frac{R \times w_s - w_F}{w_{F1} - R \times w_{s1}}$$

式中 R——成品中脂肪含量和非脂乳固体含量的比值

m——原料乳的质量(kg)

w_s——原料乳中非脂乳固体含量(%)

w_F——原料乳中脂肪含量(%)

m_s——脱脂乳质量(kg)

w_{F2}——脱脂乳中脂肪含量(%)

w_{s2}——脱脂乳中非脂乳固体含量(%)

(5)采用 Pearson 法进行标准化计算，该法简捷，生产中进行标准化计算时应用最多。假设原料乳含脂率为 p%，脱脂乳或稀奶油的含脂率为 q%，按比例混合后，混合乳的含脂率为 γ%，拟标准化的原料乳量为 Xkg，需添加的稀奶油或脱脂乳量为 Ykg 时，对脂肪进行物料衡算，则形成下列关系：

$$pX + qY = \gamma(X + Y)$$

$$\frac{X}{Y} = \frac{\gamma - q}{p - \gamma}$$

式中,若 q < γ、p > γ,则表示需添加脱脂乳;反之,则表示需加稀奶油。

3. 预热

标准化的原料乳在浓缩之前进行加热称为预热。预热的目的是:杀灭原料乳中的病原菌,破坏对成品质量有害的细菌,酵母、霉菌及酶等;使蛋白质适当变性,防止成品变稠;使浓缩过程顺利进行。只有当原料的温度高于浓缩温度时,才能使浓缩过程连续稳定地进行,并有利于提高蒸发温度。

(1)预热温度,预热温度因乳的质量、季节、处理设备而异,一般为75℃,10~20min 或 80℃,10~15min。也有用 110~150℃ UHT 瞬间加热的。

(2)预热与微生物与酶的关系,63℃,30min 的 LTLT 杀菌法可完全杀死,乳酸菌、酵母、霉菌等在75℃,15min 或80℃,10min 条件下也可以完全杀死。此外,乳中的解脂酶过氧化物酶及蛋白分解酶等,可以在75℃,15min 或80℃,10min 的条件下全部破坏。因此,产品经正确的预热处理,而且后来也不再被污染时,则不会引起质量问题。

(3)预热与变稠的关系,预热条件不仅影响成品保藏性,而比也影响成品的黏度和稠度等。研究表明,65~75℃的预热温度可以减少黏稠与浓厚化现象。但65℃以下温度易使成品稀薄,而有使脂肪分离或糖沉淀的危险。80~100℃的预热条件有使变稠加剧的趋势,但80℃时的影响极微弱,85℃时影响明显,95~100℃影响最为强烈;沸点以上的温度可以降低变稠速度,110~120℃时能抑制变稠。但高于此温度时,有变稀的趋势;利用直接蒸汽预热时,因有过热倾向,易使部分蛋白质变性和膨润,结果使产品不稳定或变稠。

4. 加糖

加糖的目的是为了抑制炼乳中细菌的繁殖,增加制品的保存性。炼乳中添加的糖主要是高纯度的白砂糖。也有添加少量葡萄糖的。糖的加入会在炼乳中形成较高的渗透压,而且渗透压与糖浓度成正比,因此,就抑制细菌的生长繁殖而言,糖浓度越高越好。但加糖量过高易产生糖沉淀等缺陷。

(1)加糖量的计算加糖量的计算是以蔗糖比为依据的。所谓蔗糖比又称蔗糖浓缩度,系指炼乳中蔗糖含量与其水溶液的比,即

$$R_s = \frac{w_{su}}{w_{su} + w} \times 100\% \qquad \text{或} \qquad R_s = \frac{w_{su}}{100\% - w_{ST}}$$

式中 R_s——蔗糖比(%)

w_{su}——炼乳中蔗糖含量(%)

w——炼乳中水分含量(%)

w_{sT}——炼乳中总乳固体含量(%)

通常规定蔗糖比为62.5%~64.5%。研究表明，蔗糖比为62.5%时，如果使用优质原料乳，并经充分的预热杀菌和严格的卫生管理，可以有效地防止因细菌造成的产品变质。但这种浓度不会防止炼乳因酵母菌造成的质量改变。因此，为增加产品的保藏性，应尽可能将蔗糖比再提高一些，但决不可超越64.5%，否则有蔗糖析出，以致使产品组织状态恶化。

（2）加糖方法 生产加糖炼乳时，糖的添加方法通常有三种：

①将糖直接加于原料乳中，然后预热。

②将预热后的原料乳和浓度65~75%的浓糖浆经95℃5min杀菌，冷却至57℃后，混合浓缩。

③在浓缩将近结束时，将杀菌并冷却的浓糖浆吸入浓缩罐内。

上述三种加糖方法中，第三种为最好，不仅可以有效地杀灭病原菌、有害微生物，钝化酶类，而且可以防止炼乳在贮存中变稠。

5. 浓缩

浓缩是蒸发乳中的水分，提高乳固体含量，使其达到所要求浓度的过程。浓缩方法很多，但在乳品工业中，目前应用最多的是减压加热浓缩，即所谓真空浓缩。此外，在乳清浓缩中，国外应用较多的是超滤和反渗透浓缩。

◆知识拓展

现代化乳品厂广泛采用各种连续式的多效蒸发器，特别是降膜式或板式蒸发器，这类蒸发器的主要特点是牛乳连续单程地通过加热间蒸发。牛乳在蒸发器内呈薄膜状态，因此蒸发速度快，受热时间短。牛乳平均加热时间只需几分钟中并且出料温度可迅速降低，因而，对牛乳的风味、色泽无不良影响，对热敏感的乳蛋白质在浓缩过程中也可保持稳定。这类设备适于大规模生产，对提高劳动生产率、保证产品质量、降低能源消耗等都是较为有利的。

6. 冷却结晶

由真空浓缩罐放出的浓缩乳，温度在50℃上下，必须迅速冷却，并促使乳糖结晶。否则会加剧成品在贮藏期间的变稠和褐变，会形成大的乳糖结晶，使组织状态恶化。

（1）乳糖结晶与组织状态的关系 甜炼乳中乳糖形成微细的结晶，并悬浮于炼乳中，此时炼乳组织柔润细腻。如果结晶晶粒较大，则组织状态不良，甚至形成乳糖沉淀。结晶晶粒大小与组织状态的关系密切，晶粒越细，组织状态越好。因此，冷却结晶过程就要创造适当条件，促使乳糖形成多而细的结晶。

（2）乳糖结晶温度的选择

若以乳糖溶液的浓度为横坐标，溶液温度为纵坐标，可以绘出乳糖的溶解度曲线，或称乳糖结。

强制结晶过程中浓缩乳控制在亚稳定区、保持结晶的最适温度，及时投入晶种，迅速搅拌并随之冷却，即可形成大量的微细结晶。

结晶温度是个重要条件，温度过高固然不利于迅速结晶；但温度度过低，黏度增大，也不利于迅速结晶。结晶的最适温度可根据炼乳中乳糖水溶液的浓度进行选择。

（3）冷却结晶方法一般可分为间歇式及连续式两大类。

间歇式冷却结晶通常采用蛇管冷却结晶器。冷却过程可分为三个阶段：

①浓乳出料后，乳温在50℃左右，应迅速冷却至35℃左右，此为冷却初期。

②继续冷却至接近26℃，此为强制结晶期，结晶的最适温度就处于这一阶段。在此期间可投入晶种，晶种要边搅拌边加入。晶种也可以用成品炼乳代替，添加量为炼乳量的1%。强制结晶期应保温0.5h左右，以充分形成晶核。

③冷却后期，把炼乳冷却至20℃后，停止冷却。再继续搅拌1h，即完成冷却结晶操作。

间歇式冷却结晶还有采用真空冷却结晶机的。浓缩乳进入真空冷却结晶机后，在减压下冷却，不仅冷却速度快，而且可减少污染。另外，在真空度较高的条件下，炼乳在冷却过程中处于沸腾状态，由于内部有强烈的摩擦作用，因而可以获得微细均一的结晶。但是，应预先考虑沸腾状态下，炼乳中水分的蒸发量，防止成品水分偏低。

连续式冷却结晶采用连续瞬间冷却结晶机，这种设备与冰淇淋凝冻机相类似，炼乳在强烈的搅拌作用下在几十秒到几分钟内即可被冷却至20℃以下。用这种设备冷却结晶，即使不添加晶种，也可以得到微细的乳糖结晶。而且，由于强烈搅拌使炼乳不易变稠，并可防止褐变和污染。

7. 包装和贮藏

炼乳经检验合格后方可进行包装。包装间和包装容器要严格消毒，以防霉菌等常见微生物二次污染。合格炼乳最好采用自动灌装机灌装，真空封罐机封口。在普通设备中冷却的炼乳，其中含有大量的气泡，若不采用真空封罐机或其他脱气设备时，需经静止12h左右，待气泡逸出后再进行灌装。

装罐应装满，尽可能排除顶隙空气，封罐后经清洗、贴标、装箱然后入库贮藏。炼乳贮藏于仓库内，应离开墙壁及保暖设施30cm以上；库温恒定，不得高于15℃；空气湿度不应高于85%。贮藏过程中。每月应翻罐1~2次，防止糖沉淀的形成。

二、加糖炼乳的品质控制

加糖炼乳生产如果控制不当，就有可能造成成品不能达到质量指标的要求。这里仅将常见的甜炼乳质量问题概述于后。

1. 块状物质的形成

加糖炼乳中，有时会发现白色或黄色大小不一的软性块状物质，其中最常见的是由霉菌污染形成的钮扣状凝块。钮扣状凝块呈干酪状，带有金属臭及陈腐的干酪气味。对其控制的措施是：

（1）加强卫生管理，避免霉菌的二次污染。

（2）装罐要满，尽量减少顶隙。

（3）采用真空冷却结晶和真空封罐等技术措施，排除炼乳中的气泡，营造不利于霉菌生长繁殖的环境。

（4）贮藏温度应保持在15℃以下。

2. 胀罐

甜炼乳在贮藏期间，有时由于内部产气而发生胀罐现象。这主要是由于嗜糖酵母发酵高浓度蔗糖，产生酒精和二氧化碳引起的。此外，贮藏温度偏高时，由于嫌气性的丁酸菌繁殖产生的丁酸，或者由于乳酸菌繁殖产生的乳酸，与锡作用后产生氢气也可造成胀罐。除微生物原因引起的胀罐外，有时因低温灌装，高温贮藏也能引起胀罐。这类胀罐是物理性膨胀。

3. 砂状炼乳

砂状炼乳系指乳糖结晶过大，以致舌感粗糙甚至有明显的砂状感觉。一般来说，乳糖结晶应在10μm以下，而且大小均一。如果在15~20μm之间，则有粉状感觉，在30μm以上则呈明显的砂状。这种砂状组织，绝不仅仅是因为乳糖的原因，有时蔗糖也会产生砂状结晶，特别是蔗糖比超过64.5%的制品，在低温下保存时，极易产生较大的蔗糖结晶。为此，除注意炼乳的结晶方法外，还应适当控制蔗糖比，并在加糖时使蔗糖充分溶解。

4. 糖沉淀

甜炼乳容器底部有时呈现糖沉淀现象，这主要是乳糖结晶过大形成的，当然与炼乳的粘度也有关。加糖炼乳中，α—乳糖水合物在15.6℃时，其相对密度约为1.30，因此乳糖结晶体在贮藏期间存在下沉趋势。若乳糖结晶在10μm以下，而且炼乳的黏度适宜，则一般不会有糖沉淀现象出现。此外，蔗糖比过高，也会引起蔗糖结晶沉淀，其控制措施与砂状炼乳相同。

5. 柠檬酸钙沉淀

加糖炼乳在冲调后，有时在杯底发现有白色细小沉淀，俗称"小白点"。研究表明，该沉淀的主要成分是柠檬酸钙。加糖炼乳中柠檬酸钙的含量约为0.5%，柠檬酸钙在炼乳中处于过饱和状态，所以，过饱和部分结晶析出是必然的。柠檬酸钙与乳中的盐类平衡、柠檬酸钙的存在状态以及晶体大小等因素有关。控制柠檬酸钙的结晶同控制乳糖结晶一样，也可以采用添加晶种的方法，所不同的是柠檬酸钙的添加，可在炼乳生产的各个工序进行，但以在预热前的原料乳中添加为宜，以避免污染。

6. 褐变

加糖炼乳在贮藏中逐渐变成褐色，并失去光泽，这种现象称为褐变。加糖炼乳的褐变通常是美拉德反应造成的，而且糖的还原性越强，褐变就会越显著。因此，使用含转化糖的不纯蔗糖，或并用葡萄糖时，褐变就会显著。为防止褐变反应的发生，生产加糖炼乳时，宜使用优质蔗糖和优质原料乳，并避免在加工中长时间高温加热，而且贮藏温度应在10℃

以下。

7. 脂肪上浮

脂肪上浮是炼乳的黏度较低造成的。在全脂炼乳中脂肪上浮是必然会产生的现象,对此只能通过减缓脂肪球上浮速度,使其在一定的贮藏期内不发生脂肪上浮问题。脂肪球上浮速度与脂肪球直径平方成正比,与牛乳黏度成反比,因此要解决脂肪上浮问题可在浓缩后进行均质处理,使脂肪球变小,并控制炼乳黏度,防止粘度偏低。

8. 变稠

加糖炼乳在贮藏过程中,特别是当贮藏温度较高时,黏度逐渐增高,甚至失去流动性,这一过程称为变稠。变稠是加糖炼乳在贮藏中最常见的缺陷之一,按其产生的原因可分为微生物性变稠和理化性变稠两大类。

(1)微生物性变稠 变稠炼乳中常见的微生物主要是芽胞杆菌、链球菌、葡萄球菌和乳酸杆菌。由于这些细菌的生长繁殖以及代谢产生乳酸及其他有机酸,如甲酸、乙酸、丁酸、琥珀酸和类似凝乳酸样物质,从而使炼乳变稠凝固,同时产生异味异臭,并且酸度升高为防止微生物变稠,必须严格卫生管理和进行有效的预热杀菌,并且在尽可能的条件下提高蔗糖比,但不能超过64.5%。此外,制品宜低温(10℃以下)贮藏。

(2)理化性变稠 理化性变稠,其反应历程较为复杂,目前尚未有明确结论。但初步认为是由于乳蛋白质主要是酪蛋白从溶胶状态转变成凝胶状态所致。它至少与下列因素有关。

①预热条件:预热温度与时间是加工中对变稠影响最大的因素。63℃,30min预热,可使变稠倾向减小,但易脂肪上浮、糖沉淀或脂肪分解产生臭味;75~80℃,10~15min预热,易使产品变稠;110~120℃预热,则可减少变稠;但温度再升高时,成品有变稀的倾向。

◆知识拓展

这种预热条件的影响可以解释为当低温长时间预热时,具有胶体保护作用的乳清蛋白未变性,可以防止酪蛋白胶粒相互结合;在接近100℃的温度下,乳清蛋白质凝固,失去胶体保护作用,而酪蛋白处于不稳定状态。因而可导致变稠倾向的增加;110~120℃下预热,乳清蛋白凝固,酪蛋白发生变性,其胶粒结构也发生变化,不易相互结合。所以预热条件应该是:或者使乳清蛋白和酪蛋白都不变性,或者使两者都变性。对乳的其他加热处理也适用。

②浓缩条件:浓缩条件主要指浓缩温度和浓缩程度。浓缩温度高,有加强变稠的倾向特别是在60℃以上浓缩时,则初始黏度高,容易变稠。浓缩末期的温度宜保持在50℃以下,最好采用双效以上的连续蒸发器,其末效浓缩温度低,浓缩乳受热程度轻,可减少变稠倾向。浓缩程度高,乳固体含量高,确切地说是酪蛋白和乳清蛋白含量高,变稠倾向严重。乳固体含量相同时,非脂乳固体含量高,变稠倾向显著,这是因为变稠与蛋白质膨润或水合作用有关,蛋白质含量越高,膨润或水合作用越强,变稠倾向越重。

③蔗糖含量与加糖方法:蔗糖含量对加糖炼乳变稠有显著影响。研究表明,变稠炼乳

中酪蛋白的结合水量增加,自由水减少,因此,加入高渗的非电解质物质后,可以降低酪蛋白的水合性,增加自由水的含量,从而达到抑制变稠的目的。为此提高蔗糖含量对抑制变稠是有效的,特别是在乳质不稳定的季节。

任务3 无糖炼乳

无糖炼乳是将牛乳浓缩至原体积的1/2.5后,装罐、密封并经灭菌的制品,在欧美多用于哺育婴儿,在日本主要作为餐桌稀奶油代用品。除全脂无糖炼乳外,在欧美还有脱脂炼乳、维生素D强化炼乳和模拟人乳营养组成的调制炼乳。

一、无糖炼乳生产工艺

无糖炼乳生产工艺流程:原料乳验收——预处理——标准化——预热——浓缩——均质——冷却——装罐、封罐——灭菌、冷却——振荡——保温检验。

原料乳验收、预处理、标准化、均质等与加糖炼乳相同。因无糖炼乳在装罐,密封后要进行高压灭菌,故对原料乳蛋白质的热稳定性要求较高,所以原料乳检验除使72%的酒精进行酒精试验外,还须作热稳定性试验(磷酸盐试验),以确定其稳定性。

1. 预热

无糖炼乳生产中,原料乳的预热不仅仅是为了杀菌,更重要的是调节盐类平衡,提高酪蛋白的热稳定性,防止其在灭菌时形成凝块,并赋予制品以适当的黏度。

预热条件一般为95~100℃,10~15min。在此条件下,乳中离子状态的钙转化为不溶性的磷酸钙,从而有利于提高酪蛋白的热稳定性。预热温度低于95℃时,乳的热稳定性降低;高于100℃时,虽然热稳定性可以提高,但制品黏度降低,有引起脂肪上浮,或产生加热臭、褐变以及盐类沉淀的危险。

为了进一步平衡盐类,提高乳蛋白质的热稳定性,在无糖炼乳生产中允许添加少量稳定剂。通常作为稳定剂使用的主要是柠檬酸钠、磷酸氢二钠或磷酸二氢钠,按标准添加,超过上限,产品风味不好且易褐变。

2. 浓缩

无糖炼乳的浓度与加糖炼乳基本相同。只是它的预热温度较高,沸腾剧烈,容易起泡,而且控制不当容易焦糊,故应注意加热蒸汽的控制。

浓缩终点确定方法同加糖炼乳,当浓缩乳温度为50℃左右时,波美度为6.27~8.24即可,倘浓缩过度,需加蒸馏水补正。

3. 均质

均质的目的是为了防止脂肪上浮,并增加制品的粘度。均质压力一般为14.7~19.6 MPa,多采用二段均质。第二段均质主要是为了防止脂肪球重新聚集,均质温度以50~60℃为宜,故浓缩后可立即均质。

4. 冷却

均质后的浓缩乳要迅速冷却至10℃以下。若次日装罐,应立即冷却在4℃以下,但贮存时间最好不超过16h。冷却温度过高,可能出现耐热性细菌繁殖或酸度上升的现象,从而使灭菌效果及热稳定性降低。

5. 装罐、封罐

(1) 小样试验 为了防止由于不可预见的变化而造成成品的大量损失,装罐前应先作小样试验。

小样试验按以下步骤进行。

①试样准备:吸取浓度为4.11%的磷酸氢二钠溶液0.5ml、1ml、1.5ml、2.0ml、2.5ml、3.0ml,分别加入浓缩乳罐中,封罐后摇匀。

②灭菌试验:灭菌条件应与批量生产条件相同。无糖炼乳生产通常采用下列灭菌条件:

升温(17~18min)到87℃(6~8min)100℃(6~8min)116℃(保温15 min)排气(5min)冷却。

③开罐检验:灭菌后开罐,倾入烧杯中,检查其组织状态、色泽、风味,并测定黏度。黏度用毛式粘度计测定,以20℃时大球100~200R为宜。高于此黏度,一般有热凝固倾向。若黏度较高,可把灭菌温度降低或缩短灭菌时间。

(2) 装罐、封罐,确定稳定剂的最终添加量后,可将稳定剂溶于灭菌蒸馏水中加入到浓缩乳中,搅拌均匀,即可装罐、封罐。但装罐不得太满,因无糖炼乳封罐后要高温灭菌,故必须留有顶隙,以防胀罐。封罐最好用真空封罐机,以减少炼乳中的气泡和顶隙中的残留空气。

6. 灭菌、冷却

灭菌可分为间歇式和连续式两种。间歇式灭菌适于小规模生产,可用回转灭菌机进行,灭菌条件同小样试验。连续式灭菌适于大规模生产,多采用连续灭菌机进行。

7. 振荡

如果灭菌操作不当,或使用了稳定性较低的原料乳,则无糖炼乳中常有软凝块出现,这时通过振荡,可使软凝块分散复原成均一的流体。

8. 保温检验

无糖炼乳在出厂前,一般还要经过保温试验,即将成品在25~30℃下保藏3~4周,观察有无胀罐现象,并开罐检查有无缺陷。合格的产品即可擦净,贴标装箱出厂。

二、无糖炼乳质量控制

1. 脂肪上浮

脂肪上浮是无糖炼乳常见的缺陷,主要是均质不完全或热处理不当所致。如果适当提高均质压力或进行二段式均质,并通过热处理适当提高黏度,即可减缓脂肪上浮现象。

2. 胀罐

无糖炼乳胀罐主要是灭菌不完全、有耐热性细菌残留或因罐密封不良引起细菌污染所致。有时也因酸度偏高，贮藏太久，酸性物质与锡作用产生氢气而发生胀罐。除去这些因素，就可以避免胀罐现象发生。

3. 异臭

无糖炼乳在贮藏中有时产生苦味与酸臭味。此系灭菌不完全，耐热性细菌繁殖、产酸或由于蛋白质分解所致。

4. 黏度下降

无糖炼乳在贮藏期间会出现黏度降低的现象，此现象又称为稀薄化。黏度降低的程度与蛋白质含量成反比，与贮藏时间、温度关系很大。在一定的贮藏温度下，黏度降低与贮藏时间的对数成正比。适当的热处理可以提高制品的黏度，低温贮藏也可以使黏度降低趋势减弱。在0~5℃下贮藏，可避免黏度降低，但温度不能低于0℃，以防蛋白质稳定性降低。

5. 褐变

无糖炼乳褐变和产生褐变的原因除糖的影响外，与加糖炼乳基本相同。此外，无糖炼乳中稳定剂的添加量也是一个重要的影响因素，这主要源于pH的影响，pH高于6.8时易促进褐变。

6. 凝固

无糖炼乳的凝固，可分为细菌性和理化性两大类原因，尤其是热处理不当造成的理化性质的改变，是无糖炼乳凝固的主要原因

(1) 菌性凝固主要是由于耐热性芽胞杆菌污染严重，或密封不严，或灭菌不彻底所致。细菌性凝固多伴随异臭现象发生。消除上述原因，即可消除细菌性凝固现象。

(2) 理化性凝固使用热稳定性差的原料乳，或不适当的热处理、过度均质等都可能成为无糖炼乳理化性凝固的原因，因此，选用优质原料乳，严格预热、灭菌条件，避免过度均质等，即可有效地防止无糖炼乳发生理化性凝固。

项目五　乳粉

任务1　乳粉的种类和组成

乳粉系用加热或冷冻的方法，除去乳中几乎全部水分制成的粉末状产品。乳粉的主要种类和组成见表5-1。

表 5-1　乳粉的种类和组成　　　　　　　　　　　　　　单位:质量分数%

种类	水分	脂肪	蛋白质	乳糖	灰分	乳酸
全脂奶粉	2	27	26.5	38	6.05	
脱脂奶粉	3.23	0.88	36.89	50.52	8.15	0.14
调制乳粉	2.6	20	19	54	4.4	
特殊调制乳粉	2.5	26	13	56	3.2	
脱盐乳清粉	3	1	15	78	2.9	0.1
稀奶油粉	0.66	65.15	13.42	17.86	2.91	
甜性酪乳粉	3.9	4.68	35.78	47.84	7.8	1.55
酸性酪乳粉	4	5.55	36.55	46	8	8.62
麦乳精	3.29	7.55	13.19	72.4	3.66	

任务2　全脂乳粉

一、全脂乳粉生产工艺

全脂乳粉系鲜乳直接加工而成,其生产工艺流程:原料乳的验收→预处理→标准化→预热→杀菌→加糖→浓缩→喷雾干燥→冷却与筛分→包装→成品。

原料乳的验收、预处理和标准化和市乳同。

1. 预热杀菌

乳粉生产中的预热杀菌,目前几乎全部采用HTST杀菌法或UHT瞬间灭菌法。前者用管式或板式杀菌器,杀菌条件为86～94℃,24s或80～85℃,15s,后者采用UHT灭菌机,杀菌条件为125～150℃,12s。HTST杀菌法或UHT瞬间灭菌法可以减少蛋白质的热变性,从而有利于提高乳粉的溶解性能。

2. 加糖

生产加糖乳粉或配方乳粉时需加糖。加糖方式有:①预热时加糖。②将蔗糖粉碎后于包装前混合。③预热时先添加一部分蔗糖,然后再于包装前混合糖粉,一般蔗糖含量在20%以下者,可采用①法或②法。因蔗糖有热熔性,在喷雾干燥塔中流动性差,容易粘壁和形成团块,蔗糖含量在20%以上时,宜采用②或③法。

3. 浓缩

乳粉生产虽然也可以不经浓缩而直接进行喷雾干燥处理,但这样势必造成乳粉生产成本的提高和产品质量的降低。喷雾干燥是利用加热空气对物料进行干燥作业的,因而热效率较低,每蒸发1kg水分,需消耗2.0～3.0kg蒸汽。而浓缩是采用蒸汽加热器加热乳液,并且是在减压条件下作业的,因而热效率高,即使是单效的盘管式真空浓缩锅,蒸发1kg水分,也仅需1.1kg蒸汽。因此先经浓缩,然后进行喷雾干燥制成乳粉,有利于提高干燥设备能力，节省能源，降低生产成本。

就产品质量而言，经浓缩后喷雾干燥的乳粉，颗粒比较粗大，具有良好的流动性、分散性、可湿性和冲溶性，乳粉的色泽也较好。并且由于真空浓缩大大降低了乳粉颗粒内部的空气含量，颗粒致密坚实，不仅有利于乳粉的保藏性，而且有利于包装。

基于上述原因，在乳粉生产中，原料乳杀菌后都要立即进行真空浓缩，浓缩程度一般为原料乳体积的1/4左右。

4. 喷雾干燥

乳粉的干燥方法很多，其中应用最广泛的是喷雾干燥。

(1) 喷雾干燥工艺流程

浓缩乳贮存→高压泵（压力喷雾）或乳泵（离心喷雾）→喷雾干燥→出粉→冷却→筛粉→贮粉。

首先将经过滤器过滤的空气，由鼓风机送入加热器，加热至130~180℃后，送入喷雾干燥塔，与此同时，温度为45~50℃的浓乳，经雾化器雾化成10~200μm的乳滴液。在与热空气接触的瞬间，微细的乳滴液干燥成粉末，沉降在干燥塔底部，并通过出粉装置连续卸出，经冷却、过筛后进行贮存。

鼓入干燥塔的热风温度虽然很高，但由于雾化后大量微细乳滴中的水分在瞬间被蒸发除去，汽化潜热很大，因此乳滴乃至乳粉颗粒受热温度不会超过60℃，蛋白质也不会因受热而明显变性，所得乳粉复水后，其风味、色泽、溶解度与鲜乳也大体相似。

(2) 喷雾干燥装置

通常压力喷雾使用并流卧式或立式干燥机，离心喷雾只能使用立式干燥机。近年来，考虑到节能和改善产品特性等各种因素，使用了二段干燥机、直通速溶系统干燥机和多段干燥机。几段或多段干燥机在干燥过程的初期，即恒速干燥阶段，通过热空气将乳滴中的绝大部分水分瞬间除去。当水分降至5%~8%时，由干燥塔卸出，进入流化床，即进入干燥后期减速干燥阶段。乳粉在流化床上停留的时间较长，直到达到水分要求为止。

(3) 喷雾干燥工艺条件

喷雾干燥工艺条件，因喷雾干燥方法、设备、乳粉品质而异。

5. 冷却与筛粉

干燥后的乳粉应及时冷却。冷却最好采用流化床进行，空气经冷却处理后吹入，可使粉温达18℃。另外，流化床可将细粉分离，送入喷雾干燥塔，与刚雾化的乳滴接触，形成较大的乳粉团粒。无流化床设备时，可将乳粉收集于粉箱中，过夜冷却。冷却后的乳粉，过20~30目筛后即可包装。如果采用充氮包装，也可以省略冷却这一环节。这种乳粉中氧气存留量少，有利于乳粉的保存。

6. 包装

全脂乳粉最好采用马口铁罐真空充氮包装，即将乳粉称量、装罐、预封后送入回转式自动真空、充氮封罐机内,在真空度 83.99~85.32kPa 下,通入纯度为 99% 的氮气。达到 6.8~20.58kPa 的压力后,进行封罐。真空充氮包装的乳粉,保质期可达 2 年以上。

包装间最好配置空气调温调湿装置,使室温保持在 20~25℃,相对湿度保持在 75% 以下。

二、乳粉的质量控制

1. 乳粉的物理性质

(1) 乳粉的颗粒大小与形状

乳粉颗粒大小与形状随制造方法、操作条件而异。一般滚筒法生产的乳粉,其颗粒为厚度 8~20μm 的不规则片状,并且不含气泡。喷雾法生产的乳粉,其颗粒为直径 10~20μm 的球状,内含一个或几个气泡。压力喷雾乳粉同离心喷雾乳粉相比,则前者颗粒小、气泡小、气泡数量少。通常压力喷雾全脂乳粉中空气含量为 4.0%~5.5%,离心喷雾乳粉中空气含量 13.5%~19.0%,表明脱脂乳粉中的空气含量高于全脂乳粉。

(2) 乳粉的密度

乳粉的表观密度因乳粉颗粒内部结构及颗粒大小而不同,滚筒法生产的乳粉,因呈凹凸不规则的片状,不易致密充填于容器中,因此表观密度较低。喷雾干燥乳粉颗粒呈球状,易致密充填于容器中,故表观密度较大。另外,喷雾干燥乳粉的表观密度还与压力、热空气温度、浓乳温度、浓缩程度、喷雾压力、喷嘴孔径以及离心盘的直径、转速等有关。

(3) 乳粉的吸湿性

乳粉的吸湿性很强,很容易吸收空气中的水分,吸水程度因周围空气湿度或乳粉种类而异。乳粉的吸湿性与乳粉中乳糖的存在状态有关,非晶形玻璃状态的乳糖吸湿性很强,吸湿后,蛋白质粒子彼此黏结,形成块状。乳粉中脂肪含量越多,其吸湿性越小。

乳粉暴露于大气中放置时,逐渐吸收水分直至达到平衡,这时,它既不再吸收大气中的水分,也不会失去它所吸收的水分,这种状态称为平衡湿度。

(4) 乳粉的溶解度

将乳粉与水按鲜乳含水比例复原时,应该能恢复成均一的鲜乳状态,其中蛋白质的分散及脂肪的乳化情况应与鲜乳的物理性状相同,但质量差的乳粉,并不能完全复原成鲜乳状态。为了表示这种差异,引用"溶解度"这一术语,来表示乳粉用水冲调后复原性能是否良好,所以此处溶解度只是表明乳粉复水性的一个指标,并不是真正意义上的溶解度。

影响乳粉溶解度的主要因素有原料乳的质量、乳粉制造方法、贮存条件、贮存时间等。原料乳酸度较高,蛋白质热稳定性差以及制造过程中预热、浓缩、干燥条件控制不当,制品水分含量高,且在高温、高湿条件下贮存,都会导致溶解度降低。

2. 乳粉组成成分状态

(1) 乳糖

乳糖是乳粉的主要成分,全脂乳粉中约含 38%,脱脂乳粉中约含 50%,乳清粉 70%。可以说,乳粉是在非结晶乳糖连续相中分散着蛋白质、脂肪、空气、水分等的固体物质。

新制成的乳粉中，乳糖通常呈非结晶的玻璃状态，并且α—乳糖和β—乳糖无水物保持平衡，两者的比例大致为4:6。呈玻璃状态的乳糖吸湿性很强，吸水后变成含一个分子结晶水的α—乳糖水合物。由于乳糖结晶，使乳粉颗粒表面产生很多细裂纹，这时空气很容易渗透到乳粉颗粒内部，脂肪也会逐渐渗出到颗粒表面，因而，容易引起乳粉氧化变质，所以选用合适的包装材料或进行充氮密封包装是必要的。

（2）脂肪

乳粉中的脂肪含量因乳粉的种类而异，全脂乳粉约为26%~27%，脱脂乳粉约为1.0%~1.5%，稀奶油粉约为65%~75%。乳粉中脂肪的存在状态随干燥方法和操作条件而有所差异。喷雾干燥乳粉中的脂肪呈微细球状，存在于乳粉颗粒内部，其大小均较原和乳中的脂肪球小。压力喷雾时，高压泵有一定的均质作用。喷雾干燥的乳粉脂肪球通常小些。喷雾干燥的乳粉有3%~14%的脂肪游离凝集在乳粉颗粒的边缘，滚筒干燥者则高达91%~96%，并形成大小不规则的团块，称作游离脂肪，此种脂肪含量高时，乳粉较易氧化，不耐贮藏，冲调性差。将浓缩乳均质，及时出粉并迅速冷却，密封包装，贮存在适宜的温度下可降低游离脂肪的含量。

（3）蛋白质

全脂乳粉蛋白质含量约为27%，脱脂乳粉约为37%。乳粉颗粒中蛋白质存在状态，特别是酪蛋白的存在状态，直接影响乳粉复原性的好坏。为了提高乳粉的复原性能，在乳粉加工过程中，除需选择新鲜的原料乳外，还要把原料乳的热处理降低到最低程度，以获得高溶解度的乳粉。

（4）乳粉中的水分

全脂乳粉中的水分含量一般控制在2.0%~3.0%，脱脂乳粉控制在4.0%以下。水分含量的高低直接影响乳粉的质量和保藏性。

乳粉中的水分是与酪蛋白呈结合状态存在的。水分含量过高，致使游离水增加，细菌容易繁殖，酸度容易上升，蛋白质容易变性，从而使溶解度下降。而且当保藏温度较高时，易促使乳粉褐变。水分含量过低时，乳粉易氧化变味。

3. 乳粉的保藏性

乳粉在保藏过程中，由于化学变化以及微生物和酶的作用，使品质降低，其中最常见的是风味的变化。

（1）脂肪分解臭，脂肪分解臭又称酸败臭，具有一种类似丁酸的酸性刺激臭味，系杀菌时未被破坏的脂酶水解脂肪的结果。

（2）脂肪氧化臭，脂肪氧化臭是乳粉在保藏中脂肪自动氧化，产生脂肪过氧化物的结果，具有一种酸败的气味。脂肪氧化主要是由于空气(氧)、光线、热、重金属、酶，特别是过氧化物酶等存在的结果。另外乳粉中游离脂肪的含量过高，水分含量过高或过低，贮藏温度过高等都可能促进脂肪氧化。

4. 乳粉的色泽

全脂乳粉和脱脂乳粉通常为淡黄色。使用加碱中和的原料乳,则乳粉的色泽较深,甚至呈褐色。加热温度过高,时间过长,也会引起褐变。乳粉在贮藏中色泽变深变暗,主要是由于乳粉中含水量过多和贮藏温度过高所致。

任务3 速溶乳粉

速溶乳粉具有颗粒粗大、润湿性好、分散度高,用水冲调复原时能迅速溶解、不结团,即使在冷水中也能速溶等特点。速溶乳粉的特性,是由特殊的工艺条件所决定的。生产速溶乳粉的方法有喷雾干燥法、真空薄膜法和真空泡沫干燥法,应用最广的是喷雾干燥法。

喷雾干燥法生产速溶乳粉,又有再润湿法(二段法)和直通法(一段法)之分。再润湿法是以喷雾干燥制得的乳粉为基粉,于再润湿干燥器中,通过湿空气或乳液雾滴使其附聚成团粒,再行干燥、冷却制成乳粉。直通法无须预先制成基粉,而是在喷雾干燥塔下部连接一组直通式速溶乳粉瞬间形成机,连续地在流化床中进行附聚、干燥、冷却制成乳粉。

一、全脂速溶乳粉

直通法生产全脂速溶乳粉流程,浓乳在喷雾干燥塔内干燥至水分5%~8%后,粉粒在锥形部位滚落时就相互附聚,并落入流化床。流化床般分为三个这段,由孔板隔成两层,从孔板下部分别吹入温、热、冷空气。在第一区段,潮湿的乳粉继续附聚成稳定化的团粒;在第二区段被热空气干燥到要求的成品水分含量;在第三区段将成品及时冷却、过筛,最后获得附聚良好、团粒均匀的干燥的全脂乳粉。附聚后的全脂乳粉,经检验合格后,即可喷涂卵磷脂。喷涂卵磷脂的工艺流程,贮仓中的乳粉经可调节粉量的鼓形阀,送入第一流化床。第一流化床有热空气鼓入,其作用一是将乳粉预热,便于涂布卵磷脂;二是将贮存、输送过程中从团粒上脱落的细粉吹掉,并回收。涂布卵磷脂的乳粉直接送入包装机,产品应充氮包装,罐内氧气含量不得超过20%。

全脂乳粉的脂肪含量高,乳粉颗粒或附聚团粒的外表面有许多脂肪球,颗粒表面游离脂肪增多,由于表面张力的影响在水中不易润湿和下沉,因而也就不容易溶解,经在游离脂肪表面涂布卵磷脂,利用卵磷脂的乳化特性,就可以增强乳粉颗粒的亲水性,改善了可湿性,从而提高了溶解度。

二、脱脂速溶乳粉

脱脂乳粉是以脂肪含量不超过0.1%的脱脂乳为原料制成的乳粉,其生产工艺与全脂乳粉相同。脱脂乳粉脂肪含量一般不超过1.25%,所以不易氧化,保藏性好。脱脂乳粉多作为食品工业原料,是食品工业中非常重要的蛋白质来源,但脱脂乳粉一般存在溶解性差、吸湿性大,易结块和具有焖煮味等缺陷,所以近年来脱脂速溶乳粉生产和应用更为普遍。

生产脱脂速溶乳粉所采用的方法多为再润湿法。该法首先以一般喷雾干燥法制得的脱脂乳粉作为基粉。但在基粉制造过程中，要尽量减轻乳清蛋白质变性程度，以提高制品的溶解性；尽量减缓β-乳球蛋白中—SH基的释放速度，以减少制品的焖煮味。

生产速溶乳粉的方法还有很多，可参阅相关专业书籍。

任务4 调制乳粉

调制乳粉主要是针对婴儿营养需要，在乳中添加某些必要的营养成分，经加工制成的。

初期的调制乳粉为加糖乳粉，后来发展成为模拟人乳的营养组成，通过添加或提取牛乳中的某些成分，使其组成在数量上和质量上都接近人乳，制成特殊调制乳粉，即所谓"母乳化"乳粉。母乳化乳粉又称婴儿乳粉，目前已经成为一些工业发达国家的主要乳制品品种之一。近年来，又涌现出许多具有生理调节功能和疗效作用的调制乳粉，即所谓功能性乳粉。

一、婴儿乳粉

1. 婴儿乳粉的特性

健康母乳是哺育婴儿的最佳营养供给源。如果母乳不足，或不能进行母乳喂养时，过去就用牛乳代替母乳进行人工喂养。但牛乳的营养组成毕竟与人乳有所不同，牛乳中蛋白质和灰分量比人乳多，而乳糖则较少。用牛乳喂养婴儿会发生种种营养障碍，很难满足婴儿的生长发育需要，因此，用牛乳哺育婴儿时，必须对其营养组成进行适当调整。人乳与牛乳的组成对比见表5-2。

表5-2 人乳与牛乳的组成对比

营养组成	人乳	牛乳	营养组成	人乳	牛乳
热能(KJ/100g)	272	247	钾含量(mg/100g)	48	150
水分/%	88	88.7	维生素A		
蛋白质含量/%	1.1	2.9	视黄醇含量(μg/100g)	45	27
脂质含量/%	3.5	3.2	胡萝卜素含量(μg/100g)	12	11
碳水化合物			A效价/(IU/100g)	170	110
糖质含量/%	7.2	4.5	维生素B_1含量(mg/100g)	0.01	0.03
纤维含量/%	0	0	维生素B_2含量(mg/100g)	0.03	0.15
灰分/%	0.2	0.7	维生素C含量(mg/100g)	5	0
钙含量(mg/100g)	27	100	维生素E含量(mg/100g)	0.4	0.1
磷含量(mg/100g)	14	90	烟酰胺含量(mg/100g)	0.2	0.1
铁含量(mg/100g)	0.1	0.1	胆固醇含量(mg/100g)	15	11
钠含量(mg/100g)	15	50			

2. 婴儿乳粉营养成分调整

（1）蛋白质的调整。牛乳蛋白质不仅含量比人乳高得多，而且组成与人乳差异也较大。牛乳酪蛋白与乳清蛋白的比例为 5∶1，而人乳则接近 1∶1。牛乳酪蛋白中，42% 为 α-球蛋白，而人乳酪蛋白中几乎不存在 α-球蛋白。牛乳酪蛋白胶粒直径约为 80~120nm，而人乳酪蛋白胶粒直径仅 70~80nm，两者对钙的凝集性也不相同。对于乳清蛋白质，现已确认牛乳中含有 α-乳球蛋白、β-乳球蛋白，而人乳中几乎不含 β-乳球蛋白。牛乳酪蛋白在胃酸的作用下，形成的凝块较为粗大，因而蛋白质利用率只有 81.5%，而人乳酪蛋白在胃酸的作用下形成细小的凝块，蛋白质利用率为 94.5%。因此对蛋白质加以调整是必要的。

调整蛋白质的方法，通常是添加脱盐的甜性乳清或乳清粉，使酪蛋白和乳清蛋白的比例接近人乳；或者添加酪蛋白的酸水解物，以提高酪蛋白的消化性。

（2）脂肪的调整

牛乳脂肪含量与人乳基本相同，但构成甘油醋的脂肪酸组成却不同。牛乳脂肪中饱和脂肪酸和不饱和脂肪酸的比例是 65∶35，而人乳中的比例为 1∶1。为此，可采用不饱和脂肪酸含量高的植物油调整脂肪酸的组成。

（3）碳水化合物的调整 在哺乳期，婴儿所需的碳水化合物全部由乳汁中的乳糖供给，但牛乳中的乳糖含量远低于人乳，人乳中乳糖约为蛋白质的 6.5 倍，而牛乳中乳糖仅为蛋白质的 1.5 倍。乳糖分解后可得到 1 分子的葡萄糖和 1 分子的半乳糖，而半乳糖和脂质是构成脑组织的主要成分。因此，在婴儿乳粉中要多补加一些乳糖分解物。在碱性条件下，长时间加热，则乳糖分解为半乳糖、乳果糖、异构化乳糖、塔格糖、含氮化合物和微量的乳胺化物、有机酸等，经离子交换树脂精制后，可得到乳糖分解物，将其添加于婴儿乳粉中喂养婴儿时，可促进婴儿肠道中双歧乳杆菌的生长繁殖，使婴儿粪便呈酸性、带黄色，近似母乳喂养的婴儿粪便。

此外，可添加一些滋养糖和可溶性多糖。可溶性多糖为淀粉经酸或酶分解为含 10~300 个葡萄糖分子的分解物，滋养糖为淀粉糊化后，经淀粉酶糖化，再经浓缩干燥制得的粉末状物质，主要是淀粉至单糖之间的聚合度不同的糊精。糊精易消化，并可抑制肠内细菌发酵，有防止下痢的作用。

（4）矿物质的调整

牛乳中矿物质含量相当于人乳的 3.5 倍，这会增加婴儿的肾脏负担。通常用大量添加脱盐乳清粉的办法加以稀释。但需要补加铁等微量元素，并控制 Ca/P = 1.2~2.0，K/Na = 2.88 左右为宜。

（5）维生素的调整

婴儿乳粉应充分强化维生素。特别是叶酸和维生素 C，它们对芳香族氨基酸的代谢起辅酶作用，婴儿乳粉一般添加的维生素为维生素 A、维生素 B、维生素 B_6、维生素 B_{12}、叶酸、维生素C、维生素D、维生素E等。维生素E的添加量以控制维生素E(mg)和多不饱和脂肪酸(g)的比例大于或等于0.8为宜。

3. 婴儿乳粉生产工艺

婴儿乳粉生产工艺与一般乳粉生产工艺大体相同,在标准化后的配料阶段加入乳糖分解物、滋养糖、铁盐、胱氨酸、脂溶性维生素植物油、稳定的水溶性维生素等。

4. 婴儿乳粉的种类

婴儿乳粉的种类很多,其中以美国和德国的最为著名。

二、功能性乳粉

1. 功能性乳粉的特性

功能性乳粉除具有一般乳粉的营养功能、感觉功能外,还应具有生理调节功能,也就是乳粉中的某些成分能促进机体的消化、吸收,调整机体节律,延缓机体衰老,增强机体抗病能力,具有类似药物的疗效作用。

随着社会经济的发展、人类文明程度的提高,人们的饮食习惯发生了某些不合理的改变,特别是一些工业发达国家,高热量、高脂肪、高蛋白的膳食结构导致肥胖症、脑中风以及癌症等现代"文明病"发病率大幅度上升。即使像我国这样的发展中国家,近年来这种现代文明病也非常普遍,并有惊人的发展趋势。研究结果表明,这些现代"文明病"与人们的饮食有关。因此,功能性乳粉的研究开发,就是要以预防和治疗这些现代"文明病"为主要目标,通过调整乳中的某些营养成分,添加某些功能因子来达到调整饮食、防止疾病的目的。

◆ **知识拓展**

在10种首列的人类致死因素中,有6种与饮食有关,其中心脏病、癌症、脑中风则为致死的主要因素。

2. 主要功能性材料

(1) 膳食纤维

膳食纤维是指不能为人体消化的植物多糖,诸如纤维素、半纤维素、果胶物质、植物胶质等,以及不属于多糖化合物的多聚物木质素。膳食纤维可以降低血清中胆固醇的含量,预防心、脑血管性疾患的发生;降低脂肪在消化道中的吸收率少防止肥胖症的发生;控制胰岛素的分泌,对糖尿病有一定的预防作用;影响肠道菌群及其代谢,提高机体免疫功能;防止便秘,预防结肠癌的发生等。

(2) 低聚糖 低聚糖是指由2~10个单糖构成的糖类,相对分子质量约为300~2000。目前已工业化生产的低聚糖类主要有:异构化乳糖、异麦芽糖、低聚果糖、低聚半乳糖等。这些低聚糖类具有降低血清胆固醇含量、防止龋齿及作为双歧杆菌增殖因子的功能。

(3) 糖醇

在国外已广泛用于配方食品的糖醇主要有:山梨糖醇、甘露糖醇、麦芽糖醇等,其功能为热值低，具有防止肥胖、预防龋齿的作用。

（4）多不饱和脂肪酸

其中较重要的是二十碳五烯酸（EPA）、二十二碳六烯酸（DHA）、十八碳二烯酸（亚油酸）和十八碳三烯酸（α-亚麻酸，γ-亚麻酸），EPA 和 DHA 有降血脂、降胆固醇、降低血压、抑制血小板凝集、防止血栓形成、增强记忆、抑制促癌物质前列腺素形成等作用。亚油酸、γ-亚麻酸、α-亚麻酸存在于植物种子中，主要有降血脂、降胆固醇的作用，α-亚麻酸还有抗乳腺癌、直肠癌的作用。

（5）肽及蛋白质

酪蛋白经胰蛋白酶水解后，可制得磷肽酪蛋白。磷肽酪蛋白可促进钙的吸收，因而可防止骨质疏松，促进骨折患者康复及幼儿骨骼和牙齿的发育。

用酪蛋白、鱼肉蛋白、玉米蛋白、大豆蛋白的酶水解物，可制得有降血压作用的活性肽，谷胱甘肽能使体内有机物与金属离子结合并排出体外，对体内氧化反应过剩产物有清除作用。谷胱甘肽过氧化物酶是一种含硒蛋白质，其抗氧化作用为维生素 E 的 500 倍，对细胞膜不仅有保护作用，同时对抗体的免疫力和杀菌力有促进作用。

（6）醇类和酚类

目前已开发的有茶多酚、谷维醇和二十八烷醇。茶多酚具有控制血压和血中胆固醇上升的功能，并有防止口臭、防止龋齿等功能。谷维醇有缓解全身疲倦、睡眠不好、耳鸣、便秘等功能。二十八烷醇有增进体力和耐久力，促进基础代谢等功能。

（7）磷脂

磷脂是构成所有生物细胞膜的基本组分，也是在消除血中胆固醇、甘油三酯等过程中起重要作用的高密度脂蛋白（HDL）的基本成分。磷脂具有保护生物膜、降低血脂，防止心血管病的作用。卵磷脂分子中的胆碱，经吸收可形成乙酰胆碱，而乙酰胆碱是传导联络大脑神经元之间的神经递质，因而磷脂有增强记忆、防治老年痴呆的作用。

（8）双歧杆菌

双歧杆菌为肠道定植菌，有抑制肠道中有害菌生长、繁殖，改善肠道微生物区系平衡，提高机体免疫机能，防止便秘和结肠癌等作用。

3. 功能性乳粉生产工艺

功能性乳粉生产工艺与婴儿乳粉生产工艺基本相同，但功能性物质的添加方法要依其性质而定。

4. 功能性乳粉的种类

功能性乳粉分为两大类，一类是供早产儿、营养失调儿、下痢儿等特殊体质儿用的特殊育儿乳粉，另一类是供治疗用的特殊乳粉。

项目六 冰淇淋

任务1 冰淇淋的种类和组成

冰淇淋,是以稀奶油为主体,添加乳与乳制品、水、砂糖、香料及稳定剂等经冻结而成的冰冻制品。冰淇淋种类很多,加之制造技术的进步,目前已能制出多姿多彩、风味各异的冰淇淋。各种冰淇淋的化学组成不同,根据国际乳品联合会((IDF)的提议,其一般组成如5-3表:

表5-3 国际乳品联合会提出的冰淇淋组成

种类	乳脂肪含量	总固体量	备注
普通冰淇淋	≧8%	≧32%	
果汁冰淇淋	≧6%	≧30%	≧果汁或果肉15%(柠檬10%)
蛋黄冰淇淋	≧8%	≧32%	≧冰蛋黄7%或同等的蛋黄粉

任务2 冰淇淋生产工艺

冰淇淋生产工艺流程:原料配合→杀菌→均质→成熟→凝冻→灌装与包装→硬化→冷藏。

一、原料配合

将制造冰淇淋的各种原料以适当比例加以混合,即为冰淇淋混合料,简称混合料。

1. 混合料的标准组成

冰淇淋的种类不同,所用原料也各不相同。通常混合料的标准组成大致如下:

脂肪	8%~14%	无脂乳固体	8%~12%
砂糖	13%~15%	总固形物	32%~38%
稳定剂	0.2%~0.5%		

2. 混合料的标准化

为使产品符合标准要求,具有稳定的产品质量,必须对混合料进行标准化。标准化计算,通常以100kg混合料为准,根据混合料的标准组成要求和所用原料的成分进行。

3. 混合料的配制

首先按配方要求准备好各种原料。先将牛乳、炼乳、稀奶油等液体原料移入牛乳消毒保温缸中,并加热,再将乳粉等粉状原料小心加入,使充分混匀。大规模生产时,可用水粉混合机将乳粉、砂糖等原料与45℃~50℃的热水混合后,送入消毒缸内。在配料中如有蛋品,宜先溶解,要留出部分水供溶解明胶或其他稳定剂用。

二、杀菌

混合料的杀菌可采用不同的杀菌方法。LTLT 保持法，一般为 68℃，30min 或 75℃，15min。HTST 杀菌法，一般为 85℃，15s。UHT 瞬间杀菌法为 135℃，1~5s。

三、均质

杀菌后的混合料经均质机进行均质处理。通常，均质温度为 60~75℃，均质、压力需视脂 2%~12% 的混合料，均质压力以 17.5~21MPa 为宜；若脂肪含量在 15% 以上，则均质压力以 7.0~14.0MPa 为宜，以防止混合料粘度增加和保护其起泡性。

四、成熟

均质后的混合料应通过板式热交换器迅速冷却至 0~4℃，然后移入成熟罐内，并在 0~4℃ 的温度下放置 4~6h 进行物理成熟，以提高混合料的黏度，增加冰淇淋的膨胀率。

五、凝冻

凝冻是冰淇淋生产中一个重要过程。混合料在强力搅拌下进行冻结，则空气呈极微细的气泡分散在混合料中。冰淇淋中 20%~40% 的水分经冻结形成微细的冰结晶。

凝冻设备有间歇式和连续式两种。间歇式凝冻机每次装料量以不超过搅拌筒容积的 1/2 为宜，混合料凝冻温度为 -2~-3℃ 搅拌时间为 10~12min。连续式凝冻机从冷冻圆筒的一端按一定比例用空气混合泵将混合料和空气输入。混合料凝冻温度为 -5~-9℃，凝冻时间为 20~30s。凝冻后，由圆筒的另一端将冰淇淋排出。

在冰淇淋的凝冻温度下，空气容易在搅拌条件下进入冰淇淋混合料中。连续凝冻机中，空气的混入是靠泵自行调节的。

冰淇淋的体积要比混合料大，体积的增加可用膨胀率来表示。冰淇淋的膨胀率，是指单位体积混合料的质量与同容积冰淇淋的质量之差除以同体积冰淇淋质量的百分比，即

$$膨胀率 = \frac{混合料质量 - 同容积冰淇淋的质量}{同容积冰淇淋的质量} \times 100\%$$

冰淇淋的膨胀率以 80%~100% 为宜，过低，则风味过浓，在口中溶解不良；过高，则呈海绵状，气泡大，保形性和保存不佳，在口中溶解快，而且风味平淡。

六、灌装与包装

凝冻后的冰淇淋，装入容器不经硬化者，称为软质冰淇淋。装入容器并经硬化者，称为硬质冰淇淋。

冰淇淋灌装采用连续冰淇淋灌装机进行。包装容器多用涂蜡纸杯或塑料容器。也有的灌装机直接将凝冻好的冰淇淋灌入食品模具中，经硬化脱模后，再用复合薄膜在包袋机上进行包装。

七、硬化

由凝冻机放出的冰淇淋呈半冻结状态，组织柔软，有一定流动性。灌入包装容器或金

属模具中,在-25~-40℃的条件下进行速冻,使保持适当硬度,此过程称为硬化。硬化时间一般以容器中心温度达-17℃或-17.8℃以下为准。因此,硬化所需时间应因容器大小而异。杯装冰淇淋硬化时间以20min为宜。

八、冷藏

硬化后的冰淇淋,通常移于冷藏库中冷藏。冷藏温度以-20℃为宜,切不可高于-18℃。否则,冰淇淋中的部分冰结晶将溶化,此时即使温度再予降低,由于重结晶的原因也会造成质地粗糙。而且温度忽高忽低,也会促进乳糖结晶,形成砂状组织。

任务3 冰淇淋的质量控制

1. 风味

冰淇淋的风味较其他乳制品复杂。要获得风味良好的冰淇淋,最重要的是使用优质的原材料。使用酸度较高的牛乳、稀奶油、炼乳,或混合料杀菌不充分以及在冻结之前放置太久,会造成细菌繁殖,因而形成冰淇淋的酸败味。牛乳若带有不清洁味、饲料味、脂肪氧化味或脂肪分解味,以及炼乳、乳粉因加热过度造成的焦臭味等,也是造成冰淇淋风味劣化的直接原因。另外,甜味料、香味料使用不当,也会对冰淇淋的风味产生不良影响。

2. 组织状态

冰淇淋的微细结构是由固相、液相、气相构成的。即直径约150μm的气泡和气泡间所含直径约50μm的冰结晶分散于液相中。直径2μm以下的脂肪球、乳糖结晶、蛋白粒子、不溶性盐类等,也以固体的形式分布于液相中。而稳定剂的存在,使分散状态更均匀,细腻,从而制品更具有良好的适口性、保形性和融解性。

影响组织状态的主要因素有混合原料的组成及生产工艺条件。混合料配合不当、均质压力不当、凝冻缓慢、凝冻机刮刀刀口较钝、进入凝冻机的混合料温度过高、硬化速冻缓慢、冷藏温度忽高忽低等,均可能使冰淇淋产生组织粗糙的缺陷。

3. 形体

形体主要是指保形性。提高总固形物的含量和稳定剂的用量,或降低制品的膨胀率有利于提高冰淇淋的保形性。但保形性过强则制品溶化缓慢,并且口感过于黏稠。降低总固形物的含量和稳定剂的用量,或不适当提高制品膨胀率,则形体脆弱,保形性较差。非脂乳固体含量和糖的含量过高,或者膨胀率过低,则制品呈潮湿性形体。混合料酸度太高或钙盐含量过高,使蛋白质稳定性降低。混合料黏度太低、膨胀率调整不当、有较大的空气气泡分散在混合料中,则冰淇淋溶化后会形成细小凝块以及产生泡沫现象。

4. 收缩

冰淇淋的收缩现象是一个重要的工艺问题。其主要原因是:

(1)膨胀率过高,冰淇淋膨胀率过高,则相对地降低了固体和液体的组分,从而降低了冰淇淋的黏度。当冰淇淋由硬化室移入冷藏库时,由于温度上升,使原本较外界空气压力大的冰淇淋内部的气泡压力进一步加大,因而使冰淇淋中的气体,特别是接近冰淇淋表面的气泡加大。

②蛋白质稳定性差,由于蛋白质稳定性差,易使冰淇淋组织缺乏弹性,容易排泄出水分,引起收缩现象。

③糖含量过高,冰淇淋中的糖含量,特别是淀粉糖含量过高,则冰淇淋的冻结点降低,使冰淇淋的凝冻时间延长,从而使冰淇淋的微细结构遭到破坏,形成大量的细小的气泡、气泡越小,压力越大,因而更易逸出,使冰淇淋体积收缩。

项目八 酸乳

任务1 酸乳的概念和分类

酸乳是指以牛乳为原料,添加适量的砂糖,经巴氏杀菌后冷却,再加入纯乳酸菌发酵剂经保温发酵而制得的产品。从形态上看,酸乳有凝固型酸乳和搅拌型酸乳,每一类又可添加水果、香料、色素等做成各种风味的酸乳。搅拌型酸乳可进一步加工制成冷冻酸乳、浓缩或干燥酸乳等。

根据所用微生物种类及发酵作用的特点,可将发酵乳分为两大类,即乳酸发酵作用为主的酸性发酵乳和酒精发酵作用为主的醇性发酵乳。酸性发酵乳简称酸乳,主要是利用乳酸菌进行乳酸发酵,分解乳糖产生乳酸,并赋予酸乳独特风味;醇性发酵乳一般利用乳酸菌和酵母菌进行共酵,其代谢产物既有乳酸又有乙醇,具有显著的乙醇风味,故统称为醇性发酵乳或酒精发酵乳,亦称乳酒。除发酵乳外,还有一些用食用级柠檬酸等配制而成的酸化乳。发酵乳的分类见表5-4

表5-4 发酵乳的分类

种类	名称	原产地	主要原料
酸性发酵乳(酸乳,广义的)	酵乳	保加利亚	牛乳、脱脂乳、蔗糖
	发酵乳酪	美国	酪乳或脱脂乳
	嗜酸菌乳	德国	牛乳
		德国	牛乳
	双歧杆菌乳保加利	保加利亚	脱脂乳或酪乳
	亚乳冰岛酸乳	冰岛	脱脂乳
醇性发酵乳(乳酒)	牛乳酒	高加索	牛乳、山羊奶、绵羊奶
	马奶酒	中亚	马奶、牛乳
	蒙古乳酒	蒙古	牛乳、脱脂乳
配制酸乳	加糖酸乳饮料	日本	脱脂乳、蔗糖、酸

任务2　发酵剂

发酵剂系指为制作酸乳调制的特定的微生物的培养物。在制作酸乳之前，必须首先调制发酵剂，而且发酵剂的优劣与产品质量的好坏有极为密切的关系。因此，调制发酵剂的技术是制作酸乳的关键技术之一。

发酵剂的一般用语有菌种、母发酵剂、中间发酵剂、工作发酵剂、单一发酵剂、混合发酵剂等。菌种也就是种子，一般指试管培养物，数量为数毫升至数十毫升。母发酵剂是种子的扩大培养物，多在0.5~1.0L的三角瓶中培养。中间发酵剂又是母发酵剂的扩大培养物，一般在20L或更大的容器中培养。工作发酵剂是中间发酵剂的扩大培养物，多在小型发酵罐中制作，是用来直接制作产品的。母发酵剂、中间发酵剂和工作发酵剂又分别称为1级发酵剂、2级发酵剂和3级发酵剂。由单一菌种调制的发酵剂称作单一发酵剂，由2种或2种以上菌种调制的发酵剂称作混合发酵剂。

一、菌种的构成

1. 传统构成菌

现代酸乳发酵剂是由嗜热链球菌和保加利亚乳杆菌构成的。约古特乳杆菌产酸力太强，一般不用。酸乳是一种可追溯到公元前的古老食品，当时人们缺乏微生物知识，不了解酸乳形成的原因，直到20世纪初才确认了酸乳中乳酸菌的存在，之后人们一直采用这两种菌制作酸乳所以称其为传统构成菌。但当今采用的乳酸菌是在长期生产实践中经过多次选育产生的，与初期分离的菌株相比要优越得多。

2. 其他构成菌

根据不同的目的可往酸乳微生物相中追加其他乳酸菌，例如追加嗜酸乳杆菌、双歧杆菌或同时追加这两类菌。这样可增加这两类菌在肠道中的定植量，提高酸乳的保健作用。追加其他乳酸菌之后制作的产品是一些新型的酸乳。例如嗜酸乳杆菌酸乳、双歧杆菌酸乳、嗜酸乳杆菌 - 双歧杆菌乳、特制酸乳、阿克酸乳等。一般追加的有效菌株必须采用恰当的肠道菌株。用于追加用的乳酸菌，也可不与嗜热链球菌、保加利亚乳杆菌组合而单独作为发酵剂。为了增加产品的营养生理学价值可添加能合成维生素的特殊菌，特别是合成维生素B族的菌；为了改善产品风味，可添加双乙酸乳链球菌；为了改善产品硬度，添加能产生黏性物质的菌如链球菌的变种等。

二、菌种的特性

1. 嗜热链球菌的特性

链球菌为革兰式阳性菌，属微需氧菌群，过氧化氢阴性，是化学有机营养菌，能发酵乳糖生产乳酸，在发酵乳生产中用的链球菌主要有三种。

一是乳链球菌，包括两个亚种：乳链球菌丁二酮亚种，以前称为双乙酰链球菌；乳链球菌乳脂亚种,以前称为乳脂链球菌。

二是棉子糖链球菌。

三是嗜热链球菌,可通过在石蕊牛乳中45℃温度下培养迅速生长而加以判定,10℃不能生长,最适生长温度为45℃,能与保加利亚乳杆菌形成很好的共生关系。

(1)形态学特征

嗜热链球菌细胞呈卵圆形。无运动性,培养基和培养温度可影响其形态。嗜热链球菌在45℃乳中培养形成短链;30℃培养时,多数菌株变成双球菌;嗜热链球菌在高酸度乳中变成长链;在液体培养基中易形成链状。在还原乳中,易形成长链菌体膨胀,呈不规则状。如果乳中存在某种抗生素、药剂和杀菌剂,则该菌的形态会受到显著影响。在琼脂培养基等固休培养基上,嗜热链球菌的细胞极不规则,或者膨胀,或者呈尖状,或者呈杆状。

(2)生理学特性

嗜热链球菌最适生长温度为40~45℃,最低生长温度为20℃,最高生长温度为50℃,这些特点可以与乳链球菌区别开来。尽管这种菌名称中带有"嗜热",但在乳品工业中采用的杀菌温度下并不能生长,所以并不是一种好热性细菌。另外,好热性细菌在55℃温度下培养,可进行选择性计数,但嗜热链球菌在55℃却不能生长。嗜热链球菌对生长抑制物,特别是抗生素非常敏感。嗜热链球菌的某些菌株在乳中能形成荚膜和黏质物,荚膜和黏质物对维持发酵乳的硬度有重要作用。这种菌在合成培养基上生长不良,当从琼脂培养基往琼脂培养基上移植时,如果中间不经过牛乳培养容易消失。这种菌是典型的牛乳细菌,最适宜生长的培养基是乳。

(3)发酵性

嗜热链球菌不发酵麦芽糖,这一点和乳链球菌不同。

2.保加利亚乳杆菌的特性

(1)形态学特征

保加利亚乳杆菌无运动性。两端钝圆。细杆状,成单或成链,频繁传代易变形;在乳中,保加利亚乳杆菌生长旺盛的菌体形态主要是单杆菌或双杆菌。培养基和温度对保加利亚乳杆菌的形态影响很大,在22℃乳中培养可成为长的纤维状菌,细胞不规则;50℃培养时,细胞停止生长,继续培养,出现不规则状。

(2)生理学特性

保加利亚乳杆菌一般最适生长温度为40~43℃,最低生长温度为22℃,最高生长温度为52.5℃。嗜酸乳杆菌最适生长温度为37℃,最高为48℃,在20~22℃不生长。在乳中,如不添加酵母膏、肤或其他促进生长的物质,则嗜酸乳杆菌比保加利亚乳杆菌生长得慢。保加利亚乳杆菌不是好热性细菌,但有的菌株对75℃,20~30min 的加热有耐性,用这种菌株制作的发酵乳保存性较好。保加利亚乳杆菌对抗生素的耐性比嗜热链球菌高,不同菌株对抗生素的敏感度也不同,有的菌株在乳中能产生荚膜和黏质物。

(3) 发酵性

保加利亚乳杆菌发酵葡萄糖、果糖、乳糖,嗜酸乳杆菌还发酵麦芽糖、蔗糖、半乳糖、纤维二糖、海藻糖、甘露糖等。

3. 共生的特性

将两种微生物混合培养比分别单独培养时生长的好,这种现象称为共生。若将嗜热链球菌和保加利业乳杆菌组合起来应用,则乳的凝固时间比单一发酵剂短,而单一发酵剂必须数小时或更长时间才能凝乳。

◆知识拓展

保加利亚乳杆菌可从酪蛋白中将多种氨基酸游离出来,促进嗜热链球菌生长,使继代时间大大缩短,菌数很快增加。在开始培养第一小时后,嗜热链球菌数可达3~4倍,此后,由于受到乳酸的影响,生长减慢,保加利亚乳杆菌菌数与其逐渐接近。嗜热链球菌和保加利亚乳杆菌的最佳比率(1~21)。

在生产中由于技术原因,有时对细菌间的这种共生现象会应用得不恰当或出现错误,所以,在生产中应注意以下几点:

(1) 乳酸发酵极其旺盛时,发酵乳的酸度有上升过大的危险,因此,不必利用保加利业乳杆菌的作用促进嗜热链球菌的生长。

(2) 假设用单一菌能获得适当的酸度,则共生作用也就不必要了。

(3) 由于制作的发酵乳种类不同,应该对共生现象做不同的控制。同样,为防止在保存过程中酸度上升过大,可采用产酸缓和的发酵剂菌种。

三、发酵剂的调制

1. 液体发酵剂

只要保存期限不过长或在运输过程中的温度不高,在液体发酵剂中就存在有一定活力的酸乳菌,即使初次传代也能迅速生长。

液体发酵剂的可保存性受蓄积在培养基中酸的影响,保存的温度越高,受的影响越大。液体发酵剂调制方法可照以下步骤进行:

(1) 将脱脂乳(将泌乳中期的牛乳加以混合或用还原脱脂乳)加到专用的发酵剂灭菌三角瓶,塞上棉塞,包扎灭菌防潮纸,置于0.07MPa压力下加热7min或90~95℃,35min。

(2) 冷却到44℃。

(3) 用灭菌吸管吸取新鲜发酵剂按1.5%~2.0%比例接种到三角瓶中,可用灭菌胶塞代替棉塞,仍用灭菌防潮纸包扎好。整个接种过程要注意严格无菌操作。

(4) 摇匀。

(5) 置于42℃恒温培养箱中培养2~2.5h。

(6) 假设达到规定的酸度,立即送到2~8℃冰箱中冷藏。

(7) 培养135min后的新鲜酸乳,其滴定酸度约为87.5°T,这时嗜热链球菌与保加利亚乳杆菌之比大约是2∶1，保存8d后，二者之比是1∶1或后一种菌转为优势菌。

(8)根据情况可在2~7d内移植一次。

(9)两种菌也可调制成单一发酵剂。

2. 冷冻发酵剂。

冷冻发酵剂是将液体发酵剂加以冷冻而成。这类发酵剂的优点是在冷藏的条件下保存性非常好。使用这种发酵剂的方法按下述步骤进行：

(1)将500mL脱脂乳或还原脱脂乳加到带塞的专用三角瓶中，置0.077MPa压力下加热7min或90~95℃，35min。

(2)冷却到47℃(为加快活化，要在比通常采用的温度高2~3℃的较高温度下进行培养)。

(3)将冷冻发酵剂添加到灭菌乳中。

(4)将三角瓶允分摇动，以使固体发酵剂溶解而使菌体均匀分布在灭菌乳中。

(5)培养到凝乳(约3h)，凝乳后还可继续培养1h。

(6)完全冷却后，处理方式与液态发酵剂相同。

3. 浓缩发酵剂

这是将液态发酵剂加以离心浓缩制成的发酵剂，活性较强。

4. 浓缩冷冻发酵剂

调制这种发酵剂分三个阶段，即：

(1)将液体发酵刊中的乳酸连续进行中和，继续培养，使菌体达到一定浓度10^9~10^{10}个/mL。

(2)用离心分离法将菌体浓度再提高一步，使其增大到10^{11}个/mL左右。

(3)冷冻保存，在-70℃以下冷冻后保存6个月活性变化不大。

5. 浓缩冷冻干燥发酵剂

浓缩冷冻干燥发酵剂系将液体发酵剂离心分离冷冻干燥制成，其活性特别强，不必调制中间发酵剂，可直接用作生产发酵剂，是现阶段最先进的一类发酵剂。

四、不同组合发酵剂的优缺点

1. 混合发酵剂

这种发酵剂是将嗜热链球菌和保加利亚乳杆菌按1∶1的比例同时进行培养而调制的一类发酵剂。为了制作质量均一的产品，必须尽可能维护这两种菌的比例不变。

2. 单一发酵剂

这种发酵剂是将这两种菌分别进行培养而调制的发酵剂。这类单一发酵剂混合的方式有两种，一是在往上作发酵剂培养基接种之前进行混合，二是在往酸乳中接种之前进行混合。单一发酵剂有以下优点：(1)发酵剂的传代较易进行，容易保持两种菌的比例。(2)容易进行菌株交替，容易进行特殊菌株的导入。(3)根据所制造酸乳的种类可比较容易地调整两种菌的比例。(4)可将两种菌分别接种到酸乳中。

任务3 酸乳的生产工艺

一、凝固型酸乳

凝固型酸乳因含脂肪或含糖与否可区分为高脂酸乳(脂肪含量大于6%)、全脂酸乳(脂肪含量大于3%)、中脂酸乳(脂肪含量大于1.5%)和脱脂酸乳(脂肪含量小于0.3%)以及无糖酸乳、加糖酸乳(含糖4%~8%)。

凝固型酸乳工艺流程:原料鲜乳→净化→标准化→配料→浓缩→过滤→预热、均质、杀菌和冷却→接种→灌装→培养发酵→冷却→后熟。

1. 原料鲜乳

原料鲜乳的质量,在入厂验收时,除按规定进行密度测定和酒精试验外,还应有以下几点要求:(1)鲜乳总固形物含量不得低于11.5%,其中非脂乳固形物量不应低于85%,否则会影响发酵时蛋白质的胶凝作用。(2)不得使用含有抗生素或残留有效氯等杀菌剂的鲜乳。(3)不得使用患有乳房炎的乳牛分泌的乳。(4)不得使用不卫生牧场或受到严重污染的乳。

2. 配料

(1)加糖

将原料乳加热到50℃左右,加入砂糖,继续升温至65℃,用泵循环通过过滤器进行过滤。

(2)脱脂乳的加入

当不采用鲜乳作原料乳而采用脱脂乳制作脱脂酸乳时,脱脂乳可直接进入标准化乳罐中,按上述进行加糖处理。

3. 浓缩

浓缩就是进行固形物强化。将配料后的乳经平衡罐转入减压浓缩罐中,进行减压浓缩。一般多采用添加乳粉的方法来进行固形物强化,乳粉的添加量一般是2%。如果使用脱脂乳粉作为主要原料代替原料鲜乳和脱脂乳制作脱脂酸乳,可将脱脂乳粉与水在标准化乳罐中进行混合,制成还原脱脂乳后加糖配料。如用脱脂乳粉调制半脱脂酸乳可将全脂乳粉或稀奶油通过计量加入标准化乳罐中。

4. 预热、均质、杀菌和冷却

(1)预热。原料基液由过滤器进入杀菌器后,先经55~65℃预热,再进入均质机。

(2)均质。原料基液在均质机中于8.0~10MPa压力下均质,再返回杀菌器杀菌。

(3)杀菌和冷却。均质之后的原料基液在杀菌部和保持部加热到90℃,保持5min,然后冷却到43~45℃。此外,有的加热到85℃,保持30min,进行杀菌。还有更高效率的UHT法,135℃加热2~3s立即冷却。

5. 接种

(1)接种量

制作酸乳所采用的接种量有最低、最高和最适三种。

最低接种量是按0.5%～1.0%的比例接种。采用这种接种量的缺点是：①产酸易受到抑制。②易形成对菌种不良的生长环境。③乳酸杆菌得不到足够的生长。④产酸不稳定。

最高接种量是按5%以上的比例接种，采用这种接种量的缺点是：①因为添加了大量的发酵剂。会给最终产品的组织状态带来缺陷。②产酸过快，酸度上升过高，因而给酸乳的香味带来缺陷。③必须调制大量发酵剂。

最适接种量是按2%的比例进行接种。确定接种量的依据有：发酵时的培养时间和温度、发酵剂的产酸能力、产品的冷却速度、乳的质量。

（2）接种方法

①接种前的准备：接种之前，将发酵剂进行充分搅拌，是为了使菌体从凝乳块中游离分散出来，所以要搅拌到使凝乳完全破坏的程度；还可将发酵剂用灭菌纱布过滤，目的也是为了将凝乳充分打散，并用原料乳加以稀释或用少量灭菌水进行稀释，然后进行接种。

②发酵剂的添加：近代，制作发酵乳时是用特殊装置在密闭系统中以机械方式自动进行发酵剂的添加。当没有这类装置时，可将搅拌稀释好的发酵剂用手工方式倾入乳罐中。近年，有条件的工厂，采用直接入槽式冷冻干燥颗粒状发酵剂，只需按规定的比例将这种发酵剂撒入乳罐中，或撒入工作发酵剂乳罐中扩大培养一次，即用做工作发酵剂。

③无菌操作和添加后的处理：接种是造成酸乳受微生物污染的主要环节之一。为防止霉菌、酵母、细菌噬菌体和其他有害微生物的污染，必须施行无菌操作。特别是在不采用发酵剂自动接种设备的情况下，更是如此。应先将不锈钢乳桶中的工作发酵剂，在发酵剂室内进行充分搅拌，然后加盖移到接种乳罐，打开接种乳罐上口，将工作发酵剂通过大孔灭菌纱布倾入接种乳罐中，必要时，要用乳罐中的原料基液多次冲洗灭菌纱布中的工作发酵剂，使其全部流入乳罐中。这种敞口式的操作，容易造成霉菌污染。发酵剂加入后，要充分搅拌10min，使菌体能与杀菌冷却乳完全均匀混合。还要保持乳温，特别是对非连续灌装工艺或采用效率较低的灌装手段时，灌装时间较长，保温就更加重要。对全部连续化生产工艺，在接种时要两个罐轮流交替使用，以保持接种和灌装的连续化作业。

6. 灌装

酸乳容器有瓷瓶、玻璃瓶、塑料杯和纸质杯。灌装和加盖可用手动、半自动和全自动灌装机进行，要尽量降低顶隙。充填环境应接近无菌状态。充填工序的时间要尽量缩短，防止温度下降，使培养时间延长。

7. 发酵

发酵温度一般采用41℃～42℃，全部发酵时间一般是3h左右，发酵终点的时间范围比较窄，它是指从接近发酵终点起到开始超过发酵终点止的这段时间。如果发酵终点确定得过早，则酸乳组织软嫩，风味也差；过晚则酸度高，乳清析出过多，风味也差。因此如何判定发酵过程的终点，是制作凝固型酸乳的关键性技术之一，在生产过程中除由经验丰富

的专人负责外,可由以下方法判定发酵终点:

(1)抽样测定酸乳的酸度,一般酸度达到65~70°T,即可终止培养。

(2)控制好酸乳进入发酵室的时间,在同等的生产条件下,以前面几班发酵讨间为准。

(3)抽样及时观察,打开瓶盖,缓慢倾斜瓶身,观察酸乳的流动性和组织状态,如流动性变差且有细小颗粒出现,可终止发酵,如尚不够可延长培养时间。

(4)详细记录每批的发酵时间、发酵温度等,以供下批判定发酵终点的参考。

(5)在生产过程中为监视发酵过程。可每隔半小时抽查一次pH、滴定酸度,并进行肌酸试验和乙醛试验。

8.冷却

冷却的目的是迅速而有效地抑制酸乳中乳酸菌的生长,降低酶的活性,防止产酸过度;使酸乳逐渐凝固成白玉般的组织状态;降低和稳定酸乳脂肪上浮和乳清析出的速度;延长酸乳的保存期限;使酸乳产生一种食后清凉可口的味感。

冷却的方法有直接冷却和预冷却两种。直接冷却法是发酵终点一到,立即进行冷却,可转移到冷却室,也可将保温室转为冷却室。当酸乳冷却到10℃左右转入冷库,在品温2~7℃进行冷藏后熟。如果在终止培养时,酸乳酸度已经偏高,应从培养室直接转入冷库,以缩短冷却时间。

预冷却也叫二段培养法,是为了保持良好的组织状态而采取的一种措施。一直处在高温培养下的凝乳,其收缩力增强,因而变硬。为此,采取在高温下培养,pH降低到5.20~5.30,而后降温至35~38℃继续培养,一直培养到pH降低到4.7(pH4.7是必须进行冷却的下限值)。这样虽然整个培养时间稍有延长,但对产品的组织状态、风味都是有益的,并且降低了冷却的起始温度。

9.后熟

在2~7℃下冷藏,可以促进香味物质的产生,改善酸乳的硬度。产生香味物质的高峰期一般是在制作完成之后的第4 h。特别是酸乳的良好风味是多种风味物质相互平衡的结果,一般12~24h完成。影响后熟的主要因素有开始冷却的pH,进行冷却的技术手段和发酵剂的活性等。

二、搅拌型酸乳

1.搅拌型酸乳,是指在加工工艺上具有以下特点的产品,即经过处理的原料乳接种了发酵剂之后,先在发酵罐中发酵至凝乳,再降温搅拌破乳、冷却,分装到销售用小容器中,即为成品。因为这类产品是在灌装前进行发酵,所以属于前发酵型,又因为这类产品经过搅拌成了粥糊状,黏度较大,呈半流动状态,所以又称为软酸乳或液体酸乳。

2.搅拌型酸乳的生产工艺流程:脱脂乳→加热→混合→均质→杀菌→冷却→培养发酵→破碎凝乳→充填容器→冷却→产品→冷藏。

3.破乳

(1) 破乳的理论

破乳是一个物理过程，但同时也发生了一定程度的化学变化。在搅拌型酸乳中，凝乳粒子的直径是 0.01~0.4mm，而经过均质的酸乳的凝乳粒子直径都在 0.01mm 以下。

如果对凝乳施加的机械应力过于激烈，不仅可降低酸乳的黏度，而且会出现分层现象。分层是由于混入了空气而引起的，混入空气又是由于搅拌过度或输送不当造成的。当出现分层时，上层是凝乳微粒、脂肪和空气，下层是分离出的乳清和气泡。如果对凝乳搅拌得当，不仅不会出现乳清分离和分层现象，而且凝乳变得很稳定，其保水性大大增强。凝乳的保水能力是由凝乳微粒的表面积与凝乳微粒的重力之比决定的，这个比值越高，黏度越大。

水在凝固型酸乳和搅拌型酸乳中存在的状态是不一样的，变性乳清蛋白在凝固型酸乳和搅拌型酸乳中的作用也是不一样的。在凝固型酸乳中，原来存在于牛乳中的酪蛋白，当凝乳形成时都变成了凝胶状。原来在牛乳中与酪蛋白成水合状态存在的水从酪蛋白粒子中游离出来，存在于由酪蛋白凝聚形成的网状结构中。

当产酸过度、凝乳受到震动或凝乳收缩力增强时，水就从网状结构中析出，造成所谓乳清析出现象。受热变性的乳清蛋白具有膨润化作用，可使蛋白质网状结构中的水保持稳定作用。但是在搅拌型酸乳中情况就不同。凝乳受到搅拌作用之后，网状结构中的水分跑出来，出现乳清分离现象。也是由于搅拌的作用，使酸乳发生了相转换现象，也就是说，原来是凝胶中分散着水，搅拌之后，变成了水中分散着凝胶。由于相转换现象的发生和微细凝胶分子的存在，使酸乳的黏度大大增加，并且非常稳定，在这种情况下，乳清蛋白对酸乳的稳定性不起什么作用。

2. 破乳方法

搅拌法是破乳最常用的方法，其中包括机械搅拌和手工搅拌。手工搅拌只用于小批量生产。机械搅拌采用宽叶轮搅拌机，也可使用锚式搅拌机或涡轮搅拌机。宽叶轮搅拌机有大的表面积，每分钟缓慢地转动 1~2 次，搅动 4~8min。搅拌机的操作可以控制为除低速短时间做缓慢的搅拌外，还可采用具有一定时间间隔的搅拌方法以获得均匀的搅拌凝乳。

搅拌后凝乳的均一性可用肉眼直接观察，而大部分凝乳颗粒只能在显微镜下才可看到，用肉眼直接看到的仅仅是少部分。搅拌程度适宜的象征是存在大量肉眼不可见的凝胶粒子，同时又存在少量肉眼可见的凝乳片。

3. 影响搅拌型酸乳增稠的因素

机械处理后，随着黏度的增加凝乳变得比较稠，这种现象称作搅拌型酸乳的增稠。适当的粘稠度是反映搅拌型酸乳成品质量的重要物理指标和感官指标。通过合理的工艺管理提高成品的黏稠度，会赋予成品良好的稠厚圆滑的外观和细腻纯正的风味，从而增加消费者购物的需求感。因此，控制好影响搅拌型酸乳增稠的因素是该产品加工管理的重要内容。

(1) 乳固体和非乳固体含量

乳固体含量特别是非乳固体含量对成品的黏稠度有明显的影响。因为蛋白质和乳糖的增加有利于酸乳的水合作用，可增进酸乳的黏稠度。黏稠度良好的酸乳其非乳固体的含量不得低于8.5%。但当乳固体含量继续增加，达到13.0%时，酸乳的粘稠度并无显著增加。因此，从降低成本来看，增加乳固体含量并不是提高酸乳稠度的好措施。

（2）原料乳均质

全脂或部分脱脂原料乳经过均质处理，除起到通常细化乳脂肪球、防止脂肪上浮、避免分层现象的作用外，还有增加蛋白质水合能力的作用，因此对酸乳的稳定性和增稠有显著的促进作用。

（3）原料乳加热处理

原料乳的热处理条件是影响酸乳粘稠度的重要因素。最佳条件90~95℃，5min，经过这样处理的原料乳酪蛋白在酸乳中可完全凝固，乳清蛋白因充分受热而完全变性。

（4）搅拌

搅拌型酸乳凝乳颗粒的大小与增稠的关系很密切，较大的凝乳颗粒对增稠有显著促进作用，较小的凝乳颗粒和将酸乳结构完全破坏的颗粒（如发酵后在均质）对增稠无作用。一般而言，搅拌的速度要慢，强度要中等或弱，时间要短（4min），pH要低（4.3~4.4），温度要低（≤40℃）。

（5）菌种特性的影响

某些嗜热链球菌或保加利亚乳杆菌菌株可产生黏质物，这些粘质物是由阿拉伯糖、甘露糖、葡萄糖和半乳糖构成的黏质多糖。单从粘度这一角度看，能产生大量黏质物的乳酸菌应该是优良菌株，但若片面追求产品的高黏稠度，容易破坏正常酸乳应有的组织状态与滑爽圆润的口感，特别是当用羹匙挑起来出现枯丝时，食用者会产生不愉快的感觉。出现这种现象后，可对菌种进行多次传代培养，菌株的黏质物产生能力可因此而下降待达到符合要求时再行应用即可。相反，当所用菌株黏质物产生能力过低时，可采用低温培养方法传代，这样可提高其产生黏质物的能力。

项目八　奶油

任务1　奶油的种类

奶油的种类因制造方法不同，有甜性奶油、酸性奶油、重制奶油、脱水奶油、连续式机制奶油，此外，还可调制出各种花色奶油，如巧克力奶油、含糖奶油、含蜜奶油、果汁奶油等，还有含乳脂肪30%的发泡奶油，掼奶油，加糖或加色的各种稠液状稀奶油等。奶油的主要种类见表5-5。

表5-5 奶油的主要种类

种类	特征
甜性奶油	以杀菌后的甜性稀奶油制成,分为加盐和不加盐的,具有特有的乳香味,含乳脂肪80%~85%
酸性奶油	以杀菌后的稀奶油为原料,用纯乳酸菌发酵剂发酵后加工制成,有加盐和不加盐,具有微酸和较浓的乳香味,含乳脂肪80%~85%
重制奶油	用稀奶油或甜性、酸性奶油,经过熔融,出去蛋白质和水分而制成,具有特有的脂香味,含乳脂肪98%以上
脱水奶油	杀菌的稀奶油制成奶油粒后经熔化,用分离机脱水和脱蛋白,再经过真空浓缩而制成,含乳脂肪高达99.9%
连续式机制奶油	用杀菌的甜性或酸性稀奶油,在连续式操作制造机内部加工制成,其水分及蛋白质含量有的比甜性奶油高,乳香味较好

任务2 甜性和酸性奶油的生产

甜性和酸性奶油的生产工艺流程:原料乳→分离→稀奶油→杀菌→发酵→成熟→加色素→搅拌→排除酪乳→奶油粒→洗涤→加盐→压炼→包装。

一、稀奶油的分离

工业上的稀奶油的分离使用离心式牛乳分离机。稀奶油与脱脂乳分离不够彻底时,在脱脂乳里残留的脂肪多,因而影响奶油回收率,分离时稀奶油过稀则影响脱脂乳的产量。因此,稀奶油分离时要注意以下因素:

1. 一般分离机的分离钵,直径越大分离效果越好,但这也与分离机的质量有关。

2. 分离机的转速越高,分离效率越好。但实际进行分离时,其转速不要超过各种分离机设计所规定的转速。

3. 分离时,进乳量要掌握在比分离机所规定的流量稍低些为宜。一般稀奶油与脱脂乳的比例为1:10到1:11较合适,稀奶油的含脂率应为35%~45%。

4. 分离时乳要加温到35~40℃,冬季可适当提高此温度。这是为了降低乳的稠度,以利于分离。

5. 乳要保证清洁,一般新鲜而清洁的乳分离1.5~2h后要停机将分离钵体清洗一次。

二、稀奶油的杀菌

杀菌有两个目的,一是杀灭稀奶油中的病原菌及其他有害菌,二是破坏脂肪酶。杀菌方式在大型工厂采用板式热交换器或超高温瞬间杀菌冷却装置,板式高温杀菌装置要求奶的温度要达到94~98℃。如小型生产,可用保温缸加热或将装稀奶油的奶桶放到热水槽内,使温度达到85~90℃,保持15min,加热过程要进行搅拌。

当稀奶油进行杀菌时，必须考虑到它的酸度。因为酸度较高的稀奶油在加热时，其中所含的蛋白质会凝固。稀奶油的酸度实际上都表现在非脂乳浆部分，所以当测得几份稀奶油的酸度一样，而其含脂率不同时，则含脂率越高，其乳浆的酸度也越高。因而这几份稀奶油虽然只有相同的酸度，含脂率较高的，在杀菌时会起凝固现象，含脂率低的就不会起凝固现象。这也就是说含脂率越高，要求它的酸度必须越低。

三、稀奶油的发酵

生产甜性奶油时，则不经过发酵过程，在稀奶油杀菌后立即进行冷却和物理成熟。生产酸性奶油时，需经发酵过程。有的先进行物理成熟，然后再进行发酵，但是一般都是先进行发酵，然后才进行物理成熟。

1. 发酵的目的

加入专门的乳酸菌发酵剂可产生乳酸，故在某种程度上起到抑制腐败性细菌繁殖的作用，可提高奶油的稳定性；同时，在发酵中产生特殊的风味，但有些人群并不太喜欢酸性奶油的风味。

2. 发酵用菌种

生产酸性奶油用的纯发酵剂是产生乳酸和产生芳香风味的菌类之混合菌种。一般选用的菌种有下列几种：乳链球菌、乳脂链球菌、噬柠檬酸链球菌、副噬柠檬酸链球菌、丁二酮乳链球菌（弱还原型）、丁二酮乳链球菌（强还原型）。实际制发酵剂时，往往是三四种菌的混合菌种。

四、稀奶油的物理成熟

经过杀菌的稀奶油或者发酵的稀奶油必须进行冷却，在低温下经过一段时间的物理成熟。物理成熟温度必须采取比液态状脂肪的凝固温度（17℃～26℃）更低，这是为了使乳脂肪中的大部分甘油酯由乳状液状态转变为结晶的固体状态，以利于下一步的加工。成熟时的温度越低，则脂肪结晶越快，成熟所需的时间也越短。

五、稀奶油的搅拌和洗涤

稀奶油搅拌是奶油制造中的一个重要工序，其目的是使脂肪球互相聚结而形成奶油粒，同时分出酪乳。此过程要求在较短时间内奶油粒形成彻底，在酪乳中残留的脂肪越少越好。为达到此目的，需注意如下因素：

1. 稀奶油的脂肪含量

稀奶油中含脂率的高低决定着脂肪球间的距离。稀奶油中含脂率越高则脂肪球间距离越近，形成奶油粒也越快。但如稀奶油含脂率过高，搅拌时形成奶油粒过快，小的脂肪球来不及形成脂肪粒，因而排除的酪乳中脂肪含量增高。一般稀奶油搅拌最适宜的含脂率为30%～40%。

2. 物理成熟的程度

良好的稀奶油在搅拌时产生很多的泡沫，有利于奶油粒的形成，使排除的酪乳中含有的脂肪大大减少。

3. 搅拌时最初的温度

奶油搅拌时适宜的最初温度是:夏季8～10℃,冬季11～14℃。如比适宜温度过高或过低时,均会延长搅拌时间,且脂肪的损失增多。稀奶油搅拌时温度在30℃以上,或5℃以下,则不能形成奶油粒,必须调整到适宜的温度进行搅拌才能形成奶油粒。

4. 搅拌机中稀奶油的装满程度

搅拌时,如搅拌机,装量过多或过少,均会延长搅拌时间。一般小型手摇搅拌机要装入其容积的30%～35%。大型电动搅拌机装50%为适宜,如果稀奶油装入过多,则因形成泡沫困难而延长搅拌时间,但最少不得低于容积的20%。在搅拌期间,经羟丁酮即有大部分被氧化变为丁二酮。搅拌完毕后放出酪乳,进行洗涤,洗涤水以用经过煮沸杀菌冷却的清水为宜,如用灭菌蒸馏水则更佳。一般洗涤两次已足够。经过洗涤可将奶油粒中附着的残余酪乳除去,因酪乳中含有蛋白质及乳糖,易于微生物的生长。

六、奶油的加盐及压炼

1. 加盐

酸性奶油一般不加盐,甜性奶油有的地区喜欢加盐。加盐是为了增加风味并抑制微生物繁殖,提高其保存性。加盐量一般不超过奶油总量的2%,所用的盐要符合国家特级或一级精盐标准。

2. 压炼

奶油进行压炼是为了调节水分含量,并使水滴及盐分布均匀,奶油粒变为组织细密一致的奶油大团。奶油压炼方法有搅拌机内压炼和机外专用压炼机压炼两种。压炼完成后含水量要在16%以下。水滴必须达到极微小的分散状态,奶油切面上不允许有流出的水滴。

七、奶油的包装与防腐

1. 包装

成品奶油一般根据其用途可分为餐桌用奶油、烹调用奶油和食品工业用奶油。餐桌用奶油是用以直接涂抹面包食用的奶油。这种奶油成品都要小包装,且必须是优质的,一般用塑料小盒或铝箔夹层纸等包装材料进行包装,也有的是用小型马口铁罐真空密封包装。烹调用奶油一般用较大型的马口铁罐头包装。食品工业用奶油则一般多用更大型的马口铁罐或木桶包装。包装操作应注意保持卫生,切勿以手接触奶油,要使用消毒的专用工具,包装时切勿留有间隙。

2. 防腐

为了提高奶油的保藏性,可在压炼完了后,包装之前添加一些允许的、无害的抗氧化剂。抗氧化剂的添加可在奶油压炼时,或喷涂于包装纸上;引起奶油变质的因素,除了氧化作用外,霉菌的侵袭也会造成奶油腐败,添加微量无害的防霉剂可防奶油生霉变质。

任务3　奶油的贮藏与运输

成品奶油包装后须立即送入冷库内冷冻贮藏,冷冻速度越快越好。一般在－15℃以下冷冻和贮藏,如需长期保藏时须在－23℃以下;奶油出冷库后在常温下放置时间越短越好,在10℃左右条件放置最好不超过10d。

奶油的另一个特点是较易吸收其他气味,所以贮藏时应注意不得与有异味的物品贮放在一起。奶油运输时应注意保持低温,以用冷藏汽车或冷藏火车等运输为好。如常温运输,成品奶油达用货部门时的温度不得超过12℃。

任务4 奶油的质量缺陷及其原因

奶油在生产或贮藏过程中出现的主要缺陷及其主要原因如表5-6所示。

表5-6 奶油质量缺陷及其主要原因

缺 陷	主要原因
水分过多	稀奶油物理成熟不足,搅拌时间过长,搅拌机中注入的稀奶油过少,搅拌温度及洗涤水温度过高,压炼时洗涤水未放净,重制和脱水时脱水不够等
有异味	除酸性奶油味酸味是由于原料酸度过高或奶油贮藏过程中发酵而致,其他异味是由于使用有异味的器具、水以及由其他污染而造成,氧化臭味是由于奶油贮藏温度高、时间长等原因使油脂氧化而产生氢过氧化物而造成
组织状态不均匀,有条纹	稀奶油发酵成熟不稳定,加盐不均匀,压炼不充分,使用质量不好的盐等
油腻	稀奶油在物理成熟阶段中冷却不足,使用了未经发酵成熟的稀奶油,搅拌温度过高,洗涤水温度过高,压炼过度,压炼温度过高等
黏稠	使用了患乳房炎的牛乳,使用了初乳和胎乳,乳牛饲料中给予多汁根茎饲料过多,搅拌过程中忽略了放出气体以致稀奶油中产生泡沫过多,搅拌过程中向搅拌机注入稀奶油过多,稀奶油过稠,含脂肪过高,搅拌温度过低,搅拌开始时过快,混入了碱或肥皂等
色泽发白或有斑点	有些地区奶油到冬季色发白是因奶牛缺乏青饲料所致,有浅或深色的斑点是由于稀奶油中的蛋白质凝固析出或没有及时包装而奶油表面被氧化,以及大包装的奶油隔一段时期后改为小包装所致,在贮藏过程中奶油表面出现黑、绿或红色斑点是因贮藏温度高而受霉菌污染所致
菌数过多	稀奶油杀菌不彻底,操作者或车间器具及水卫生不好,生产出的成品未及时冷冻贮藏或者出冷库后在常温下放置时间长等

项目九　干酪

任务1　干酪概述

干酪是在乳(或脱脂乳、稀奶油)中加入适量的发酵剂和凝乳酶,使蛋白质凝固后,排除乳清,将凝块压成块状而制成的产品。制成后未经发酵的称新鲜干酪,经长时间发酵成熟而制成的产品称成熟干酪,这两种产品统称天然干酪。干酪的营养价值很高,其中除含有丰富的蛋白质、脂肪和盐类外,还含有维生素及微量元素等。

干酪大体上可分成三大类,即天然干酪、融化干和干酪食品。天然干酪的种类很多,有800种以上,又分为软质干酪、半硬质干酪、硬质干酪和特硬质干酪。软质干酪又分为新鲜的和成熟的,硬质干酪又分为实心的和有气孔的等等。

任务2　发酵剂

各种干酪的风味不同,主要是由于使用了不同的菌种。发酵剂可分为细菌发酵剂与霉菌发酵剂两大类。各种干酪选择特定的菌种,在干酪制造技术上特别重要。即或同一菌种,由于菌的系统不同,它的机能也各异。细菌发酵剂主要以乳酸菌为主体,几乎所有的干酪发酵剂在制造上主要应用的目的在于生酸。乳酸菌发酵剂可区分为两种细菌,一种主要是发酵乳糖变为乳酸,另一种是发酵柠檬酸变为种种化合物。制造干酪时,乳酸发酵的目的,是促进凝乳酶作用形成凝块,使凝块收缩容易排除乳清,在制造中及成熟时防止有害微生物的污染,使制品的形体及组织状态良好,并且在成熟过程中调节适于酶作用的酸度,更由于菌体内外的酶作用分解酪蛋白、脂肪等,使干酪成熟产生风味。

现在制造干酪广泛使用的乳酸菌有乳酪链球菌、嗜热链球菌、双乙酸球菌、蚀橙明串珠菌等球菌,以及保加利亚乳杆菌、瑞士乳杆菌,干酪乳杆菌,嗜酸乳杆菌等杆菌。球菌一般用作生酸及产生风味,杆菌在特殊高温加热过程中或与球菌一起产生不同风味的干酪制造中使用。霉菌发酵剂使用脂肪分解能力强的卡门培尔干酪青霉、干酪青霉、娄地青霉等。霉菌发酵剂由于制造法不同,接种的方法亦各异,从而发酵剂的培养法也不同。

任务3　凝乳酶

制造干酪,很早以来使用仔牛第四胃的皱胃酶凝固牛乳。皱胃酶有液体、粉末及片剂之分,其代用品有动物性、植物性及微生物的凝乳酶。近年来研究使用皱胃酶,特别是微生物的凝乳酶增多。

1. 皱胃酶

皱胃酶的等电点为 pH4.45~4.65。皱胃酶作用的最适 pH 为 4.8 左右,凝固的适温为

40~41℃。皱胃酶受弱碱(pH9)、强酸、热、超声波的作用而失活。制造干酪时的凝固温度通常为30~35℃，20~40min。如果加过量的皱胃酶，温度上升或延长时间，则凝固变硬。20℃以下或50℃以上则活性减弱。

(1)皱胃酶的活力测定

皱胃酶的活力单位，是指皱胃酶在35℃温度下，使牛乳40min凝固，能凝固的牛乳的倍数。液体皱胃酶(通常10 000单位)冷藏中其活力慢慢降低。粉剂、片剂皱胃酶应放入干燥器内贮存。

(2)皱胃酶的添加法

将粉末状皱胃酶用40倍的2%食盐水溶解，当牛乳酸度0.16~0.18%，温度30~31℃时均匀添加之。有不溶解部分时，可用少量的0.1~0.5mol/L盐酸溶解，添加量为牛乳的0.002~0.004%。添加皱胃酶后，不得振动、搅拌，放置20~30min使之凝固。为了促进凝块凝固，并使酪蛋白保持适宜的硬度和弹性，可添加氯化钙。氯化钙有节约皱胃酶用量、回收乳固体物、缩短制造时间等许多优点。

2.代用皱胃酶

代用皱胃酶的有动物性凝乳酶如胃蛋白酶，植物性凝乳酶如无花果蛋白酶、木瓜蛋白酶，现在较多使用微生物凝乳酶如微小毛霉凝乳酶，其效果与皱胃酶不相上下。

任务4 天然干酪加工工艺

天然干酪加工工艺流程：原料乳→标准化→杀菌→冷却→添加发酵剂、调整酸度、添加色素、加凝乳酶→凝块切割→搅拌→加温→排出乳清→成型压榨→盐渍→上色挂蜡。

1.原料乳

生产干酪的原料，必须用健康乳畜分泌的新鲜良质乳。感官检查合格后，测定酸度或酒精试验。必要时进行青霉素及其他抗菌素试验，然后进行过滤和净化，并按照产品需要进行标准化。

2.标准化

测定脂肪含量后，按下式计算酪蛋白的含量：

酪蛋白(%)＝0.4F+0.9 或 酪蛋白(%)＝(F-3)×0.4+2.1

按酪蛋白与脂肪量之比(mc/mF)的要求进行标准化。

3.杀菌

若杀菌温度过高，时间过长，则受热蛋白质变性增多，用凝乳酶凝固时，凝块松软且收缩作用变弱，往往形成水分过多的干酪。

4.添加发酵剂

原料乳经杀菌后，微生物全部被杀灭，但乳中缺乏乳酸菌时，不可能获得正常成熟的干酪，因此，经过杀菌处理的原料乳，必须加入发酵剂，以促使干酪正常发酵。同时由于乳酸的生成，使一部分钙盐变成可溶性的，可以帮助皱胃酶对乳的凝固作用。

杀菌后的乳冷却至30～32℃后加入预先经过搅拌并用灭菌筛过滤的发酵剂，充分搅拌，10min后，取样测定酸度。

5. 调整酸度

干酪生产过程中，温度时间可以控制，但酸度系由乳酸菌发酵而产生，故难以控制。为使产品质量一致，可用1mol/L盐酸调整酸度，调整程度随原料乳情况而定。

6. 添加色素

牛乳的色泽随季节和饲料而异；羊奶则因缺乏胡萝卜素，制成的干酪颜色发白。为使成品色泽一致，也就是使牛乳干酪或羊奶干酪均带微黄色，需在原料乳中添加适量的色素。色素通常用胭脂树橙的碳酸钠抽出液或粉末，用量随季节、市场需要而定。加入方法是先将色素用6倍灭菌水稀释，随即加入杀菌后的原料乳中，充分搅拌，使其混合均匀。

7. 加凝乳酶

如凝乳酶中所述。

8. 凝块切割

乳凝固后，凝块达适当硬度时，用干酪刀切成小立方体。切割时间的确定：

（1）用食指斜向插入凝块中约3cm，当手指向上抬起时，如裂纹整齐，指上无小片凝块残留且乳清透明时，即可开始切割。

（2）自加入凝乳酶至开始凝固的时间，乘以2.5，即为可以开始切割的时间。

9. 搅拌及二次加温

凝块切割后（此时须测定乳清酸度），开始时徐徐搅拌，防止凝块破碎。大约15min后，搅拌速度可逐渐加快，同时在干酪槽的夹层中通入热水，使温度逐渐升高。温度升高速度为开始时每隔3min升高1℃，以后每隔2min升高1℃，最后使槽内温度达42℃。加温的时间按乳清的酸度而定，酸度越低加温时间越长，酸度高则可缩短加温时间。加温速度不宜过快，如过快时，会使干酪粒表面结成硬膜，影响乳清的排出，最后使成品水分过高。

10. 排除乳清

两次加热后，当乳清酸度达到0.12%（牛乳干酪），干酪粒已收缩到适当硬度时，即可将乳清排出。试验干酪粒硬度的方法为：用手握一把干酪粒在手掌中，尽力压出水分后放松手掌，如干酪粒富有弹性，搓开仍能重新分离时，表示干酪粒已达适当的硬度。

11. 成形压榨

乳清排除后，将干酪粒堆积在干酪槽的一端，用带孔木板或不锈钢板压5min，使其成块，并继续压出乳清。然后将其切成砖状小块，装入模型中，成形5min。成形后用布包裹，再放入模型中用压榨机压榨4h，当压榨开始1h后，上下翻转一次，并修整形状。

12. 加盐

干酪的加盐方法通常有下列4种：

（1）将食盐撒布在干酪粒中，并在干酪槽中混合均匀。

（2）将食盐涂布在压榨成形后的干酪表面。

（3）将压榨成形后的干酪取下包布，置于盐水池中腌渍。盐水的浓度，第一天到第二天保持在17%～18%，以后保持在22%～23%之间。为防止干酪内部产生气体，盐水的温度应保持在8℃左右,腌渍时间一般为4d。

(4) 采用上列几种方法的混合法。

13. 成熟

成熟方法随干酪种类而异。

14. 上色挂蜡

为防止长霉和使成品美观,将成熟后的干酪清洗干燥后,用食用色素染成红色,待色素完全干燥后,再在160℃的石蜡中挂蜡,或用收缩塑料薄膜密封。

15. 贮藏

成品干酪,放在5℃及相对湿度80%~90%的条件下进行贮藏。

思考题:

1. 乳制品的分类有哪些?
2. 简述市乳生产工艺过程。
3. 炼乳的种类有哪些?
4. 乳粉的分类有哪些?
5. 干酪的分类有哪些?

模块六　肉与肉制品

◆ **基础理论和知识**

肉及肉制品加工相关概论。

◆ **基本技能及要求**

1. 了解肉的性质。
2. 原料肉的处理。

◆ **学习重点**

各类肉制品加工工艺。

◆ **学习难点**

肉的性质。

◆ **导入案例**

瘦肉精，它作为一类药物，而不是一种特定的物质，是指能够促进瘦肉生长的药物添加剂。任何能够促进瘦肉生长、抑制肥肉生长的物质都可以叫做"瘦肉精"。目前，能够实现这种功能的物质是一类叫做β-兴奋剂的药物，比如在中国造成中毒的克仑特罗和美国允许使用的莱克多巴胺（又译雷托巴胺）。

在中国，通常所说的"瘦肉精"则是指克仑特罗。它曾经作为药物用于治疗支气管哮喘，后由于其副作用太大而遭禁用。其他这样类似药物还有沙丁胺醇和特布他林等，同样能起到"瘦肉"作用，却对人体健康危害过大，因而造成安全隐患。它们也因而在全球遭到禁用。瘦肉精在上海曾经引发了几百人的中毒事件。

◆ **讨论**

肉的成熟及加速成熟的方法。

项目一 肉的性质

任务1 肉的形态学

在食品加工中，原料品质的好坏对制品的影响很大，而原料品质的好坏与构成原料各个组成部分的情况有直接关系。从食品加工的角度介绍构成肉的各个组成部分的基本情况，称之为肉的形态学。

1. 肉的组成

肉是指屠宰后的畜、禽去毛、皮、内脏、头、蹄爪等所得的胴体。肉是由肌肉组织、结缔组织、脂肪组织、骨骼组织组成。在食品加工中，将动物体主要可利用的部位做如下归纳：

①肌肉组织：平滑肌、横纹肌（骨骼肌）、心肌。

②结缔组织：皮、腱等。

③脂肪组织：皮下脂肪、腹腔脂肪等。

④骨骼组织：硬骨、软骨。

肉的质量好坏与肉的各种组织所占的比例有密切关系。一般来说，肌肉组织含量越高，其营养价值也越高。各组织大致比例为：肌肉组织占50%~60%，结缔组织占9%~14%，脂肪组织占20%~30%，骨骼组织占15%~20%。

（1）肌肉组织

肌肉组织是构成肉的主要成分，是肉食原料中最重要的一种组织，也是决定肉质优劣的主要组成。肌肉组织在肉中所占比例，决定于畜禽的种类、品种、性别、年龄、肥育方法、使用性质（役用、肉用、乳用）、屠宰管理情况等。肌肉组织包括横纹肌、平滑肌、心肌。

横纹肌是由多量的肌纤维、比较少量结缔组织以及脂肪细胞、腱、血管、神经、淋巴等，按一定顺序排列构成的。肌肉组织由肌纤维集合而成，每一条肌纤维就是一个多核的肌细胞。细胞有细胞膜，肌纤维的细胞膜称为肌膜，它不含胶原纤维，但富有弹性。各个肌纤维由纤维网连接起来，这些纤维网称为肌内膜。多条肌纤维平行排列成束，并有结缔组织的肌束膜包围。多股肌纤维束平行排列形成肌肉的纤维状结构，并由结缔组织的肌外膜包裹，构成肌肉。

肉的纹理粗细与肌束面积有关，此外，还与内肌束膜的厚薄及内肌束膜处脂肪的沉积量有关。肌束的面积及肌束膜的厚薄，受动物的年龄、营养及使役状况的影响，而脂肪的沉积量则与动物的肥育状况有关。在显微镜下观察肌纤维，可见到排列整齐的明暗相间的条纹，横纹肌的名称即由此而来。在肌纤维内，充满着由原生质转化而来的很细的肌原纤维，肌肉的伸长和收缩，就是由肌原纤维的伸长和收缩造成的。

在肌纤维内，充满于肌原纤维之间的胶体溶液，叫做肌浆，呈红色。肌浆中含有肌红蛋白，它是使肌肉呈红色的主要成分。由于不同部位的肌肉中肌红蛋白的含量不同，所以同种动物不同部位的肌肉有深浅不同的颜色。

（2）结缔组织

结缔组织除形成肌肉的内、外肌束膜外，于骨骼的连接处，畜禽的皮肤、血管等很多部位都存在着结缔组织。从肉中分离出来的结缔组织占胴体重的9%~14%。结缔组织分疏松结缔组织（亦称蜂窝组织）、致密结缔组织和胶原纤维组织。

疏松结缔组织由细胞、无定形基质和纤维三部分组成。基质中主要成分是黏多糖和黏蛋白，此外还有无机盐和水等。纤维有胶原纤维、弹性纤维和网状纤维。

致密结缔组织的构成成分和疏松结缔组织是相同的，只是各种成分的量有所不同。在致密结缔组织中，基质少，纤维量多，结构较为紧密。

胶原纤维组织的主要构成成分是胶原纤维，由这种组织构成的有腱、腱膜等。

淋巴结亦属于结缔组织，在肉制品加工中，应除去淋巴结。

（3）脂肪组织

脂肪组织存在于动物体各个器官中，较多地分布在皮下、肾脏周围和腹腔内，是决定肉质量的重要组织，其和肌肉一样也决定着肉的食用价值。

脂肪组织是由退化的疏松结缔组织和大量的脂肪细胞组成的。脂肪细胞由脂肪滴、网状纤维膜、原生质及细胞核构成。

屠宰时取下的脂肪组织叫做生脂肪。为了获得油脂，就需要在加工时破坏脂肪组织的结缔组织膜和内部的网状纤维膜，这样才能使脂肪滴从脂肪组织中流出。

脂肪的气味、颜色、密度、熔点等因动物种类、品种、饲料、个体发育状况及脂肪在体内的位置不同而有所差异，各种动物的特有气味，多数是由于脂肪中所含的脂肪酸以及其他脂溶性成分所组成的。

（4）骨骼组织

骨骼组织包括硬骨、软骨和骨髓，是动物机体的支柱组织。

构成骨的基本组成是骨松质、骨密质和骨膜。此外，在关节处包有关节囊、关节软骨，在骨髓腔中充满骨髓。除管状骨外，骨还有扁骨、弓形长骨、短骨，其基本构成相同。

骨骼组织在动物体内所占比重是不相同的，主要取决于畜禽的种类、品种、年龄、性别、肥度等。骨骼所占比例越大，食用价值越低。

骨骼中含有大量胶原纤维，可从中提取明胶、软骨组织和制取软骨素。骨髓可用来提炼骨油。硬骨中含有很多钙质，将其加工成骨泥、骨粉，可用做钙营养强化剂。

任务2　肉的物理性质

肉的物理性质主要包括密度，比热容、热导率、颜色、气味、坚实度等，这些物理性质与肉的形态学、畜禽种类、品种、肥育方法、部位、宰前状态、冷冻、新鲜度等各种因素有关。部分物理学性质的检验可以用来判定肉的品质优劣。

(1)密度、比热容、热导率

肉的密度随所含脂肪数量而异，脂肪含量越高，密度越小；肉的比热容与其形态组成和化学组成有关；由于肉为非等方性物质，在各个方向具有不同的热导率。

(2)颜色

肉的颜色是由肌肉组织和脂肪组织的颜色决定的。屠宰后的肌肉颜色主要取决于肌红蛋白的数量以及肌红蛋白和氧的结合程度，此外还与畜禽的种类等前述因素以及屠宰加工状况(如放血)、成熟腐败等有关。

(3)气味

各种畜禽肉具有各自独特的气味，气味的浓度和性质依所含的特殊挥发性脂肪酸的含量各异，且因畜禽种类等状况而有差异。家畜宰前饲养在有特殊气味的棚舍中，或饲料带有特殊气味，则肉中也会带有这种气味。在有其他气味的冷冻库房中存放时肉也会吸附其他气味。

(4)坚实度

肉的坚实度依畜禽种类、年龄、性别等有所不同，未阉公牛肉是坚硬的、粗糙的，在肉的切面上呈粗粒状；阉过的公牛肉是致密、柔嫩、油润的，在肉的切面上呈细粒状，目测有明显的大理石纹。母牛肉是很不结实的，肉的切面呈很粗的颗粒状。羊肉是致密的，肉的切面呈细密的颗粒状。猪肉柔软而致密，肉的切面呈细密的颗粒状，而且有明显的大理石纹。这些特征在四肢部位尤为突出。新鲜肉是有弹性的，指压凹陷面能迅速复原，冷冻后解冻的肉没有弹性指压凹陷不会消失，不新鲜肉、腐败肉没有弹性。

任务3 肉的化学组成

肉的化学成分主要包括糖类、脂肪、蛋白质、浸出物、矿物质、维生素和水分等。肉的组成随动物的脂肪和瘦肉的相对数量而改变，肥度高，则蛋白质和水分的含量就比较低。

哺乳动物的肌肉组织中所含固体物质的3/4是蛋白质，其余1/4为糖类、脂类、含氮与不含氮的有机物与无机物。肉的化学组成因其部位而异。

不同部位的肉适于加工不同的肉制品，如腿肉适于加工火腿，肋条部分的肉则适于加工培根(烟熏肋肉)。

一、糖类

糖类在动物组织中含量很少，它以游离或结合的形式广泛存在于动物组织或组织液中，例如，葡萄糖是提供肌肉收缩能量的来源，核糖则是细胞核酸的组成成分，而葡萄糖的聚合体-糖原则是动物体内糖的主要贮存形式。糖原亦称动物淀粉，肌肉及肝脏是糖原的主要贮存部位。糖原在肝脏中的含量高达2%~8%，在动物体内不断地进行着糖原的合成与分解，肌肉中糖原的分解代谢，在肉制品的贮藏与加工中有重要意义。

二、脂类

在动物体内脂肪分布很广。一般家畜体内脂肪含量为其活重的10%~22%，肥育阶段可高达30%以上。动物脂肪富含硬脂酸、软脂酸和油酸(尚有少量其他脂肪酸)，脂肪中还含有磷脂，磷脂暴露在空气中极易氧化变色，且产生异味，加热会促进其变化。固醇和固醇酯也广泛存在于动物体中。

三、蛋白质

哺乳动物的肌肉大约占动物体的40%左右，肌肉中的蛋白质含量约为20%。肌肉中的蛋白质因其生物化学性质或在肌肉组织中的存在部位不同，可以区分为肌浆蛋白质、肌原纤维蛋白质和间质蛋白质。

1. 肌浆蛋白质

肌浆是指肌细胞中环绕并渗透肌原纤维的液体和悬浮于其中的各种有机物、无机物以及亚细胞的细胞器如肌核、肌粒体，微粒体等。通常将磨碎的肌肉压榨便可挤出肌浆。肌浆的含量因饲养管理、动物品种、肌肉类型以及抽提的方法而异，一般约占肉蛋白质总量的20%~30%，其中包括肌溶蛋白、肌红蛋白、球蛋白X以及肌粒中的蛋白质等。这些蛋白质易溶于水或低离子强度的中性盐溶液中，是肉中最易提取的蛋白质，又因其提取液黏度很低，故常称之为肌肉的可溶性蛋白质。肌溶蛋白以及后述的肌原纤维蛋白质的组成中含有人体营养所必需的全部氨基酸成分，属完全蛋白质。

肌红蛋白是由珠蛋白及其辅基血红素所组成的一种含铁的结合蛋白质，它是肌肉红色的主要来源。肌红蛋白有多种衍生物，如鲜红色的氧合肌红蛋白、褐色的高铁肌红蛋白、鲜亮红色的一氧化氮肌红蛋白等，这些衍生物与肉和肉制品的颜色有直接关系。肌红蛋白在肌肉组织中的含量随动物的种类、年龄、肌肉的部位不同而异。

2. 肌原纤维中的蛋白质

肌原纤维是骨骼肌的收缩单位，由细丝状的蛋白质凝胶组成。这些细丝平行排列成束，直接参与收缩过程，去掉之后，肌纤维的形状和组织遭到破坏，故常称之为肌肉的结构蛋白质或肌肉的不溶性蛋白质。肌原纤维蛋白质的含量随肌肉活动而增加，并因静止或萎缩而减少，而且，肌原纤维中的物质与肉的某些重要品质特性(如嫩度)密切相关。

肌原纤维蛋白质占肌肉蛋白质总量的40%~60%，它主要包括肌球蛋白、肌动蛋白、肌动球蛋白，此外尚有原肌球蛋白和2~3种调节性结构蛋白质。

肌球蛋白是肌原纤维中暗带的组成成分，是在形态学中所述之粗纤维的构成部分，肌球蛋白是关系到肉在加工中的嫩度变化和某些其他性质的重要成分。肌球蛋白对热很不稳定，受热发生变性。

肌动蛋白以球状的肌动蛋白、纤维状的肌动蛋白形式存在，是在形态学部分所述过之细纤维的构成部分，也可称之为肌动蛋白纤维。

肌动球蛋白是肌球蛋白与肌动蛋白结合构成的蛋白质。

3. 间质蛋白质

间质蛋白质亦称基质蛋白质，主要存在于结缔组织中，它们均属于硬蛋白类，其中主要的是胶原蛋白和弹性蛋白。

胶原蛋白在结缔组织中含量特别丰富，如在肌腱等胶原纤维组织中，其约占总固体量的85%。胶原纤维广泛分布于皮、骨、腱、动脉壁以及哺乳动物肌肉组织的肌内膜、肌束膜和肌外膜之中，胶原蛋白是机体中最丰富的简单蛋白质，相当于机体总蛋白质的20%~25%，是不完全蛋白质。

在哺乳动物中，绝大多数的胶原蛋白其氨基酸的组成相似，胶原蛋白的氨基酸组成随动物年龄而变化。胶原蛋白质质地坚韧，不溶于一般溶剂，但在酸和碱的环境中可膨胀，胶原蛋白不易被胰蛋白酶、糜蛋白酶所消化，可被胃蛋白酶及细菌所产生的胶原蛋白酶所消化。

明胶为动物的皮、骨、腱等含有的胶原蛋白经部分水解后得到的高分子天然多肽的高聚物，干燥状态下很稳定，潮湿状态下易被细菌分解。明胶不溶于冷水，但加水后缓慢吸水膨胀软化；明胶溶于热水，溶液冷却后即凝成胶块，因此，它可以可逆地进行溶胶与凝胶的转化。

弹性蛋白在很多组织中与胶原蛋白共存，它是构成黄色的弹性纤维的蛋白质，但在皮、腿、肌内膜、脂肪等组织中含量很少在韧带与血管(特别是大动脉壁)中含量最多，约占其弹性组织总固体量的25%。弹性蛋白弹性较强，在化学上很稳定，不溶于水，即使在水中煮沸后，亦不能分解成明胶。弹性蛋白不被结晶的胰蛋白酶、胰凝乳蛋白酶、胃蛋白酶所作用，但可被无花果蛋白酶、木瓜蛋白酶、菠萝蛋白酶和胰弹性蛋白酶所水解。

四、浸出物

构成活体的物质有水、蛋白质、肽、各种低分子含氮化合物、脂类、糖类、无机物、色素、维生素、酸、醛、酮、醇等，从这些物质中除去蛋白质、脂类、色素等而剩余的肽、游离氨基酸和其他低分子含氮化合物、糖、酸(高分子脂肪酸除外的有机酸)等，易溶于无机或有机溶剂中，这些就是所谓的浸出物成分。在调制浸出物时，必须除去作为活体主要成分的蛋白质，因而，使用无机或有机的蛋白质沉淀剂除去蛋白质时，从沉淀后的溶液中所分离出来的成分也可认为是浸出物成分，但是，其中所含有的无机盐和维生素，一般是不列入浸出物成分的。

煮制肉时溶出的成分从广义上说即是浸出物，将其中的无机物、蛋白质、脂类，维生素等除去，剩余的有机物即为狭义浸出物。在浸出物中，含氮化合物最多，而氮的形态多以碱性的氨基或亚氨基形式存在。

浸出物成分中含有的主要有机物为：核苷酸、嘌呤碱、胍化合物、氨基酸、肽、糖原、有机酸等。

1. 核苷酸

核苷酸中最主要的成分是ATP。ATP不仅在机体内与肌肉的收缩有密切关系，而且在肉的加工中也是关系到肉的持水性的重要成分。

2. 胍化合物

一般具有胍基的化合物称之为胍化合物，肉中所含的这种化合物有胍、甲基胍、肌酐、磷酸肌酸、肌酸等。胍和甲基胍一般含量极微，但肌酸含量相当多。活体的肌肉中肌酸和磷酸结合生成磷酸肌酸，其高能磷酸键贮存能量，在肌肉收缩时显示出重要作用。在活体的肌肉中含有肌酸和磷酸肌酸的混合物，屠宰后的磷酸肌酸释放出磷酸而变成肌酸，肌酸在酸性条件下加热时，失去一分子水生成环状的肌酐。在活体中，肌酐不过极微量，但煮肉时，肌酸逐渐减少而肌酐量逐渐增加，同时肉的风味变好。

3. 肽

肉中含有的肽主要是谷胱甘肽、肌肽和鹅肌肽。谷胱甘肽是由谷氨酸、半胱氨酸和甘氨酸结合而成的三肽。肌肽和鹅肌肽是丙氨酸和组氨酸(或其衍生物)的结合物，都是两种氨基酸构成的二肽。这些肽类占肉总量的0.3%左右，其中肌肽含量最高。谷胱甘肽的巯基给肉以还原性，在腌制过程中有促进肉制品呈色的作用，肌肽和鹅肌肽具有缓冲作用，与肉表现出的缓冲作用有密切关系。

4. 其他非蛋白态含氮化合物

浸出物成分中除上述含氮化合物之外，还有各种嘌呤碱基、游离氨基酸、核苷、胆碱、肉碱、尿素、氨等，这些物质的含量，一般随屠宰后肉的成熟而增加。在肉开始腐败时，还会产生各种胺类。

5. 糖原、乳酸及其他化合物

肉中的糖原含量因屠宰前及屠宰后的条件不同而有所不同。屠宰以后，动物体的糖代谢仍在进行，沿着糖酵解的途径，糖原生成乳酸。刚屠宰的动物的乳酸含量不过0.05%，但经24h后可增加至1%~1.5%。乳酸的生成是使原来处于中性附近的肉变为酸性的原因之一。

除去糖原、乳酸之外，浸出物中还含有微量的丙酮酸、琥珀酸、柠檬酸、苹果酸和延胡索酸等三羧酸循环中的有机酸成分，此外，还含有约0.03%的肌醇。组织中浸出物成分的总含量是2%~5%，以含氮化合物为主，酸类和糖类含量比较少。含氮物中，可以发现大部分构成蛋白质的氨基酸呈游离状态。

浸出物的成分与肉的风味、滋味、气味有密切关系。浸出物中的还原糖与氨基酸之间的非酶促褐变反应对肉的风味具有很重要的作用，而某些浸出物本身就是呈味成分，如琥珀酸、谷氨酸、肌苷酸是肉的鲜味成分，肌醇有甜味，以乳酸为主的一些有机酸有酸味等等。由于动物的种类、性别、运动量、机能等的不同，浸出物的成分和量有所不同。浸出物含量虽然不多，但由于其能增进消化道腺体活动(如促进胃液、唾液等的分泌)，因而对蛋白质和脂肪的消化起着很好的作用。

6. 矿物质

肉类中矿物质(灰分)的含量一般为0.8%~1.2%，各种肉类的矿物质含量无重大的种类差异，此外，同一种类的不同部位的矿物质的含量通常变化也很小。矿物质含量主要与肉的水分及蛋白质部分有关，因此瘦肉要比脂肪组织含有更多的矿物质。

肉中的钙含量较低，从营养观点来看，肉不是这一元素的主要来源。钾和钠几乎全部存在于软组织及体液之中。在活体中，钾主要分布于细胞内，而钠分布于细胞外，动物死后，则较均匀地分布在细胞内外。除上述元素之外，肉中尚含有微量的锰、铜、锌、镍等，其中锌对肉的持水性有影响。

7. 维生素

肉中含有多种维生素，猪肉维生素B_1的含量比其他种肉类要多得多，而牛肉的叶酸含量则又比猪肉和羊肉为高。肉是B族维生素的良好来源，这些维生素主要存在于瘦肉中。

8. 水

水是肉中含量最多的组成成分。畜禽越肥，水分的含量越少，老年动物比幼年者含量亦较少。

(1) 肉中水分存在的形式

肉中的水分绝大部分不是以自由状态存在，其存在形式大致分为三种：结合水、不易流动的水和自由水。结合水和自由水大家较为熟悉，下面介绍不易流动的水。

不易流动的水，是指存在于纤丝、肌原纤维及膜之间的一部分水，

肉中的水大部分可能以这种形式存在，这些水仍能溶解盐及其他物质，并可在0℃稍下结冰。肉的pH变化及向肉中添加盐(如食盐、聚磷酸盐)，可明显影响肉保持不易流动的水的能力。

(2) 肉的持水性

所谓持水性一般是指肉在冻结、冷藏、解冻、腌制、绞碎、斩拌、加热等加工处理过程中，肉的水分以及添加到肉中的水分的保持能力。持水性的高低直接关系到肉制品的质地，而通常在加工中所失掉的水分和被保持的水分主要是指不易流动的水。

不易流动的水的量，大致由两个因素决定：物理因素——蛋白质凝胶的网状结构的间隙中所封闭的水，化学因素——蛋白质分子所具有的引力。对肌肉组织来说，凝胶在膨润状态下结构比较松弛时，持水性高；若其结构崩溃，分子间键断裂而成为很分散的状态，则不具有持水性，成为仅仅是被结合水所包围着的分子。

决定持水性的重要因素是凝胶结构和蛋白质所带净电荷的数量。由此可推断，蛋白质本身的变性与否与持水性有密切关系。这是因为，一方面，蛋白质变性是由于分子内和分子间的交联键的形成与破坏而引起分子变形，而交联键的形成与破坏必将影响到凝胶结构的疏密；另一方面，蛋白质变性后的净电荷也必然发生变化，这些都将影响到持水性的变化。

任务4　肉的成熟

刚刚屠宰后的动物的肉是柔软的，并具有很高的持水性，经过一段时间的放置肉质变得粗糙，持水性也大为降低。继续延长放置的时间，则粗糙的肉又变成柔软的肉，持水性也有所恢复，而风味也有极大的改善，肉的这种变化过程，称之为肉的成熟。在肉的成熟过程中，因糖原分解生成乳酸，使肉pH降低，故肉的成熟亦称为排酸。

肉的成熟实际上是在动物体死亡后，体内继续进行着的生命活动作用的结果，它包括着一系列的生物化学变化和物理化学变化，由于这种变化，肉类变得柔软，并具有特殊的鲜香风味。

一、肉的成熟过程

肉的成熟可分为三个阶段，即僵直前期、僵直期、解僵期（僵直后期）。

1. 僵直前期

在此阶段，肌肉组织是柔软的，但是由于血液循环停止，肌肉组织供氧不足，糖原不能再完全氧化成二氧化碳和水，而是通过糖酵解生成乳酸。与此同时，肌肉组织中的三磷酸腺苷（ATP）和磷酸肌酸含量下降。随着乳酸的生成和积累，畜禽肌肉组织的pH由原来刚屠宰时的正常生理值7.0~7.4，渐降低到屠宰后的酸性极限值5.4~5.6。到此pH时，一般糖原已耗尽。当pH降至5.4后，由于糖酵解酶被钝化的原因，即使仍有糖原也不能再被分解。

屠宰后肉的pH下降速度和程度受许多因素的影响，如动物的种类、个体的差别、肌肉的部位以及入库前状况、环境温度等。

2. 僵直期

随着糖酵解作用的进行，肌肉pH降低，当达到肌原纤维主要蛋白质肌球蛋白的等电点时，因酸变性而凝固，导致肌肉硬度增加。此外，由于肌动球蛋白的收缩而导致肌纤维缩短和变粗，肌肉失去伸展性变得僵硬。

在僵直期，肉的持水性差，风味低劣，不宜作为肉制品的原料。僵直状态的持续时间与动物的种类、宰前状态等因素有关，禽肉的僵直期远短于畜肉。

3. 解僵期

解僵期是肉类成熟过程的后期阶段。在僵直期形成的乳酸、磷酸积聚到一定程度后，导致组织蛋白酶的活化而使肌肉纤维发生酸性溶解，并分解成氨基酸等具有芳香、鲜味的肉浸出物，肌肉间的结缔组织也因酸的作用而膨胀、软化，从而导致肌肉组织重新回软。在僵直期形成的IMP经磷酸酶作用后变为肌苷，肌苷进一步被核苷水解酶作用而生成次黄嘌呤，使肉的香味增加。随着僵直的解除，肉的持水性逐渐回升。

二、加速成熟的方法

在冷藏条件下，肉的成熟要较长的时间。为了加速肉的成熟，人们研究了各种化学、物理的人工嫩化方法。

1. 抑制宰后僵直发展的方法

抑制宰后僵直发展的方法为：在宰前给予胰岛素、肾上腺素等，减少体内糖原含量，动物宰后乳酸处于低水平，pH处于高水平，从而抑制了僵直的形成，使肉有较好的嫩度。

2. 加速宰后僵直发展的方法

加速宰后僵直发展的方法为：用高频电或电刺激，可在短时间内达到极限pH和最大乳酸生成量，从而加速肉的成熟。

3. 加速肌肉蛋白质分解的方法

采用宰前静脉注射蛋白酶，可使肌肉中胶原蛋白和弹性蛋白分解从而使肉嫩化、常用的蛋白酶有木瓜蛋白酶、菠萝蛋白酶，无花果蛋白酶等。

4. 机械嫩化法

机械嫩化是通过机器上许多锋利的刀板或尖针压过肉片或牛排。机械嫩化主要用于畜肉组织的较老部位，机械嫩化可使肉的嫩度提高20%~50%，而且不增加烹调损失。

任务5　肉的腐败

肉类因受外界因素作用而产生大量的人体所不需要的物质时，称为肉类的腐败，它包括蛋白质的腐败、脂肪的酸败和糖的发酵几种作用。

一、导致肉类腐败的因素

肉类的腐败是肉类成熟过程的继续。动物宰后，由于血液循环的停止，吞噬细胞的作用亦即停止，这就使得细菌有可能繁殖和传播到整个组织中。健康动物的血液和肌肉通常是无菌的，肉类的腐败，实际上是由外界感染的微生物在其表面繁殖所致。此表面微生物沿血管进入肉的内层，进而深入到肌肉组织，产生许多对人体有害甚至使人中毒的代谢产物。

许多微生物优先利用糖类作为其生长的能源。好气性微生物在肉表面生长，通常把糖完全氧化成二氧化碳和水。如果氧的供应受阻或因其他原因氧化不完全时，则会有一定程度的有机酸积累，肉的酸味由此而来。

微生物对脂肪可进行两类酶促反应，一类是由其所分泌的脂肪酶分解脂肪，产生游离的脂肪酸和甘油，另一类则是由氧化酶通过β-氧化作用，氧化脂肪酸。这些反应的某些产物常被认为是酸败气味和滋味的来源。但是，肉和肉制品中严重的酸败问题不是由微生物所引起，而是空气中的氧在光线、温度以及金属离子作用下氧化的结果。

有许多微生物不能作用于蛋白质，但能对游离氨基酸及低肽起作用，它们可将氨基酸氧化脱氨，生成氨和相应的酮酸。另一途径则是使氨基酸脱去羧基，生成相应的胺。此外，有些微生物尚可使某些氨基酸分解，生成吲哚、甲基吲哚、甲胺和硫化氢等。在蛋白质、氨基酸的分解代谢产物中，酪胺、尸胺、腐胺、组胺和吲哚等对人体有毒，而吲哚、甲基吲哚、甲胺、硫化氢等则具恶臭，是肉类腐败臭味之所在。

二、腐败肉的特征

由于腐败，肉蛋白质和脂肪发生了一系列变化，同时，外观也有了明显的改变，色泽由鲜红变成暗褐甚至黑绿，失去光泽显得污浊，表面黏腻，从轻微的正常肉的气味发展到腐败臭气，甚至令人致呕的臭气，失去弹性，有的放出气体有的长霉。

任务6　肉类在加工过程中的变化

一、在腌制过程中的变化

腌制是用食盐、硝酸盐、亚硝酸盐、糖及其他辅料对原料肉进行处理的工艺，其目的在于提高肉制品的贮藏性、风味、色泽、持水性等性能。

1. 色泽的变化

腌制过程中硝酸盐被亚硝基化细菌作用还原成亚硝酸盐，亚硝酸盐与肉中的乳酸作用产生游离的亚硝酸，亚硝酸不稳定，分解产生的一氧化氮与肌红蛋白结合，形成呈粉红到鲜艳的亮红的一氧化氮肌红蛋白。

2. 持水性的变化

持水性是指在加工过程中，肉的水分以及添加到肉中的水分的保持能力。腌制过程中，食盐和聚磷酸盐所形成的定离子强度的环境，使肌动球蛋白结构松弛，提高了肉的持水性。

二、在加热过程中的变化

1. 风味的变化

生肉的香味是很弱的，但是加热后，不同种类动物的肉产生很强的特有风味。这是由于加热所导致肉中的水溶性成分和脂肪的变化造成的。在肉的风味里有共有的部分，也有因肉的种类不同而特有的部分。前者主要是水溶性成分，后者则是因为不同种肉类的脂肪和脂溶性物质的不同，由加热而形成的特有的风味。肉的风味在一定程度上因加热的方式、温度和时间而不同。

2. 色泽的变化

肉受热作用颜色发生变化，这个变化受加热方法、加热时间、加热温度等影响，但以温度的影响最大。颜色的变化是由于肉中的色素蛋白质所引起的，其变化除色素蛋白质的变化外，还有焦糖化作用和美拉德反应等，影响肉和肉制品的色泽。

3. 肌肉蛋白质的变化

肉经加热后，则有多量的液汁分离，体积缩小，这是构成肌纤维的蛋白质因加热变性发生凝固而引起的。由于加热，肉的持水性降低，降低幅度随加热温度而不同。随着加热温度的上升，pH也在上升。与持水性的变化同样，pH的变化也可分成为40~50℃以上和55℃以上两个阶段，40~50℃以上持水性急速下降，55℃以上大体停止。

在生肌肉中,结缔组织含量多,则肉质坚韧,但经过70℃以上在水中长时间加热,结缔组织多的肉反而比结缔组织少的肉柔嫩,这是由于结缔组织受热而软化的过程,在决定肉的柔嫩度方面起着更为突出作用的缘故。

4.浸出物的变化

在热加工中蛋白质变性和脱水的结果,从肉中分离出汁液,汁液中含有浸出物,这些浸出物溶于水,易分解,并赋予煮熟肉特征风味。

煮制过程中,约1/3的肌酸转化为肌酐。肌酐与肌酸有适当的量比时,可以形成较好的风味。但煮制形成肉鲜味的主要物质还是谷氨酸和肌苷酸。由于加热而产生的肉的气味被认为是由氨基酸(或低分子的肽)与糖反应的生成物。对抽提透析物中的氨基酸或糖分别加热时,都不产生气味,但将两者混合加热时,则此气味产生。

5.脂肪的变化

加热时,脂肪熔化,包被着脂肪的结缔组织由于受热收缩而给脂肪细胞以比较大的压力,因而使细胞膜破裂,熔化的脂肪流出组织。随着脂肪的熔化,某些与脂肪相关联的挥发性化合物释放,给肉和汤增加了补充香气。

脂肪在加热过程中有一部分水解,生成脂肪酸,因而使酸值有所增加。同时也有氧化作用发生,生成氧化物及过氧化物。水煮加热时,如肉量过多或剧烈沸腾,易使脂肪乳浊化,乳浊化的肉汤变为白色浑浊状态,脂肪易被氧化,生成二羟基脂酸类的羟基酸,从而使肉汤带有不良气味。畜肉类内部温度被加热到70~80℃时,脂肪急速氧化,风味降低。最开始起反应的部分是脂蛋白和磷脂。但过度加热时,畜肉的脂肪氧化速度却减缓。

6.维生素和矿物质的变化

维生素在加热过程中的变化系氧化及受热所引起。加热能促进氧分子活化而使氧化作用加剧。硫胺素对热不稳定,在碱性环境中加热时易被破坏,但在酸性环境中比较稳定,在肉制品制造中可损失15%~25%的硫胺素核黄素,菸酸、吡哆醇也因加热损失一定量。

肉类在水煮加热过程中,矿物质损失较多,如在预煮过程中,猪肉(中等肥度、下同)中矿物质约损失总含量的34.2%,羊肉损失38.8%,牛肉损失48.6%,在油炸过程中平均损失3%左右。

项目二 中式火腿生产工艺

任务1 肉制品分类

肉制品是以广义的肉为原料,根据种类的不同添加香辛料、调味料、淀粉、其他蛋白原料(如乳、蛋、植物蛋白)以及护色剂、抗氧化剂、品质改良剂、防腐剂、着色剂等所加工制得的外观、风味各异的制品。肉制品可按加工工艺分类,其分类方法如表6-1

表 6-1　肉制品分类

序号	门类	类别	序号	门类	类别
1	腌腊制品	1.1 咸肉类	6	香肠制品	6.1 中国腊肠类
		1.2 腊肉类			6.2 发酵肠类
		1.3 酱(封)肉类			6.3 熏煮肠类
		1.4 风干肉类			6.4 肉粉肠类
					6.5 其他肠类
2	酱卤制品	2.1 白煮肉类	7	火腿制品	7.1 中国火腿类
		2.2 酱卤肉类			7.2 发酵火腿类
		2.3 糟肉类			7.3 熏煮火腿类
					7.4 压缩火腿类
3	熏烤制品	3.1 熏烤肉类			
		3.2 烧烤肉类	8	罐头制品	8.1 罐头肉制品类
4	干制品	4.1 肉松类	9	其他制品	9.1 肉糕类
		4.2 肉干类			9.2 肉冻类
		4.3 肉脯类			
5	油炸制品	5.1 油炸肉类			

中式肉制品是世界餐饮文化史中重要的一页，由于地域的辽阔和历史的悠久，我国仅名优特肉制品就有500余种，本模块对一些代表产品进行介绍。

任务2　中式火腿简介

火腿有中式和西式之分。中式火腿是带骨猪腿经腌制、洗晒、发酵精制而成的腌腊生肉制品，具有悠久历史，其精细的加工工艺、独特的芳香味，堪称世界之最。较著名的有金华火腿、宣威火腿、如皋火腿、恩施火腿、安福火腿、浙江火腿、威宁火腿、鹤庆圆腿、冕宁火腿、达县火腿、剑门火腿和台湾火腿等等。其中浙江的金华火腿、云南的宣威火腿和江苏的如皋火腿被誉为中国三大名腿，尤以金华火腿最为著名。

金华火腿产区地处长江以南，故又名"南腿"，创始于北宋末年，距今已有860余年的历史；宣威火腿习惯称"云腿"，也有250多年的历史了；如皋火腿产区地处长江以北，又称"北腿"，是在100多年前引进金华地区的加工技术和聘请火腿技师仿制而成，曾与"南腿"齐名天下。

中式火腿存在着生产周期长、受自然条件的限制、脂肪氧化发蚝以及新品种和小包装开发等方面的问题，所以长期以来中式火腿未能满足国内外市场的需要。

任务3 金华火腿加工工艺

金华火腿之所以闻名中外,是与金华地区的自然条件、猪的品种、加工工艺分不开的。

一、原料的选择

原料选择是火腿加工过程中的重要环节,对制品质量影响很大。金华火腿选用全国著名的优良猪种金华"两头乌"。"两头乌"具有皮薄骨细、腿心饱满、肉质细嫩、味道鲜美等特点,为制成品质优良、风味独特的金华火腿提供了良好的基础和特殊的条件。

金华火腿的品种很多,分类标准也不统一,有的按加工季节分类,有的按火腿形状分类,更有的按传统名称和地区结合起来分类。按腌制季节分类,在某种程度上能够表明火腿的质量特点,习惯上分为如下几种:

1. 早冬腿:是在农历冬至以前(1~12月)腌制的,这种火腿味道较差,贮藏期较短。

2. 正冬腿:是在农历冬至到立春期间(1~2月)腌制的。这时期气温均衡,多在10℃以下,日光温和,利于晾晒,腌制出的火腿皮面光滑、颜色棕黄,能耐较长时间的贮藏,质量最佳。

3. 早春腿:是立春以后(2月以后)腌制的。

4. 晚春腿:是在农历春分以后(3月以后)腌制的。

过去腌制火腿靠自然条件,现在由于冷藏设备的发展和技术的进步,气候条件的限制正在逐步得到克服,使腌制火腿的时间不断延长,由以前的1~2个月的生产期延长到6~7个月。但经验表明,不同季节腌制的火腿质量,仍然存在一定差别。

二、加工原理

金华火腿是用鲜猪后腿经过腌制、洗晒、整形和发酵等工序精制而成的腌腊制品。屠宰后的猪后腿,在自然条件下经过僵直、成熟等一系列变化,这个过程在隆冬季节一般可以持续2~3d以上,但随着环境温度的变化可以缩短或延长。经过僵直成熟的腿肉表面覆有一层干膜,对附在上面的微生物的生长发育形成不利条件,并能防止外界微生物侵入。因此,对割取的鲜猪肉后腿必须及时悬挂或摊开,使之通风、散热、凉透,以保持鲜腿较长时间的鲜度。这是加工腌制火腿的前提和基础。

1. 火腿腌制。简单地说,就是鲜腿加食盐和硝酸钠,是一个物理化学的变化过程。食盐具有抑菌防腐作用,是腌制成品火腿能够长期保存而不变质的根本原因。在腌制过程中,食盐由肉表面的高浓度处向内部扩低浓度处散,直至各个组织浓度平衡为止;而肌肉内的水分则由内部向外部高盐浓度一侧渗透出来。利用这种扩散渗透作用,促使肌肉组织逐渐脱水收缩,并保持一定的盐分。当食盐溶液的渗透压大于微生物细胞液的渗透压时,细胞的水分就向外流出而使细胞脱水,最后致使原生质和细胞壁发生质壁分离,停止生长直至死亡。因此,利用食盐抑菌防腐,是火腿成品优劣的重要关键。硝酸钠,在微生物作用下转变为亚硝酸盐,是肉制品呈色的基础。

2. 腌制成熟的火腿(半成品),尚含有较多的水分(约50%),腿面分布有一层粘泞浮游的物质和污秽盐渣杂质,容易受潮,不耐久藏。为此,必须进行洗晒,保持洁净,充分失水,为风干发酵创造必要的条件。

3. 火腿发酵,目的是要使火腿完全成熟,达到成品要求。它是一个复杂的生物化学变化过程。这种变化主要靠酶的作用。在适宜的温度下(一般为25℃以上,最适宜为35℃左右)酶的活力也最大。金华火腿发酵阶段正处在盛夏季节,室内温度一般达到27℃以上,到"三伏"天气,则可达30℃甚至37℃以上,相对湿度一般在75%以下,霉菌等多种微生物产生的酶和肌肉自身的蛋白酶和脂肪酶在这个适宜的温湿度条件下,促使蛋白质逐渐分解而产生多种多样的代谢产物,形成了成品火腿的特有风味。

三、传统加工工艺

金华火腿的加工工艺流程:

在加工火腿时,要严格执行操作规程,否则就会造成质量隐患。

1. 准备过程

a. 做好腌制、洗晒和发酵等场所及其周围环境的彻底大扫除,疏通明暗沟,堵塞鼠洞,配置纱门窗,并进行发酵房的药物消毒。

b. 火腿技工和副手必须是经过体检、持有健康证者,并备有工作衣、帽、胶鞋、布裙等工作服。

c. 常用的刮毛刀、割皮刀、削骨刀、挖蹄钩和修腿桌、腿床、盐托、校形凳、晒架、蜈蚣架、丝箩、木槌、扫帚、磨刀锉以及磅秤等工器具必须完备,并进行必要的洗刷和消毒。

d. 备足食盐(要求洁白、味咸、粒细、结晶一致,无杂质,无异味,符合卫生标准,并过筛、过伏天为好),硝酸钠和五倍子(制商标印泥之用)等主要辅料和助料.

2. 选料

鲜猪后腿对腌制成品的质量有直接的影响,必须按照卫生标准达到下列要求:

a. 选用经兽医宰后检疫检验合格的金华两头乌或具有两头乌血统的健康猪的后腿。

b. 公、母、病、伤、黄膘猪和患有严重皮肤病(如湿疹、疥癣、坏血性溃疡、水泡性皮炎等)的猪以及任何原因致死的猪后腿,一律不准作为原料。

c. 屠宰时不准吹气、打气,并应作到毛净、血清,无破损及红斑。

d. 鲜腿必须逐只摊开或缚脚挂腿,保持肉质新鲜、凉透、无污染。鲜腿的规格要求:

a. 质量:每只鲜腿净质量以4.58kg为宜,过大或过小不宜加工火腿。

b. 皮层:腿皮厚度一般控制在0.35cm以下为好,越薄越好。粗皮大脚及伤刀、严重红斑或疹状的不宜加工火腿。

c. 肥膘:以腿头处肥膘厚度为准一般要求不超过3 cm,越薄越好。肥膘过厚,则肌肉可食部分减少,不受消费者欢迎。

d. 色泽：正冬季节新鲜凉透的鲜腿，肌肉鲜红，脂肪洁白，皮色白润或淡黄，干燥而无软化发黏的状况。

e. 形态：鲜腿要求腿心丰满、脚杆细小、完整无损。凡是欠皮、缺肉、伤痕、脱臼、断骨等鲜腿均不宜加工火腿。

3. 修坯

修坯俗称"修活刀"，即将鲜猪肉上割下的毛腿（未经修割的鲜腿，初步修成光洁的腿坯）。

①整理

将鲜腿轻轻放在修腿桌上，用刮毛刀刮去鲜腿皮面的残毛和污垢，不许伤刀，用挖蹄钩勾去悬蹄壳或黑色的主蹄壳，但不宜重敲脚尖，避免受损。

②削骨

用右手握削骨刀，先在眉毛骨（即耻骨）下缘横划一刀，撅平眉毛骨边的精肉，左手提起小腿。右手握削骨刀，削平眉毛和龙眼骨（即股骨白），斩平背脊骨（即荐椎骨和腰椎骨），稍留骨髓槽底。并视腿只大小，腰椎骨保留至一节半为宜，切去尾巴骨。

③开面

将鲜腿平放在修腿桌上，用割皮刀在胫骨上方皮面轻轻划开皮层，呈丰月形（俗称月亮弯），然后从月亮弯处刀面紧贴肉皮，刀锋斜上，顺向肉的纹理轻轻割去，割净覆盖肉面的皮张和油膜。切勿硬割，防止扣掉精肉。

④修割腿边

左手提脚，右手握1皮刀，刀锋斜外，在腿两边各划一弧形，割破肥肉和皮层，随手抓起臀部边皮将多余的膘皮割去，同时持平后腰肉，割去肚膛腰皮，然后割净眉毛骨上边至腿鼻上的油膜。

⑤除淤血

左手抓住小腿，用右手中食指在腿面上自上而下压挤出膝关节、股关节和坐骨（俗称三扦头）等血管中残留的淤血，防止有害细菌入侵而引起肌肉腐败变质。

通过以上修割，做到腿样光洁，达到"两毛两净"。净腿的要求，屁股和腿头两处要修得净一些，免得修臊时多割浪费，而对肚膛和背脊两处要修得毛二点，以防干缩后的成品欠皮，使之初步形成"竹叶形"的腿坯。

4. 腌制

火腿的腌制受温度和湿度的影响很大，要求腌制的最低温度为0℃以上，最高温度为15℃以下，相对湿度为70%～90%。而最佳温度为5～10℃，最佳相对湿度为75%～85%之间。因此，金华地区一般都选择在立冬过后至立春前这一时期为腌制火腿的最好季节。这个季节温湿相宜而且稳定，否则过早或过迟都将会影响火腿成品的质量。

腌制，俗称盐腌。用盐操作得法与否，是关系到产品优劣的关键工序，必须根据腿只大小、腿心厚薄、肉质粗细、新鲜程度和气温湿度高低，正确掌握用盐时间和数量，做到因时因腿制宜。如用盐过量，则抑制酶的活力，不起分解作用，成品不会出香；用盐过轻，又不能抑制有害细菌的生长和繁殖，成品容易腐败变质，难以长期保存。每只鲜腿一般用盐量为3.45kg左右。用盐间隔时间和数量，应视当地温湿度和风速而定，一般分6次用盐。习语称："头盐上滚盐，大盐雪花飞，三盐四盐扣骨头，五盐六盐保扦头"。整个腌制过程约需25～30天。堆叠干腌法可采取直脚堆叠和交脚堆叠两种方法。正冬季节以交脚堆叠为宜，这样可节省场地，不易倒斜；其他季节以直脚堆叠为宜，至多16层为限要求堆叠时轻提轻放，不得扭曲，以免盐粒撒落，并做到上下、左右、前后层层堆叠整齐，受压均匀，防止歪倒。每次覆盐时，均应抹掉陈盐，撒上新盐，做到撒盐适量而均匀。腿皮切忌用盐。

(1) 第一次用盐，俗称"头盐"，也叫出水盐。主要目的是开拓盐路，使鲜腿表层迅速脱水，抑制与防止外界腐败细菌的生长和侵入。

用双手平提鲜腿轻轻放于盐托上，左手握住脚，右手中食指把三扦头潜在深处的淤血挤出来（因死血最易感染腐败细菌而导致变质）；腿脚朝里，腿头朝外先在腿皮脚杆上抹一些盐，后在腿面上撒上薄盐，要求少而均匀；再在"三扦一线"上都撒上少许盐。每5kg鲜腿约用盐75g左右，以到次日腿面上仍留有稀少陈盐为度。用盐后，一手提腿脚，一手托皮面，肉面朝上，有次序地一层一层平整地堆叠在腿床上，在正常气温下，一般叠到12～14层，每层间隔竹条4根（或2根），保持平稳，如发现不平整，不能任意拖移更位，仍应双手上托重叠，以免盐粒散落。用盐堆叠完毕，应用竹牌插上日期标签，以防出差错。

(2) 第二次用盐，俗称"上大盐"，在第一次用盐后的24h内进行。方法是手提腿脚，一手托皮面，将鲜腿平放在盐托上，腿脚向里，腿头朝外，先用右手食指再次压挤出二扦头残留的淤血，务必压挤干净，以免后患。同时用食、拇指拈起微量硝酸钠点抹三扦部位，然后自腿头至月亮弯处撒盐。三扦部位肌肉较多、结缔组织多，故需加倍用盐；面上用盐要薄而均匀；腿头处肌肉较薄，用盐要少；在腿鼻凹陷处用手指抹上少许盐，以防出现死角。这次用盐量每5kg鲜腿为150g左右。用盐后，上下易位，堆叠平整，使其受压均匀，加快渗透速度。过三五天后，肌肉因脱水浓缩而变得肉质坚实，呈暗红色，若是肉质绵软，不变原色（仍是鲜红色），则是失盐的象征，应提早翻腌，以免变质。

(3) 第三次用盐，俗称"覆定盐"，在上大盐后的第五天进行。方法是先刮去盐托板上（指放腿位置）的余盐，将鲜腿皮下粘附的盐粒刷掉，防止腿皮过咸发白，然后平放在盐托上，用一手指抹动腿面和三扦部位的陈盐，视腿只大小、二扦部位吃盐情况、肉质软硬程度，重点在肌肉较厚的二扦头并沿骨骼部位撒上新盐，其他部位酌情薄用，每5kg重鲜腿约用盐75g左右。俗话说"大腿腌不咸，小腿腌不淡"，意即大的腿不易腌透，应在肌肉厚层的骨臼部位多加点盐；小的腿容易腌过头，用盐要酌情增减。凡是气温偏高、盐水流失较多时，应多加盐，相反则可少加。总之，要以保持不脱盐（特别是三扦部位）为原则。

(4) 第四次用盐，俗称"覆四盐"，在第三次用盐后的第六天进行。具体做法是先抹去腿皮上粘附的盐粒，严防腿皮过咸吐潮，重点扣住三扦头及其骨骼上面部位适当增盐，其他部位一般不再加盐,每5kg重鲜腿约用盐50g左右,宜少不宜多,主要是通过上下翻堆调整上下压力,促进鲜腿受压均匀,盐分更加深入而达到进一步脱水之目的。

(5)第五次用盐,俗称"覆五盐",在第四次用盐后的第七天进行。主要是检查三杆头部位存盐情况,抹掉陈盐,加上少量盐粒,保证三杆头不失盐而达到肌肉最厚处之深层腌透之目的。每5kg重鲜腿约用盐25g左右,这仅指大腿而言,至于小只腿(指不到5kg)则可收拢腿面上余盐在三杆头上,酌情增减。

(6)第六次用盐,俗称"覆六盐",在第五次用盐后的第七天进行。主要还是保证三杆头不失盐,抹掉陈盐,酌情不加或加少许盐粒。大的腿一般腌足30~35d完毕,小的腿一般已经腌透可以断盐,翻堆后数日腌制结束,刷除腿面上残留的盐粒,转入下一道工序。

腌制是否已经成熟,除了需要有一定的时间之外,还要看吃盐的程度如何。凡是腌透了的腿,肌肉坚实,肉呈暗红色,皮色淡黄干燥,骨骼洁白;而未腌透的腿,则肌肉绵软或外实内虚、肉色鲜红,难以保存;腌得过咸的腿,则肉色较暗或带绿色,潮湿天气皮扩张,皮质发软,干燥天气肉面返潮,腿头会出现盐霜;腌得过淡的腿,则肉质柔软、肉色生红、皮面淡黄,高温天气容易发生质变。

在整个腌制过程中,始终要注意气温的异常变化。上述翻堆用盐量和间隔天数,系指正常稳定的气温(5~10℃)而言。如遇气候突变,骤冷骤热(如发生雷鸣闪电等),则应立即翻堆,不可延误。一旦气候骤热,可减少堆叠层数甚至薄层摊开,并将腿面上陈盐全部刷净,覆用新盐。相反气候骤冷或出现冰冻时,食盐难以溶解,在室内可采用适当人工加温,以利正常渗透。

5. 洗晒

鲜腿腌透了之后,称为"咸腿"。咸腿尚有较多的水分,腿表粘附着较多的污垢和杂质,必须及时进行洗晒,使之继续脱水,保持洁净,防止吸潮而发生黄糊变质,为后期发酵创造必要的条件。整个洗晒操作过程包括下述几项工作。

(1)浸腿

浸腿目的是为下一道洗腿工作创造条件,即将腌透的咸腿及时放入清水池中浸泡。水质要求符合饮用水卫生标准,水量约占水池容积的1/3。把腿逐只排列平放池中,肉面向下,皮面朝上,层层堆放,腿身不得露出水面,否则不易洗刷。如遇天寒地冻。池面要加上盖,防止结冰。浸泡时间长短,要根据气候情况、腿只大小、盐头轻重和水温高低而定。冬季(水温在10℃以下)一般要浸泡15~18h,春天(水温在10℃以上)一般要浸6~8h。如腿只过大、盐味过重、水温较低,则浸泡时间可以延长,反之时间可以缩短。总之要达到皮面发软,肉浸透为度,并消除肌肉表层过多的盐分,使含盐量适当,防止日后干腿返潮。

(2)洗腿

将浸泡好的咸腿用竹帚或洗腿机逐只进行洗刷,自脚爪、脚骨、皮面到肉面,顺肉纹仔细刷净油质污物,同时用刮毛刀修整皮面的残毛糊质,然后再浸泡在清水池中,过2~3h

再进行一次漂洗(俗称"大清"),直到完全干净为止。经洗刷浸漂后的咸腿,肌肉纤维呈绒毛状,在晾晒时水分易蒸发,而内部盐分不易向外扩散,防止日后腿面出现盐霜。

(3)晒腿

将已漂洗干净的咸腿,用草绳或麻绳在爪弯处缚牢,每根绳子两头各缚一只,一高一低,成对地挂在晒腿架上晾晒。要求肉面向阳,间距均匀,使光照充分、通风良好。夜间在腿架上面覆盖油布,预防露水或雨淋,保持干燥。

(4)刮腿

俗称"刮糊",即将洗过的腿挂上晒架后,立即用刮毛刀刮净脚骨和腿皮上残留的细毛、油污和积水,随即用手顺着肉纹捋落肉面的水珠,并再次压挤出三扦头的残余血水,揿平后腰肉,捋直腿鼻,待腿表水分略干后,则适时进行盖印和整形操作。

(5)盖印

约经2h左右晾晒后,腿的皮面已无细小水珠而呈微干柔软状态时,即一手掌顶住腿心肉面,一手握住棕印,蘸上印泥,在踞子骨处皮面皱纹下缘正中盖上监制单位横印、火腿商标直印和产地、班组的代号等字模。盖印一定要适时,否则皮面太湿印泥会被冲淡或流落,过迟则皮干发硬,不易盖上。字迹要求端正、清晰,一目了然,增强美感。

(6)整形

在晒腿过程中,要适时(在印泥略干后)进行整形。当腿面(含印泥)晒得基本干燥后,即把腿平放在校形凳上,将脚爪插入凳孔中,绞直脚骨,并用木褪在时骨端处轻轻敲上三下,使脚骨平直固定,然后将小脚趾顶在凳边上向里压,把脚爪放在凳板上顶压,顶弯脚爪成45°角。再将腿侧放(后平放)在凳板上用双手挤压与捧拢腿心呈丰满状,然后揉拍皮面,使之平整。通过整形,使之基本成为"竹叶形"。

(7)燎毛腿

晒干后,腿皮干缩、残毛暴露,影响产品卫生,必须在上架发酵前于晒场上用喷灯燎去。燎毛时要均匀快速,不得将皮张烧焦,同时注意安全操作。

整个晒腿时间,冬季一般为5~6d,春季一般为4~5d,以皮紧黄亮、肉面铺油为度。在洗晒过程中,如遇连续阴雨天气,不能及时晾晒干燥时,腌好的腿不宜在腿床上堆叠过久,否则容易返潮发糊而影响产品质量,在这种情况下就须采取有效的补救措施,如刷除腿面上的盐粒杂质后,悬挂在较高的地方,使之通风,避免发糊,待天晴时再洗晒,或及时浸洗出来,挂于通风干燥的停腿房里,见晴再晒。也可将半干腿上架发酵,日后复晒,以利腾出晒场,及时洗晒腿床上烤干已腌透的咸腿。总之,凡已腌透的咸腿,千万不可在腿床上延误过久,应及时处理,防止发生变质。

6.发酵

火腿洗晒后上架发酵,是为达到火腿成熟出香并利于长期保存的目的。发酵房宜采用楼房,必须备有挂腿的蜈蚣架设施,并且有防蝇、防潮、隔热、通风、干燥和清洁卫生的条件。

在金华地区的自然条件下,整个发酵时间约6个月左右。发酵期的具体操作方法如下:

(1) 上架发酵

经腌制、洗晒和整形等加工后,火腿从外形、色泽、坚硬度(或含水量)尤其是香味方面来说,都还没有达到成品的要求,此时食用嚼如咸肉,没有火腿特有的芳香气味,只不过是半成品而已。应将洗晒干净的腿用草绳或麻绳扎结爪弯处,成对地送往发酵房悬挂在分层的蜈蚣架上淋洗自然发酵。挂腿要整齐,大小分开,上下、左右、前后

不能相碰,一般腿,与腿之间应保持5cm以上的距离,以利通风,促使正常发酵。

(2) 调节温、湿度

发酵期间要做到勤开关门窗,一般是晴天开窗通风,雨天关窗防潮,高温天气日关夜开,以稳定房内气温,保证发酵正常。发酵房的适宜温度一般为25~37℃,最佳温度为30~35℃。适宜相对湿度为55%~75%,最佳为60%~70%。如温度过高,则会加速脂肪氧化,失油过多;如温度过低,又会影响催化酶的活力,不易出香成熟。如湿度过高(特别是对于不够干燥的腿只),容易泛潮发糊,诱发虫害,引起变质;如湿度过低,又会形成表层结构硬化,使外干里不干,影响正常发酵。

(3) 修整

经过一段时间的风干发酵之后,由于腿身各组织的收缩程度不同,形成了外表凹凸不平的现象,但已处于稳定坚实的状态,腿骨却明显地外露。为使火腿外形美观,必须最后进行一次修整,俗称"修燥刀"。修整时间宜在清明后立夏前进行。

修整要求:用刀具将龙眼骨(即锁臼骨)分三刀削成中间隆起的三角形,不露眼,削平突出部分的眉毛骨和背脊骨,不扣红,不坦鼻(即不露扁骨),腿两边多余膘皮修去成弧形,头脚对直,肉面光洁,平视腿形呈"一直、二等、二比、二看"竹叶形。修整之后,仍将腿依次上架,继续发酵,直至入伏后出香成熟。

(4) 接油

在火腿上架发酵初期,即用整支毛竹对管劈开分为两半,当作接油管挂在底层火腿下面,接集流下的油液,防止滴在地板上污染环境,影响卫生,并可利用其废油擦腿或作肥皂的原料。

(5) 霉菌

在发酵初期,一般气温不高而湿度较大,腿的肉面逐渐长满各种霉菌,俗称"上袍"。凡是绿色或黄绿色相间而类似青蛙皮色的为正常,说明火腿用盐适当、干燥适宜,它对有害菌的侵袭具有一定的防护作用;而干燥度不够的腿,往往长出白色的霉菌,则应特别注意做好通风防潮工作。若腿质过咸,遇湿度过高时则返潮,遇高温干燥天气时则上盐霜结白壳,或呈灰色香灰泥状,不长霉菌。

不论早在冬初加工的火腿,或者迟在立春之际加工的火腿,都要到高温伏季才会出香成熟。在整个火腿发酵过程中,要经常做好检查工作,针对存在的问题,及时采取防范措

施。如发现过咸、泛潮的火腿，可在腿面上涂抹白砻糠灰吸潮灭菌；若在平房挂腿而遇湿度过高，可在地板上铺垫成块的生石灰以防潮；发现腿与腿靠搭相碰，应及时分开，以防粘合而引起发霉变质；发现因未晒干而发生黄糊白壳的腿，应将其表层刮去。然后腿面向上平放在地垫上复晒，晒至出油后再发酵；也可复洗复晒（指黄糊白壳严重的腿），但复洗不宜浸泡在水中，只能蘸水洗刷，以免水分浸入腿肉深层而引起菌害。不论刀刮或复洗的腿，均要利用早晨或傍晚的弱光复晒，中午遮荫，严防暴晒起胖。同时还要做好防虫、防水、防鼠等工作。

7. 落架堆叠

入伏之后，火腿开始出香，渐趋成熟阶段，进入中伏则可分批落架，刷去霉污，分别大小，擦油堆叠，促使后熟软化。然后按照等级规格标准进行质量检验分级，按级堆放，即为成品。

（1）落架刷霉

火腿经过长期挂架风干发酵，腿面上附着厚厚的一层菌粉和污尘，必须在落架时用竹帚或经过装有棕毛衬垫的滑梯刷除干净，然后按大小腿分别堆叠在腿床上，否则菌污混合油质紧贴在肉面上不易除去，会严重影响产品的卫生。

（2）堆叠擦油 火腿落架后要及时堆叠在腿床上，堆叠层数一般以10~12层为宜，做到底层皮面向下，其余的一律肉面向下，皮面朝上。因落架的火腿表层比较干硬，经四五天堆叠之后进行翻堆时，要利用接集的火腿油，最好是植物油涂擦肉面。涂上油层后可隔绝氧气，具有防氧化作用，还能使火腿表层肌肉软化，加上堆叠压力的作用，促使渗油均匀，起到肉质柔软、后熟提香之目的。在擦油过程中，顺便目视腿只大小、脚杆粗细、腿心丰歉、肥膘厚薄和外形色泽等规格要求，再一次初分不同等级，分别堆叠，以减少下一道质量检验分级中的工作量。

①检验分级

火腿经过堆叠、擦油、翻堆达半个月之久，肉质较为柔软，气味较为明显，易于鉴别品质。这时采取打扦的方法，逐只检验火腿内在的质量气味，即用竹扦插入火腿三扦部位的肌肉中，拔出迅速嗅其气味，并按其香气良好和有无异味等不同的肉质规格复分为特、一、二、三级和等外次品。

②成品

火腿经班组检验外形色泽和肉质香味进行初分、复分和调整等级，历时半个月左右的堆叠后熟过程，即为成品。成品仍应分级堆放贮存，每5~7d翻叠一次，上下倒换位置，并要求上下、左右平整（不宜过高），避免歪斜而引起腿形变异。在成品出厂前，厂里规定有一套极为严格的三级质量检验制，即班组自检、互检和厂部专检，均由最有经验的技师把关，凡是等级不符合标准的要重新分级，次品不准出厂。金华地区近年来还有更严格的规定，为确保产品信誉和消费者利益，出厂产品必须经由全地区质量检验机构抽检，被认为完全符合等级规格质量标准后才能投放市场。

四、常年加工火腿新工艺

金华火腿创制多年以来，长期沿袭传统工艺，受到自然地理和气候条件的限制，存在着强烈的加工季节性。"低温腌制，中温失水，高温催熟，堆叠后熟"的新工艺，突破了季节性加工的常规，可以一年四季连续加工火腿，并使生产周期从原来的7~10个月缩短到了3个月左右。

新工艺需要有一套制冷、热风和恒温恒湿等机械设备及其操作技术，同时要消耗较多的能源，因而新工艺制成品的成本比传统的要高。

1. 挂腿预冷

选用新鲜合格的金华猪后腿送进冷气间，挂架预冷，控温0~5℃，预冷时间为12h左右，要求达到鲜腿深层肌肉的温度下降到4~8℃，腿表不得结冰，并将腿面初步修成"竹叶形"腿坯。

2. 低温腌制

经过预冷后的腿坯移入低温恒温间内进行堆叠腌制，控温6~10℃，先低后高，平均湿度要求达到80%，加盐方法为少量多次，上下翻堆一次敷盐一次，骨骼部位重点多敷。用盐量为每100kg净腿冬季为6.5~7kg，春秋季为7~8kg，炎热季节为8~8.5kg。腌制过程中，每4h交换空气一次。腌制期为20d左右，但始终要严格掌握温湿度的变化，过高过低都将会影响火腿的质量。若过高，则食盐溶解过快，流失过多，盐分渗入量过少；过低则食盐溶解困难，盐分渗透缓慢。

3. 中温失水

先将腌好的腿坯移入控温室中，在室温和水温达20~25℃的恒温条件下浸洗干净，等腿表略干后盖上商标印记，并初步校正成"竹叶形状"。然后移入中温恒温间内悬挂风干，控温15~25℃，先低后高，平均温度要求达到22℃以上，控湿70%以下，但又不宜过低。为使腿只风干失水均匀，宜将挂腿定期交换位置，从每天一次逐步延长到4~5d一次，最后进行一次风干、修整定形。风干失水期为20d左右。

4. 高温催熟

通过腌制和风干失水后的干腿，放入高温恒温间内悬挂，催香致熟。前后分两个阶段进行，前阶段控温25~30℃，先低后高，平均温度要求达到28℃以上。后阶段控温30~35℃，同样先低后高，平均温度要求达到30℃以上。控湿一般均在60%以下。要严格掌握适宜的温湿度，若温度过高就会加速脂肪的氧化与流失，过低则会影响腿内固有酶的活力，达不到预期出香后熟的目的。为使腿只受温均匀，每隔5d左右宜将挂腿位置交换一次。催熟期为35~40d。

5. 堆叠后熟

把基本成熟出香的火腿搬到控温库内，堆叠8~10层，白天升温，夜间常温通风。控温25～30℃，控湿60%左右，每隔三、五天翻堆一次，抹油一次，使其渗油均匀，肉质柔软，香味更浓。后熟期为10d左右，即为成品。按照传统火腿的规格质量标准进行检验分级后出厂。

五、虫害的防治

入春以后，气温逐渐上升，大批冬腌火腿正处于洗晒发酵阶段，易受各种肉食害虫的侵袭。如硁蝇、丽蝇、绿蝇、麻蝇、肉食螨等，因此应采取有效的防范措施。清洁卫生是基础，药物消毒是关键，防范设施是条件。

发酵房在使用前进行全面彻底的药剂消毒。火腿晾晒时，丽蝇、绿蝇等害虫往往于腿表面或隙缝中停留产卵，故在火腿上架发酵前必须逐只进行仔细检查，一旦发现应立即剔除，防止虫卵带入发酵房内发育造成危害。发酵房门窗务必有防蝇防虫和防鼠措施。发酵初期，火腿尚蒸发出少量水分，必须及时通风换气，使之保持干燥，利于正常发酵。

任务4 如皋火腿生产工艺

如皋火腿号称北腿，产于江苏省如皋县。如皋火腿成品呈琵琶形，每只2.5～3.5kg，皮色金黄。

一、腌制

选用细皮细爪的猪后腿，修成琵琶形，腿坯称重后在盐台上用盐揉擦其表面，抹去腿部血管内的淤血，在腿尖（俗称油头）两边刀口擦盐，前后共用盐4次。第一次用盐不宜过多，每50kg腿坯用盐1.5kg，主要是拔除血水，谓之上"小盐"。上盐后堆成一堆，次日上盐时再挤出血管中的淤血，这次上盐量为每50kg腿坯用盐3.5kg（每50kg盐内拌硝酸钠25g），谓之上"大盐"。当盐上好后堆成长方形堆，左右堆齐，最高可堆60层，一般堆40～50层。第二次（即第八天）每50kg腿坯用盐3kg（每50kg盐内拌硝酸钠7.5g），同时翻堆，将底层腿翻至上层，第四次（即第二十二天）用盐量为0.75kg，上盐后可堆成散堆。如此堆放6～7d翻一次，并将腿上面的盐擦匀，如有脱盐现象，酌量补加，防止黄糊，到30～40d就可以洗晒。

二、洗晒

先将火腿放进水池内洗刷两次。第二次为精洗，需刮皮、刮毛。洗净后在清水中浸泡16h，然后再换清水洗刷一次。上架揩干水珠，晒6～7个晴天，至腿尖翅起时，表示外部已经干燥。然后卸架打堆压平，进仓上架。在晒腿或进库后，都必须大力灭蝇，如发现被苍蝇叮过者，当立即寻杀蝇卵，防止生蛆变质。

三、晾晒

火腿进仓后，并未全部干燥，因而没有香味，只有经过一段较长时间的晾挂，使火腿逐渐干燥，方能自然产生香味。火腿进仓晾挂应肉面朝窗，皮面朝里。库内要通风透气，并应根据大气情况,白天开窗,傍晚关窗,保持干燥。待火腿干透后(腿的表面生满绿霉表示内部已干),要在霉雨季节前涂仁棉籽油以防黄糊。注意只涂内面不涂皮面,每只火腿约用油250g,起到保护作用。白天仓门窗要紧闭,晚上开窗透凉,以免油脂蒸发。挂4～5个月(大约重阳节前),卸架堆叠,堆叠的目的是为防止油脂外溢并使肉质柔嫩。堆叠的方法是最下面一层火腿肉面向上,第二层以上肉面向下,一排竖,一排横,每堆不超过150～200只,堆一个月后翻堆一次,直至出货为止。

成品火腿挂在干燥的地方可保存2年以上,一年半左右滋味最优。

项目三 中式香肠和灌肠

任务1 中式香肠

香肠的品种按口味分有川味、广味,按形状分有枣式、环肠状、佛珠状,按香型分有香蕉、玫瑰、桂花、香草,金钩型等,从肉的原料分有肉(含猪、牛,羊等肉)、肝、腰、什锦等。

制作香肠除了肉馅、香料等主要原料外,不可缺少的是肠衣。肠衣的选择和加工颇为重要。

肠衣有猪肠衣、牛肠衣、羊肠衣及一些禽肠衣。猪肠有大肠(包括结肠和盲肠,全长约3m)、直肠(包括一部分结肠,长度为1.15～1.50m和0.6m两种规格)、小肠(包括十二指肠),以小肠的用量最大。猪肠壁稍厚,结实而透明,适合灌制各种香肠、腊肠、灌肠等,成品色鲜、味美、不易破损,适宜长途运输。牛、羊肠衣肠壁薄,油脂少,煮熟后食之无味。

任务2 灌肠加工

一、灌肠概述

灌肠是将肉类腌制后用绞肉机绞碎,加入各种调料混拌,灌入天然肠衣或人造肠衣中,经过烘烤、煮制、熏烟、干燥等工序制成的一类肉制品。

灌肠的分类尚无统一的标准。按加工方法分有烟熏的、半烟熏的和不烟熏的。按含水分多少分有含水较多的香肠,水分含量60%以上;含水分中等的半干香肠,水分含量40%～60%;含水分较少的干肠,含水分40%以下。

中式灌肠中有一部分以淀粉浆和肉块混合,加入盐、葱、姜、味精以及香油等常用调味料,有的还加入桃仁、青豆等填充物,灌入肠衣,煮熟,熏制或不熏制。根据肉块的多少,制成档次不同的肠类制品。如粉肠、桃仁小肚、饶阳熏肠等。

二、灌肠生产

灌肠生产包括原料预处理、腌制、灌制、烘烤和蒸煮、烟熏等。

1. 原料肉的处理

加工灌肠的原料肉以刚宰后的热鲜肉为最好,因其黏结性、持水性都较好。实际生产时大量使用的是冷却肉和冻结肉。

冷却肉是保持0℃左右还没有达到冻结程度的低温肉。在低温条件下,细菌、酵母和霉菌微弱地繁殖,贮藏过程中会发生适度的成熟。当贮藏超过7d时,肉的新鲜度会急剧下降。

冻结肉是在-35℃低温下进行速冻,在-20℃温度下冻藏的肉。贮藏6~8个月,新鲜度不会有多大降低。

冷却肉可以直接进行剔骨和分割,而冻结肉则要在解冻后进行。如果是已经剔骨的冻肉,可以用切割机将肉切割成小块,然后直接用绞肉机绞碎。

带骨肉要进行剔骨。剔骨有整剔和分段剔两种方式。整剔方式效率高,肉的利用率也高。剔骨时应把骨头上的肉完全剔净,用于炼油和制胶的骨尤应剔净。注意不能使任何碎骨屑夹杂于肉中,以免绞肉机遭到破坏。剔除骨骼的肉,还须除掉不适于加工灌肠的薄膜、筋腱、软骨、血管、淋巴、斑痕、淤血等部分。如用牛肉还要剔除脂肪,因牛脂肪熔点高,并有膻味。牛肉含筋络较多,除部分大筋外,其余大部分都是筋肉交织在一起的,所以切肉去筋操作应仔细进行。猪肉筋络较牛肉少,且肉质细腻,去掉大的聚集筋络即可。然后根据不同品种需要将肉切成相应规格的块状,以备腌制。切肉时应顺着肌肉纤维的方向,不然影响肉的绞出。

2. 腌制

腌制的目的在于使肉中含有一定盐量,以保证制品具有适当的滋味,抑制微生物的生长繁殖,以及使腌肉具有必要的黏性、弹性和持水性。

根据不同品种可先腌后绞,也可先绞后腌,在腌制前将肉绞细,可使盐分迅速分布均匀,缩短腌制时间。采用斩拌机斩拌过的肉,腌制效果最好,肉的黏性和持水性最大,制品的滋味也好。腌制时间不得少于6h,腌好的标志是80%猪肉的颜色变得鲜红且色调均匀,牛肉变得质地紧实、颜色深红,无论猪肉和牛肉都变得富有弹性和黏性。

硝酸钠的用量根据季节和肉温的不同需要灵活掌握。一般第一、第四季度用量可占肉重的0.12%~0.15%,第二、第三季度可占肉重的0.10%~0.12%,肉温在12~17℃时用量占0.12%~0.15%,肉温在17℃以上时用量应适当减少,可占肉重的0.06%~0.07%。

3. 绞肉和斩拌

绞肉和斩拌的目的是使肉的组织结构达到某种程度的完全破坏。绞碎的程度根据灌肠的种类和等级而不同。煮制灌肠用的肉馅多数应绞碎到能与水形成均匀的糊浆程度。半熏制和熏制灌肠用的肉馅,不必将肌纤维结构完全破坏,这样干燥时可与较多的水分交换。

斩拌是将绞肉机绞过的肉用斩拌机进一步剁细的工序。它是强化灌肠风味、结构、黏结性的重要工序。这道工序不仅起剁细和混拌的作用,还使足量的水分与肉馅充分结合,有利于提高制品的出品率和质量。肉馅的水分含量越大，成品的出品率越高。钙盐会降低肌肉组织的吸水和含水能力，因此，硬水不宜作添加水。

斩拌时间一般为5min左右，时间过短，达不到肉的均化程度，含水分少，制品馅是粗糙的；时间过长，则制品馅会过于疏松。

斩拌时，由于强烈的机械作用，肉温会有所升高。为了避免这种情况，要向肉中加7%~10%肉重的冰屑，冰屑数量包括在加水总量内。斩拌结束时的温度最好能保持在8~10℃以下。在斩拌时加0.3%~0.5%的磷酸盐可改善肠馅结构和稠度、使制品在蒸煮时避免出水现象。

4. 拌馅

拌馅时，先将不带脂肪的肉放入搅拌机，根据需要加适量冷水，搅拌6min后，再加调味料，然后加带脂肪的肉。灌肠中的脂肪含量为15%较合适。肠馅达到均匀和有足够黏性和可塑性（达到黏贴在搅拌器上的程度）时即为拌好。

5. 灌制

灌制过程包括装馅、捆扎和吊挂工序。

（1）装馅

灌制前要检查肠衣质量并用水冲洗。如果用5%的乳酸溶液处理可加速生熏灌肠的干燥。不同性质的肠馅采用不同的灌肠机压力。肉泥灌肠压力为0.39~0.59MPa，煮制灌肠压力为0.59~0.78Mpa，熏制灌肠压力为1.27MPa。通常使用的是全自动气压式灌肠机。

（2）捆扎

为增大灌肠的硬度，常用细绳将肠身捆扎起来，同时在肠衣口刺孔放气，以免有空气的地方在煮制后出现肉汁的积聚。不透气人造肠衣不需刺孔。

（3）吊挂

灌制后的灌肠要吊挂一段时间。吊挂可以改善肠馅的结构和提高坚实程度，由于水分的蒸发，可以使肠馅之间或肠馅与肥膘之间更加紧密地结合。

6. 烘烤

在高温情况下对灌肠表面进行加工，经过烘烤，使肠衣和贴近肠衣的肉馅具有较高的机械坚实性，吸湿性变小，对微生物的稳定性增大，灌肠的表面变成红褐色。

烘烤的温度和时间根据肠衣的粗细和韧度的变化而不同。牛大肠灌肠的烘烤温度为110℃，烘烤时间120min；羊小肠灌肠的烘烤温度为70℃，烘烤时间40min。

7. 蒸煮

蒸煮的作用在于使蛋白质变性，抑制酶的活性，杀灭微生物，使制品具有特殊的香味和滋味。灌肠煮熟的时间决定于灌肠的种类和粗细。煮制时间过长会出现肠馅发干、丧失完整性的现象，肠衣也可能破裂。煮制时间过短，则肠馅内部发黏和颜色发暗。煮好的灌肠要迅速冷却，使灌肠冷却到0℃最好，以抑制残留微生物的繁殖，延长保存期。

8. 熏制

灌肠分为生熏灌肠和煮熏灌肠两种。前者是灌制后不经煮制而直接熏制的,后者需经过煮制后再行熏制。

熏制的目的在于赋予制品特殊的风味,增强制品色泽,并通过脱水作用和熏烟成分的杀菌作用增强制品的保藏性。

熏制时发生两个方向相对扩散的过程,一个是水分由肠馅内部向外部的蒸发,即是脱水过程;另一个是熏烟物质向肠馅内部的渗透。两个过程的速度都同样决定于介质的温度和肠馅的结构。温度高过程快。因此,从杀菌效果和脱水作用方面看,热熏比冷熏优越,但熏制最高温度应以不引起肥膘熔化为限,一般以50℃左右为宜。

熏制时的温度升高会增大制品表面的蒸发强度,在灌肠水分扩散渗透速度不大的情况下,可能造成肠馅中水分分布不均,使表层形成硬壳,里层湿软,或贴近表层处出现空隙。所以熏制过程中应注意调节熏烟室空气和烟混合物的流动速度,使水分不致过速蒸发,运动速度可控制在 8~15m/s 之间。

生熏灌肠应采用冷熏法,温度为 18~22℃,时间为 3~4d(或温度为 15~20℃,时间为 1~2d);煮熏灌肠采用热熏法,温度为 48~50℃,时间为 6~8h。

为使灌肠达到具有保藏性的水分标准,对熏、煮后的灌肠要进行干燥。为抑制霉菌在灌肠表面生长,干燥室的温度应保持在 10~15℃,相对湿度在 75% 以下,干燥室最好安装通风调温调湿的设备,并分割出几个区间,以适应不同干燥条件要求的制品需要。

项目四　酱卤制品

任务1　酱卤制品的特点

酱卤制品是我国传统肉制品中的一大类。其主要特点是成品都是熟的,可以直接食用,产品酥润,有的带有卤汁,不易包装和保藏,适于就地生产,就地供应。酱卤制品几乎在全国各地均有生产,但由于各地的消费习惯和煮制过程中所用的配料、操作技术不同,形成了许多品种,有的成为名产或特产,如苏州的酱汁肉,北京的月盛斋酱牛肉、河南的道口烧鸡等,不胜枚举。

任务2　酱卤工艺

酱卤肉制品的加工特点,一是调味,二是煮制。

一、调味

调味应依地区、品种不同加入不同种类或数量的调味料,加工制成具有特定口味的产品。

1. 调味方法

根据加入调料的时间大致分为基本调味、定性调味及辅助调味。在加热前原料整理后，经过加盐、酱油或其他配料腌制，奠定产品的咸味，叫基本调味。在原料下锅后加热煮制或红烧时，随同加入主要配料如酱油、盐、酒、香料等，决定产品的基本口味，叫定性调味。在加热煮熟之后或即将出锅时加入糖、味精等，以增进产品的色泽、鲜味，叫辅助调味。

2. 酱卤制品

用加入调味料种类、数量不同而有五香、红烧、酱汁、糖醋、卤汁等多种制品。

五香和红烧制品是酱制品中最广泛的一大类。这类产品的特点是加工中用较多的酱油，所以有的地方叫红烧制品。另外在产品中加入八角、茴香、桂皮、丁香、花椒、小茴香等多种香辛料，形成不同的风味，又有五香制品的称谓。在红烧时以红米为着色剂，产品为樱桃红色，鲜艳夺目，稍带甜，产品酥润的，叫酱汁制品。在辅料中加入多量的糖分，产品色浓味甜的，又叫蜜汁制品。而当辅料中加入糖醋，使产品具甜酸滋味时，又叫糖醋制品。其加工方法大致相同，只是辅料不同而已。

二、煮制

煮制在酱卤制品加工中包括清煮（也叫白烧）和红烧清煮就是汤中不加任何调味料，只用清水煮制。红烧是加入各种调味料进行煮制。无论是清煮和红烧，它对形成产品的色香味形都有决定性的影响。

煮制的目的是使产品成熟，因此肉类在煮制过程中结构、成分都要发生变化，其主要变化前已介绍，这里再将煮制中肉的收缩做一说明。

1. 由于胶原蛋白在肌肉组织中的分布部位各不相同，在肉的煮制过程中，产生收缩变形的情况也不同。当胶原蛋白被加热到 64.5℃ 时，其纤维在长度方向要收缩为原长度的 60%，因此肉在煮制时收缩变形的大小与肌肉间结缔组织密切相关。如同样在 70℃ 沿着肌肉纤维纵向切下，只是部位不同，其收缩程度也不同。

2. 在煮制中随着煮制时间的延长，胶原的机械强度减低，并且逐渐转变成明胶，但肉的不同部位转变成明胶的强度是不一样的。即使是同样大小的牛肉块，随着煮制时间的不同，不同部位胶原转变成明胶的变化量相差是很大的，因此，在煮制时应根据肉的不同部位和加工的产品合理使用。

3. 胶原转化为明胶的速度，随温度的升高而加快，在接近时转变得最快；同时亦与沸腾的状态有关，沸腾的剧烈则转化速度加快。

任务3 酱卤肉制品加工中的常见问题

一、卤肉制品上色不均匀

卤制品在加工过程中需要油炸上色，不同的产品有不同的颜色要求，如柿红色、金黄色、红黄色等。通常油炸前在坯料外表均匀涂抹一层糖水或蜂蜜水，油炸时糖水或蜂蜜水中的还原糖会发生焦糖化，并与肉中的氨基酸等发生美拉德反应产生色素物质，会使肉表面形成所需要的颜色。一般涂抹糖水的坯料油炸后呈不同深浅的红色，涂抹蜂蜜呈不同深浅的黄色，两者混合则呈柿黄色，颜色的深浅取决于糖液或蜂蜜液的浓度及两者的混合比例。

上色不均匀是加工卤制品者常遇到的问题，往往出现不能上色的斑点，这主要是由于涂抹糖液或蜂蜜时坯料表面没有晾干造成的。如果涂抹糖液或蜂蜜时坯料表面有水滴或明显的水层时糖液或蜂蜜就不能很好附着，油炸时会脱落而出现白斑。因此，通常在坯料涂抹糖液或蜂蜜前一般要求充分晾干表面水分，如果发现一些坯料表面有水渍，可以用洁净的干纱布擦干后再涂抹，这样就可以避免上色不均匀现象。

二、酱卤肉制品加工过程中的火候控制技术

火候控制是加工酱卤肉制品的重要环节。旺火煮制会使外层肌肉快速强烈收缩，难以使配料逐步渗入产品内部，不能使肉酥润、产品干硬无味、内外咸淡不均、汤清淡而无肉味；文火煮制时肌肉内外物质和能量交换容易，产品里外酥烂透味、肉汤白浊而香味厚重，但往往需要较长的煮制时间，并且产品难以成型，出品率也低。因此，火候的控制应根据品种和产品体积大小确定加热的时间、火力，并根据情况随时进行调整。

火候的控制包括火力和加热时间的控制。除个别品种外，各种产品加热时的火力一般都是先旺火后文火。通常旺火煮的时间比较短，文火煮的时间比较长。使用旺火的目的是使肌肉表层适当收缩，以保持产品的形状，以免后期长时间文火煮制时造成产品不成型或无法出锅；文火煮制则是为了使配料逐步渗入产品内部，达到内外咸淡均匀的目的，并使肉酥烂、入味。加热的时间和方法随品种而异。产品体积大时加热时间一般都比较长。反之，就可以短一些，但必须以产品煮熟为前提。

三、卤肉肉质干硬或过烂不成型

卤肉易出现肉质干硬、不烂或过于酥烂而不成型的现象，这主要是煮肉的方法不正确或火候把握不好造成的。煮牛肉火过旺并不能使酥烂，反而嫩度更差；有时为了使肉的肉质绵软，采取延长文火煮制时间的办法，又会使肉块煮成糊状而无法出锅。为了既保持形状，又能使肉质绵软，一定要先大火煮，后小火煮，必要时可以在卤制之前先将肉块放在开水锅中烫一下，这样可以更好地保持肉块的形状。煮制时要根据肉的不同部位，决定煮制时间的长短。老的肉煮久一点，嫩的肉则时间短一些。

四、酱卤肉制品保鲜

酱卤肉制品风味浓郁、颜色鲜艳，适合于鲜销，存放过程中易变质，颜色也会变差，因此不宜长时间贮存。随着社会需求增多，一些产品开始进行工业化生产，产品运输、销售过程的保鲜问题十分突出。一般经过包装后进行灭菌处理可以延长货架期，起到保鲜作用。但是，高温处理往往会使风味劣变，一些产品还会在高温杀菌后发生出油现象，产品的外观和风味都失去了传统特色。

选用微波杀菌技术、高频电磁场杀菌技术等具有非热杀菌效应新技术，结合生物抑菌剂的应用及不改变产品风味的巴氏杀菌技术，可以在保持产品风味的前提下起到保鲜和延长货架期的目的。此外，一些酱卤制品如卤猪头肉等高温杀菌后易出油，不合适进行高温灭菌处理，可以使用抑制革兰阳性菌繁殖的乳酸链球菌素，结合巴氏杀菌技术，或改变包装材料，如用铝箔袋等进行包装，从而达到保鲜目的。

五、老汤处理与保存

老汤是酱卤肉制品加工的重要原料，良好的老汤是酱卤肉制品产生独特风味的重要条件。老汤中含有大量的蛋白质和脂肪的降解产物，并积累了丰富的风味物质，它们是使酱卤肉制品形成独特风味的重要原因。然而，在老汤存放过程中，这些物质易被微生物利用而使老汤变质；反复使用的老汤中含有大量的料渣和肉屑也会使老汤变质，风味发生劣变。用含有杂质的老汤卤肉时，杂质会粘附在肉的表面而影响产品的质量和一致性。因此，老汤使用前须进行煮制，如果较长时间不用须定期煮制并低温贮藏。一般煮制后需要贮藏的老汤，用50目丝网过滤，并撇净浮沫和残余的料渣，入库0℃～4℃保存、备用。在工业化生产中，为保持产品质量的一致性，通常用机械过滤等措施统一过滤老汤，确保所有原料使用的老汤为统一标准。

六、酱卤肉制品生产中的食品添加剂

在酱卤肉制品生产中，许多食品添加剂是不允许使用的，但许多允许使用的原料中常含有这些食品添加剂，并且这些不允许使用的食品添加剂可能会因为使用了允许使用的原料后而在产品中检出。如酱油中含有苯甲酸，在酱卤过程中使用了酱油，肉制品成品中就会含有不允许使用的苯甲酸。这种情况往往使生产者无所适从。

事实上，不允许添加并不表示不得检出。管理部门会根据检出的量，再结合企业使用原材料的情况来判定企业是不是使用了食品添加剂。因此，只要按照国家有关规定要求进行生产，一般不会出现问题。

七、酱卤肉制品生产设备的材质

肉制品易于生长微生物而发生腐败变质，因此要求肉制品生产企业所用加工设备、设施及用具等采用易于清洗消毒和不易于微生物孳生的材料制成，如用不锈钢材料等。然而，传统酱卤肉制品加工过程中通常使用一些木制工具进行生产加工，这在现代工业化生产中是不允许的。规模化工业生产时，微生物安全控制要比作坊式小规模生产时困难得多，如果控制不严，很容易发生严重的食品安全问题。因此，工业化生产中不能按传统作坊式加工的管理模式进行管理，必须对加工设备和工具的材质进行严格控制，不得使用木制工具。

八、酱卤制肉品生产的卤汤澄清

卤汁中除了大部分的水分外，还含有多种香料浸出物、芳香物质及大部分的色素，这

些物质在较热的环境中会发生更为复杂的物理化学变化，从而形成特有的卤制风味。但同时，这些物质也会使卤汤产生混浊现象，影响产品的加工品质。使用食品加工专用的澄清剂和吸附剂可以将卤汁中的部分杂质和色素清除，但会减弱卤汤的口味。生产过程中可以通过控制火力和调整配料进行控制，如使用小火及加大配料中的白芷可以减轻混浊现象。卤汤使用后立即进行过滤可以保持澄清状态。

九、糖色熬制与温度控制

糖色在酱卤肉制品生产中经常用到，糖色的熬制质量对产品外观影响较大。糖色是在适宜温度条件下熬制使糖液发生焦糖化而形成的，关键是温度控制。温度过低则不能发生焦糖化反应或焦糖化不足，熬制的糖色颜色浅；而温度过高则使焦糖炭化，熬制的糖色颜色深，发黑并有苦味。因此，温度过高或过低都不能熬制出好的糖色。在温度不足时，可以先在锅内添加少量的食用油，油加热后温度较高，可以确保糖液发生焦糖化，并避免粘锅现象。在熬制过程中要严格控制高温，避免火力过大而导致糖色发黑、发苦。

项目五　肉烧烤制品

任务1　烧烤制品的分类

烧烤制品是新鲜畜禽肉在高温下烤制而成的一种色泽鲜艳、具有特殊香味的肉制品，这类制品种类很多，如叉烧肉、烤乳猪、烧鹅、烧鸭、烧鸡等。

任务2　烧烤的基本原理和目的

一、烧烤的基本原理

利用热空气对制品进行加热称为烧烤，它是肉制品热加工的一种方法。烧烤能使肉制品产生诱人的香味，增强表面的酥脆性，以及美观的色泽。烧烤前浇淋热水和晾皮，使皮层蛋白凝固、皮层变厚、干燥，烤制时，在热空气作用下，蛋白质变性而酥脆。

二、烧烤的目的

赋予肉制品特殊的香味和表皮酥脆性，提高口感；脱水干燥，杀菌消毒，防止腐败变质，使制品有耐藏性；使产品色泽红润鲜艳，外观良好。

三、烧烤方法

烧烤的方法基本有两种，即明炉烧烤法和挂炉烧烤法即暗炉烧烤法。挂炉烧烤法应用比较多，它的优点是花费人工少，对环境污染少，一次烧烤的量比较多，但火候不是十分均匀，成品质量比不上明炉烧烤好。

任务3 烤乳猪

烤乳猪是广东烤制品中的特产,它的特点是色泽鲜艳、皮脆肉香、入口松化。

一、工艺流程

选料→配料→预处理→烧烤→成品

二、操作要点

1. 原料选择

选择身体丰满、皮薄、活体质量6~8kg的仔猪。

2. 配料

以一头仔猪计,用五香粉0.15g,食盐0.075kg,白糖0.15kg,麻酱0.0075kg,干酱0.05kg,南味豆腐乳0.05kg,蒜、酒、麦芽糖等少许。

3. 预处理

(1)将选好的仔猪放血、退毛、取出内脏、切去猪手脚、剔去四柱骨(即手脚附近的四条大骨),肉厚部分用刀割花,以便吸收调味料和熟得均匀。

(2)用清水冲洗,以除去皮上的污染物,并抹干水分。

(3)把五香粉炒过,加入精盐拌匀,先放入胸、腹腔内擦匀,腌10min左右,再将白砂糖、麻酱、干酱、南味豆腐乳或蒜、酒等加入,然后用长铁叉把全猪从后腿穿到嘴角。

(4)用70℃的热水淋猪皮面(使猪皮膨胀平直),后将麦芽糖溶液涂在皮上,挂在通风处风干表皮。

4. 烧烤

烧烤的方法有两种,即明炉烧法和挂炉烧法。把腌好的猪用长铁叉叉住,放在炉内烧烤,烧时要经常转动乳猪,并适当针刺猪皮和扫油,以提高质量。挂炉烧法是先将炉预热到180~220℃高温,再把乳猪挂入炉内,约烤30min左右。烤中同样要刺皮和扫油,即在猪皮开始变色时用针刺猪皮,且在猪身泄油时,将油扫匀。

任务4 叉烧肉

一、工艺流程

选料→切条→清洗→腌制→烧烤→成品

二、加工要点

1. 原料的准备

用作叉烧肉的原料肉,多选前、后腿肉和肋肉,切成长40cm,宽4cm,厚1.5cm,约0.35kg的长条肉。

2. 配料

各地区口味不同，配料不同。

3. 腌制

把准备好的肉条放在盆内，加入酱油、盐、糖，并不断搅拌，以便使配料均匀地渗入，约浸腌1h，在浸腌过程中，每隔20min将肉条翻动一次，最后把香油和酒加入，并翻动混合。腌好的肉条，穿在铁制的排环上或挂在铁钩上。排环每环穿10条，铁钩一钩一条，准备烤制。

4. 烤制

把穿在排环上的肉条移入温度为200℃左右的烤炉内，进行烤制。经15min后打开炉盖，转动肉条，使烤制均匀，再烤30min，出炉用麦芽糖水溶液上色，再入炉烤3min，出炉为成品。成品应当天销售，超过6h，烤香散失，色泽暗红，鲜味下降。0℃左右可存放1d。

项目六 干制品

任务1 干制品分类

肉类食品的脱水干制是一种较为普遍的加工和贮藏手段，特别是近年来远红外加热干燥和微波加热干燥设备的发展和应用，为肉类干制品的品质提高创造了条件。干制品主要有肉松、肉干和肉脯。

任务2 肉松

肉松按其所用原料可制成各种制品，如牛肉松、猪肉松、鱼松、鸡肉松等，而以用瘦猪肉加工制得的肉松最为普及。肉松从加工方法和配料的不同有太仓肉松和福建肉松之分。

一、太仓肉松

太仓肉松创始于江苏太仓，距今已有100多年历史。

1. 原料选择

肉料最好选用新鲜猪肉，去皮、骨和所有的肥膘，只取用瘦肉。后腿的瘦肉最为标准。

2. 肉料焖煮

肉料在煮制前要放入清水中浸泡。如用冻肉，浸泡时间需加长，以便充分解冻和浸出血水。

肉料入锅焖煮时，要先将水沸腾后再下锅。这样，经加热后肉很快收缩紧实，可避免肉料焦锅。沸煮时间的长短决定于肉料老、嫩程度，老肉先下锅，焖煮时间长，约3h；嫩肉后下锅，焖煮时间短，约2h。

焖煮时的用水量不宜过多，不必将肉料全部浸没，因为肉被加热变性后会排出部分水分，体积缩小，而自行浸入煮汤中。在沸煮过程中不必经常翻动，水沸后翻动一次即可敞开锅，直至煮好。

沸煮时火力不可太旺，煮沸后要立即减弱，改用慢火煮到肉为软散程度为止。

3. 除浮油

这是最关键的一道工序，与成品质量关系极大，必须掌握时间将浮油除净。油不净则不易炒干，并易于焦锅，使成品发硬、颜色发黑。

将煮好的肉块撕开，放入锅内的清水中，加酱油和调味料。酱油用量为生肉1kg加140g，这样，随煮随翻，随除浮油，直到浮油除净为止。

4. 炒制

除净浮油后加入辅助材料，待水分烧干到一定程度，即可进行炒制。炒制过程主要是脱水，使肉干燥疏松，增加香味。炒制时也要火力适中，炒至含水量18%~20%左右即为炒好，炒好的肉松要揉擦松散，搓前不能冷冻，冷冻会使肉松发脆。经过搓松后即为成品。成品水分含量不大于20%。

5. 成品的贮藏和包装

肉松要在压实密闭的情况下贮藏，库房需阴凉干燥，防止潮湿。贮藏期2~3个月，如用真空密封包装，可延长保存期。

二、福建肉松

福建肉松与太仓肉松的加工方法基本相似，只是辅料和最后工序稍有不同。福建肉松加糖较多，甜味大，最后工序中油炒成颗粒状，成品油性重，保存期比太仓肉松短。

任务3 肉干

肉干是用新鲜牛肉或瘦猪肉经蒸煮，并根据产品要求加入各种辅料，烘干而制成的产品，其名称随原料肉、配料、形状等不同而异。肉干按原料可分为猪肉干、牛肉干等，按配料可分为咖喱肉干、五香肉干、辣味肉干等。此外有片状、块状、条状等肉干，但制法基本相同。

一、原料处理

选新鲜的瘦肉，除去骨、筋腱及脂肪，后用清水洗净并沥干，然后切成500g左右的肉块。

二、初煮

将洗净并沥干水分的肉块，放入锅内加清水煮30min，当水烧开后，撇去肉汤上面的浮油，捞出肉块，按需要切成肉片或肉丁。

三、配料

根据各地口味习惯进行配料。

四、复煮

取一部分原汤，加入配料，用大火煮开后，将切好的肉块或肉丁放入锅内，改用小火，并不断翻动,当煮到肉质疏松,汤汁快干时,就将肉片或肉丁从锅内取出,沥去汁液。

五、烘烤

将煮好并沥干的肉片或肉丁,平铺在铁丝网上后,移入烘房进行烘烤,烘房温度保持在 50~55℃,在烘烤过程中,要经常翻动,使受热均匀。

六、保藏

制成的肉干,包装好后置于干燥通风的地方保存。

任务4 肉脯

肉脯是烘干的肌肉薄片,与肉干不同,肉脯不经煮制,经烘烤成熟,制造方法如下。

一、原料处理

选新鲜的猪后腿肉(或牛肉)除去骨、筋腱和脂肪,切成小块,洗去油污,然后装入肉模内,送到速冻间冷冻至肉中心温度为 -2℃,再用切片机切成薄片。

二、配料

瘦肉 10kg,白砂塘 7kg,特级酱油 4kg,五香粉或胡椒粉 0.5kg,味精 0.15kg,白酒 1kg。将调味料混合溶解后,拌入肉片内,并搅拌均匀,使调料充分渗入肉中,最后将肉片按规格平铺在铁网上进行烘制。

三、烘制

将铁网放在 50℃ 左右的烘房内烘烤,约经 30min 后肉片变硬,这时将肉片逐片掀起(但不要翻身),使热气进入,促其烘熟。为使肉片受热均匀,还要适当调动网筛上肉片的位置,然后再烘 40min,烘到有香味、肉片发硬发脆时,就可出烘房。烘熟后再用压平机压平,最后按其需要的规格切成小片包装,即为成品。

项目七 西式肉制品生产工艺原理

任务1 西式肉制品的分类

西方各国对肉制品的分类虽然不尽相同,但通常根据原料和加工工艺的不同粗分为西式火腿、西式香肠和培根等,有时也根据加工中熟制温度的不同,粗分为低温肉制品和高温肉制品。

一、西式火腿

西式火腿与中国传统火腿加工方法有很大区别,且西式火腿品种很多,有美国所规定的必须以猪腿加工而成的整只火腿,有用大块精肉制的盐水里脊火腿、肩肉火腿,也有用小块精肉和碎肉制的压制火腿、灌肠火腿等等。现市场上用通脊等整块肉腌制熏烤制成的无包装熟制品也可归为火腿一类。

二、西式香肠

西式香肠是指将腌制后的碎肉或肉糜添加各种辅料、调味料，拌和均匀或乳化后灌装入天然或人造肠衣中，经烟熏、蒸煮、干燥等工序加工制作而成的肠状熟肉制品，西式香肠是最具地方特色的一大类制品。不同产地的制品因原辅材料的不同、加工工艺的不同、风味的不同，而形成众多以产地命名的产品，如法兰克福香肠、维也纳香肠、克拉科夫香肠等。

三、培根

培根是英文 Bacon 的音译，原指用整块原料肉熏腌制成的大块生咸肉制品。用猪肋条五花肉（奶脯）腌熏而成的叫奶培根，用猪大排制成的叫排培根，也有用猪舌、牛舌等制成的杂类培根。培根需熟制后才能食用。

任务2　西式肉制品的特点

虽然我国肉制品加工历史悠久，品种繁多、加工技艺精湛高超，成品具有独特的色香味形，为世界饮食文化中一颗璀璨的明珠，但大多是个人或少数人掌握的独特技艺，满足于餐馆、家庭的享用或以作坊形式作为地方特产而有少量生产，真正形成西方规模化生产的品种很少。西式肉制品与此相反，由于西方以肉食为主，日人均食肉量为 200～300g 以上，生产工业化程度高，科技水平高，在肉制品的研究、加工、机械装备等方面都居于领先地位。西方肉制品占屠宰量的一半以上，甚至高达 2/3，远高于我国不足 10% 的水平，这就形成了西式肉制品如下的一些特点：

1. 产品工业化程度高、规模大、品种多。
2. 新技术、新工艺应用广泛。
3. 研究水平较高。
4. 产品营养丰富、口感细腻、风味鲜美，易于消化吸收。
5. 产品质量规范、一致。

这些方面都是我国传统肉制品的不足之处，急需在保留传统风味特色基础上，研究如何吸收西方肉制品加工的新技术、新工艺，采用新设备，用现代工业化生产方式生产出更多更好的肉制品，满足人们多种多样的消费需求。

任务3　西式肉制品生产工艺原理

在西式肉制品的研究和生产中已逐步形成了一些较为成熟的基本工艺原理，这些原理对于保证西式肉制品加工质量具有非常重要的意义。

一、乳化原理及持水性

脂肪是肉制品不可缺少的重要组成成分。脂肪的存在不仅增加了制品的营养价值，更使肉制品柔嫩鲜香。但如果加工处理不当，常会使脂肪熔失，直接影响肉制品的风味、口感。保持肉制品中适当的脂肪含量，除采用合理的工艺配方，控制加工温度、时间、强度等外，肠类制品还常常对原料进行乳化处理。

乳化就是利用表面活性剂所具有的亲水、亲油基团双重结构的特性，使水与脂界面消失，形成单一相的乳浊状。肉中盐溶性的球蛋白就是一种优良的乳化剂，当用盐腌制，并经滚揉、斩拌等机械作用处理时，有效地将盐溶性蛋白质大量抽提出来，与水形成良好的溶胶，经加热，就能形成封闭网络结构，有效地保持着肉制品中的水分和脂肪。

不同肌肉中盐溶性蛋白含量不同，为获得良好的网络结构，除选用含盐溶性蛋白高的兔肉当作为"芡肉"外，常添加植物分离蛋白、血清蛋白及其他乳化剂。

肉在腌制时由于吸收腌液中的水分和盐而膨胀。对膨胀有较大影响的是肉的pH、腌液中盐的浓度及肉量与腌液的比例等，但腌液中食盐能促进脂肪酶的作用和脂肪的氧化，因此，有时腌肉会使脂肪发生较大的氧化变质，须采取措施予以防止。

评价火腿、香肠类西式肉制品质量的主要感官指标有产品的弹性、嫩度、切片性、咀嚼性等，这些特性都与肉的持水性、结着性密切相关，除利用乳化原理及腌液中的食盐促使盐溶性蛋白质形成封闭性网络结构，使肉制品增加持水性及结着性，获得良好的弹性、嫩度外，腌液中磷酸盐对肉制品的持水性、结着性也有非常重要的作用。因肉类蛋白质的等电点在pH5.5左右，此时蛋白质呈中性，失去与水结合的能力，持水性最差。而磷酸盐溶液大多呈碱性，可提高肉的pH，使肉蛋白质呈离子状态，增大与水结合的能力，提高肉的持水性。

磷酸盐有较高的离子强度，较低的浓度即可使凝胶状态的球蛋白溶解度增加转变为溶胶状，从而提高肉的持水性。试验表明，聚磷酸盐和焦磷酸盐的使用效果最好，实际使用时多用几种磷酸盐的混合制品。

二、呈色

肉的呈色已述及，不再赘述。

三、烟熏原理及方法

对烟熏工艺及其卫生要求前已作过介绍。烟熏对肉制品有多种作用，包括呈味作用、杀菌防腐作用、抗氧化作用、脱水作用、促进呈色作用和赋予制品表面颜色的作用等。其原理是利用在熏烟中的各种成分，主要是酚类成分的作用。熏烟方法有冷熏、温熏、热熏和焙熏等。

任务4 如何控制西式肉制品的污染

微生物污染的渠道多，因素很复杂，涉及产、储、运、销等各环节都会造成污染，主要从5个方面加以控制：

一、原辅料控制

原料肉应当选用政府定点屠宰企业生产的产品,应有卫生检验检疫合格证明,进口原料肉必须经出入境检验检疫部门检验合格,不得使用非经正常屠宰死亡的畜禽肉及非食用性原料。辅料应符合国家标准及有关规定,严禁使用不合格的原辅料及未经证明不安全的原辅料。如果使用的原辅料为实施生产许可证管理的产品,必须选用获得生产许可证企业生产的产品。

二、加工过程的温度控制

在肉制品加工过程中,应严格控制原料肉、半成品和成品的温度,防止由于温度升高造成肉品腐败及微生物污染与繁殖。

三、工艺流程设计

车间布局与工艺流程的设计应合理,热加工区应为生料加工区与熟料加工区的分界线,能使生熟分开。生料加工区和熟料加工区应分别设置工作人员入口、更衣室和洗手消毒设施,杜绝操作人员流向与物料流向不合理造成的交叉污染。

四、原料库、辅料库、成品库

应干燥、清洁,防鼠防蝇,温度应满足工艺要求。

五、人员

车间工作人员须穿着洁净的工作服、工作鞋、工作帽并佩戴口罩,工作帽应罩住全部头发,工作服应定期清洗消毒。

项目八 西式火腿生产工艺

任务1 西式火腿的特点

西式火腿除生熏腿外形类似于中国火腿以外,其他均有很大的不同。大多数品种是去骨(相当一部分是同时去皮)的熟制品,故称之为蒸煮火腿或熟火腿。工艺上,西式火腿生产经原料处理、腌制、滚揉、充填或装模、烟熏蒸煮、冷却、包装等工序,经检验合格后即可出厂上市。其中最显著的特点是在腌制过程中,采用先进的盐水注射法,直接将腌液注射到肌肉内,大大缩短了腌制时间,再经滚揉、按摩、嫩化处理,使产品肉质细嫩、鲜美,提高了成品的营养价值和出品率,且食用方便,有较高的经济效益。国内已有相当多的厂家具有生产规模,产品投放市场很受消费者欢迎。

◆ 知识拓展

中式火腿是选用整块猪肉经过蒸煮腌渍腊制而成,以金华火腿、宣威火腿、腊肉为例,可以在干燥处长期存放。西式火腿是用西式工艺将肉块打碎，配料搅拌，灌装，然后蒸煮成形，像得利斯雨润的圆火腿、培根火腿等，一般在低温柜销售。真正意义上的火腿是不添加淀粉的，国内销售的火腿都是添加淀粉或大豆蛋白的，不能称得上是真正意义的火腿。

任务2　西式火腿的基本工艺

一、原料肉的选择与处理

美国火腿要求用猪后腿加工，而一般西式火腿则不一定非用猪腿，但均是以瘦肉块为主料的高档肉制品。原料肉的选择必须严格符合卫生检验的要求，最好用鲜肉。西欧诸国要求火腿原料肉的pH应在5.8～6.3之间，德国执行按瘦肉率等级选肉。灰白色、质软、渗水、pH低的PSE肉和色暗、干硬的DFD肉均不能用于制作火腿。

除整火腿外，对原料肉要预先冷却至-1～2℃，然后进行剔骨、分割、选分，除去皮、筋、膜、腱、淋巴结、脂肪等，并尽可能破坏肌肉表面的结缔组织，切成重0.7～1.0Kg或更小的肉块称重，以便准确计算盐水注射量或腌制用盐量。

操作间要整洁、卫生，温度保持在10℃左右。

二、腌制

腌制有干腌法、湿腌法、注射法。目前主要采用干腌法或肌肉注射法。腌料一般由精盐、亚硝酸钠、复合磷酸盐、糖、维生素C、大豆分离蛋白等组成。有些产品添加有淀粉、调味料、品质改良剂等辅料。产品不同、厂家不同、工艺不同，腌料的配方各有不同。

注射盐水也有用混合粉（含有精盐、亚硝酸钠、复合磷酸盐、葡萄糖，维生素C和品质改良剂等成分）配置而成。盐水配成后要冷却至10℃以下备用。盐水的浓度主要由产品含盐量（一般为1.5%～3.0%）、含水率、总注射量等因素所决定。工业生产中，注射法目前都用多针头刺入肌肉内，注入一定量（15%～30%甚至更高）腌制用盐水。短时滚揉30min左右后，置于0～4℃冷库中大约腌制20h，使盐水扩散，被肌肉吸收分布均匀。注射法可大大缩短腌制时间，提高腌制质量，增加产品的得率，改善产品质量，故得到了广泛的应用。

也有采用湿腌法的，即将整理后的原料肉浸于腌液中，在0～4℃条件下，按块重每公斤2d左右的时间腌制。腌制中要翻倒数次，使腌制均匀。湿腌法的优点是腌制均匀，制品柔软、多汁、味好，缺点是蛋白质等浸出物损失大。

干腌法是将腌料粉涂擦或拌和于原料肉中，在低温下腌制。腌制简便，但不易均匀，需多次涂擦或翻倒。主要适于小块肉的腌制。

三、嫩化与滚揉

嫩化与滚揉都属于机械性加工过程，嫩化是在盐水注射后或注射前，也有在注射的同时，采用敲打、揉搓、轧切、穿刺等机械处理来破坏肌肉纤维、筋腱和结缔组织，从而有利于盐溶性蛋白的提取和筋腱中胶原蛋白的吸水，达到软嫩可口的效果。

滚揉是一种较强烈的机械作用，腌制后的肉块，在滚揉机内通过转动的圆筒或桨叶进行抛掷、撞击、碾压等物理加工过程。另一种较缓和的处理称为按摩或揉摩，即肉块通过垂直轴上桨叶转动，按压肉块表面的肌肉组织，使肌肉组织间相互摩擦，而不出现整块肉的翻转运动。

通过这些机械性作用，使肌纤维结缔组织的抵抗力减弱、肌纤维内部蛋白质松弛，并受到不同程度的破坏，盐溶性蛋白的提取使蛋白质的水化作用增强，提高了腌制效果，可显著改善制品的外观、颜色，肉块间的结着性、持水性，以及味道和嫩度。在加热时，蛋白质变性凝固，有较强的结合能力，从而大大提高了出品率。

在加工过程中采用真空法能排除肉原料及其渗出物中的空气，避免了热加工中空气膨胀破坏产品结构，真空还有助于改善腌肉制品的外观颜色，消除氧化影响。在5℃下，间歇式真空滚揉（转10~20min，静置2~30mrin，总转数8000转）可获得最佳的切片性能、结着强度、弹性、嫩度、腌制风味和出品率，也有采用超声波滚揉加工的，效果很好。

四、充填、装模

除生熏腿、卷腿外，压制火腿（包括盐水火腿）和肠型火腿都需装入特制的模具、铁听或肠衣内，使之成形。火腿模具多种多样，有长方柱形、圆柱形、梨形等，一般用铝合金制成，模盖带有弹簧。肉料装入衬模后，抽真空加盖，利用弹簧施加一定压力，使产品组织密实。或用充填机将拌好的肉料灌入天然或人工肠衣（聚偏二氯乙烯、纤维素肠衣）内，然后拉紧，打扣结扎，有时还需放入有收缩性的网袋内，施加一定压力，使产品组织致密。

五、烟熏蒸煮

生产烟熏风味的制品时，可以用烟熏液调味，也可直接烟熏。用烟熏制的产品，包装材料要有一定的透气性，如动物肠衣或胶原肠衣、纤维肠衣。烟熏在专用熏房或熏柜中进行。制品先在50℃左右温度下经短时间干燥，然后在60℃左右温度下进行热熏处理，促使熏烟渗入。除生熏腿外，经烟熏或不经烟熏的制品均须蒸煮熟化，熟化才能形成肉制品特有的口感风味，杀灭微生物，便于保存食用。

常温环境中长期保藏的制品，必须经121℃高温处理，并须具有密封良好、可隔绝外界微生物接触的包装。一般大多数西式火腿熟制温度均在100℃以下，称为低温制品。过高的加热方式使蛋白质强烈变性收缩、失水、老化，破坏制品的鲜嫩度，并使产品得率降低，有损于产品的质量。理论上讲，嫩度、弹性、咀嚼性等感官特性最佳的熟化温度为66℃左右。提高制品持水性、增加出品率的最佳熟化温度不应高于65℃。为安全起见，在保证制品卫生质量、有效杀灭有害微生物的前提下，我国目前掌握的标准是煮制水温不低于75℃，蒸制温度不低于80℃，制品中心温度达到65℃以上需保持30min，或最终温度应达到72℃，甚至82℃。

生产操作中，常采用"变动式"的加热方法，即在煮制前30min内先采用90~100℃的温度，然后再降至70~75℃恒温加热到终点，这种方法是利用高温促使制品表面蛋白质变性收缩，阻止制品内氨基酸等小分子物质的流失，有利于提高产品质量和出品率。

最新的加热方式被称为"Δt式加热"，即差温温度调节法，即调节加热温度使之与制品中心温度始终保持一固定差值的方式。当调节到最佳值时，可最大限度地减少产品的蒸煮损失。实验证明当75℃时，产品质量最佳，且可明显提高产品的经济效益。

六、冷却

从有利于产品保存性能方面讲，煮后的制品必须及时迅速将温度降至安全线以下。但从保持肉块间良好的结着性讲，法国学者建议采用缓慢冷却方法。以前采用的多为二段式冷却方式，第一段在操作间用符合卫生要求的冷却水冲淋或浸浴产品30~50min，使之降至室温。第二段在冷库中使制品中心温度降至0~4℃。

七、脱模包装与贮藏

利用模具生产的制品在冷却后即可脱模进行包装。包装应根据产品的特点或市场要求进行，车间应特别注意防止污染，生产环境必须符合卫生要求，对手和用具严格消毒。成品可根据市场销售情况确定运输，保藏方式，最好控制在0~4℃条件下，不可有较大的温度波动。

任务3 整熏西式火腿生产工艺

整熏西式火腿用整块腿肉制作，是西餐中的高级菜肴，其有带骨、带皮或不带骨、不带皮的不同品种，其加工工艺与中式发酵火腿不同，有其独特之处。

一、原料处理

选用猪后腿或前腿均可，带皮骨制品一般用后腿，先将合格的坯料进行修灌、排血，除去屠体中残血，以增强肉的防腐性，提高肉的黏结性，改善肉的颜色和风味。

排血方法是取肉重3.5%~5%精盐和0.2%~0.3%硝石混合均匀，先用一半均匀涂擦腿肉表面，肉面朝上逐层堆叠于略倾斜的排血台上，最后一层肉面朝下，上边压以重物，置于0~4℃冷库中，第二天将剩下硝盐再涂擦一遍，倒堆，再放置1d即可。

二、腌制

按配方将精盐、糖、硝石、调味料等配成腌料，采用干腌、湿腌或注射等方法将肉块腌透，干腌、湿腌结束后，还需将坯料在水中进行浸泡，目的是清除附于肉块表面及肉中过量的盐分，通常将块料置于10倍肉量的洁净10℃冷水中，按块肉每公斤浸泡1~2h即可。

三、整理

腌制后，带骨火腿整理成平整的琵琶形，去骨火腿可卷成圆柱状，外边用布包裹，再用绳扎紧，然后烟熏、煮制。去骨腿也可装入特制金属方模或圆模内，加盖加压，煮制后烟熏。

四、熏制

熏制前应先干燥，使肉面有光泽，利于烟气渗入，且促进呈色。此工序在干燥室进行，温度保持为50~60℃，处理20min左右，也有在30~40℃温度下缓慢干燥1d，然后进行熏制的。

根据产品要求，采用冷熏、温熏或热熏等方法处理。如用50~60℃温熏，需10h，熏后不需煮制的火腿，直接置阴冷处充分冷却后包装。

五、煮制

除带骨火腿外，其他一般都要蒸煮熟制，以便食用。水煮温度为75℃左右，必须使制品中心温度达到72℃，保持30min。煮后，捆扎圆腿要解开重新捆紧，模装火腿要重新拧紧模盖，使产品组织密实，提高其切片性。

六、冷却包装

煮后火腿先用冷水初步降温后，再挂入冷库冷却，以便于保存。充分冷却后的火腿先用洁净布擦净表面，再用玻璃纸或塑料薄膜真空包装，也可将火腿切片，采用薄膜真空包装，以方便运输销售。运输销售过程中应保持在0~4℃以下温度中，安全期为1周，最长可保存20d。如何延长低温肉制品的保藏时间，是重要的研究课题。

任务4 盐水火腿生产工艺

盐水火腿在分类上属于压制火腿，但不同于一般压制火腿。盐水火腿是将大块猪精肉去除脂肪、筋膜，修整后，用盐水注射腌制，添加多种辅料经机械嫩化、滚揉、按摩，充填入金属罐或可施压的模具内或大口径肠衣内，经（或不经）烟熏、蒸煮而成的较高档的低温熟肉制品。

盐水火腿是欧美等国自20世纪80年代采用新工艺、新技术后迅速发展起来的新型西式火腿品种。由于其品质好、口感鲜嫩、肌肉纹理清楚、切片性好且成品率高，几乎取代传统老式火腿。已成为欧美和日本蒸煮火腿的主要代表。近年在我国迅速发展的西式熟制品中盐水火腿也具有重要地位，目前市场上主要品种有金属方罐听装、模压成形或切片真空薄膜包装、薄膜包装压制成形及大口径人造肠衣包装等不同形式的产品。

盐水火腿的生产工艺流程：原料整理→腌制→嫩化滚揉→装模→蒸煮。

一、原料整理

选择检验合格的腿肉、肩肉、脊肉等为原料，最好为鲜肉，排血后冷却至0℃左右，剔除皮、骨、筋腱、脂肪等，对块大的原料可沿肌纤维平行方向剖开。背脊可整条使用。

二、腌制

将配好的盐水溶解过滤，降温至10℃以下，按配方要求的注射量均匀注入肉内，初滚

30min左右后置0~4℃冷库内腌制1d。

三、嫩化滚揉

腌制后的原料，经嫩化也可不经嫩化，置于滚揉机内在真空环境中通过棒打、翻滚、挤压、揉搓，促进腌制液的扩散、渗透，同时可添加一定量的大豆分离蛋白、复合粉、淀粉、调味料，有时还添加10%左右经腌制斩拌的肉糜，提高结着性和出品率。待肉块裹满蛋白黏糊时即告完成，一般需10h左右的时间。

四、装模

经滚揉处理后的肉块必须立即装模。镀锡薄板铁听装盐水火腿，用塑料薄膜隔开，采用真空压力机充填，用真空封罐机密封，然后蒸煮。模制塑料包装产品，应先用真空充填机将原料装入与模具相适应的塑料袋中，再将其装入不锈钢制模具中，形状有矩形、方形、椭圆形，底、盖可拆卸，利用模盖弹簧作用对肉块施加压力。蒸煮冷却后，深型模需用出模机将火腿从模内推出，进行包装。方形、梨形浅模常用铸铝制成，用塑料薄膜隔离，装模后真空脱气，加盖加压，煮制冷却后脱模包装，肠状盐水火腿是利用特殊充填机将肉料装入大直径人造纤维或PVDC肠衣中，拉紧打扣结扎。

五、蒸煮

充填后的盐水火腿，除用纤维素肠衣包装的产品可以烟熏外，其他均无法直接烟熏。如需生产烟熏制品，采用在配料中添加1~4%烟熏液处理。装模后的制品熟化常在蒸煮槽中进行。盐水火腿属低温熟肉制品，使用75℃恒温或梯度调节升温等方式煮制。一般单件重每公斤约需煮制1h，待中心温度达到68~70℃，维持30min左右即可。也有采用中心温度82℃，20min煮制的产品，安全性更好一些，只是品质上会有一些降低。煮后进行强制性冷却。温度降至室温左右，重新拧紧盒盖，移入0~4℃冷库进一步降温，约经10h或更长一些时间，制品完全冷却后即可脱模包装。无论整块包装或切片真空薄膜包装，操作一定要注意卫生。产品必须在0~4℃下保藏、运输、销售。

任务5 其他压制火腿生产工艺

除盐水火腿外，一般压制火腿也叫压缩火腿，与盐水火腿生产工艺无本质区别，不同之处在于一般压缩火腿，原料肉块较小，常采用干腌法，而不便使用注射法，且原料不限于猪腿肉、猪肩肉，其他部位的瘦肉及牛、马、羊、兔、禽、鱼等肉均可使用。兔肉、禽肉结着性强，可在配料中起荶肉作用（起黏结作用的肉）。

压制火腿生产工艺要点如下：

一、原料肉的处理

在0℃左右低温下将排血处理后原料肉的骨、筋、皮、脂肪等剔除，切成大小约3~5cm见方的肉块。采用干腌法加入2%~3%的混合盐（含盐、硝、糖等），在0~4℃低温下腌制

2~3d。脂肪切成1~2cm见方小块，用前先在沸水中浸一下，冷却沥干后备用。脂肪添加量为20%左右，也可不加脂肪。

二、拌和

将腌好的原料肉按配方要求与香辛料、调味料及其他辅料（分离蛋白、淀粉等）一起分别放入混合机中，拌和10~20min，使之混合均匀，必要时可添加冰水。

三、充填

调味混拌后的肉料应立即充填于玻璃纸袋或人工肠衣中，置于方形或其他形状的金属模具内，加有弹簧的盖子施压成形，或将充填后的肠坯放入有弹性的网袋内施压。

四、烟熏

采用可透气包装的制品可用热熏法在50~60℃温度下熏制2~4h。不透气包装的产品应在配料时加烟熏液。

五、蒸煮与冷却

烟熏后的制品在全自动烟熏密室内通蒸汽蒸制，使制品中心温度达到75~82℃维持20min。模压及其他不用烟熏的制品可置于煮槽内煮制。煮制水温恒定于75℃，一般需2~3h，使中心温度达到68~72℃，维持30min。也可采用恒定差温或梯度差温烹制法，令环境温度比制品中心温度高5~25℃，最后限定于68~72℃保持30min。然后用冷却水将制品降至室温以下，解除模具或网袋，沥干水分，置0~4℃冷库进一步冷却，以利于保存和销售。

六、包装

经充分冷却的制品，在销售前要进行必要的包装，使制品便于销售。有些产品要切片真空包装，有利于保存和便于消费。此类低温肉制品保存时间普遍较短，在10℃以下低温环境中货架期一般为2~3周。

任务6 灌肠火腿的加工工艺

灌肠火腿是用肉馅和碎肉块混拌在一起灌入肠衣制成的。肉块与肉馅的用量比例根据不同品种而异。国外这一类产品的品种很多。

一、新英格兰式灌肠火腿

这种火腿在新英格兰地方经常制作，因而得名，使用原料主要是猪瘦肉和牛瘦肉。

1. 配料比例

按总配料100计，其中猪瘦肉85%，牛瘦肉15%。如果全用猪肉，配合比例为猪瘦肉70%，猪腿肉30%。

2. 加工工艺

先将牛肉用约2.8mm孔径的绞肉机绞成肉馅,放入斩拌机中,加调味料和占肉重5%的冷水,边加水,边斩拌,约3min。然后将猪瘦肉用约19mm孔径的绞肉机进行粗绞,再于搅拌机中与绞碎的牛肉馅搅拌混合。将混合的肉料灌入小牛盲肠肠衣中,长度约30~40cm,周围用绳捆扎6~8圈,以防熏烟和水煮时肠衣破裂。如果全用猪肉,只要将牛肉改为猪腿肉,其他方法相同。

灌制后送入50℃的熏烟室中干燥30~40min,使肠衣表面干燥,然后用55~60℃熏烟熏5h左右。熏烟后放入75℃热水中煮3h,送入0~4℃的冷却室,用压榨器轻轻压榨,以便压出制品中的水分。没有压榨器时,可把火腿摆放在平台上,一层火腿上放一块木板,最上层木板上放重石压住。

二、新泽西灌肠火腿

该种火腿原产美国新泽西州,原料多用瘦肉。

1. 配料比例

配料略。

2. 加工工艺

先将牛肉用约2.8mm孔径绞板绞肉机绞碎。猪肉放在操作台上加调味料、香辛料、填充料,约5min后开始切割,边切割边混合,切割后将全部原料放入粗绞肉机中绞制。绞完的肉放入平底容器中(厚度20cm),再放入0~4℃库中冷藏腌制。将腌好的肉料灌入膀胱肠衣或布袋中,尽可能灌得紧实,每个质量在2.5kg左右。肉馅不能粘附在表面上,否则。熏制后会影响制品的外观。灌制后送入10℃的干燥室,在通风情况下干燥10d左右,再进行低温(10~15℃)熏烟4h,最后冷藏3d左右即可投放市场销售。

三、半干型灌肠火腿

半干型灌肠火腿的原料使用猪项部肉、肩部肉及背部脂肪。瘦肉与脂肪的比例是70:30或50:50。瘦肉切成厚1cm、宽2cm、长3cm的肉块,再加3%精盐、0.1%硝石、0.01%亚硝酸钠进行混合,然后在温度0~4℃冷库中腌制一夜,背部脂肪在冷却变硬后用1mm孔径绞板绞碎,放入热水中(瞬间)溶去软脂肪,立即取出用冷水冲洗,沥水后放入冷库进行冷却。这样处理后,制品在干燥后软脂肪不会漏出,而脂肪的损失约为10%左右。

将腌制瘦肉的30%~40%,用3mm孔径绞板绞肉机绞碎,与其余的瘦肉块一起放入搅拌机中,加入漂烫过的脂肪,再按肉量加0.4%胡椒、生蒜、优质酱油等调料,充分混合搅拌后加入0.1%罗望子胶,促进黏结作用。

灌制后进行吊挂,小型肠衣制品可直接吊挂,大型肠衣制品须用细绳捆扎后吊挂。稍微干燥后用干锯末在温度10~15℃下冷熏10h左右。熏后用75℃热水煮40min,再用流水冷却30min,吊挂在通风良好处进行干燥。根据干燥程度(干燥1~2d、1周、2周以上)可分几种类型。半干燥型压榨火腿属于干燥1周左右的类型。

需要长时间保藏时,可用山梨酸的丙二醇溶液涂擦制品表面,待干燥后,用非透气性薄膜进行真空包装,经80℃温度杀菌30min,然后冷藏,以防止发霉。

四、混合型灌肠火腿

混合型灌肠火腿是用60%~80%的灌肠馅加20%~40%的小肉块(包括内脏)充分混合后制造的,属压制火腿与灌肠的中间类型产品,日本有此类产品,其特点是原料肉利用来源广,猪、牛、马、羊、兔肉均可,且肉的等级不限,上、中、下等肉都可用来加工。各种肉配料比例为:

猪肉(下等肉)	20	猪脂肪	10
马肉(下等肉)	20	猪肉(小块肉火腿馅)	30
羊肉(下等肉)	20(灌肠馅)		

先将猪、马、羊肉和脂肪切成小块,按压制火腿原料的腌制方法腌制,在0~4℃低温下腌2~3d。待肉料充分呈色后用绞肉机绞成肉馅,再用斩拌机斩拌。斩拌时加香辛料、调味料和玉米淀粉,边斩拌边加水,直到斩拌出黏性为止。

其次再将火腿原料肉(猪上等肉)按制造压制火腿的标准切成小肉块,加3%肉量的混合盐与小肉块拌匀,放到0~4℃低温室中腌2~3d,待肉块充分呈色后放到混合机中与灌肠馅充分混合(注意不能将肉块切碎),形成火腿小肉块混合在灌肠馅中的状态。以后的各道工序均与压制火腿相同。加工这种产品可使各种低等级肉料得以较好的利用。

任务7 鸡肉火腿加工工艺

鸡肉火腿与加工压制猪肉火腿一样,要先将鸡肉的筋腱剔除,切成小块,加混合盐充分混拌,混合盐的配比为食盐100,硝石2.6,亚硝酸盐0.3,每10kg鸡肉用300g混合盐,放在0~4℃低温室中腌24~48h。鸡肉的黏结力在肉类中属于较强的,大量加工鸡肉火腿时,黏结肉的制法是取5%~10%的腌制鸡肉,用绞肉机绞成肉糜即可。然后将粘结肉与肉块放入混拌机中,同时加香辛料、调味料、淀粉等加以混合,混拌到出现黏性为止。如系少量生产可用绞肉机代替混拌机和灌制机,以后的各道工序同压制猪肉火腿。因鸡肉的脂肪少,原料肉中可加少量脂肪,从而也可增强产品的风味。

此外,鸡肉火腿还可以用鸡皮代替肠衣加工成新颖产品。将鸡皮仔细剥下(不能破损),然后将混拌好的肉料用鸡皮包好,外面再用2~3层玻璃纸包紧,用细绳捆扎起来,产品似鸡的样子,可称名副其实的鸡肉火腿。

任务8 西式烤肉制品

西式烤肉制品选用整块无皮无骨、不含筋腱的上等精肉猪通脊或牛脊肉制成。每块重1kg左右,一般无包装,呈自然条状,有的产品外表粘附厚厚一层和辣椒等混合的调料粉,兼有一定的防腐作用。此类产品从原料的部位及加工工艺来说均应属于火腿类产品。

烤肉制品原料整理与火腿一样,腌制采用盐水火腿的注射法,将配好的混合腌制液注入,经短时预滚揉,静腌20h左右,使盐水被肌肉组织充分均匀吸收,然后再滚揉处理,以增加其持水性和嫩度。这些操作均要求使原料肉保持在4℃左右温度下进行。

滚揉处理后的肉块要挂入烟熏室,在50℃温度下先干燥30min左右,再采用60℃左右的热熏法熏制3h左右,然后通入蒸汽熟化。使肉块中心温度达到82℃,30min后,再烤制,烤制采用100℃左右的热空气,烤主要是起干燥作用,便于产品的保藏,烤肉制品一般在4℃环境中可保持10d左右。

项目九 西式香肠生产工艺

任务1 概述

香肠是国外三大肉制品之一,在美国约有1/10的肉类是用来加工香肠的。香肠是用鲜(冻)畜、禽、鱼肉经腌制或未经腌制,切碎成丁或绞碎成颗粒或斩拌、乳化成肉糜,再混合添加各种调味料、香辛料、黏着剂,充填于天然肠衣或人造肠衣中,经烘烤、烟熏、蒸煮、冷却或发酵等工序制成的成品。可见制成香肠的必要条件是:

①需经腌制或调味处理。
②需经切碎、绞碎或乳化加工。
③一般充填入肠衣中。

香肠最早起源于公元前15世纪的古代巴比伦和中国,是最老的成形食品之一。香肠的品种仅法国就有1550种,在德国仅热香肠也有240个品种,由于品种繁多,至今,世界各国对香肠还没有一个统一的分类方法,通常的分类依据是:

①按肉类的绞切程度,分绞肉香肠和乳化型香肠。
②按肉的腌制程度,分鲜香肠和腌制香肠。
③按生熟程度,分生香肠和熟香肠。
④按烟熏程度,分不烟熏香肠和烟熏香肠。
⑤按发酵程度,分不发酵香肠和发酵香肠。
⑥按加水与否,分不加水香肠和加水香肠。
⑦按是否添加填充料,分纯肉香肠和非纯肉香肠。
⑧按所用原料,分猪肉香肠、牛肉香肠和猪、牛肉混合香肠等。

英国有人将香肠粗分为生鲜香肠、熟香肠和干香肠;在美国分为生鲜香肠、烟熏生香肠、烟熏熟香肠、熟香肠、干香肠和半干香肠等。

任务2　原料、辅料和肠衣

一、原料

生产香肠使用的原料范围很广，包括猪肉、牛肉、羊肉、兔肉、马肉、禽肉、鱼肉等，以及它们的内脏、脂肪、头肉、舌头、血液等。原料必须经兽医卫生人员检验，确认为新鲜卫生时才可使用。

在肉类工业先进国家，对用作香肠制品的原料肉有严格的规定，如德国将制造香肠的猪牛肉原料按蛋白质、脂肪和水分的含量分成各种等级，这对于设计各种香肠的配方是非常有用的，因为它可以预测最终制品营养成分的大略数。另外，对肉的pH也非常重视，尤其是用于生产热狗香肠的肉，要控制猪肉的pH > 6.0，牛肉的pH > 5.8，以使香肠有良好的性能。

二、辅料

为改善香肠制品的色香味及组织形态，增加营养和延长保存期，添加到香肠中的调味料、香辛料、填充料、着色剂、抗氧化剂等统称为辅料。

三、肠衣

肠衣是肠类制品中和肉馅直接接触的一次性包装材料。制品的形态、卫生、质量、保藏性能、流通特性和商品价值，直接和肠衣的类型、质量有关。在选用时，根据产品的要求，必须考虑它的可食性、安全性、透过性、收缩性、黏着性、密封性、开口性、耐老化性、耐油性、耐水性、耐热性、耐寒性等必要的性能和一定的强度。

天然肠衣是用猪、牛、羊、马等动物消化系统及泌尿系统的脏器，经自然发酵除去黏膜后腌制或干制而成，有些脏器，如胃、大肠等也可在新鲜时使用。天然肠衣具有可食性、安全性、水汽透过性、烟熏渗入性、热收缩性和对肉馅的黏着性，还有良好的韧性和坚实性，是传统的理想的肠衣，近年来人造肠衣迅速发展，但高档制品仍采用天然肠衣。

人造肠衣是用人工方法把牛皮、塑料、纤维、纸或铝箔等材料加工成片状或筒状薄膜，按制成的原料不同有胶原肠衣、塑料肠衣、纤维肠衣等。

1.胶原肠衣是用牛皮中的胶原纤维蛋白质作原料制成的，因而在性能上最接近于天然肠衣，大多是可食用的，用来充填小口径香肠，如法兰克福香肠，维也纳香肠和干肠，其特点是，肠衣为圆筒形，并经抽摺，特别适用于机器快速充填和扭结；尺寸均匀，可精确控制产品重量；可烟熏，无色、无毒、无味、安全性好。已具有天然肠衣和人造肠衣两者的优点，而又消除了它们的某些缺点。

2.塑料肠衣是用聚乙烯、聚酯、聚偏二氯乙烯、聚酰胺、赛璐珞等单一材料或复合材料制成，呈筒状或片状，颜色鲜艳，种类繁多，但都不能食用。一般都有较高的机械强度，不会在充填结扎时破裂，有较好的密封性能，防止水汽、氧气和紫外线透过，经高温高压杀菌后有较长的货架期,耐油、耐水,但不能烟熏。

3.纤维肠衣又分为纤维素肠衣和纤维状肠衣两种。前者单纯用纤维素黏胶挤喷而成,用于维也纳香肠等小直径香肠,后者是用马尼拉麻等高强度纤维作纸基,做成连续的筒形后,再浸透纤维素黏胶,可充填波罗尼亚等大直径香肠。这两种肠衣都允许水分和蒸汽交换,亦可烟熏,还可染色和印刷,但都不能食用。

任务3 西式香肠制品工艺

各类香肠的最具代表性的工艺流程:原料的预处理(剔骨、分割、预绞碎、粗斩拌、辅料的称重、辅料的预处理、碎冰的准备等)→加冰快速斩拌→加剩余的辅料→慢速斩拌→充填和分份→烟熏→蒸煮→用流水冷却→冷却贮藏。

一、生鲜香肠

这类香肠要求用新鲜的优质肉作原料,另外有脂肪、填充料(面包渣、面粉等)、水和调味料等。下面是一个生鲜猪肉香肠的典型配方及工艺。

配方:

瘦猪肉 12kg　　　　　肉豆蔻衣(粉碎)62g

猪背部脂肪 3kg　　　　鼠尾草(粉碎)31g

面包渣 3kg　　　　　　姜粉 31g

冷水 4kg　　　　　　　食盐 250g

白胡椒粉 62g

将瘦肉通过5mm的孔板绞肉机绞碎,将背部脂肪切成12mm的方丁,再将瘦肉放入斩拌机,加入调味料斩拌。然后加入面包渣,最后加入脂肪丁,搅拌均匀。充填入猪肠衣中,结扎,然后冷冻。冷冻可在-30℃的速冻库中,短期贮藏温度为-3.5～-5.5℃,目前国内还无此类产品。此类产品食用前必须经过蒸煮烤制等加工。

二、烟熏生香肠

这类香肠与生香肠相似,所不同的是要将肉经过腌制,然后经绞碎、调味混合后充填入天然肠衣或可食人造肠衣内,最后经过烟熏,具有经烟熏后的颜色和风味,需冷藏,食前要蒸煮。中国的广东香肠也应属于这一类,只不过广东香肠在配方中用酱油和曲酒,可在腌制后充填,也可在拌料后直接充填,然后在较长的烟熏或干燥过程中完成腌制和成熟过程,含水量在20%左右。

三、烟熏熟香肠

这类香肠是目前世界上产量最大和品种最多的一类,在欧美有些国家约占总数的30%～50%,如法兰克福香肠(维也纳香肠、热狗等)、猪肉午餐肠、波洛尼肠和波罗尼亚肠等,中国的大红肠、小红肠、哈尔滨松江肠、茶肠、蒜肠、蛋清肠等也都属于烟熏熟香肠。

这类香肠必须经过热加工处理，蒸或煮，因而在食用前不再需要进一步蒸煮，烟熏工艺可以在蒸煮前，也可以在蒸煮后进行。目前在欧洲，有许多工厂用烟熏液代替传统的烟熏工艺。用烟熏液来浸淋、喷洒香肠或作为一种添加剂，混合在肠馅中，可获得烟熏风味，而又改善了产品质量和环境。

烟熏熟香肠又可归入乳化型香肠，即在肠馅中可加入非肉类蛋白质（如大豆蛋白和乳蛋白等）和淀粉等乳化剂或填充剂，经过良好的乳化加工以形成稳定的乳化物。这种产品有好的持水性和脂肪的利用率，改善了质地和口感，对于利用低质量和廉价的肉特别有用。如猪颊肉、牛头肉均可在较低档的法兰克福香肠中应用，在低档的波罗尼亚香肠的仿制品中，甚至可用牛喉管肉、猪舌、猪肚、猪心、牛唇肉、牛瘤胃等内脏。这种产品虽有出品率高、物美价廉的优点，但由于含水量高，故保藏期一般都较短，需要注意的是，乳化香肠的档次因用料不同而区分，并非全部为低档产品。

此类香肠的一个主要加工工序是乳化，其目的是为了提取盐溶性蛋白质。过去用绞肉机、混合机、乳化机，而现在大都采用高速斩拌机和高速真空斩拌机。在使用斩拌机时特别要注意的是：

（1）因为在斩拌过程中高速运动的刀片与肉摩擦将产生大量的热量，故原料肉应处于低温。如用 0～10℃ 的冷却肉，在斩拌过程中要加冰水或冰屑以吸收部分热量。如是冻肉，则最好不要完全解冻，因为完全解冻肉不利于后来的乳化，持水性也会降低。可用冻肉切割机，切碎后直接在斩拌机中斩拌。此时如肉温在 -6～-10℃ 时，可加常温水，但必须要注意通过斩拌后的温度不能超过 18.3℃。

（2）按照配方加到肉馅中的水、冰水、冰屑，不要一次投入，而应分 2～3 次投入。

四、熟香肠

这种香肠是经腌制或未经腌制的肉类，绞碎、调味后充入肠衣，然后煮熟，有时稍加烟熏，但大多不经烟熏，如肝泥肠、血肠等，也多属于乳化型香肠。对于加入入肠馅中的猪颊肉、碎猪肉、肉皮等原料，要先经粗绞，然后和猪肝等一起在斩拌机内充分斩拌均匀，使其允分乳化。为了有好的乳化效果，最好用鲜猪肝，而不要用冻猪肝。猪肝的用量一般应达到 50%。煮制时中心温度至少应达到 67℃。

五、半干香肠和干香肠

这类香肠可统称为发酵香肠，分半干香肠和干香肠两类，与中国传统香肠生产原理最为接近。此类肉制品在欧美市场上销售量逐年上升。

1. 半干香肠

又称"夏季香肠"，用粗碎的猪肉、牛肉或猪牛混合肉作原料，经 2～3d 腌制，需要接种乳酸菌进行较长时间的发酵、干燥（10～15℃），加工过程中的温度、湿度和时间要严加控制，和干香肠不同之处在于成熟后要蒸煮和烟熏，达到安全的中心温度。加工周期约需 6d。半干香肠的重量一般只有最初重量的 70%～80%，水分含量约 50%。著名的半干香肠有图林根香肠，塞尔维拉特香肠，黎巴嫩大香肠，口利左香肠等。

2. 干香肠

和半干香肠一样，要用自然菌种或经过培养的乳酸菌菌种接种后经发酵干燥，整个加工过程约需90d，发酵后的产品具有特殊的风味，配方中加入蔗糖和葡萄糖可促进乳酸菌的生长。并使pH下降而抑制其他微生物的生长，可使产品久藏不坏。干香肠的成品重量一般只是最初重量的60%~70%，水分含量35%，因而水分活度低。干香肠的接种、温度、湿度、空气流速等都必须细心地控制。干香肠是香肠中加工技术最高、技术难度最大、生产周期最长、产品最干最硬，也是价格最贵的一种。著名的干香肠有：热那亚香肠、意大利色拉米、摩特台拉、佩佩罗尼香肠等。干香肠主要生产国有：意大利、波兰、匈牙利、德国、法国、丹麦等。

西式发酵香肠发酵剂多用植物杆菌和啤酒球菌的单一菌种或混合菌种。混合菌种的比例以1:1为好。其基本工艺为，瘦肉绞碎、肥肉切丁，与辅料混匀，4℃腌制1~2d。接种混匀，灌肠、清洗、发酵、烘烤，即为成品。发酵温度35℃时需要35h左右，低温20℃发酵100h左右。pH低于5.0即可，烘烤50℃，10~15h。

六、火腿肠

火腿肠原指以猪精肉为主要原料。经绞碎、腌制、斩拌乳化，灌入PVDC肠衣内，经121℃高温杀菌而制成的肉肠制品。除日本外，国外此类产品不多，由于其价格较低，特别是可在温下保存6个月，携带食用均很方便，较适应我国现阶段的国情。所以自1984年洛阳春都集团从日本引进之后，不久便与其他方便食品一起迅速风靡大江南北，全国年产量高达59万t，使我国成为世界上最大的火腿肠生产国。

火腿肠目前面临激烈的市场竞争，产品在向高档化、多样化发展，已出现了含肉块的火腿肠、无淀粉火腿肠、牛肉肠、鸡肉肠、兔肉肠等多种产品。但其基本生产工艺差别不大，主要生产工艺流程为：原料肉整理、绞碎、腌制、斩拌(混合)、充填、杀菌、冷却、干燥、包装。

原料肉的整理与其他香肠一样，选取精瘦肉，在低温下(0℃左右)剔除骨、筋腱、脂肪等。绞碎可粗绞，孔板一般为8mm左右，肉需保持在0~4℃，以免绞碎时升温过高。粗绞后的肉粒采用干腌法，均匀拌入3%左右的混合盐，再腌制20~24h。腌后的肉粒放入斩拌机中，充分斩拌，斩拌中要分次适量加入冰水或冰屑，以及淀粉等填充物和调味料，使肉糜乳化。斩拌不宜过久，长时间的斩拌影响产品的持水性。斩拌好的肉糜通过灌肠机充填入PVDC人造肠衣中，经铅丝打结后，在高压釜121℃内经30min杀菌。冷却干燥后贴标包装，即为成品。冷却方法有自然冷却、强制风冷、水浴冷却等不同方法。自然冷却耗时10h以上，不仅占用了大量厂房，对肉品质量也有相当影响。风冷热效率低，水冷效果最好，但如处理不当易造成二次污染，导致保存期内出现胀袋等质量事故。

项目十 培根的生产工艺

任务1 培根的种类和规格

一、种类

培根制品一般包括大小培根、奶培根、排培根、熏猪排、熏猪舌、熏牛舌等。另外，猪心、猪肠、猪脾经过整形烟熏也可以制成各种烟熏制品，其风味独特，也不失为理想的西餐菜肴。

二、原料与规格

不同种类的原料选用猪、牛的不同部位，分述如下：

1. 大培根

以猪的第三肋骨至第一节骑马骨处，半片猪胴体中的中段肉为原料，去骨整形后，经腌制、烟熏而成。每片质量7~10kg。

2. 奶培根

以去奶脯、排骨的猪方肉为原料，经整形、腌制、烟熏而成。成品肉质一层肥、一层瘦。为半制品，分带皮制品和无皮、无硬骨制品。皮不带毛，呈金棕色，肉色鲜艳，味香可口。带皮制品每只重2~4.5kg，去皮制品2~2.5kg，得率81%~83%。

3. 排培根

以猪大排为原料，去骨整形后，经腌制、烟熏而成。成品为半制品，分带皮和无皮两种。制品无硬骨肉质细嫩，色泽鲜艳，皮呈金棕色，味香鲜美可口，无焦味，是培根质量最高的一种。带皮制品每块重2~4kg，得率82~83%。无皮每块重2~3kg，得率在81~82%。

4. 熏猪排

以猪的大排骨为原料，带骨带皮经整形、腌制、烟熏而成，是西餐菜肴的原料，食用时需斩切成块。

5. 熏猪舌

以整只舌为原料，经整形、腌制、烟熏而成。制品色泽红褐、肉质红润、不带油烟味，有香味。成品为半成品，是高档菜肴之一，成品得率64%左右。

6. 熏牛舌

以整只牛舌为原料，用途、加工方法同熏猪舌。

任务2 培根加工工艺

加工工艺与生熏火腿相似。

一、原料整理

培根原料肥肉较火腿多，精肉占60%，肥膘占40%。对于无皮培根，若肥膘过多，可修去部分。

二、挤血、腌制

生坯用混合盐干腌法腌制 12h 以上，将血挤出。混合盐的用量和配比按肉重为食盐 4%～5%，砂糖 1%～3%，硝石 0.2%～0.3%，香辛料 0.5%～1.0%。然后，将原料放入浓度为 15～16 波美度的盐水中进行腌制，时间为 12d，温度为 0～4℃，中途翻缸 1 次，使盐水均匀渗透至生坯里面，肉色全部红透为止。盐水可反复使用，但在用前要煮沸并调整浓度。培根也可采用盐水注射，这样可缩短腌制时间，提高质量。

三、整修

腌制结束后在清水中浸渍 2～3h，使盐卤溶化后，再清洗刮净表皮之毛，修去边缘不整齐的肉膘，再用麻绳吊挂，以便烟熏。

四、熏烤

烟熏温度为 60～70℃，时间 10h。在自然通风式烟熏室内烟熏无皮培根时，须在坯料下面拉一层纱布，以防木屑灰尘污染。在全自动烟熏室内对培根的烘烤、烟熏、冷却，可按全自动程序完成。

思考题

1. 肉的组成有哪些？
2. 肉制品分类有哪些？
3. 中式香肠分类有哪些？
4. 烧烤的基本原理有哪些？
5. 肉松的加工工艺有哪些？
6. 培根加工工艺有哪些？

模块七　发酵食品加工

◆ **基础理论和知识**

食品发酵及其加工技术相关的概念。

◆ **基本技能及要求**

1. 掌握发酵食品相关概念。
2. 掌握各类发酵食品加工工艺。

◆ **学习重点**

发酵食品相关概念。

◆ **学习难点**

各类发酵食品加工工艺。

◆ **导入案例**

发酵乳含有乳酸菌等成分，能抑制肠道腐败菌的生长，还含有可抑制体内合成胆固醇还原酶的活性物质，又能刺激机体免疫系统，调动机体的积极因素，有效地预防癌症。所以，经常食用酸牛奶，可以增加营养，预防动脉硬化、冠心病及癌症，降低胆固醇。利用乳酸菌来发酵的食品，其任何一种东西均可调整肠腔内菌群的平衡，增加肠蠕动，使大便保持通畅，预防大肠癌等的发生。

◆ **讨论**

发酵乳对人体有什么益处？

项目一 发酵食品概述

任务1 食品发酵的概念与分类

一、食品发酵概念

食品行业中,有目的地控制目标微生物在食品原料和添加的各种辅料中的生长和代谢活动,以及有目的地控制食品原料中酶催化的生化反应,使食品原料转化为新型食品的过程称为食品发酵。

二、发酵食品及食品发酵分类

发酵的食品产品称为发酵食品,是在色、香、味、形等方面独具特色的特殊食品。食品发酵可改变食品的质构,产生适量的酸或酒精可延长食品的保藏期,产生风味物质可提高食品的风味和滋味。

食品发酵包括传统发酵(酿造)和近代的发酵工业。中国常把由复杂成分构成的,并有较高风味要求的发酵食品,如啤酒、白酒、黄酒、清酒、葡萄酒等饮料酒以及酱油、食醋、酱、豆豉、腐乳、酱腌菜等佐餐调味品的生产称为酿造工业。把经过纯种培养,提炼精制获得的成分单纯、无风味要求的酒精、抗生素、柠檬酸、谷氨酸、酶制剂、单细胞蛋白等的生产叫做发酵工业。

任务2 食品发酵研究对象及对食品加工的影响

一、食品发酵的研究对象

食品与酿造业是一个与国民经济部门密切相关充满发展前途的产业。食品与酿造的研究对象按产品性质可分以下几类:

(一)生物代谢产物发酵

在代谢过程中,生物体进行着复杂的生物合成,获得了许多重要的代谢产物。以生物体代谢产物为产品的发酵与酿造生产是该工业中数量最多、产量最大、也是最重要的部分,产品包括初级代谢产物、中间代谢产物和次级代谢产物。一般以为,微生物进入对数生长期形成的产物往往是细胞自身生长所必需的,如各种氨基酸、核苷酸、蛋白质、核酸、脂类及糖类等,称为初级代谢产物或中间代谢产物。

只有在继续培养过程中,细胞处于不生长或缓慢生长状态时,才能实现次级代谢。次级代谢产物是由初级代谢的中间体或产品合成的。次级代谢产物只有少数微生物才能合成,次级代谢产物发酵与初级代谢产物发酵一样,受到许多代谢调节机制的控制,如诱导调节、分解代谢产物阻遏和反馈调节等。因此,要提高产量,就要设法解除其控制,或提高合成基因的量。

(二)酶制剂发酵

目前,工业用酶大部分是利用微生物生产的胞内酶或胞外酶加以分离提取得到的酶制剂。如：支链淀粉酶、纤维素酶、蛋白酶、果胶酶、脂肪酶等。现在已有很多酶制剂被加工成固定化酶，使酶制剂行业前进了一大步，促进发酵工业和酶制剂工业的应用范围发生了重大变化。另外，酿酒工业、传统酿造工业等生产中应用的各种曲的生产也相当于酶制剂的生产，实质在于培养多种微生物并使其生产多种酶，在生产中发挥其分解淀粉和蛋白质等原料的作用，因此曲的生产也可以看成是复合酶制剂的生产。

◆知识拓展

酶制剂是指从生物中提取的具有酶特性的一类物质，主要作用是催化食品加工过程中各种化学反应，改进食品加工方法。一般地说较为安全，可按生产需要适量使用。

(三)菌体制造

菌体制造是以获得具有特定用途的生物细胞为目的产品的一种发酵，包括单细胞蛋白、藻类、食用菌等的生产。细胞物质发酵生产的特点是细胞的生产与产物积累呈平行关系，生长速率最大时期也是产物合成速率最高阶段，刚进入生产稳定期时细胞物质浓度最大，同时也是产量最高的收获时期。传统的菌体发酵业主要是用于面包工业的酵母培养和用于人类食品或动物饲料的微生物菌体发酵，现代发酵技术则大大扩展了应用范围。

二、现代食品发酵技术对食品加工的影响

1. 改造传统发酵食品

利用现代发酵工程技术对黄酒、酱油、醋等进行纯种酿造，可使原料蛋白的利用率达到85%以上。目前我国在传统酿造食品的技术和工艺改进方面做了许多工作，尤其是在豆腐乳、酱类等的生产方面利用经过选育的微生物菌群发酵取得了一定的成效，提高了原料的利用率，缩短了发酵的周期，降低了劳动强度，改善了产品风味和质量。

2. 化近代发酵工业

发达国家的酶制剂、有机酸等发酵生产正朝着提高发酵生产水平、原料转化率和产品提取率，强化发酵过程计算机控制以及减少环境污染的方向努力。而我国近代发酵工业的水平与发达国家相比差距较大，主要体现在生产菌种活力和转化率不高、品种单一、工艺落后和环境污染等方面，尤其是发酵过程控制、下游工程技术的差距更大。

3. 开发高附加值发酵产品

利用现代发酵工程技术生产具有较高附加值的天然食品添加剂是当前食品领域新的发展方向。

任务3　食品发酵的发展

一、食品发酵与酿造的历史

人类利用微生物进行食品发酵与酿造已有数千年的历史，发酵现象是自古以来就已被人们发现并掌握的，但由于对发酵与酿造主角微生物的认识缺乏，使得在19世纪中叶以前发酵与酿造业的发展极其缓慢。直到19世纪中叶，巴斯德经过长期而细致的研究之后，得出结论：发酵是由微生物进行的一种化学变化。但在巴斯德的研究中，进行的都是自然发生的混合培养，对微生物的控制技术还没有很好的掌握。

(一)近代食品发酵与酿造技术发展第一阶段

科赫建立了纯种微生物的分离和纯培养技术,把单一微生物菌种应用于各种发酵产品中,在产品防腐、产量提高和稳定等方面起到了重要的作用。这一时期,巴斯德、科赫等为现代发酵与酿造工业打下坚实基础,揭示了发酵的本质是由微生物引起的,但还是没有认识发酵的化学本质。直到1897年,布赫纳为了把酵母提取液用于医学,他用石英砂磨碎酵母菌细胞制成酵母汁,并加入大量砂糖防腐,结果意外地发现酵母汁也有发酵现象,产生了二氧化碳和乙醇,阐明了微生物的化学反应的本质。

◆知识拓展

科赫(Robert Koch)生于1843年,1866年毕业于德国哥廷根大学医学院。他创立的微生物学方法一直沿用至今,为微生物学作为生命科学中一门重要的独立分支学科奠定了坚实的基础。科赫首创的显微摄影留下的照片在今天也是高水平的。这些技术包括分离和纯培养技术、培养基技术、染色技术等。

(二)近代食品发酵与酿造技术发展的第二阶段

好气性发酵工程技术是发酵与酿造技术发展的第二阶段。20世纪40年代,借助于抗生素工业的兴起,建立了通风搅拌培养技术,成功建立起深层通气培养法和一整套培养工艺,包括向发酵罐中通入大量无菌空气、通过搅拌使空气均匀分布、培养基的灭菌和无菌接种等技术,使微生物在培养过程中的温度、pH、通气量、培养物的供给都受到严格的控制。这些技术极大地促进了食品发酵与酿造工业,各种有机酸、酶催化剂、维生素、激素等好气性发酵开始进行大规模生产。随后人工诱变育种和代谢控制发酵工程加快了发酵与酿造技术发展。将微生物进行人工诱变,得到适合于生产某种产品的突变株,再在人工控制的条件下培养,有选择地大量生产人们所需要的物质。这一新技术首先在氨基酸生产上获得成功,而后在核苷酸、有机酸、抗生素等其他产品得到应用。

(三)现代发酵与酿造技术的发展

发展起来的DNA重组技术,大大推动了发酵与酿造技术的发展。首先是细胞融合技术,得到了许多具有特殊功能和多功能的新菌株,再通过常规发酵得到了许多新的有用物质。近年来迅猛发展的基因工程技术,在体外重组生物细胞基因,并克隆到微生物细胞中构建工程菌,利用工程菌生产原来不能生产的产物,如胰岛素、干扰素等,使微生物的发酵产品大大增加。可以说,发酵与酿造技术已经不再是单纯的微生物的发酵,已扩展到植物和动物细胞领域,包括天然微生物、人工重组工程菌、动植物细胞等微生物细胞的培养。由此可见,随着基因工程、细胞工程、酶工程和生化工程的发展,传统的发酵与酿造工业已经被赋予崭新的内容,现代发酵与酿造已开辟了一片崭新的领域。

二、我国发酵工业的现状

(一)我国发酵工业进步

传统的发酵工业如酿酒、制醋、制酱等有着悠久的历史。现在我国发酵产品增长快、质量明显提高,在国民经济中起重要作用。科技进步,技术水平提高,积极开发新产品,如复合味精、高温淀粉酶、纤维素酶、黄原胶、功能性、灵芝多糖;活性肽、红曲色素、低聚异麦芽糖、海藻糖等。

(二)与发达国家存在的差距

1. 传统发酵产品及产量发展过快过大。如酒类、谷氨酸、柠檬酸、普通酶剂和抗生素等。

2. 发酵产品档次低，品种少，不配套。如在我国的氨基酸产品中，普通调味用的谷氨酸产量占世界第一位。目前，虽然我国已可用发酵法和酶法生产约10种氨基酸，但由于生产工艺不完善或生产成本过高等因素，未能形成正常的生产能力，导致了我国氨基酸产品的品种少和互不配套，需从国外大量进口。

3. 技术指标较低，经济效益不高。国内企业普遍存在着重产量、轻产品质量，重产值、轻产品品种，缺上游、重中游、轻下游，原料和能源消耗大，劳动生产率低，以及生产规模小、成本高、经济效益差等问题。

4. 技术创新能力不高，低水平重复现象严重。国内不同程度地存在着各类问题：重工业生产，轻科学研究。重应用开发研究，轻基础理论研究。重眼前利益，轻长远规划。重简单模仿，轻技术创新。重经济效益，轻社会效益。

(三)我国发酵工业的具体发展目标

随着生物工程技术，特别是基因工程技术的发展，发酵工程技术在不断改进和提高，其应用领域也在不断拓宽，显示出了它的巨大潜力。针对目前我国发酵工业的现状，除了引进和消化国外先进水平外，更应培养大批具有国际竞争力的专业人才，开发具有自主产权的高水平的生产菌种和发酵工艺，产品后提取工艺，具体发展目标有以下几方面：

1. 利用基因工程技术。人工选育和改良菌种基因工程已不再是一种神秘而高深的技术，在世界各国和我国各地已经全面展开。这种带有目的基因的受体细胞，具有我们所希望的新的遗传性能和生产性能，这是常规育种方法无法做到的。基因工程已迅速在植物细胞、微生物中得到应用，我们已能使微生物获得只有动植物细胞才有的生产特性，就是说采用微生物发酵技术就能获得价值昂贵的动物性蛋白质。可以说，基因工程为发酵与酿造技术提供了无限的潜力，掌握了基因工程技术，就可以根据人的意愿来创造新的物种，利用这些物种为人类做出不可估量的贡献。

2. 加强发酵基础理论研究，从对微生物的代谢调控，生长和发酵动力学剖析基础上，创建新的发酵系统，故应积极研究开发不同类型的发酵分离耦合系统，达到高产丰收的目的。

3. 要充分认识微生物的多样性、生物技术的多学科性、应用领域的广泛性，利用先进实用技术，加强新资源开发和已有资源的高值化。现有的发酵制品原则上仍属初级产品，商品化的品种单一，应用领域狭窄，产值低，应进一步深加工，二次开发，达到更有效地利用资源，产生更大的经济效益。

4. 瞄准发酵工业生产中的共性技术、关键技术进行重点突破，如节能降耗、提高产品质量、无害化的环保新工艺新装备，提升现有企业的生产水平，使我国轻工、食品领域的发酵工业在新世纪实现跨越式的发展。

5. 结合细胞工程技术，用发酵技术进行动植物细胞培养细胞原生质体融合技术使动植物细胞的人工培养技术进入了一个新的阶段。借助于微生物细胞培养的先进技术，大量培养动植物细胞的技术日臻完善，有很多已经进行大规模生产。动植物细胞能产生很多微生物细胞所不具备的特有的代谢产物，进行动植物细胞的培养，就能生产这些特有物质。如动物细胞可生产生长素、疫苗、免疫球蛋白等;植物细胞可生产生物碱类、色素、类黄酮、花色苷、固醇类、萜烯类、植物生长激素类、调味品、香料等。植物细胞培养还可以用于种苗生产,名贵的植物、花卉种苗可在实验室得以培育。

6. 应用酶工程技术,将固定化酶或细胞广泛应用于发酵与酿造工业,将酶固定在不溶性膜状或颗粒状聚合物上,以聚合物作为载体的固定化酶在连续催化反应过程中不再流失,从而可以回收并反复利用,这样就改善了反应的经济性;酶也不会混杂在反应产物中,可大大简化提纯工艺;另外,有些酶在游离状况下容易失活,固定后稳定性得以提高。固定化细胞则是将具有一定生理功能的生物体用一定方法固定,作为生物催化剂使用。固定化细胞除具有固定化酶的一些优点外,还有以下优点:可以省去酶提取纯化工艺,使酶的损失降低到最低限度;有时可利用细胞的复合酶系统催化多个反应,可以将某些产物的发酵法改为固定化酶连续反应。这是发酵法生产的巨大革新,固定化酶或细胞的生产和应用领域必将会不断扩大。

7. 重视生化工程在发酵与酿造业的应用。生化工程指的是生化反应器、生化传感器和生化产品的分离提取纯化等下游工程。自1960年以来,一直是生物技术中发展较快的工程技术体系。生物传感器是发教育酿造过程控制的关键所在,要实现反应器的自动化、连续化,生物传感器是必不可少的。因此,生物传感器的研究和设计是今后发酵和酿造工业发展的方向之一。

8. 发酵法生产开发细胞蛋白。当今世界面临着三大问题:食物、能源和环境。开发单细胞蛋白是解决人类食物问题的重要途径。单细胞蛋白最主要的用途是作为动物饲料,作为高蛋白供人食用已不多见。由于微生物的代谢方式各种各样,各种资源都可以利用,而且微生物的繁殖速度惊人,比动植物要快上百倍,因此,发展单细胞不失为一种解决废水废料、保护环境、节约粮食资源的好方法。

任务4 食品发酵的基本工艺研究

一、食品发酵中微生物的利用

微生物并非生物分类学上的单位,而是一切微小生物的总称。食品发酵就是有目的地控制微生物的生长和代谢,生产对人体无害、无毒的产品,造福人类。细菌利用如乳酸菌发酵可生产酸奶、干酪、酸奶油、泡菜等,利用醋酸菌发酵生产食醋,利用谷氨酸发酵生产味精。酵母菌利用如母菌生产饮料酒,利用酵母菌生产面包等。霉菌利用如霉、根霉、红曲霉生产腐乳,利用米曲霉生产酱油等。

微生物发酵必备条件是要有某种适宜的微生物,菌种的选择和培育是生产之本。要保证或控制微生物进行代谢的各种条件,代谢调控是生产的关键。要有进行微生物发酵的设备和将菌体或代谢产物提取、精制成产品的方法和设备,这是生产的必要组成。

二、食品发酵的基本工艺过程

发酵的一般工艺过程主要包括发酵原料的选择及预处理、微生物菌种的选育及扩大培养、发酵设备选择及工艺条件控制、发酵产物的分离提取和发酵废物的回收与利用五大部分组成。

(一)发酵原料的选择及预处理

工艺过程为发酵原料选择,预处理,灭菌,大型发酵。微生物发酵用的原料常以糖质或淀粉等碳水化合物为主,加入少量有机和无机氮源,微生物能选择性地摄取所需要的物质。原料不同,处理方法也不同。如糖蜜原料用于酵母和酒精发酵,需进行加热杀菌和用水稀释,补充无机盐等预处理。淀粉质原料需先将淀粉转化为葡萄糖等可发酵性或低分子糊精等。

(二)微生物菌种的选育及扩大培养

微生物菌种的选育及扩大培养工艺过程为菌种选育。发酵原料选择、活化、扩大培养、大型发酵。

对菌种的一般要求为发酵时间短,生产有价值的发酵产品多。发酵培养基价廉,来源充足,被转化为产品的效率高。对人、动物、植物和环境无危害,潜在的、慢性的、长期的危害,应予以严格防护。不需要的代谢产物产生少,需要的产品易于分离,下游技术易进行规模化大生产;遗传特性稳定,基因操作方便。

菌种的扩大培养为发酵用微生物菌种,有外购优良生产菌种或自行选育的新菌种。一般保存于冷冻管、砂土管或琼脂斜面,活化后逐级扩大培养至足以满足大规模生产的需要。扩大培养的方法有固体扩大培养和液体扩大培养等不同方式。

(三)发酵

微生物发酵根据不同的发酵特点有:固体发酵和液体发酵;好氧发酵和厌氧发酵;表面发酵和深层发酵;分批发酵、补料分批发酵和连续发酵;单一纯种发酵和混合发酵;游离发酵和固定化发酵等多种类型。

最常用的发酵设备是发酵罐,又称细胞生物反应器,它为微生物细胞生长和形成代谢产物提供适宜的物理及化学环境,使细胞生长得更好更快,得到更多需要的代谢产物。发酵罐是食品发酵的关键设备,发酵罐通常分为液体发酵罐和固体发酵罐。

发酵是微生物在发酵罐内进行的一系列化学反应,生成众多的复杂的分子化合物。必须适当地控制影响发酵的各种条件如温度、通风、搅拌、pH等,掌握发酵的动态。

(四)发酵产物的分离提取

发酵到一定阶段,发酵罐内积累相当量的代谢产物或生长旺盛的微生物细胞时,适时终止发酵,分离发酵产物。发酵产物主要有菌体、酶和代谢产物三类。从发酵液或酶反应液中分离、纯化产品的过程称为下游技术,其过程主要包括:

1. 预处理。采用加热、调整pH、絮凝等措施和单元操作改变发酵液的理化性质,为固液分离作准备。

2. 固液分离。采用珠磨、匀浆、酶溶、过滤、离心等单元操作除去固相,获得包含目标产物的液相,供进一步分离纯化。

3. 初步纯化,采用萃取、吸附、沉淀、离心等单元操作,将目标成分与大部分杂质分离开来。

4. 精细纯化,采用层析、电泳、分子蒸馏等单元操作,将目标成分与杂质进一步分离,使产物的纯度达到国家标准或企业标准。

5. 成品加工，采用结晶、浓缩、干燥等单元操作，将目标产物加工成适应市场需要的商品。发酵产物的分离提取还有蒸馏法和凝胶层析法等。

（五）发酵残余物的回收和利用

在工业发酵过程中，对发酵残余物的回收和综合利用，可提高经济效益，保护环境，是发酵生产中不可忽视的一环。

项目二　酒类加工

任务1　白酒生产技术

一、白酒分类

我国的白酒，生产工艺独特，它是以高粱、大米等为原料，用曲作为糖化剂和发酵剂酿制而成，再利用固态蒸酒技术得到的一种蒸馏酒，其酒精含量较高，具有独特的芳香和风味。白酒因酿酒原料、糖化剂和发酵剂以及生产工艺不同，产品种类繁多，风味不一。白酒的分类：

1. 按使用的糖化发酵剂划分，大致可以分成大曲酒、麸曲酒和小曲酒3种。

2. 按生产工艺划分，可以分成3种，各工艺的产品是固态法白酒、半固态法白酒和液态法白酒。大曲酒和麸曲酒是用固态法生产的，小曲酒则采用半固态法的生产方式。液态法虽然使用的是麸曲和酒母，但因发酵和蒸酒等操作全部在液态下进行，所以酒质稍逊。

3. 按白酒香型划分，分有5类，包括浓香型白酒（泸州老窖特曲）、酱香型白酒（贵州茅台）、清香型白酒（山西杏花村汾酒）、米香型白酒（桂林三花酒）、其他香型白酒（陕西西凤酒）。

4. 按酒精含量划分，酒精含量在41%～65%的白酒，称为高度白酒；酒精含量在40%以下的白酒，称为低度白酒。白酒除直接饮用外，还可用来浸泡中草药制成药酒。

二、白酒加工的原辅料

1. 酿制白酒的主要原料

（1）谷类原料。白酒生产传统上多用谷类植物的子实作原料，固态法大曲白酒都以高粱为原料。高粱酿酒用的是高粱子实，糯高粱含支链淀粉较多，具有很强的吸水性，易糊化，出酒率高。玉米酿酒用的是玉米的子实，其含脂肪较高，特别是其胚芽，因过多的脂肪不利于白酒发酵，所以必须事先处理，分离掉玉米的胚芽。大米的营养成分组成特别适合根霉菌的生长，因此小曲酒都是以大米为主要原料酿制的，小麦的子实是固态法大曲酒的主要原料。白酒制曲如果不以小麦为原料，而改用大麦、荞麦时，一般要添加20%～40%的豆类，以补充蛋白质数量不足并增加曲块的黏结性，有助于曲块保持水分适宜于微生物的生长繁殖。

（2）薯类原料。甘薯酿酒用的是甘薯的块根，甘薯的淀粉含量大，与高粱玉米或小麦相比较，其蛋白质和脂肪的含量较低，因此用它来酿酒，发酵过程比较缓慢，升酸幅度小，糖化酶受到损害较小，甘薯淀粉的糖化度较高。甘薯块根结构疏松，容易蒸熟糊化，因此糖化就容易达到完全，因此用甘薯酿酒，出酒率高。木薯的块根富含淀粉，可用作酿酒原料。木薯块根结构疏松，容易蒸熟糊化，用作酿酒原料，出酒率高，但是木薯的果胶含量高，还含有少量的极毒物质。

（3）糖类原料。甘蔗糖蜜是以甘蔗为原料的制糖工厂的废液，呈棕黄色至黑褐色，是均匀浓稠液体，用作酿酒原料时要求无杂物，无异味。甜菜糖蜜是以甜菜为原料的制糖工厂的废液，含糖量较高。

2. 辅助原料及填充料

常用的辅助原料有麸皮、高粱糠，常用的填充料有酒糟、玉米芯等。

（1）麸皮是小麦加工过程中的副产品，其成分因加工设备、小麦品种及产地而异。

（2）高粱糠是加工高粱米的副产品。

（3）稻壳在白酒酿制过程，要加入一定量的填充料，如稻壳、花生壳、玉米芯、麦秆、酒糟等。使用填充料的目的是调节酒醅的入窖淀粉浓度和酸度，维持酒醅的疏松，保持一定的水分，吸收发酵过程中的酒精。

3. 水质的优劣对白酒的质量至关重要。天然的河水、泉水、井水以及自来水都可作为酒厂的水源，但以溪水、矿泉水最好，因为它们硬度较低，含杂质以及对酿酒有害的微生物少，却不缺乏酿酒所需的微量元素。

根据白酒生产过程中水的用途不同，可把水分为工艺用水、锅炉用水和冷却用水。

三、白酒生产原料中的主要化学组成特性

原料的化学组成，对白酒的出酒率和白酒的香味产生很大的影响。

1. 碳水化合物。原料中的碳水化合物一般是指淀粉、半纤维素和一些相对分子质量低的单糖、双糖。淀粉经微生物酶水解成葡萄糖和其他单糖以及双糖等低分子糖类。这些可发酵型糖类，既是霉菌和酵母菌生长繁殖的营养物质及能源，同时又是酵母菌产生酒精的原料。在发酵的过程中有部分水解，生成六碳糖和五碳糖，其中六碳糖能被微生物利用，而五碳糖一般很难被微生物代谢。

2. 蛋白质。原料中的蛋白质，经微生物蛋白酶分解为氨基酸和小分子含氮物，构成白酒发酵过程中各种微生物的营养成分。不仅如此，有一部分氨基酸经微生物代谢，会产生高级醇、酯类以及其他一些香味物质，对白酒的香型形成有很大的影响。但需要注意的是，并非原料中蛋白质含量越高越好，蛋白质含量过高，会使白酒带异味，且发酵过程容易污染杂菌。

3. 脂肪。原料中一般含有少量脂肪类化合物，在发酵过程中几乎都能被微生物利用。如果原料的脂肪含量过高，就会生成较多的高级脂肪酸酯类，这种物质使酒体醇厚，但一过量，反而使酒体带油腻味。不仅如此，过量的脂肪会导致发酵过程中生酸快、生酸幅度大，影响发酵的正常进行。

4. 灰分。原料中的磷、硫、镁、钾、钙等离子，是微生物细胞和辅酶的重要成分，此外还有调节细胞渗透压的作用。

5. 单宁。单宁一般为美食类单宁和儿茶类单宁，它是具有多元酚基和羧基的有机化合物。原料种类不同，所含单宁的结构及性质会有差异。单宁能凝固蛋白质，因此会影响酶的活力，对糖化和发酵不利。但是，在固态发酵白酒时，原料中如果含有少量单宁，不仅可抑制有害微生物，而且可以生成丁香酸、丁香醛，对改善白酒风味有利。

6. 果胶。薯类等原料中的果胶含量较高，而粮谷类原料中的果胶含量低。果胶在原料蒸煮和发酵过程中会生成甲醇，甲醇对人体有害。

四、白酒生产工艺

白酒的生产工艺可分为三类，固态法发酵、半固态法发酵、液态法发酵。

1. 固态法发酵

（1）固态发酵基本工艺流程

配料→蒸煮→加曲、加酒母→发酵→出甑蒸馏

（2）大曲的生产

一般是固态发酵，大曲酒所酿的酒质量较好，多数名优酒均以大曲酿成。大曲是酿制大曲酒用的糖化发酵剂。在制曲过程中依靠自然界各种微生物富集到用淀粉质原料制成的曲坯上，经过扩大培养，形成各种有益的酿酒微生物菌系和酶系，再经过风干、贮藏，即成为成品大曲。大曲酒以大曲为糖化发酵剂，大曲的原料主要是小麦、大麦，加上一定数量的豌豆。大曲又分为中温曲、高温曲和超高温曲。

①生料制曲。用来制造大曲的原料应含有丰富的碳水化合物（主要是淀粉）、蛋白质及适量的无机盐等，以便在微生物生长繁殖过程中能提供必需的营养，同时对微生物的富集和不同酶的产生起到筛选与诱导作用。生料制曲是大曲生产的一大特点，这不仅有利于保存原料中所含的水解酶类，有助于大曲酒酿造进程中淀粉的糖化作用，而且有利于那些能直接利用生料的微生物得以富集生长。

②自然接种。大曲通过自然接种使周围环境中的微生物转移到曲块上繁殖，但自然界中微生物的分布往往又受到季节的影响，一般春末夏初到中秋季节是曲的最佳时期，此时环境的温、湿度较高，有利于盐室培养条件的控制。自然接种不仅为大曲提供丰富的微生物类群，而且这些微生物所产生的各种酶类形成了大曲的液化力、糖化力、蛋白质分解力和酒精发酵力。在制曲过程中，微生物分解原料所形成的代谢产物，如氨基酸，阿魏酸等都是大曲酒香味成分的前体物质，它们与发酵过程中形成的其他代谢产物一起，构成了大曲酒的各种香气和口味物质。

③大曲又是酿酒原料。在酿造大曲酒时，依靠大曲中存在的各种微生物和酶，对原料成分进行糖化发酵，同时大曲本身所含的淀粉、蛋白质等成分在发酵过程中也被分解利用。

④强调使用陈曲。大曲经过曲房培养后，即使成熟也不应立即使用，需要经过2~6个月的贮藏，成为陈曲后才投入使用。因为在制曲过程中潜入了大量产酸细菌，它们在干燥条件下会大部分死亡或失去繁殖能力，以减弱发酵过程中的产酸能力。同时在大曲通过适当贮存中酵母数量也会减少，酶活适当钝化，在今后酿酒过程中可避免前火猛、升酸快的情况，使发酵升温减缓，符合前缓、中挺、后缓落的规律，有利于酒的出率和质量的提高。

（3）生产特点

①采用边糖化边发酵工艺。采用比较低的温度,让糖化作用和发酵作用同时进行,即采用边糖化边发酵工艺。淀粉酿成酒必须经过糖化与发酵过程。一般糖化酶作用的最适温度在50~60℃。酒精发酵的最适温度为28~30℃,在固态发酵法生产白酒时,虽然入窖后开始糖化温度比较低,糖化进行缓慢,但这样便于控制。因开始发酵缓慢,窖内升温慢,故酵母不易衰老,发酵度会高。而开始糖化时温度高,糖分过多积累,温度又高,杂菌容易繁殖。在边糖化边发酵过程中,被酵母利用发酵的糖,是在整个发酵过程中逐步产生和供给的,酵母不致过早地处于浓厚的代谢产物环境中,故较为健壮。

②发酵过程中水分基本上包含于酿酒原料的颗粒中。由于高粱、玉米等颗粒组织紧密,糖化较为困难,且采用固态发酵,淀粉不容易被充分利用,故对蒸酒后的醅需再行继续发酵,以利用其残余淀粉。常采用减少一部分酒糟,增加一部分新料,配醅继续发酵,反复多次,这是我国所特有的酒精发酵法,称为续渣发酵(续粮发酵)。

③采用传统的固态发酵和固态蒸馏工艺,以产生具典型风格的白酒。固态白酒生产是将发酵后的酒醅以手工方法装入传统的蒸馏设备——甑桶中,在甑桶中蒸出的白酒产品质量较好,这是我国几百年来劳动人民的一大创造,这种简单的固态蒸馏方式,不仅是浓缩分离酒精的过程,而且又是香味的提取和重新组合的过程。

华北区液态酒试点时,曾进行过蒸馏操作对比试验,即用液态发酵醪加入清蒸后的稻壳进行吸附后,再仿固体酒醅装配蒸馏操作,另将固态发酵酒醅加水后采用液态釜式蒸馏,两种不同蒸馏方式所生产的白酒在口味上前者接近固态发酵法白酒,而后者则类似于液态白酒。

④固态发酵是多菌种的混合发酵。在固态发酵法整个生产过程中都是敞口操作,除原料蒸煮过程能起到灭菌作用外,空气、水、工具和场地等各种渠道都能把大量的、多种多样的微生物带入到料醅中,它们将与曲中的有益微生物协同作用,产生出丰富的香味物质,因此固态发酵是多菌种的混合发酵。实践证明,名酒生产厂、老车间的产品常优于新车间的,这与操作场所存在有益菌比较多有关。

2.半固态法发酵

(1)半固态发酵法。半固态发酵法生产白酒具有悠久的历史,主要盛行于南方各省。此外,还习惯用米酒作"中药引子"或浸泡药材,以提高药效。因此,米酒出口数量也较大。半固态发酵法白酒的生产方法是以大米为原料,小曲作为糖化发酵剂,采用半固态发酵法并经蒸馏而制得,故又称为小曲酒。

半固态发酵的小曲酒与固态发酵的大曲酒相比,无论在生产方法上还是成品风味上都有所不同。它的特点是饭粒培菌,半固态发酵,用曲量少,发酵周期较短,酒质醇和,出酒率高。黄酒与糯米酒的生产,也属于半固态发酵法。我国西南地区四川、云南、贵州等地的小曲酒生产,尽管原料是采用粮谷原料,曲子仍采用小曲,也主要借根霉作糖化剂,出酒率较高。但其发酵工艺是采用在箱内固态培菌糖化后,配醅进行固态发酵。

(2)小曲酒的生产。小曲酒又称酒药,有无药小曲和药曲之分。小曲的品种很多,所用药材亦彼此各异。但其中所含微生物以根霉、毛霉为主。小曲中的微生物是经过自然选育培养的,并经曲母接种,使有益微生物大量繁殖,所以不仅含有糖化菌类,同时含有发酵菌类。在小曲酒生产上,小曲兼具糖化及发酵的作用。我国南方气候温暖,适宜于采用小曲酒法生产,所用原料以大米为主,制成的酒具独特的米香。

3. 液态发酵法

液态法白酒是产量最大的白酒,生产方法与酒精生产类似,但在调香后处理等方面则有所不同。将液态法与固态法相结合,创造了一套生产白酒的新工艺,即利用液态发酵法生产质量较好的酒精作为酒基,对采用固态发酵法制成的香醅进行串蒸或浸蒸,制得新工艺白酒。

液态法白酒与固态法白酒的质量相比是有差异的,液态法白酒中所含微量成分的种类和数量都较少,所以液态法白酒比较纯净,符合健康消费需求。液态法白酒具有含杂质低的优越性,尤其是醛类和杂醇类的含量很低,大大减少了饮后上头、头痛等不良感觉。

五、白酒的勾兑

白酒的勾兑即酒的掺兑、调配,是平衡酒体,使之保持一定风格的专门技术,包括基础酒的组合和调味。它是曲酒生产工艺中的一个重要的环节,对于稳定和提高曲酒质量以及提高名优酒率均有明显的作用。现代化的勾兑是先进行酒体设计,按统一标准和质量要求进行检验,最后按设计要求和质量标准对微量香味成分进行综合平衡的一种特殊工艺。

1. 勾兑的原理

在蒸馏白酒中,其成分98%左右是乙醇和水;其余还有上百种微量成分,它们量的总和很难超过2%,其中相当部分含量虽微,但作用很大。这些成分的存在是白酒有别于酒精的重要因素。当它们在酒中含有一定的绝对量,成分之间以某种量比关系存在时,便决定着白酒的风格和质量。

白酒的勾兑,讲究的是以酒调酒:一是以初步满足该产品风格、特点为前提组合好基础酒;二是针对基础酒尚存在的不足进行完善的调味。前者是粗加工,是成型;后者是精加工、是美化。成型得体美化就容易些,其技术性和艺术性均在其中。

2. 勾兑的作用

白酒的生产中采取自然接种制曲,生产过程多是开放式的,白酒的生产客观上同厂不同车间,同车间不同生产时间所制得的白酒所含的主要微量成分的量及其量比关系不一致,感官上质量不一,特点各异。要使酒体完美、风格突出、出厂产品的质量平衡、稳定,勾兑便必不可少,从本质上来讲,勾兑技术就是对酒中微量成分的掌握和应用。影响白酒产量、质量的因素很多,造成酒质的不一致。如果不经勾兑加工平衡,按照自然存放的顺序灌装出厂,酒质就极不一致,批次之间的质量差别一定非常明显,就很难保持出厂产品质量的平衡、稳定及其独特风格。通过勾兑,可以统一酒质、统一标准,保证酒质长期稳定和提高,保持产品市场信誉,同时可以取长补短,弥补客观因素造成的半品酒缺陷,改进酒质,增加效益。

3. 调味

经过勾兑的基础酒虽然酒质有一定提高,但尚未完全达到成品酒的质量标准,因此,就需要通过调味来进一步提高酒的品质。在进行调味操作时,调味酒的用量是非常少的,一般调味酒的添加量仅为基础酒的0.01%~0.1%。常用的调味酒有:

（1）陈酒。它是把香味好、酒体纯正的酒适当延长贮存期获得的。由于贮存期较长，有机酸和酯的含量高，因此酒味柔和醇厚，有特殊风味。

（2）窖边香糟酒及双轮底酒。浓香型白酒的调味，这两种酒是不可缺少的，它们的特点是窖香浓，味醇甜，暴辣，带涩，丰满有劲，回味长。所谓双轮底酒，就是将接触老窖泥的酒醅，再延长发酵1个周期，然后取出这具有双发酵周期的酒醅进行蒸酒得到的酒液。

（3）酒头。蒸酒时，每坛摘取质量好的酒头250~300mL，然后将它们贮存一段时间，备用。酒头对提高芳香效果的作用明显。

（4）酒尾。收集质量较好的酒尾，再将它们贮存1年左右。酒尾的添加，能改善白酒的后味，使酒回味长且有醇厚感。

4. 勾兑基础酒

（1）不同糟酒之间的混合比例。各种糟酒有各自的特点，因此具有不同的特殊香和味。从微量成分的含量来看，有着明显的区别和不同，将他们按合理比例混合才能使酒质全面、风格完善、酒体完美，否则就会出现不协调的弊病，例如：以泸州特曲酒勾兑的配比为例：双轮底糟酒10%、粮糟酒65%、酒糟加曲再发酵的红糟酒20%、丢糟黄水酒5%。

（2）老酒与一般酒的组合比例。储存一年以上的老酒具有淳厚、柔绵、回味悠长的特点，但香味不浓。而未经长期存放的普通酒香味较浓，但多带燥辣感，因此组合基础酒时，一般加入一定数量的老酒，以取长补短。组合浓香型酒时，大致按照一年左右老酒80%配上三月左右的新酒20%的配比。

（3）老窖酒和新窖酒组合比例。老窖和新窖含有的微生物种类不同，往往老窖中含有丰富的微生物，"千年老窖出好酒"，产生的酒质香味较浓，因此在组合基础酒时，老窖酒和新窖酒以一定比例组合，可以使酒味变好。

（4）不同季节产酒组合比例。由于入窖温度的不一致，发酵条件的不同，产出的酒也有差异，尤其是夏季和冬季所产的酒，各有优缺点，在组合时应注意它们的配比关系。浓香型酒划分为：7月、8月、9月、10月所产的为一类，其他月份为另一类，其配比关系一般为1:3左右。

（5）各种香味配比关系的选择。按照特点将酒分为以下三组：第一组带酒，具有某种独特香味的酒，主要是老酒，占15%左右。第二组大宗酒，一般酒，无独特风格，但具有基本风格，占80%左右。第三组搭酒，有一定特点，味稍差，或香气不正，加入后对酒无破坏作用，这种酒占5%左右。

5. 勾兑与调味的关系

勾兑实际上是勾兑基础酒和调味两个操作的总称。白酒的主要成分是酒精，此外，还含有微量的有机酸、酮、酯、醛和酚等，而正是这些微量成分之间的量比关系，决定着成品酒的风格。勾兑基础酒就是将具有不同香味的酒按适当比例掺兑，使酒中的各种微量成分重新协调平衡，烘托出基础酒的口味、香气和风格的特点。调味是对基础酒进行最后的加工，就是用极少量的调味酒，对基础酒在口味和香气上的不足进行弥补，使成品酒的质量符合要求。调味效果与基础酒质量有密切关系。若基础酒质量好，则调味容易，效果显著，不仅调味酒用量少，而且产品质量稳定；若基础酒质量差，则调味酒用量大，且调味困难,较难收到满意的效果。因此,在调味前有必要对基础酒进行勾兑,使酒体初具成品酒的风格。

任务2 黄酒加工

一、黄酒加工原料及处理

1. 大米。大米是黄酒生产的主要原料,在糖化发酵以前必须进行精白、浸米和蒸煮、冷却等处理。浸米4~6h,吸水达20%~25%;浸米24h,水分基本吸足。总酸0.5%~0.9%,米粒结构疏松,出现"吐浆"现象。蒸煮有原料灭菌、淀粉糊化、挥发怪杂味和纯正黄酒风味的作用。采用卧式蒸饭机或立式蒸饭机将米饭蒸煮至外硬内软,疏松均匀,蒸熟蒸透,熟而不糊,透而不烂即可。米饭的冷却有淋饭法和摊饭法两种。淋饭法是米饭蒸熟后,用冷水浇淋,急速冷却。摊饭法是将蒸熟的热饭摊放在洁净平面上,依靠空气流动降至所需温度,速度较慢,易感染杂菌和出现淀粉老化现象,降低出酒率,尤其含直链淀粉多的籼米原料不宜采用摊饭法。亦可利用饭温调节发酵罐内物料的混合温度,使之符合发酵要求。

2. 黍米。黍米须烫米使谷皮软化开裂,烫米水温随搅拌散热至35~45℃时,静置浸渍,水分向内渗透,淀粉松散以利煮糜。煮糜使淀粉糊化充分呈黏性,产生焦黄色素和焦米香气,形成黍米黄酒的特殊风味。

3. 玉米。玉米淀粉结构紧密,难以糖化,应预先粉碎、脱胚、去皮、洗净制成玉米糙,再用于酿酒。玉米渣粒度3~3.59,便于吸水蒸煮。炒米便于形成玉米酒的色泽和焦香味。

二、黄酒酿造的主要微生物

传统工艺黄酒的酿造以小曲(酒曲)、米曲或麦曲作为糖化发酵剂,即利用其所含多种微生物进行混合发酵产酒。酒曲中主要有益微生物为曲霉、根霉、红曲霉、酵母等几类,常带有的有害微生物为醋酸菌、乳酸菌和枯草芽孢杆菌等。

三、黄酒发酵特点及物质变化

1. 黄酒醪发酵的主要特点

无论是传统工艺还是新工艺生产黄酒,其酒醪(醪)的发酵都是敞口式发酵,典型的黄酒发酵有边糖化边发酵,高浓度醪液和低温长时间发酵。

2. 发酵过程中物质变化

(1) 淀粉的分解。淀粉可分解为糊精、麦芽糖和葡萄糖。

(2) 酒精发酵。在厌氧条件下,酵母菌将糖化产生的可发酵性糖分转化为酒精和二氧化碳。黄酒发酵分为前发酵、主发酵和后发酵三个阶段。在前发酵阶段,发酵作用弱,是酵母的繁殖阶段,指下罐(缸)后10~12h;经过3~5天的主发酵,醪液中代谢产物积累较多;后发酵继续分解残余的淀粉和糖分,发酵作用微弱;发酵结束,酒醪的酒精含量可达14%以上。

(3) 有机酸的变化。黄酒中的有机酸部分来自原料、酒母、曲和浆水或人工调酸加入;部分是在发酵过程中由酵母的代谢产生的;部分因细菌污染而致。

(4)蛋白质的变化。在酒醇发酵时,蛋白质分解成肽和氨基酸等一系列含氮化合物。

(5)脂肪的变化。糙米和小麦含有2%左右的脂肪。发酵中,脂肪被微生物的脂肪酶分解成甘油和脂肪酸,甘油赋予黄酒甜味和浓厚感,脂肪酸与醇结合形成酯类,酯和高级醇等都能形成黄酒特有的芳香。

四、发酵工艺流程

大米→蒸饭→加曲糖化→前发酵→后发酵→滤酒澄清→成品

五、黄酒醪的酸败

1. 黄酒发酵醪酸败的现象

(1)主发酵阶段,酒醪品温很难上升或停止。

(2)酸度上升速度加快,酒精含量增加减慢,酒醪的酒精含量达14%时,酒精发酵几乎停止。

(3)糖度下降减慢或停止。

(4)酒醪发黏或醪液表面的泡沫发亮,出现酸味甚至酸臭。

(5)镜检,酵母细胞浓度降低而杆菌数增加。

2. 醪液酸败的预防和处理

(1)保持环境卫生、严格消毒灭菌。

(2)控制曲、酒母质量。

(3)重视浸米、蒸饭质量。

(4)控制发酵温度,协调好糖化发酵的速度。

(5)控制酵母浓度。

(6)添加偏重亚硫酸钾。

(7)酸败酒醪的处理。在主发酵过程中,如发现升酸现象,可以及时将主发酵醪液分装较小的容器,降温发酵,防止升酸加快,并尽早压滤灭菌。

六、黄酒压滤、澄清、煎酒

黄酒压滤操作包括过滤和压榨两个阶段。澄清的目的是沉降出微小的固形物、菌体、酱色中的杂质,让酒液中的淀粉酶、蛋白酶继续对高分子淀粉、蛋白质进行水解,变为低分子物质;澄清时,挥发掉酒液中部分低沸点成分,如乙酸、硫化氢、双乙酸等,可改善酒味。

煎酒的目的是通过加热杀菌(85℃左右),使酒中的微生物完全死亡,破坏残存酶的活性,基本固定黄酒成分,防止成品酒的酸败变质。加热杀菌可加速黄酒成熟,除去生酒杂味,改善酒质,促进高分子蛋白质和其他胶体物质的凝固,使黄酒色泽清亮,提高黄酒稳定性。

任务3 啤酒生产技术

啤酒是人类最古老的酒精饮料,是水和茶之后世界上消耗量排名第三的饮料。啤酒于二十世纪初传入中国,属外来酒种。啤酒是根据英语Beer译成中文"啤",称其为"啤酒",沿用至今。啤酒以大麦芽、酒花、水为主要原料,经酵母发酵作用酿制而成的饱含二氧化碳的低酒精度酒。

一、啤酒的分类

1. 按颜色划分

(1) 淡色啤酒。俗称黄啤酒，根据其颜色的深浅不同，又将淡色啤酒分为淡黄色啤酒、金黄色啤酒和棕黄色啤酒。

(2) 浓色啤酒。色泽呈棕红或褐色，原料为特殊麦牙，口味醇厚，苦味较小。

(3) 黑色啤酒。酒液呈深棕红色，大多数红里透黑，故称黑色啤酒。

2. 按麦汁浓度划分

(1) 低浓度啤酒。原麦汁浓度为7%~8%，酒精含量在2%左右。

(2) 中浓度啤酒。原麦汁浓度为11%~12%，酒精含量在3.1%~3.8%左右，是中国各大型啤酒主要产品。

(3) 高浓度啤酒。原麦汁浓度为14%~20%，酒精含量在4.9%~5.6%左右，属于高级啤酒。

3. 按是否经过杀菌处理划分

(1) 鲜啤酒。又称生啤，是指在生产中未经杀菌的啤酒，但也属于可以饮用的卫生标准之内。此酒口味鲜美，有较高的营养价值，但酒龄短，适于当地销售。

(2) 熟啤酒。经过杀菌的啤酒，可防止酵母继续发酵和受微生物的影响，酒龄长，稳定性强，适于远销，但口味稍差，酒液颜色变深。

二、啤酒的原料

啤酒的原料为大麦、酿造用水、酒花、酵母以及淀粉质辅助原料（玉米、大米、大麦、小麦等）和糖类辅助原料等。

1. 大麦

大麦共有30多个品种，适用于酿制啤酒的大麦品种很多，依麦粒在穗轴的排列方式、发育程度及结实性，可分为六棱、四棱和二棱大麦三种类型。适于啤酒酿造用的大麦为二棱或六棱大麦。二棱大麦的浸出率高，溶解度较好。

啤酒用大麦的品质要求为壳皮成分少，淀粉含量高，蛋白质含量适中，淡黄色，有光泽，水分含量低于13%，发芽率在95%以上。

2. 麦芽

以二棱和多棱大麦为原料在人工控制的外界条件下，经过浸麦、发芽、烘干、焙蕉和后处理制成啤酒用麦芽。麦芽是啤酒生产的主要原料，麦芽质量关系到啤酒生产能否正常进行以及啤酒的质量，同时也关系到啤酒生产的经济性，所以有人称"麦芽是啤酒的灵魂"。

3. 酿造用水

软水适于酿造淡色啤酒，碳酸盐含量高的硬水适于酿制浓色啤酒。淡色啤酒用水要求为：无色，无臭，透明，无浮游物，味纯正，无生物污染；硬度低，铁、锰含量低，不含亚硝酸盐。

4. 酒花

酒花又称啤酒花，是啤酒具有独特的苦味和香气并有防腐和澄清麦芽汁的能力。酒花始用于德国,学名为蛇麻,为大麻科律草属多年生蔓性草本植物,雌雄异株,酿造所用均为雌花。成熟的新鲜酒花经压榨,以整酒花使用,或粉碎压制颗粒后密封包装,也可制成酒花浸膏,然后在低温仓库中保存。其有效成分的主要用途分述如下。

(1)酒花油。酒花油主要存在于酒花花粉中,其含量约为0.4%,它赋予啤酒特有的酒花香味。

(2)苦味酸。啤酒中苦味的主要成分。它具有粗糙强烈的苦味与很高的防腐力,又有降低表面张力的能力,可增加啤酒泡沫稳定性。

(3)多酚物质。它可以和凝固苦味的蛋白质结合,有利于提高啤酒的非生物稳定性。

(4)蛋白质。酒花绝干物质中有12%~20%的蛋白质,其中30%~50%可进入到啤酒中,但因酒花在啤酒中数量很小,因而对啤酒的特性(起泡、口味等)显得微不足道。同样酒花中的其他成分如碳水化合物、有机酸、矿物质等对啤酒酿造也没有什么意义。

5. 辅助原料

(1)玉米。玉米淀粉的性质与大麦淀粉大致相同,但玉米胚芽含油质较多,影响啤酒的持泡性和风味,除去胚芽,就能除去大部分的玉米油,脱胚玉米的脂肪含量不应超过1%。以玉米为辅助原料酿造的啤酒,口味醇厚,玉米为国际上用量最多的辅助原料。

(2)大米。淀粉含量高,浸出率也高,含油质较少,但大米淀粉的糊化温度比玉米高。以大米为辅助原料酿造的啤酒色泽浅,口味清爽。大米是中国用量最多的辅助原料。

(3)糖类。大多在产糖地区应用,一般使用量为原料的10~20%。添加的种类主要有蔗糖、葡萄糖、转化糖、糖浆等。

(4)小麦。德国的白啤酒以小麦芽为主原料,比利时的兰比克啤酒是用大麦芽配以小麦为辅料酿造具有地方特色的上面发酵啤酒。小麦品种有硬质小麦和软质小麦,啤酒工业宜采用软质小麦。

三、啤酒生产工艺流程

啤酒生产工艺流程可分为制麦、糖化、发酵、包装四个工序。现代化的啤酒厂一般已经不再设立麦芽车间,因此制麦部分也将逐步从啤酒生产工艺流程中剥离。啤酒生产工艺操作如下:

1. 制麦

大麦必须通过发芽过程将内含的难溶性淀料转变为用于酿造工序的可溶性糖类。大麦在收获后先贮存2~3月,才能进入麦芽车间开始制造麦芽。为了得到干净、一致的优良麦芽,制麦前,大麦需先经风选或筛选除杂,用磁筒去铁,比重去石机除石,精选机分级。

制麦的主要过程为:大麦进入浸麦槽洗麦、吸水后,进入发芽箱发芽,成为绿麦芽。绿麦芽进入干燥塔/炉烘干,经除根机去根,制成成品麦芽。从大麦到制成麦芽需要10d左右时间。麦芽制造工艺流程包括原料大麦预处理、浸渍大麦、发芽和干燥。

(1)大麦的预处理。刚收获的大麦有休眠期,发芽力低,要进行贮存后熟。大麦精选用风力、筛分机除去杂物。

(2)浸麦。在浸麦槽中用水浸泡2~3d,同时进行洗净,除去浮麦,使大麦的水分(浸麦度)达到42%~48%。浸麦提高大麦的含水量,使大麦吸水充足,达到发芽的要求。通过洗涤,除去麦粒表面的灰尘、杂质和微生物。在浸渍水中适当添加石灰乳、甲醛等任何一种化学物质,可以加速麦皮中有害物质的浸出,提高发芽速度和缩短制麦周期,还可以适当提高浸出物,降低麦芽的色泽。

(3)发芽。浸水后的大麦在控温通风条件下进行发芽,形成个种,使麦粒内容物质进行溶解。发芽适宜温度为13~18:12,发芽周期为4~6d,根芽伸长为粒长的1~1.5倍。长成的湿麦芽称绿麦芽。

(4)焙燥。目的是降低水分,终止绿麦芽的生长和分解作用,以便长期贮存;使麦芽形成赋予啤酒色、香、味的物质;易于除去根芽,焙燥后的麦芽水分为3%~5%。

2. 糖化工序

麦芽汁制备俗称糖化,是啤酒生产的重要工序,即粉碎后的麦芽及辅料中的高分子物质在酶的作用下,转化为低分子的可发酵糖和含氮化合物的过程。麦芽汁制备主要在糖化车间进行,包括原料的粉碎、糊化、糖化、麦芽汁的过滤、麦芽汁添加酒花煮沸、麦芽汁的处理、冷却、通氧等过程。

麦芽在送入酿造车间之前,先被送到粉碎塔。在这里,麦芽经过轻压粉碎制成酿造用麦芽,糊化处理即将粉碎的麦芽与水在糊化锅中混合。在糊化锅中,麦芽和水经加热后沸腾,这时天然酸将难溶性的淀粉和蛋白质转变成为可溶性的麦芽提取物,称作"麦芽汁",然后麦芽汁被送至称作分离塔的过滤容器。麦芽汁在被泵入煮沸锅之前需先在过滤槽中去除其中的麦芽皮壳,并加入酒花和糖。在煮沸锅中,混合物被煮沸以吸取酒花的味道,并起色和消毒。在煮沸后,加入酒花的麦芽汁被泵入回旋沉淀槽以去除不需要的酒花剩余物和不溶性的蛋白质。

糊化:首先将一部分麦芽、大米、玉米及淀粉等辅料放入糊化锅中煮沸。

糖化是往剩余的麦芽中加入适当的温水,并加入在糊化锅中煮沸过的辅料。此时,液体中的淀粉将转变成麦芽糖。麦汁过滤:将糖化槽中的原浆过滤后,即得到透明的麦汁(糖浆)。

3. 发酵工序

(1)冷却与发酵

将洁净的麦芽汁从回旋沉淀槽中泵出后,被送入热交换器冷却。随后,麦芽汁中被加入啤酒酵母,开始进入发酵的程序。在发酵的过程中,人工培养的酵母将麦芽汁中可发酵的糖分转化为酒精和二氧化碳,生产出啤酒。发酵在8个小时内发生并以加快的速度进行,积聚一种被称作"皱沫"的高密度泡沫。这种泡沫在第3d或第4d达到它的最高阶段。

(2)发酵与后熟

从第5d开始,发酵的速度有所减慢,皱沫开始散布在麦芽汁表面,必须将它撇掉。酵母在发酵完麦芽汁中所有可供发酵的物质后,就开始在容器底部形成一层稠状的沉淀物。随之温度逐渐降低,在8d后发酵就完全结束了。整个过程中,需要对温度和压力做严格的控制。当然啤酒的不同、生产工艺的不同,导致发酵的时间也不同。通常,贮藏啤酒的发酵过程需要大约6d,淡色啤酒为5d左右。发酵结束以后,绝大部分酵母沉淀于罐底,酿酒师们将这部分酵母回收起来以供下一罐使用。除去酵母后,生成物"嫩啤酒"被泵入后发酵罐(或者被称为熟化罐中),在此,剩余的酵母和不溶性蛋白质进一步沉淀下来,使啤酒的风格逐渐成熟，成熟的时间随啤酒品种的不同而异。经过后发酵而成熟的啤酒在过滤机中将所有剩余的酵母和不溶性蛋白质滤去，就成为待包装的清酒。

4. 过滤工序

（1）过滤目的。过滤去除悬浮物，改善啤酒的外观，提高啤酒的胶体稳定性，提高生物稳定性。

（2）过滤后的变化。酒中的一部分色素、多酚类物质等被过滤介质吸附而使色度下降。过滤介质对苦味物质的吸附使苦味物质减少。蛋白质含量下降4%。

四、成品啤酒

1. 啤酒的非生物稳定性

经过滤澄清透明的啤酒并不是"真溶液"，而是胶体溶液，它还含有大分子颗粒物质，这些胶体物质在保存时会发生一系列变化使胶体溶液稳定性破坏，形成浑浊乃至沉淀。啤酒的澄清透明是暂时的，有时间限制的，而浑浊、沉淀终究将会发生。啤酒之间的差别，仅仅在于胶体溶液稳定时间的长短。

啤酒生产者在生产啤酒时，都把主要精力放在减少成品啤酒中这些不稳定的大分子物质上，使啤酒在保质期内始终是稳定的，这些不稳定的大分子物质也是口味物质，非生物稳定性长的啤酒并不一定口味最好。啤酒主要浑浊物质为蛋白质和高肽、多酚、糊精、铁离子等，氧是浑浊的催化物质。高分子蛋白质是啤酒非生物浑浊的主要因素之一，多酚物质是啤酒非生物浑浊的主要因素之二。

2. 啤酒老化

当今啤酒的酿造技术，可使啤酒稳定性保持12个月，个别可达2年，但风味稳定期还远远达不到如此长。

风味稳定期：啤酒能保持啤酒新鲜、完美、纯正、柔和的风味而没有因氧化而出现老化味的时间。

老化的基本机理：啤酒生产从制麦到发酵过程，形成大量的风味老化物质的前体，以及一些本身无风味活性，但可通过氧化还原作用和催化活性来影响风味老化的物质。

啤酒老化的过程，实际上在原料、制麦、糖化、发酵、包装过程已经开始，而成品酒贮存过程是这些前体老化物质进一步变化，而使啤酒风味恶化。氧参与啤酒的老化。老化是由各种风味物质复杂氧化和分解、化合的结果，是啤酒稳定性和风味的破坏。

任务4 葡萄酒果酒加工技术

根据国际葡萄与葡萄酒组织的规定，葡萄酒只能是以破碎或未破碎的新鲜果实或葡萄汁为原料，经完成或部分酒精发酵后获得的饮料，其酒精度不能低于8.5%（体积分数）的饮料。但是，根据气候、土壤条件、葡萄品种和一些葡萄产区特殊的质量因素或传统，在一些特定的地区，葡萄酒的最低总酒度可降低到7.0%（体积分数）。

一、葡萄酒的分类

1. 按酒的颜色分类

（1）红葡萄酒。红葡萄酒用带色葡萄带皮发酵酿造而成。酒液含有果皮或果肉中的有色物质，酒色为深红、紫红或宝石红、红微带棕或棕红色。干红葡萄酒具有浓郁的果香和优雅的葡萄酒香，无涩味或其他刺激性邪味。

（2）白葡萄酒。白葡萄酒用白葡萄或红皮白肉葡萄的果汁发酵而成。颜色有无色、淡黄绿色、浅黄或金黄色等。具有新鲜的果香和优美的酒香，口味淡雅爽口。

（3）桃红葡萄。酒桃红葡萄酒用红葡萄或红、白葡萄混合，带皮或不带皮发酵，或红白葡萄酒混合而成。颜色介于红白葡萄酒之间，有桃红色、淡玫瑰红色、浅红色及砖红色，颜色鲜明。具有明显的果香及和谐的酒香，新鲜爽口，酒质柔顺。

2. 按含糖多少分类

（1）干葡萄酒。干葡萄酒含糖量（以葡萄糖计）≤4.0 g/L，品评时感觉不出甜味，酒中的糖分几乎发酵完。

（2）半干葡萄酒。半干葡萄酒含糖量一般在 4.1~12.0 g/L，品评时微有甜感。

（3）半甜葡萄。半甜葡萄酒含糖量一般在 12.1~50.0 g/L，品评时有甘甜爽顺感。

（4）甜葡萄酒含糖量≥50.1 g/L。甜葡萄酒含糖量一般在 250.1 g/L，品评时具有甘甜、醇厚感。

二、葡萄酒主要组成

1. 糖和甘油

葡萄酒中的糖通常是浆果中未经发酵的部分。甘油是酒精发酵的主要副产物，其含量通常为 5~12 g/L。糖和甘油都可使葡萄酒具圆润和肥硕感。

2. 酸

葡萄酒中的酸主要有两大类：一类是葡萄浆果本身的酸，主要是酒石酸、苹果酸和微量柠檬酸；另一类是发酵产生的酸，包括乳酸、琥珀酸和醋酸等。葡萄酒含酸量过低，则口味平淡，贮藏性差；相反，含量过高，则酒体粗糙、瘦弱。因此，葡萄酒中酸的成分和含量可影响葡萄酒的协调感和贮藏性。

3. 丹宁和色素

在红葡萄酒的酿造过程中，由于对果梗、果皮和种子的浸渍作用，使存在于其中的丹宁和色素溶解在葡萄酒中，其含量通常为 1~5 g/L。丹宁可影响葡萄酒的结构感和成熟特性，色素则主要影响葡萄酒的颜色。

4. 其他物质

在葡萄酒中，还含有很多其他的物质，如酯类、高级酯、脂肪酸、芳香物质、多种矿物质（包括微量元素）、微量的二氧化碳、二氧化硫以及多种维生素和各种氨基酸。

三、葡萄酒生产原料

1. 葡萄

葡萄果肉和果汁是葡萄的主要成分。不同品种，其化学组成很不一样，有水分65%~

80%、还原糖15%~30%、有机酸、含氮物、矿物质、果胶质等。

酿酒用葡萄品种葡萄品种多达千种以上，酿造红葡萄酒一般采用佳丽酿、玫瑰香、赤霞珠、蛇龙珠、品丽珠等。酿造白葡萄酒选用白葡萄或红皮白肉葡萄品种有龙眼、贵人香、雷司令等，酿造桃红葡萄酒的品种有玫瑰香、法国蓝、黑品乐等。

2.其他原材料

（1）白砂糖（蔗糖）。配酒和葡萄汁改良需要使用白砂糖或绵白糖。

（2）食用酒精。配酒时要用到食用酒精，其质量必须达到国标一级的质量标准，若为二级酒精则需要进行脱臭、精制。

（3）酒石酸、柠檬酸。葡萄汁的增酸改良要用到酒石酸和柠檬酸。另外在配酒时，要用到柠檬酸以调节酒的滋味，并可防止铁破败病。

（4）二氧化硫。在葡萄酒酿造中，二氧化硫有着重要的作用。第一是选择性杀菌或抑菌作用，其次是澄清作用，此外还有促使果皮成分溶出、增酸和抗氧化等作用。

（5）澄清剂。葡萄酒澄清使用的澄清剂（又称下胶材料）有明胶、鱼胶、蛋清、干酪素（酪蛋白）、皂土、单宁、血粉、硅藻土、果胶酶等。

四、葡萄酒发酵的微生物

葡萄酒酵母可发酵葡萄糖、果糖、蔗糖、麦芽糖、半乳糖，不发酵乳糖、蜜二糖、棉子糖。葡萄酒酿造所需要的酵母，主要来源于葡萄皮和果梗上附着的野生酵母和发酵前添加。葡萄酒酵母应有的特点是产生良好的果香与酒香。较高的发酵能力，可使酒精含量达到16%以上，能在低温（15℃）或酒液适宜温度下发酵，以保持果香和新鲜清爽的口味。降解糖使残糖在4g/L以下，较高的二氧化硫抵抗力较好的凝聚力和较快的沉降速度。

五、红葡萄酒发酵工艺

酿制红葡萄酒一般采用红皮白肉或皮肉皆红的葡萄品种。中国酿造红葡萄酒主要以干红葡萄酒为原酒，然后按标准调配、勾兑成半干、半甜、甜型葡萄酒。生产干红葡萄酒应选用适宜酿造干红葡萄酒的单宁含量低、糖含量高的优良酿造葡萄作为生产原料。

1.发酵前的准备工作

葡萄的破碎与除梗，果汁分离，葡萄汁的改良等，其中果汁分离尽可能缩短葡萄汁与空气接触时间，减轻氧化程度，使色素、单宁等物质溶出量少。自流汁中果肉含量少，蛋白质含量低，单宁、色素含量低，黏度低，色泽浅，透明度高，不利酿酒的成分少，适合酿制高档葡萄酒。

2.葡萄汁的前发酵

葡萄酒前发酵的目的是酒精发酵、浸提色素物质及芳香物质。葡萄皮、汁进入发酵池，发酵产生二氧化碳，葡萄皮密度比葡萄汁小，葡萄皮、渣浮于葡萄汁表面，形成很厚的"酒盖"或"皮盖"。"酒盖"与空气直接接触，容易感染有害杂菌，败坏葡萄酒的质量，在生产中需将皮盖压入醪中，以便充分浸渍皮渣上的色素及香气物质，这一过程称为压盖。

压盖有两种方式：一是人工压盖，用木棍搅拌，将皮渣压入汁中，也可用泵将汁液从发酵池底部抽出，喷淋到皮盖上，其循环时间视发酵池容积而定；二是在发酵池四周制作卡口，装上压板，压板的位置恰好使皮盖浸没于葡萄汁液中。

发酵温度是影响红葡萄酒色素物质含量和色度值大小的主要因素。红葡萄酒发酵温度一般控制在25～30℃进入主发酵期，必须采取措施降低发酵温度。采用外循环冷却法、循环倒池法和池内蛇行、管冷却法予以控制。

二氧化硫的添加应在破碎后，产生大量酒精以前，细菌繁殖之时加入。培养好的酵母一般应在葡萄醪加入SO_2 4～8h后再加入，以减小SO_2对酵母的影响，用量一般控制在1%～10%(自红葡萄酒发酵时有必要进行葡萄汁液的循环以增加葡萄酒的色素物质含量；降低葡萄汁液温度；使葡萄汁与空气接触，增加酵母活力；葡萄浆与空气接触，促使酚类物质氧化，使之与蛋白质结合成沉淀，加速酒的澄清。

3. 出池与压榨

经4～6天的主发酵，当残糖降至5g/L以下，发酵液面只有少量二氧化碳气泡，皮盖已经下沉，液面较平静，发酵液温度接近室温，并伴有明显的酒香时表明主发酵已经结束，可以出池。一般出池时先将自流原酒由排汁口放出，放净后打开入孔清理皮渣进行压榨。压榨出的酒进入后发酵，皮渣可蒸馏制作皮渣白兰地，也可另做处理。

4. 后发酵

正常后发酵时间为3～5天，但可持续1个月左右。

后发酵的主要目的是让糖分在酵母的作用下继续转化成酒精和二氧化碳。澄清前发酵原酒中酵母，在后发酵结束后，自溶或随温度降低形成沉淀。残留在原酒中的果肉、果渣随时间的延长自行沉降，形成酒脚。原酒在后发酵过程中进行缓慢的氧化还原作用，促使醇酸酯化，使酒的口味变得柔和。诱发苹果酸—乳酸发酵，可降酸和改善口味。

后发酵的工艺管理要求补加SO_2前发酵结束后压榨得到的原酒需补加SO_2，添加量(以游离SO_2计)为30～50mg/L。控制温度，原酒品温一般控制在18～25℃，品温高于25℃，不利于酒的澄清，有利于杂菌繁殖。隔绝空气，后发酵的原酒采用水封或酒精封避免与空气接触。

项目三　酿造加工技术

任务1　酱油生产技术

一、酱油概述

酱油行业生产仍以天然古法酿造为主。酱油是一种常用的咸味和鲜味调味品，是以蛋白质原料和淀粉质原料为主料经微生物发酵酿制而成的。酱油营养成分丰富，中国生产的酿造酱油每100mL中含有可溶性蛋白质、多肽、氨基酸达7.5～10g，此外还含有较丰富的维生素、磷脂、有机酸以及钙、磷、铁等无机盐，可谓咸、酸、鲜、甜、苦五味调和，色、香俱备的调味佳品。

二、酱油生产原料

1. 蛋白质类原料

是微生物生长繁殖的营养物质,是酱油的营养成分以及鲜味的来源。原料部分氨基酸的进一步反应与酱油香气的形成、色素的生成有直接关系,与酱油色、香、味、体的形成密切相关。蛋白质类原料是酱油生产的主要原料,有大豆、脱脂大豆和其他蛋白质原料。

2. 淀粉质原料

(1) 提供碳源。淀粉在酱油酿造过程中分解为糊精、葡萄糖。

(2) 供发酵。葡萄糖经酵母菌发酵生成的酒精、甘油、丁二醇等物质是形成酱油香气的前体物和酱油的甜味成分。

(3) 提供香味。葡萄糖经某些细菌发酵生成的各种有机酸可进一步形成酯类物质,增加酱油香味。

(4) 形成体态。留于酱油中的葡萄糖和糊精可增加甜味和黏稠感,对形成酱油良好的体态有利。

(5) 形成色素。酱油色素的生成与葡萄糖密切相关。种类有小麦、麸皮和其他淀粉质原料。

3. 食盐

食盐是酱油生产的重要原料之一,使酱油具有适当的咸味,并且与氨基酸共同给以鲜味。食盐具有杀菌防腐作用,可以使生产发酵中在一定程度上减少杂菌的污染,在成品中有防腐败的功能。

4. 水

酱油生产需用大量的水,对水的要求虽不及酿酒工业那么严格,但也必须符合食用标准。一般凡可饮用的自来水、深井水,清洁的河水、江水等均可使用,但必须注意水中不可含有过多的铁,否则会影响酱油的香气和风味。

三、酱油酿造用微生物

1. 酱油酿造用微生物特点

在制曲过程中米曲霉分泌和积累蛋白酶、淀粉酶等胞外酶(诱导酶),将蛋白质、淀粉分解成小分子的物质,为微生物提供营养物质,利于酱油色素的形成,供微生物发酵和香味的形成。酿酒酵母菌能利用葡萄糖等可发酵性糖,进行酒精发酵生成乙醇,同时生成甘油、高级醇、醛、有机酸等风味物质。酯香型酵母能发酵生成酱油的芳香成分如乙基苯酚、酯类等。乳酸菌利用糖发酵生成乳酸,乳酸是构成酱油风味的成分之一,与乙醇生成乳酸乙酯,是一种重要的香气成分。

2. 种曲的制备

种曲是制酱油曲的种子,在适当的条件下由试管斜面菌种经逐级扩大培养而成,每克种曲孢子数达2亿~5亿个以上,用于制曲时具有很强的繁殖能力。种曲质量的优劣直接影响到成曲的质量,如成曲酶活力高低、杂菌数量等,而成曲的好坏又影响到酱油的质量和出品率。种曲的制备也是酱油生产中一个重要的环节,制种曲工艺流程包括试管斜面菌种、斜面活化、三角瓶扩大培养、种曲培养等过程。

四、固态低盐保温发酵工艺

将成曲拌入多量盐水,成为浓稠的半流动状态的混合物,俗称酱醪;将成曲拌入少量盐水,成为不流动状态的混合物,则称酱醅。将酱醪或酱醅装入发酵容器内,采用保温或者不保温方式,利用曲中的酶和微生物的发酵作用,将酱醅中的物料分解、转化,形成酱油独有的色、香、味、体成分,这一过程,就是酱油生产中的发酵。发酵方法及操作的好坏,直接影响到成品酱油的质量和原料利用率。

酱油发酵的方法,根据发酵加水量的不同,可以分为稀醪发酵、固态发酵及固稀发酵;根据加盐量的不同,可以分为有盐发酵、低盐发酵和无盐发酵;根据发酵时加温情况不同,又可以分自然发酵和保温速酿发酵。目前普遍采用的方法为固态低盐发酵法,由于采用该工艺酿造的酱油质量稳定,风味较好,操作管理简便,发酵周期较短,已为中国大、中、小型酿造厂广泛采用。

1. 粉碎。将成曲粉碎成2mm左右的均匀颗粒,利于水分进入,便于微生物和酶的作用。

2. 制醅入池。粉碎的成曲与55℃左右的盐水按一定比例拌和,酱醅的起始发酵温度为42~44℃,此温度是蛋白酶的最适作用温度。铺在池底10cm厚的酱醅应略干、疏松、不黏,当铺10mm以上后,可逐渐增加盐水用量,让成曲充分吸收盐水。在固态低盐发酵中,酱醅的含水量以52%~55%为宜,食盐含量为6%~7%,但由于制曲原料上的差别或成曲质量不同等原因,对拌水量可作适当增减。另外,酱醅的pH以6.5~6.8为宜,这样有利于蛋白酶、谷氨酰胺酶,发挥作用。

3. 发酵。固态低盐发酵,可分为前期水解阶段和后期发酵阶段。

(1)前期。主要是曲料中的蛋白质和淀粉在酶的作用下被水解。因此,前期应把品温控制在蛋白酶作用的最适温度42~45℃,一般需要10天左右,才能基本完成水解。曲料入池后的第2天,开始进行浇淋,每天1~2次,以后可减少浇淋3~4天一次。浇淋,是用泵把渗流在假底下的酱汁抽取回浇于酱醅面层,使之均匀地透过酱醅下渗,以增加酶与底物的接触,促进底物的分解,同时也起到调节品温的作用。

(2)后期发酵阶段。主要是通过耐盐乳酸菌和酵母菌的发酵作用形成酱油的风味。当进入后发酵阶段时,应补加适量的浓盐水,使酱醅含盐量达到15%左右,并使醅温下降至30~32℃,此时,可将酵母菌培养液和乳酸菌培养液浇淋于酱醅上,直至酱醅成熟。在此期间,进行数次酱汁浇淋。发酵阶段一般需14~20天。上述方法是固态低盐发酵法中的发酵温度"先中后低"型发酵。

如果想缩短酿造周期,可以采用"先中后高"型发酵:入池后第1周保持42~45℃品温,以后逐渐升温至50~52℃,并维持到发酵结束,整个周期仅14~15天,酱油出品率有所增加。但由于后期高温不适合酵母菌的增殖和发酵,因此酱油的风味差。发酵设备有发酵缸、发酵罐和发酵池等几种。

4. 浸出

浸出是酱醅成熟后利用浸泡和过滤方法将有效成分从酱醅中分离出来的过程,是固态发酵酿造酱油工艺必不可少的提取酱油的操作步骤。

工艺操作:

(1)将上批生产的5倍豆饼原料量的二油加热至70~80℃,注入成熟酱醅中,加盖,55℃以上品温,保温浸泡20h,过滤放出头油(避免头油放得过干,酱渣紧缩,影响第2次滤油），余渣称为头渣；

（2）向头渣中注入80~85℃的三油，浸泡8~12h，滤出的是二油，余渣为二渣；

（3）用热水浸泡二渣2h左右，滤出三油，三油用于下批浸泡头渣提取二油，余渣称为残渣；

（4）残渣可用作饲料。清除池中残渣，池经清洗后可再装料生产。

头油用以配制成品，二油、三油则用于循环浸醅淋油提油。

5. 加热及配制

从酱醅中淋出的头油称生酱油，还需经过加热及配制等工序才能成为各个等级的酱油成品。生酱油加热至65~70℃，持续30min或采用80℃连续灭菌，可杀灭产膜酵母、大肠杆菌等有害菌，使悬浮物和杂质与少量凝固性蛋白质凝结而发生沉淀，澄清酱油，并具有调和香气、增加色泽的作用。酱油配制要求符合部颁标准，可以添加防腐剂、甜味料、酱色、助鲜剂、酱香等添加剂。常用的防腐剂有苯甲酸钠、山梨酸、维生素K类等；常用的甜味料有砂糖、饴糖、甘草汁等；常用的助鲜剂有味精、$5'$-鸟苷酸钠、$5-7$肌苷酸钠等。

五、酱油发酵中的生物化学变化

1. 蛋白质水解

酱醅中的蛋白酶以中性和碱性蛋白酶为主，在发酵初期，酱醅的pH在6.5~6.8，醅温42~45℃。在这种条件下，中性蛋白酶、碱性蛋白酶和谷氨酰胺酶能充分发挥作用，使蛋白质逐渐转化为多肽和氨基酸，谷氨酰胺转化为谷氨酸。随着发酵的进行，耐盐乳酸菌繁殖，酱醅的pH逐渐下降，蛋白质的水解作用逐渐变弱。原料蛋白质在发酵过程中并不能完全分解为氨基酸，但成品酱油中氨基氮的含量应达到全氮的50%以上。

2. 淀粉的水解

酱醅中的淀粉在曲霉的淀粉酶系作用下，被水解为糊精和葡萄糖，这是酱醅发酵中的糖化作用。生成的单糖构成酱油的甜味，有部分单糖被耐盐酵母及乳酸菌发酵生成醇和有机酸，成为酱油的风味成分。由于曲霉菌中有其他水解酶存在，糖化作用生成的单糖，除葡萄糖外还有果糖及五碳糖。

3. 酒精的生成

酱醅中的酒精发酵主要是酵母菌的作用。酵母菌通过其酒化酶系将酱醅中的部分葡萄糖转化为酒精和二氧化碳。在酵母的酒精发酵中，还有少量副产物生成，如甘油、杂醇油、有机酸等。

酱醅中的酒精，一部分被氧化成有机酸类，一部分挥发散失，一部分与有机酸化合成酯，还有少量则残留在酱醅中，这些物质对酱油香气形成十分必要。

4. 有机酸发酵

适量的有机酸存在于酱油中可增加酱油的风味，当总酸含量在1.59/100mL左右时，酱油的风味调和。乳酸是酱油中的重要呈味物质，对酱油风味形成起重要作用。通过酱醅中乳酸菌的发酵作用，可以使糖类转变为乳酸。米曲霉分泌的解脂酶能将油脂水解成脂肪酸和甘油。

5. 酱油色素的形成

酱油色素形成的主要途径是美拉德反应和酶促褐变反应。美拉德反应是氨基化合物和羰基化合物间发生的非酶促反应，最后生成褐色的类黑色素。参与反应的氨基化合物包括氨基酸、肽、蛋白质、胺类等。羰基化合物有单糖、醛、酮及多糖分解产物等。

羰基化合物中,五碳糖的反应性最强,是六碳糖的10倍;双糖类反应速度缓慢;氨基化合物的反应速度顺序为胺类＞氨基酸＞蛋白质。氨基酸中碱性氨基酸及含苯环、杂环的氨基酸反应速度较快。

6. 酱油香气的形成

香气是评价酱油成品质量的主要指标之一。酱油应具有酱香、酯香,无不良气味。酱油香气成分是由原料中的蛋白质、碳水化合物、脂肪等成分经米曲霉酶系及耐盐酵母菌、耐盐乳酸菌等微生物的发酵作用和化学反应生成,其化学物质多达200余种,如醇、有机酸、酯、醛、缩醛、酚基化合物、含硫化合物等,其中起主要作用的有20余种。

7. 酱油的味

酱油含盐量18%左右,酱油中的肽、氨基酸、有机酸和糖类可缓和食盐咸味,而使酱油的咸味柔和。酱油的鲜味是蛋白质分解形成的氨基酸和肽类,以谷氨酸为主;微生物胞内核酸水解产生的鸟苷酸和肌苷酸钠盐是强鲜味物质。酱油含糖量3~4g/100mL,主要是葡萄糖、果糖、麦芽糖等,甘氨酸、丙氨酸、苏氨酸、丝氨酸、脯氨酸等甜味氨基酸和甘油、环己六醇等多元醇也赋予酱油甜味,要提高酱油的甜味,可选择使用淀粉含量丰富的原料。酱油总酸在1.5g/100mL左右,以乳酸为主,其次为醋酸、丙酮酸、琥珀酸、柠檬酸、∂-酮戊二酸、丙酸、异丁酸等,具有助消化、调味、增食欲、增香、防腐等功效,可使酱油的强咸味变得柔和爽口,总酸量超过2g/100mL,将产生不良口感。

8. 酱油的固形物

酱油固形物是指酱油水分蒸发后留下的不挥发性固体物质,包括可溶性蛋白质、色素、氨基酸、矿物质、糊精、维生素、糖类、食盐等成分,除食盐以外的固形物称为无盐固形物。无盐固形物含量是酱油质量指标之一,优质酱油无盐固形物要求在20g/100mL以上。

任务2　食醋生产技术

食醋是以淀粉质为原料,经过淀粉糖化、酒精发酵、醋酸发酵三个主要过程及后熟陈酿而酿制成的一种酸、甜、咸、鲜诸味协调的酸性调味品。醋的酿造生产在我国已有两千多年的历史。历史上最早称醋和其他各种酸性调味品为"醯",《周礼》中即有"醯人主作醯"的记载。中国常用的酿醋工艺有自吸式液态深层发酵法、酶法自然通风回流法、液态回流法、生料酿醋法、固态发酵法。食醋主要成分是醋酸,其次是各种氨基酸、维生素、糖类、有机酸、矿物质、醇和酯等营养成分及风味成分,具有独特的色、香、味、体,具有健胃消食、杀菌解毒、软化血管、防暑降温、促进血液循环、防治动脉硬化、冠心病等营养、防病功效。

一、制醋的原料

1. 主料:淀粉、糖、酒精的三大类物质,如酒精、糖蜜、谷物、薯类、果蔬、酒糟以及野生植物等。

2. 酿醋:谷糠、麸皮或豆粕等大量的辅助原料。

二、食醋酿造用微生物

传统工艺酿醋是利用自然界中野生菌制曲、发酵,酿醋微生物有霉菌属的曲霉、根霉、犁头霉、毛霉；酵母菌属的假丝酵母、汉逊酵母，以及乳酸菌、产气杆菌、芽孢杆菌、醋酸菌等。新法酿醋采用经人工选育的纯培养菌株，与传统工艺酿醋相比酿醋周期短，原料利用率高，经济效益显著。

三、酿醋方法

1. 固态发酵法酿醋

淀粉质原料的糖化、酒精发酵、醋酸发酵都是在固态状态下进行的，发酵速度慢，通过多次倒醅为醋酸发酵补充氧气，劳动强度大，方法传统，但固态发酵时间长，香味成分、不挥发有机酸生成积累多，风味好。

2. 酶法液化通风回流法

酿醋采用淀粉酶将原料液化，再用麸曲进行糖化，速度快。采用液态酒精发酵，固态醋酸发酵，发酵时在池底部设假底，假底下的池壁上设有通风孔，保证醋醅通风，假底下积存的醋汁，定时回流喷淋在醋醅上以利降温通气。与固态生产相比，出醋率高，液化和酒精发酵机械化程度高。

3. 液体深层发酵法酿醋

整个的生产过程都是在液体状态下进行的。机械化程度高，发酵时间短，速度快，卫生条件好，但风味较差。常增加弥补风味不足的适当工艺过程。

4. 速酿法酿醋

以白酒或食用酒精为原料，在速酿塔中经醋酸菌的氧化作用，将酒精氧化成醋酸。成品醋色浅，体态澄清透明，醋味纯正，生产速度快，风味差。

5. 生料酿醋

原料不经蒸煮，经粉碎浸泡后，直接进行糖化发酵，降低能耗，简化生产步骤，但糖化困难，易污染杂菌，有待于进一步完善。

四、固态发酵法制醋工艺

1. 固态发酵法制醋基本工艺流程

原料处理→麸曲、酒母→糖化及发酵→醋酸发酵→加盐→淋醋→陈酿→配制→灭菌→成品

2. 制醋工艺操作要点

（1）原料处理。甘薯干粉碎成粉，与细谷糠混合均匀，第1次加水，随加随翻，润水均匀后在150kPa蒸汽压下蒸料，再过筛除团并冷却。

（2）添加麸曲、酒母和水。熟料夏季降温至30~33℃，冬季降温至40℃，第2次加水，加麸曲和酒母拌匀，使醋醅含水量60%~62%，醅温24~28℃。

（3）淀粉糖化及酒精发酵。醋醅入缸后，保持28℃左右，醅温上升至38℃，倒醅，经5~8h，醅温再次上升到38~39℃，再倒醅1次。此后，正常醋醅的醅温38~40℃，每天倒醅1次，2天后醅温逐渐降低。第5天，醅温降至33~35℃，糖化及酒精发酵已完成，醋醅的酒精含量可达8%左右。

（4）醋酸发酵。酒精发酵结束后，每缸拌入粗谷糠10kg及醋酸菌种子8kg。通过倒醅控制醅温39~41℃，不得超过42℃，并使空气流通。一般每天倒醅1次，经12天左右，醅温开始下降，当醋酸含量达7%以上时，醋酸发酵结束及时加入食盐。

(5)加盐。一般每缸醋醅夏季加盐3kg,冬季加盐1.5kg,拌匀,再放置2天。

(6)淋醋。用水将成熟醋醅的有用成分溶解出来得到醋液。淋醋采用淋缸循环法,即淋缸放入成熟醋醅,用淋出的二醋倒入盛有成熟醋醅缸内浸泡20~24h,淋下的醋液称为头醋,余渣称为头渣;用淋下的三醋放入头渣缸内浸泡,淋下的是二醋,余渣为二渣;二渣用清水浸泡淋下的醋为三醋,余渣为酸含量不足1%的残渣。

(7)陈酿。陈酿是醋酸发酵后为改善食醋风味进行的贮存、后熟过程。一种是醋醅陈酿,将加盐成熟的固态醋醅压实,上盖食盐一层,并用泥土和盐卤调成泥浆密封缸面,放置20~30天即可;另一种是醋液陈酿,将成品食醋坛内封存30~60天即可。

(8)配制、灭菌。根据标准调整浓度和成分,一般需加入0.1%苯甲酸钠防腐剂,采用80℃以上温度灭菌,经包装即得成品。

五、食醋生产中的生化变化

1. 生化作用

在酶的作用下糊化淀粉首先转化为可发酵性糖,酵母菌在厌氧条件下再将发酵性糖转化成酒精、二氧化碳及甘油、高级醇、有机酸等副产物,最后酒精在醋酸菌氧化酶的作用下生成醋酸。

2. 食醋色、香、味、体的形成

(1)食醋的色素来源于原料本身的色素,原料预处理时发生化学反应所产生的有色物质,发酵过程中化学反应、酶反应所生成的色素,微生物的有色代谢产物,熏醅时产生的色素以及进行配制时人工添加的色素。其中酿醋过程中发生的美拉德反应是形成食醋色素的主要途径。熏醅时多种糖经脱水、缩合形成能溶于水、呈黑褐色或红褐色的焦糖色素。

(2)食醋的香气成分主要来源于食醋酿造过程中产生的酯类、醇类、醛类、酚类等物质,有的食醋还添加桂皮、芝麻、陈皮、茴香等香辛料增香。

(3)食醋的酸味主体是醋酸,是挥发性酸,酸味强,尖酸突出,有刺激气味,还含有一定量的琥珀酸、苹果酸、柠檬酸、葡萄糖酸、乳酸等不挥发性有机酸,使食醋的酸味柔和。食醋中残存的糖类和甘油、二酮等代谢副产物赋予食醋甜味。食盐与食醋其他风味缓冲,赋予食醋良好口感。蛋白质水解产生的氨基酸、核苷酸的钠盐以及酵母菌、细菌菌体自溶产生的鸟苷酸、肌苷酸等各种核苷酸,赋予食醋鲜味。

(4)食醋的体态由固形物含量决定。固形物包括有机酸、氨基酸、盐类、酯类、糖分、蛋白质、糊精、色素等。用淀粉质原料酿制的醋固形物含量高、体态好。

任务3 味精生产技术

味精是谷氨酸单钠的水化合物,它有强烈的肉类鲜味,是食品的鲜味调味品。味精进入胃后,受胃酸作用生成谷氨酸。谷氨酸被人体吸收参与体内许多代谢反应,并与其他氨基酸起共同构成人体组织的蛋白质。人体中的谷氨酸能与血液中氨结合形成谷氨酰胺,从而解除组织代谢过程中所产生的氨的毒害作用。

一、原料

谷氨酸发酵以糖蜜和淀粉为主要原料。糖蜜是制糖工厂的副产物,分为甘蔗糖蜜和甜菜糖蜜两大类，含较多的可发酵性糖，但需预处理降低生物素含量。淀粉质原料包括薯类、玉米、小麦、大米等。

二、菌株

常用生产菌株的共同特征为细胞呈球形、棒形或短杆形，革兰染色呈阳性反应，无鞭毛，不能运动，是需氧性的微生物；不形成芽胞；以生物素作为生长因子；具有一定的谷氨酸蓄积能力。

三、谷氨酸发酵的控制

1. 温度的控制

国内常用菌株的最适生长温度为30~34℃，产生谷氨酸的最适温度为34~36℃。前12h主要生长菌体为发酵前期，其后增殖速度减缓，菌体进入平衡期，温度增高至34~36℃，谷氨酸的生成量随之增加。

2. pH的控制

发酵前期pH控制在7.5~8.5，发酵中、后期pH控制在7.0~7.2。

3. 溶解氧的控制

在实际生产中，搅拌转速固定不变，通常用调节通风量来改变供氧水平。每分钟向1m³的发酵液中通入0.1cm³无菌空气。

4. 种龄和种量的控制

种龄长短关系到种子活力的强弱，影响下一次增殖的适应期长短。接种量多少，将明显影响种子生长期的长短。

5. 泡沫的控制

生产上采用发酵罐内安装机械消泡器和加入消泡剂的方法予以控制。谷氨酸发酵常用的消泡剂有花生油、豆油、玉米油、棉子油、泡敌和聚硅氧烷等。

四、发酵异常现象及处理

1. 污染杂菌和感染噬菌体引起的发酵异常

（1）污染杂菌后，溶解氧的浓度（OD值）增长快，糖耗快，发酵液泡沫增多，谷氨酸生成量少。发酵前期发现污染杂菌，培养基重新灭菌，酌加培养基成分，重新接种后再发酵。发酵中期染菌，pH、OD值和糖耗等尚属正常，可加大风量，按常规继续发酵。发酵后期染菌，对发酵影响不大。

（2）感染噬菌体后，OD值不上升甚至下跌，发酵液pH上升，黏稠，泡沫增多，谷氨酸蓄积少。发酵前期感染噬菌体，培养基重新灭菌或采用并罐法。发酵中期感染噬菌体，培养基在70℃加热10min杀死噬菌体，补料补种，重新发酵。发酵后期染菌，对发酵影响不大。

2. 接种不当引起的发酵异常

将种龄过长或活力弱的种子接入发酵罐后，在发酵中、后期，糖耗缓慢，pH不下降、波动不活跃，谷氨酸生成量少。可停止搅拌或减小通风量，追加生物素、磷盐和镁盐予以控制。

3. 培养基配比差错引起的发酵异常

（1）生物素是谷氨酸生产菌不可缺少的生长因子。生物素不足，长菌慢，糖耗慢，菌体生长不足；生物素过量，葡萄糖的消耗被用于菌体增殖。

（2）磷在微生物细胞中含量较高，它是合成核酸、核蛋白、磷脂、各种核苷酸和辅酶的重要元素。培养基中不加或少加磷酸盐，则菌体生长缓慢，糖耗慢，最终菌体生长不足；磷盐过多，糖的降解都通过 EMP 途径和 TCA 循环，菌体增殖快。

4. 发酵条件控制不当引起的发酵异常

发酵前期通风量不足，影响不大；中后期供氧不足，则谷氨酸生成少。发酵前期、中期温度过高，细胞易衰老；温度过低，发酵周期长。

五、谷氨酸的分离纯化

谷氨酸发酵液、提取液和水解液中，含有丙氨酸、天冬氨酸等氨基酸，乳酸、酮酸等有机酸以及各种糖类、各种无机离子、微生物菌体等许多杂质，需要通过一系列分离纯化技术将杂质分离，得到纯正的谷氨酸。谷氨酸分离纯化常用离心分离、沉淀分离、过滤与膜分离、层析分离等方法。

1. 离心分离是借助离心机高速旋转所产生的离心力，使不同大小和不同密度的物质分离的技术。

2. 沉淀分离是通过改变某些条件，使混合液中某种溶质的溶解度降低，从溶液中沉淀析出的分离技术。沉淀分离是谷氨酸分离纯化的常用技术。

（1）等电点沉淀法。利用两性电解质在等电点时溶解度最低，以及不同的两性电解质具有不同的等电点特性，通过改变溶液的 pH，而对两性电解质进行分离的技术。谷氨酸是两性物质，在等电点的条件下，谷氨酸的溶解度最小，谷氨酸的等电点为 pH3.22。

（2）复合沉淀法。溶液中加入某些大分子物质，使之与微生物菌体、蛋白质等形成复合物而沉淀。

（3）加热沉淀法。经加热使混合液中微生物菌体和蛋白质变性而沉淀。谷氨酸发酵液加热到 80~85℃，可将菌体蛋白除去。

3. 谷氨酸的离子交换层析是利用离子交换剂上的可解离的基团对各种离子的亲和力的不同，而使不同物质分离的技术。谷氨酸是两性电解质，用阳离子交换树脂或阴离子交换树脂进行分离纯化。溶液的 pH 小于 3.22 时，谷氨酸分子带正电荷，用强酸性阳离子交换树脂进行层析分离；溶液的 pH 大于 3.22 时，谷氨酸分子带负电荷，用弱碱性阴离子交换树脂进行层析分离。

4. 过滤与膜分离是采用常压、加压、减压过滤等方法粗滤，采用加压、静压、电场、扩散膜分离技术处理。

思考题：

1. 发酵的定义。
2. 发酵的基本原理？
3. 举例说明发酵产物的分离提取方法？
4. 叙述 SO_2 在葡萄汁和葡萄酒中的作用？
5. 叙述酱油生产的工艺过程？

模块八 豆制品加工技术

◆ **基础理论和知识**

大豆及豆制品加工相关概论。

◆ **基本技能及要求**

1. 掌握大豆及豆制品加工基本概念。
2. 掌握各类豆制品加工工艺。

◆ **学习重点**

大豆及豆制品加工基本概念。

◆ **学习难点**

各类豆制品加工工艺。

◆ **导入案例**

豆制品的营养主要体现在其丰富蛋白质含量上。豆制品所含人体必需氨基酸与动物蛋白相似，同样也含有钙、磷、铁等人体需要的矿物质，含有维生素 B_1、B_2 和纤维素，而豆制品中却不含胆固醇，因此，有人提倡肥胖、动脉硬化、高脂血症、高血压、冠心病等患有害者多吃豆类和豆制品。对健康群体而言，营养来源单一是不可取的，豆制品可以做为蛋白质的来源之一。豆制品是平衡膳食的重要组成部分。

◆ **讨论**

豆制品中的哪些成分对人体有利？

项目一　大豆概述

任务1　大豆的历史及重要性

大豆作为一种重要的经济作物，是优良的油脂和蛋白质资源，其栽培和加工都已有悠久的历史。大豆是中国古代重要的粮食和油料作物，中国是大豆的原产地，也是最早种植大豆的国家，早在黄帝时期就已种植，栽培历史至少已有4000年，将大豆加工成大豆食品也有两千多年的历史了。大豆古称"菽"或"荏菽"，据《诗》和《史记·周本纪》等记载大豆已是周时重要的粮食作物。大豆是我国的七大粮食作物之一，也是四大油料作物之一。大豆与黍、稷、麦、稻一起被称为"五谷"。大豆种子因种皮颜色不同，有黄豆、青豆、黑豆之称。

大豆蛋白是理想的植物蛋白质。脱脂大豆含蛋白质达50%以上，并且含有人体必需的8种氨基酸、13种维生素、18种无机盐，不含胆固醇。所以，它是一种其他蛋白质不能比拟比较理想的植物蛋白。随着全球对植物油料及蛋白消费需求增加和应用领域的不断扩大，大豆加工业已逐步成为一个地区和国家的主导和支柱产业，在许多国家农副产品加工中占有相当重要的位置，带动着相关产业同步向前发展。

我国是利用大豆制作豆制品历史最早的国家之一，是世界上公认的传统豆制品发源地，豆腐、豆酱、豆豉的记载历史已有二千多年。大豆及其制品是中国传统食品的"瑰宝"，东方食品的精华，中国传统大豆食品在东方健康饮食中扮演着极为重要的角色，大豆对中华民族的繁衍昌盛功不可没。豆类及其制品是符合中国国情的一种东方食品，中国应当发挥自己的传统优势，避免高热能、高脂肪、高蛋白的膳食模式。

◆知识拓展

胆固醇又称胆甾醇。胆固醇广泛存在于动物体内，尤以脑及神经组织中最为丰富，在肾、脾、皮肤、肝和胆汁中含量也高。胆固醇是动物组织细胞所不可缺少的重要物质，它不仅参与形成细胞膜，而且是合成胆汁酸，维生素D以及甾体激素的原料。但当其过量时便会导致高胆固醇血症，对机体产生不利的影响。现代研究已发现，动脉粥样硬化、静脉血栓形成与胆石症与高胆固醇血症有密切的相关性。

任务2　大豆制品分类

大豆制品分为传统豆制品、新兴豆制品和油脂制品三大类。全球以大豆为主要原料和辅料的食品、饮品、药品、饲料制品、纺织品、精细化工制品、建材制品及生物制品共8大类12000多种产品。仅大豆蛋白就有儿童、强化、方便、风味、保健、快餐、膨化、专用、浓缩、仿生食品10大类，应用在成品粮、半成品粮、副食品、肉制品、发酵制品、蛋白制品、果汁、人造蛋白、糖果、豆腐、蛋类和动物12种制品里。先进国家精深加工已开发出了顶尖产品：抗癌防癌药物——磷脂制剂，新能源新材料——生物柴油及燃油乳化剂，高分子聚酯——改性蛋白材料，营养乳化剂——高蛋白磷脂口服剂，功能保健品——异黄酮、皂甙、低聚糖等制品。

现代社会人们更加关注食品的健康、营养、方便、安全性。天然的、植物性的、无毒的及营养丰富的大豆制品已被消费人群广泛接受。根据中国营养学会制定，卫生部批准的《中国居民膳食指南》，每人每天应摄入 40 g 豆类及豆制品。按此计算，每年仅用于食品生产的大豆就需要 1000 多万吨。我国大豆资源比较丰富，原料有保证，随着食品科学技术的不断进步和发展，豆制品将在传统的基础上不断创新和进步，豆制品将成为最具市场潜力的功能性营养食品之一，在人类的健康饮食中起到举足轻重的作用。

任务3 大豆的化学组成

大豆中大约含有 40% 的蛋白质、20% 的脂肪、10% 的水分、5% 的纤维和 5% 的灰分。

一、蛋白质的组成及分类

一般情况下，大豆中有 80%~88% 是可溶的，在豆制品加工中主要利用的就是这一类蛋白质。水溶性蛋白质又分为球蛋白和白蛋白两部分，其中球蛋白占 94%，其余为白蛋白。大部分蛋白质在 pH4~5 范围内从溶液中沉淀出来，称这部分蛋白质为大豆酸沉淀蛋白，占全部大豆蛋白的 80% 以上（主要是大豆球蛋白）。这些蛋白质真正的等电点在 pH4.5 左右，但由于大豆中含有植酸钙镁，其在酸性条件下与蛋白质结合，所以表面看来蛋白质的等电点是在 pH4.3 左右。在等电点不沉淀的蛋白质称为大豆乳清蛋白，约占大豆蛋白质全量的 6%~7%，这些蛋白的主要成分是白蛋白。大豆蛋白质基本上都属于结合蛋白质，并且大部分是糖蛋白。

1. 大豆球蛋白。大豆蛋白质按功能可分为储存蛋白质和生物活性蛋白质两部分。储存蛋白质主要为大豆球蛋白，生物活性蛋白质主要包括胰蛋白酶抑制因子、血凝集素、脂氧合酶、淀粉酶等。

2. 大豆乳清蛋白。提取液除去酸沉淀蛋白后，所剩下的溶液中尚有酸不能沉淀的蛋白质，将这类蛋白质总称为大豆乳清蛋白质。乳清蛋白质中除含有白蛋白和球蛋白外，还含有胰蛋白酶抑制因子及 β-淀粉酶、血凝集素、磷酸酶、脂肪酶等很多生物活性蛋白。大豆乳清在酸性条件下加热则发生蛋白质凝固沉淀，这是由于白蛋白受热变性的结果。向乳清中加入食用胶或表面活性剂，亦可使蛋白质的一部分成为复合体而沉淀出来。乳清中含有多种生理有害物质和酶类，加热或其他方法可使这些物质失去活性。

3. 大豆蛋白质的氨基酸组成

大豆蛋白质及其某些制品的氨基酸组成见表 8-1。

表8-1 大豆蛋白质及其制品的氨基酸组成　　　　　　　　单位:质量分数%

氨基酸	FAO/WHO 推荐值	大豆蛋白质	大豆粕粉	大豆浓缩蛋白	大豆分离蛋白
异亮氨酸	4.0	4.2	5.1	4.8	4.9
亮氨酸	7.0	9.6	7.7	7.8	1.7
赖氨酸	5.5	6.1	6.9	6.3	6.1
蛋氨酸	3.5	2.4	1.6	1.4	1.1
胱氨酸	3.5	2.4	1.6	1.6	1.0
苏氨酸	4.0	4.3	4.3	4.2	3.7
色氨酸	1.0	1.2	1.3	1.5	1.4
缬氨酸	5.0	5.3	5.4	4.9	4.8
苯丙氨酸	6.0	5.3	5.0	5.2	5.4

从表中可以看出,大豆蛋白质中虽然蛋氨酸和半胱氨酸较少,但其他的必需氨基酸含量均达到或超过了世界卫生组织推荐的水平,且大豆蛋白质含有的8种必须氨基酸比例比较合理,可见大豆蛋白质接近于完全蛋白质。大豆所含的氨基酸中赖氨酸的含量特别丰富,这是大豆蛋白质的一个重要特点。另外,不同加工方法对必须氨基酸的含量和特性没有显著影响,因此大豆适于加工成各种食品。

二、脂类

大豆中的脂类包括脂肪(甘油酯)、磷脂类、固醇、糖脂(脑脂)和脂蛋白,其中中性脂肪是主要成分,占脂类总量的89%左右,磷脂和糖脂分别占脂类总量的10%和2%左右,此外还有少量的游离脂肪酸、固醇和固醇脂。

1. 脂肪(大豆油)

大豆油脂在常温下为液体,分毛油和精炼油。毛油为红褐色,精炼油为淡黄色。大豆油的脂肪酸组成大豆油中含有大量的不饱和脂肪酸,其中大部分是亚油酸,亚油酸是人体必需的脂肪酸。但不饱和脂肪酸易氧化酸败,大豆加工过程中应注意。

2. 类脂

大豆中的类脂分为可皂化类脂和不可皂化类脂,大豆中的类脂主要是磷脂和固醇。固醇属不可皂化物。大豆中含1.1%~3.2%的磷脂,其中卵磷脂占全部磷脂的30%左右,脑磷脂占30%,肌醇磷脂占40%。卵磷脂具有良好的乳化性和一定的抗氧化能力,是一种非常重要的食品添加制。从油脚中可以提取大豆卵磷脂。大豆中的固醇类物质是类脂中不皂化物的主要成分,占大豆的0.15%,包括豆固醇、谷固醇和菜油固醇。在制油过程中,固醇转入油脚中,因而可从油脚中提取固醇。不皂化物除固醇外还有类胡萝卜素、叶绿素以及生育酚类似物等物质,从大豆油脚中可提取天然维生素E。大豆中不皂化物的总含量为0.15%~1.6%。

三、碳水化合物

大豆中约含25%碳水化合物,特点是几乎不含淀粉。大豆中含10%的可溶性碳水化合物，其中主要包括蔗糖、、水苏糖、棉籽糖，此外还有少量的阿拉伯糖、葡萄糖等。其中棉籽糖和水苏糖在人体消化道中不被分解利用，但能被肠道中的双歧杆菌利用，为肠内微生物的营养源，是双歧杆菌生长的促进因子，因而产生气体，这些碳水化合物在加工中多溶于水被除去。大豆中含有24%的不溶性碳水化合物，主要为纤维素存在于种皮中，大豆中的碳水化合物大部分不被人体消化吸收，因而是膳食纤维的良好来源。大豆中碳水化合物的含量见表8-2。

表8-2　大豆中碳水化合物的含量　　　　　　　　　　　单位：质量分数

纤维素	蔗糖	水苏糖	棉籽糖	多缩半乳糖	总量
3.3	5.2	3.8	1.0	1.6	25.7

四、酶类

在大豆中已经发现了30多种酶。与大豆制品加工有关的主要有脂肪氧化酶、脂肪酶、淀粉酶和蛋白酶。

1. 脂肪氧化酶

脂肪氧化酶与豆腥味的关系密切。脂肪氧化酶存在于接近大豆表皮的子叶中，当细胞壁破碎后，即使存在很少的水分，脂肪氧化酶也可利用溶于水中的氧使不饱和脂肪酸（如亚油酸和亚麻油酸）发生酶促氧化，形成过氧化物。当有受体存在时过氧化物可继续降解形成正己醇、乙醛和酮类等具有豆腥味的物质。这些物质又与大豆中的蛋白质有亲和性，即使利用提取和清洗等方式也很难去除。

2. 脂肪酶

脂肪酶能催化脂肪的水解和合成反应。脂肪酶的催化作用具有可逆性，在大豆种子成熟过程中，它可催化脂肪的合成作用，而在大豆种子成熟后的贮藏、加工及种子萌发阶段，则能催化脂肪的分解反应。脂肪酶的存在会引起油脂的氧化酸败。脂肪酶的最适作用温度为30~40℃最适pH在8左右。

3. 淀粉酶

大豆中的淀粉酶对于多支链的淀粉作用能力超过其他原料提取的淀粉酶，并且它的活性并不需要巯基的存在。大豆—淀粉酶在60℃，pH5.5下加热30min，将有50%的活性损失；在70℃，pH5.5下加热30min则完全丧失活力。

4. 蛋白酶

大豆中的胰蛋白酶抑制剂在大豆浸出过程中不对蛋白分解酶产生抑制作用。蛋白分解酶也具有合成的活性，例如大豆蛋白质经木瓜蛋白酶水解后合成了一种新的蛋白质，它比原来的蛋白质增加了甲硫氨酸。

五、抗营养因子

大豆中的抗营养因子主要包括胰蛋白酶抑制剂、血凝集素、胀气因子、致甲状腺肿素、雌激素和抗维生素因子等。其中胰蛋白酶抑制剂对大豆营养价值影响最大，能够抑制胰蛋白酶的活性，且具有很强的耐热性，若需要较快的降低其活性，则要经100℃以上的处理。

其他大部分抗营养因子都是热不稳定性的,耐热性均差于胰蛋白酶抑制剂所以选择加工条件时,以破坏胰蛋白酶抑制剂为参考,大豆或大豆制品充分加热便可消除抗营养因子对人体的不良影响。

◆知识拓展

所谓抗营养因子是指一系列具有干扰营养物质消化吸收生物因子。抗营养因子存在与所有的植物性食物中,也就是说,所有的植物都含有抗营养因子,这是植物在进化过程中形成的自我保护物质,起到平衡植物中营养物质的作用。

六、矿物质和维生素

大豆中的约有十几种,其中钾含量最高,其次是磷含量。大豆中维生素含量较少,主要水溶性为主。

七、植酸

我国大豆中含有1.36%的植酸,主要含在子叶中,胚中含0.58%。60%以上的植酸都是以植酸钙镁的形式存在的,因此植酸的存在会影响人体对这些物质的吸收。植酸还可以与蛋白质结合使大豆蛋白质的功能特性发生改变。植酸的存在可降低大豆蛋白质的溶解度,改变大豆蛋白质的等电点,使等电点从4.5降到4.3,并降低大豆蛋白质的发泡性。植酸的热稳定性很强,大豆粕在115℃蒸煮4h,仍有85%的植酸存在。植酸酶可以分解植酸生成肌醇和磷酸。

八、皂角苷

皂角苷在脱脂大豆中的含量约为0.6%,是一种配糖体,具有多种形式。以往认为大豆皂角苷有毒性,但日本的大久保一良的报告认为,尽管由于肠道微生物的作用,皂角苷可以分解成皂角苷配基和糖,但未发现肠壁的吸收现象,说明皂角苷是无害的,相反,人们发现皂角苷具有许多保健功能。皂角苷也是人参、柴胡、远志等中药的成分,具有镇咳、祛痰、消炎、解热、镇静、健胃、排脓通经、利尿、强壮和固精的作用。日本的北川等人报道大豆皂角苷具有降低脂肪过氧化物、抑制脂肪沉积和减少胆固醇吸收的作用,另外还有人发现皂角苷对减肥和保持体形有特效。

任务4 大豆的腥味去除

一、大豆的腥味去除原理

钝化脂肪氧化酶可防止豆腥味的产生。加热是钝化脂肪氧化酶的基本方法,比如在制豆浆时,如果先将大豆稍微加热,或者在加水粉碎后马上进行加热,则豆浆的豆腥味可大幅减弱。这主要是因为大豆被粉碎后在脂肪氧化酶的作用下,脂肪的氧化会很快进行,所以立即加热使脂肪氧化酶失活效果较好,当产生豆腥味的物质产生后再加热,则豆腥味难以消除,效果则会受到很大影响。但由于加热会同时引起蛋白质的变性,故在实际操作中应平衡好二者的关系。在大豆中所含的与加工有关的几种酶中脂肪氧化酶是最不耐热的,因此如仅为了钝化脂肪氧化酶可采用较轻程度的热处理。当然,如果同时为了达到消除其他有害因子(如胰蛋白酶抑制物)的目的,可采用较强程度的热处理,在实际生产中常以脲酶的钝化与否来确定热钝化脂肪氧化酶的程度。

二、钝化脂肪氧化酶常用的方法

1. 热磨法。这种方法是将大豆用热水磨浆，磨浆工具有砂轮磨。大豆在磨浆前用 0.2% 的 Na_2CO_3 水溶液在 15~30℃ 浸泡 4~8h，磨浆沸水加 0.05% $NaHCO_3$，磨浆后应有 90% 以上的固形物通过 80 目的筛面，磨出的浆料温度保持在 80℃ 上，维持 10min，即可钝化脂肪氧化酶。豆乳或豆乳粉的生产可采用这种方法。

2. 热烫法。这种方法是将整粒大豆在沸水中热烫以钝化脂肪氧化酶。对未浸泡的大豆需热烫 20min，经 4h 浸泡过的大豆需热烫 10min。水中加 25% 的 $NaHCO_3$ 能够增强效果。

3. 伊利诺伊法。将热磨法与强制均质化法结合了起来。用自来水、软化水或使用 pH7.5~8.5 的微碱性水在室温下将大豆浸泡 4~10h。将浸泡好的大豆加热煮沸 20~40min 以钝化脂肪氧化酶，经锤式磨、辊轧机磨碎后中和均质。

4. 半干湿法。本法用干法灭酶、湿法破碎，因而兼有干法和湿法的优点。其做法是大豆首先烘干脱皮，脱皮率在 96% 以上。用高压蒸汽瞬间进行酶失活，然后立即加入 85℃ 的水磨浆，最后再以细磨和超微磨相结合，以提高蛋白质的提取率。

5. 高频电子脱腥法。蛋白质大分子在高频电场的作用下，原子核和电子被拉伸、压缩、反向拉伸和摩擦，分子被拉断、压断和摩擦，肽链的原始结构被破坏。脂肪氧化酶、脲酶等产生豆腥味的一切因子在高频电场、磁场的作用下，分子链不但受到破坏，而且由于原子核和电子摩擦产生的"热"作用，使脂肪氧化酶、脲酶分子失活钝化，从而防止腥味的产生。清选后的大豆直接送入高频电磁场内，在一定强度和一定频率下作用一段时间即可。

在实际生产中，决定采用何种最佳钝化脂肪氧化酶的方法必须结合产品特点和全部工艺条件来确定，因为在钝化脂肪氧化酶的同时，大豆蛋白也会有一定程度的变性而使溶解性降低。

任务5 大豆蛋白质的特性

一、大豆蛋白质的应用特性

1. 大豆蛋白质的溶解特性

由于大豆蛋白质是大分子物质，所以这里的"溶解"是指大豆蛋白质以胶体的形式分散到溶剂（水）中。蛋白质分子的极性表面和所带的净电荷有助于分散体系的稳定。一定条件下蛋白质分子会相互聚集而形成大颗粒，当这种聚集达到一定程度时，蛋白质胶体溶液就会变成悬浮液，蛋白质就会从体系中沉淀出来，这时蛋白质从溶解转变成不溶解。

影响大豆蛋白质溶解度的因素很多，温度是影响蛋白质溶解度的重要因素。在蛋白质变性温度以内，随着温度的增加，蛋白质的溶解度会有所增加，但达到蛋白质的变性温度后，蛋白质的溶解度会很快下降。例如常压下蒸汽处理 10min 会使大豆粉的蛋白质提取率降低 80%。

pH 对大豆蛋白质的影响极大，当 pH 为 6.5 时，大豆蛋白质溶解达到 85%，提高 pH 可增加 5%~10% 的溶解度。但加酸后会使蛋白质的溶解度突然下降，当 pH 达至 4.3（等电点)附近时溶解度最低,约为10%,大部分蛋白质从溶液中沉淀出来。再加酸降低pH又可使蛋白质的溶解度增加,当pH达到2左右又会有一个溶解度高峰,pH再进一步降低则蛋白质在强酸下变性,溶解度急剧下降。利用大豆蛋白质在不同pH下的溶解特性可以作为大豆蛋白制品生产的一个基本原理,如用酸洗法生产大豆浓缩蛋白和用碱溶酸沉淀法生产大豆分离蛋白。

蛋白质的溶解度与溶液中无机盐的种类和浓度有关。一般来讲,不论哪种盐类,随着盐浓度的增加,蛋白质的溶解度降低,当增加到某一浓度时,溶解度达到最低点。继续增加盐浓度,溶解度又开始上升,并接近于对水的溶解度。当$CaCl_2$的浓度为0.175mol/L、食盐的浓度为0.10mol/L时,溶解度最低。

2. 大豆蛋白质的变性

与其他蛋白质一样,大豆蛋白质也可在外界物理、化学及其他因素的作用下变性。大豆在加工过程中要进行加热,而加热会使大豆蛋白质变性。变性首先表现在溶解度的降低上,这是大豆蛋白质变性的重要特征。50℃时大豆蛋白质分子即有剧烈反应,到70~80℃分子结构已有较大变化,大豆蛋白质的溶解度降低。总之随着温度的升高,蛋白质变性程度增加,不溶性蛋白含量也增加。

变性程度除了与加热温度和时间有关外,与加工过程中大豆的状态以及有无水蒸气的存在也有很大的关系。大豆粉加热时,只要有少量水存在,蛋白质的水溶性就会明显降低。当大豆的组织结构不被破坏、蛋白质存在于细胞内的蛋白体中或以浓厚状态存在时,加热会使蛋白质变为不溶性。

将大豆的加热提取液或者是大豆蛋白的加热溶液进行冻结,解冻后一部分蛋白质即出现"不溶性化"现象。不溶性化程度受溶液浓度、加热条件和冷冻时间的影响为分白质浓度越大、加热条件越强烈、冷冻时间越长,不溶性化越强。大豆蛋白质的冻结变性能使蛋白质的凝胶韧性提高。这种现象可能是由于蛋白质在冷冻时聚合成浓缩状态的结合物的缘故,与二硫键的形成也有关系。冻豆腐的海绵化就是这个原因。如果把大豆蛋白提取液快速冷却至较低温度可以防止其冷冻变性,即大豆蛋白质可以保持一定的亲水性。这是冷冻升华干燥大豆食品在加水后能很快复水的原因之一。

将大豆用醇等亲水性溶剂处理,则蛋白质变性显著,水溶性明显降低;而用疏水性溶剂,如正己烷处理,则蛋白质几乎不变性,水溶性也几乎不降低。亲水性溶剂(乙醇等醇类)对变性的影响较大。无机盐使大豆蛋白质变性一定种类和浓度的无机盐使大豆蛋白质溶液的溶解度降低,这也是一种变性现象,即蛋白质的盐析沉淀作用。在传统的豆腐生产中,用卤水($MgCl_2$溶液)或石膏($CaSO_4$)使豆浆凝固就是蛋白质的盐析沉淀作用。此外pH对大豆蛋白质溶解度的影响,极端pH可使球蛋白不可逆地变性。

二、大豆蛋白质的功能特性

蛋白质的功能特性是指蛋白质在加工中,如制取、配制、加工、烹调、储藏和销售过程中所表现的理化特性的总称。这些理化特性常指蛋白质的吸水性、乳化性、起泡性、黏结性以及形成凝胶、纤维的性能等。大豆蛋白是大豆中的主要成分,这些功能特性的体现势必对各种大豆制品的加工产生极大的影响。另外,根据产品要求,可以有目的地减弱、保持或增强大豆蛋白质的某些功能特性,使产品性能更加突出。

1. 大豆蛋白质的乳化性。大豆蛋白质的乳化作用,不但能促进油/水型乳状液的形成,而且一旦形成,它可以起到稳定乳状液的作用。大豆蛋白是表面活性剂,既能降低水和油之间的表面张力(乳化性),又能降低水和空气间的表面张力(起泡性),易于形成乳状液。乳化的油滴被聚集在油滴表面的蛋白质所稳定,形成一种保护层,这样可以防止油滴的聚集和乳化状态的被破。在焙烤食品、冷冻食品和汤类食品中,可利用大豆蛋白作为乳化剂。一般大豆分离蛋白比大豆浓缩蛋白的乳化能力大六倍。

2. 大豆蛋白质的吸油性。大豆蛋白质可与甘油三酸酯形成脂——蛋白络合物,因而有吸油性。在肉类制品中加入大豆蛋白可起到吸收脂肪或结合脂肪的作用,因此可以减少蒸煮、烘烤或煎炸时食物中脂肪和汁液的损失,而且有助于稳定食品外形。大豆蛋白制品的吸油性与蛋白质的含量有密切的关系,大豆粉、大豆浓缩蛋白粉和大豆分离蛋白粉的吸油能力分别为84%、133%和154%,分离蛋白的吸油能力是随pH的增大而减小的。

3. 大豆蛋白质的水合性。大豆蛋白质的水合性包括两个方面,即吸水性和保水性,它涉及到食品中蛋白质的可分散性、黏性、凝胶性和表面活性等重要性质。利用大豆蛋白的水合性可以改善某些食品的品质,如将大豆蛋白添加到肉类食品中,可维持食品中的水分,减少收缩和汁液流失。

(1) 大豆蛋白质的吸水性。吸水性一般指蛋白质对水分的吸附能力。还有一种观点认为,蛋白质对水的吸附作用是指在相对湿度下,干蛋白质达到水分平衡后再吸收水分的能力。大豆蛋白质的吸水能力与水分活度(Aw)有关,当 Aw 小于 0.3 时吸水较快,当 Aw 在 0.3~0.7 时吸水较慢,Aw 达至 0.8 以后又有较高的吸水能力。大豆蛋白质的吸水能力随 pH 的升高而增强。蛋白质的吸水能力受温度的影响不大,但与蛋白质的浓度密切相关,浓度越大吸水能力越强。此外,大豆蛋白质的吸水性还与蛋白质的颗粒大小、颗粒结构和颗粒表面活性等有关。

(2) 保水性。保水性是指大豆蛋白质在加工时对水分的保持能力,大豆蛋白质浓度越大,水分保持能力越强。NaCl(浓度5%)能增强大豆粉的吸水能力但消弱蛋白质的保水能力。pH 在 7.0,温度 33~55℃ 时,大豆蛋白质的保水能力最强。

4. 大豆蛋白质的发泡性。发泡性是指大豆蛋白质在加工过程中形成和保持泡沫的能力,包括起泡性(形成泡沫的能力)和泡沫稳定性两个方面。将大豆粉或大豆蛋白加入到蛋糕、冰淇淋等食品中可增强产品的疏松度。将大豆蛋白进行一定程度的水解可增强发泡性。大豆蛋白质的起泡性和泡沫稳定性还受温度、蛋白质浓度和 pH 的影响。大豆蛋白质良好的发泡条件为蛋白质浓度 9%~25%,温度 30~35℃,pH10~12。

5. 大豆蛋白质的黏性。大豆蛋白质与水混合后会有一定的黏性,黏性受蛋白质的相对分子质量、摩擦比、温度、pH、离子强度和处理条件等因素的影响。这些因素可改变蛋白质分子的形态结构、缔结状态、水合度、膨润度及粘度。大豆蛋白的表观黏度随蛋白质浓度增加而升高。分离大豆蛋白的黏度大于浓缩蛋白的黏度,而浓缩蛋白的黏度又大于大豆粉的黏度,即浓度提高,黏度增大。大豆分离蛋白经酸、碱或热处理后黏度增加,将大豆蛋白溶液加热,刚开始加热时黏度先是降低,然后迅速增加。当 pH 由 5 升至 10.5 时,黏度增加,如果pH升到11以上，黏度会急剧下降。NaCl通过稳定蛋白质的四级结构，降低了大豆分离蛋白分散体系的表观黏度；钙或镁能帮助大豆蛋白形成浓厚的悬浮体。较高的蛋白质浓度需要较多量的钙盐来提高其黏度。

6. 大豆蛋白质的凝胶性。凝胶性是大豆蛋白的重要特性之一。大豆蛋白质分散于水中形成溶胶体，这种溶胶在一定条件下可以转变为凝胶。凝胶是水分散于蛋白质中的分散体系，它或多或少具有固体性质。大豆蛋白质凝胶的形成，受许多因素的影响，如蛋白质溶胶的浓度、加热温度与时间、pH值及羟基化合物等，大豆蛋白质的浓度及其成分是凝胶能否形成的决定性因素。钙盐凝胶是利用钙离子使蛋白质溶胶转变成凝胶。钙盐凝胶的凝胶强度非常小而且脱水收缩很快，大豆蛋白质加热和钙盐共同作用可以形成非常牢固的凝胶，用豆浆制作豆腐就是利用了这一原理。对于大豆蛋白来说，镁盐具有与钙盐类似的作用。

7. 大豆蛋白质的组织形成性。大豆蛋白在一定条件下加工后，其蛋白分子重新排列组合，具有同方向组织结构，凝固后形成类似肉的纤维状蛋白的过程。使大豆蛋白组织化的方法很多，如纺丝法、挤压蒸煮法、湿式加热法、冻结法以及胶化法等，其中以挤压蒸煮法应用最为广泛。

8. 大豆蛋白质的结团性。大豆粉、大豆分离蛋白、大豆浓缩蛋白和大豆组织蛋白等与一定量的水混合后，都可以制成生面团似的物质，即具有结团性，这一特性可以应用于面粉制品中，以提高制品的蛋白含量并改善产品的组织结构。大豆蛋白形成的面团没有小麦面团那种弹韧性和延伸性，单独用脱脂豆粉制作生面团时的加水量为生豆粉的40%~60%，加水少了面团易碎，加水多了面团太软，表面发黏甚至呈浆状。

9. 大豆蛋白质的调色性。在焙烤食品中，大豆蛋白质具有一定的调色性能，可分为漂白作用和增色作用两个方面。大豆蛋白中的脂肪氧化酶在不失活的条件下可以氧化不饱和脂肪酸形成过氧化物，使甜、麦面粉中的黄酮类色素由黄色变为无色，从而起到了漂白作用。将生大豆粉加入到面包中可同时起漂白、浮化、稳定和增加蛋白含量的作用。

增色作用主要是指大豆蛋白可增进焙烤食品表皮的颜色，这是因为在焙烤时大豆蛋白可与面粉中的碳水化合物在食品表面发生美拉德反应。

在加工过程中，往往需要大豆蛋白的几种功能同时发挥作用。例如，生产饮料时，添加的大豆蛋白既要求有较高的溶解度，又要求黏度小。又如，在肉类制品生产中对所添加的大豆蛋白的水合性、吸油性、乳化性以及凝胶性等都有要求。因此，要根据实际生产的具体要求来确定大豆蛋白的使用量、使用方法和使用形式。

项目二 传统豆制品

任务1 传统豆制品概述

一、传统豆制品的种类

以大豆为主要原料，利用各种加工方法得到的产品称为大豆制品，简称豆制品。豆制品是我国重要的传统食品,加工历史悠久,营养价值高,发展前景广阔。我国传统豆制品品种非常丰富,主要有水豆腐(嫩豆腐、老豆腐,南豆腐、北豆腐),半脱水制品(豆腐干、百叶、千张),油炸制品(油豆腐、炸丸子),卤制品(卤豆干、五香豆干),熏制品(熏干),烘干制品(腐竹、竹片),酱类(甜面酱、酱油),豆浆、豆奶等。

从有无微生物作用来看,可大致分为发酵豆制品与非发酵豆制品。发酵豆制品有微生物作用,包括豆豉、豆酱、豆腐乳、酱油等;非发酵豆制品无微生物作用,以大豆或其他杂豆为原料制成的豆腐,或豆腐再经卤制、炸卤、熏制、干燥制成的豆制品,如豆腐、豆浆、豆腐丝、豆腐皮、豆腐干、腐竹等。

二、传统豆制品的营养

大豆及大豆制品是高营养的植物性食品,它们含有丰富的优质蛋白质。大豆的主要成分是蛋白质,它的蛋白质比任何一种粮食作物的蛋白质含量都高。在祖国医学上,豆制品具有益气和中、清热解毒、生津润燥、补气养血的功效,可用于治疗赤眼、消渴止痢、解硫黄和烧酒毒等。由于食用豆制品不用担心胆固醇超标,因此有人提倡肥胖病、动脉硬化、高血压、高脂血症、冠心病等患者多吃豆制品和豆类。对健康群体来说,营养来源单一是不可取的,豆制品是平衡膳食的重要组成部分,可以作为蛋白质的来源之一,同时还可以利用豆类改进谷类蛋白质的质量。各种豆类的蛋白质一般都富含赖氨酸,而谷类蛋白质的赖氨酸均偏低。因此将豆类和谷类混合使用,豆类蛋白质可以补充谷类蛋白质的不足,提高膳食蛋白质的营养价值,而且还能净化体内毒素、清洗肠胃,因此更受女性推崇。

三、传统豆制品原辅料

1. 大豆

在选择大豆原料时,应尽量选择那些蛋白质含量高、种植面积广的品种。在选择时,要注意一些问题。虽然无霉变或未经热变性处理的大豆,无论新陈都可用来制作豆制品,但以色泽光亮、籽粒饱满、无虫蛀和鼠咬的新大豆为佳,因为,与陈豆相比,以新大豆为原料生产时产品得率高,质地细腻、弹性和口感好。由于大豆收获后都有一个后熟过程,因此,刚刚收获的大豆不宜使用,应存放2~3个月以上使其熟化后再用,比较理想的熟化时间是3~9个月。总之,决定大豆是否适合于豆制品生产时可从豆制品的品质、得率和制作时的方便程度等3个方面进行综合评价。

2. 凝固剂

豆腐制作比较关键的技术是在豆浆中添加凝固剂,由于采用凝固剂的种类不同,豆腐的类型、品味和质量亦不相同。目前,国内的豆腐凝固剂包括以下几类:

(1)盐卤

又名卤块,是生产海盐的副产品,呈红褐色,长方形块,经过加工提高了纯度,制成的卤水为黑色汁液,味苦。盐卤的主要成分氯化镁,含量为46%左右,硫酸镁占3%,氯化钠占2%,水分为50%左右。

盐卤点浆的特点是凝固的速度快、口味好,但出品率低。卤水的浓度要根据豆浆的稠稀进行调节。生产北豆腐,豆浆稍稠些,卤水浓度适当低些,生产豆腐片和豆腐干类,使用的豆浆较稀而要求豆浆点得老一些,所以卤水浓度宜高一些,盐卤用量约为8%~12%。

(2) 石膏

其主要成分是硫酸钙。有生石膏和熟石膏之分。做豆腐多用熟石膏。它是生石膏经过煅烧脱水后经粉碎制成的，粒度为80~120目。石膏点浆的特点是凝固的速度慢，属迟效性凝固剂，其优点是出品率高、保水性强、适用幅度宽，能适应于不同豆浆浓度，做老嫩豆腐均可，南豆腐多用石膏作凝固剂。由于石膏微溶于水，点浆时需将石膏粉加水混合，采取冲浆法加入热豆浆内。

盐卤和石膏都属强电解质，是二价碱金属中性盐，在水中能产生带电荷的离子。加入适量的电解质，可使蛋白质所呈电荷受影响，同时二价离子使蛋白质分子联结而凝聚成豆腐脑，这就是用盐卤和石膏中的二价离子作凝固剂的作用机理。

(3) 葡萄糖酸—δ—内酯（GDL）

葡萄糖酸—δ—内酯是白色结晶粉末，味甜，20℃时的溶解度为59g/100mL水，加水分解成葡萄糖酸，纯度99%以上。最佳用量为0.25%~0.3%，最适温度为80~90℃。葡萄糖酸—δ—内酯本身不能直接作凝固剂，它需在豆浆中水解转变成葡萄糖酸后才对豆浆中的蛋白质产生酸凝固。低温时这种水解作用很弱，高温时（100℃，pH7的条件下）葡萄糖酸—δ—内酯很快全部转变为葡萄糖酸。

用葡萄糖酸—δ—内酯生产豆腐的特殊意义在于加工包装的灭菌豆腐，以延长豆腐的保藏期。加工时，把豆浆和葡萄糖酸—δ—内酯按比例混合装入盒内，密封，加热至要求温度。随着温度的升高，豆浆中的葡萄糖酸—δ—内酯水解成葡萄糖酸，与蛋白质形成酸凝固，这样，一次加热就可达到凝固和杀菌的双重目的。所生产的豆腐形态完整，风味正常。如果不是生产无菌豆腐而是生产普通豆腐，使用葡萄糖酸—δ—内酯成本较高。

(4) BVL-复合豆腐凝固剂

BVL-复合豆腐凝固剂，是新型复合豆腐凝固剂。这种凝固剂为颗粒状微型胶囊，在常温条件下有良好的分散性和稳定性；高温时在豆浆中能迅速与蛋白质作用，形成良好的组织性、均一性的豆腐凝胶。

另外，豆腐制作技术已从我国传入国外。日本豆腐业使用的凝固剂有硫酸钙、氯化钙、氯化镁和各种复合凝固剂（如硫酸钙与氯化钙；氯化镁与氯化钙等）。美国学者研究表明，用氯化钙、乳酸钙、醋酸钙、葡萄糖酸钙、葡萄糖酸—δ—内酯和醋酸都可凝固大豆蛋白质，作豆腐凝固剂使用，其中以氯化钙和醋酸钙为较好的凝固剂。因溶解度的关系，这两种盐类物质比用硫酸钙容易掌握，其添加量都比用硫酸钙少一半，但豆浆的凝固点都在pH6.0左右。国外还成功地研制了片状混合凝固剂，主要特点是不固结不潮解。

3. 消泡剂

消泡剂的主要作用是抑制煮浆过程中产生的泡沫。由于大豆蛋白质具有典型的两亲分子结构，因此表现出较强的界面活性，磨浆过程中豆浆就会含有大量泡沫，煮浆时泡沫变得更多，稍不注意，就有可能发生溢浆现象。泡沫的存在不仅使豆浆传热效率降低，延长煮浆时间，影响蛋白质的溶出，而且使豆腐内所含气泡增加，口感变得粗糙并使外观变差，因此，在豆腐生产时一般都要添加消泡剂以克服上述缺点，提高生产效率及产品质量。消泡剂属表面活性剂，是一种同时含有亲油憎水基团和亲水憎油基团的有机化合物，它可被吸附在液体表面或水与油的界面上，从而降低液体的表面张力，起乳化和消泡作用。豆腐生产中常用的消泡剂有酸败油类消泡剂、甘油酯类消泡剂、聚硅氧烷树脂类消泡剂和混合消泡剂几类。

4. 水

软水制豆腐要比硬水好得多，用软水制得的豆浆蛋白质含量比自来水高0.28%，豆腐得率高5.9%左右，用软水电产豆腐可以大大提高大豆蛋白质的利用率。另外，生产中应注意水的pH最好为中性或微碱性，而要尽量避免使用酸性或碱性较强的水，水质应符合GB—5749《生活饮用水卫生标准》。

四、大豆的加工特性

大豆的加工特性主要指大豆在加工过程中的吸水性、蒸煮性、蛋白变性、起泡性、凝胶性和乳化性等。在豆腐等大豆制品的加工过程中，首先要将大豆在水中浸泡12h以上，使其充分吸水。大豆的吸水速度与环境温度和水温有很大的关系，温度越高，大豆的吸水速度也越快，不过温度对大豆的最大吸水量并没有多大的影响。一般来说，充分吸水后的大豆质量是吸水前质量的2.0~2.2倍，但是也有一些吸水速度特别慢或者完全不能吸水的大豆，这些大豆被称为石豆。石豆的产生主要是由于在栽培过程中种子被冻伤，或者是由于干燥过程中干燥温度过高引起的。如果大豆吸水不充分，它的加工性能会受到很大的影响，一方面，即使蒸煮很长的时间也难以变软，另一方面，粉碎也变得困难。

大豆吸水后在高温高压下加热就会变软。碳水化合物含量高的大豆，煮熟后显得更软，含量低的大豆煮熟后的硬度较高，这可能是由于碳水化合物的吸水力较其他成分高，因而碳水化合物含量高的大豆在蒸煮过程中水分更易浸入内部而使大豆变软。大豆煮熟后放置时间过长，就可能发生硬化现象，这可能是由于大豆中所含钙的影响。

大豆其他的加工特性如白变性、起泡性、凝胶性和乳化性等特性主要由大豆蛋白的相关功能特性表现出来，这里不再赘述。

任务2　传统非豆制品的加工工艺技术

一、豆腐加工

豆腐是我国人民喜爱的传统食品，也是许多其他大豆制品的原料。将大豆加工成豆腐后，其消化率大大提高了。整粒大豆的消化率为65%，制成豆浆后其消化率为84.9%，制成豆腐则可达到96%。民间常说"鱼生火，肉生痰，青菜豆腐保平安"，可见，豆腐在中国人民的膳食结构及健康饮食中居非常重要的地位。

（一）豆腐的种类

豆浆凝固、成型后的产品称为鲜豆腐（水豆腐）或豆腐。根据所用凝固剂不同，可将国内生产销售的豆腐分为盐卤豆腐（也称北豆腐）和石膏豆腐（也称南豆腐）和填充豆腐。

1. 南豆腐

南豆腐凝固剂为石膏，用量为1kg豆浆添加5~7g，其特点是豆浆浓度稍大，一般1kg原料大豆生产豆浆为6~7kg。点浆温度控制在75~85℃成形时不需要破脑。

2. 北豆腐

北豆腐的凝固剂为卤水，用量为1kg豆浆添加15~20g，其特点是豆浆浓度稍小，一般1kg原料大豆生产豆浆为9~10kg。点浆温度控制在70~80℃。成形时需要破脑。

3. 充填豆腐

充填豆腐采用的是葡萄糖酸——δ——内酯为凝固剂。整个生产过程同样也包括大豆的清洗、浸泡、磨浆过程。但充填豆腐的豆浆浓度要比南豆腐和北豆腐高，一般以1kg大豆生产5kg豆浆为宜。加入凝固剂并混匀后，直接将豆浆充填到包装中，然后加热凝固，冷却后制得充填豆腐。

（二）豆腐加工的工艺流程

尽管豆腐的种类很多，但是其生产原理基本上是一致的。首先是浸泡大豆使大豆软化，浸泡后的大豆磨浆后蒸煮，然后通过过滤将豆渣分离，再加入凝固剂等使大豆蛋白质凝胶成形后就得到豆腐。工艺流程如下：

大豆→磨浆→煮浆→过滤→豆浆→凝固→成形→挤压→杀菌→包装

（三）豆腐加工的操作要点

1. 磨浆

吸水后的大豆用磨浆机粉碎制备生豆浆的过程称为磨浆。目前，磨浆都已采用电动砂轮磨，而且小部分是浆渣自动离心分离，这是我国豆腐制造业所发生的最大的变化，而其他加工工序的机械化程度在全国范围内参差不齐，极不平衡。磨浆时要注意以下两点：一方面磨浆时一定要边粉碎边加水，这样做不但可以使粉碎机消耗的功率大为减少，还可以防止大豆种皮过度粉碎引起的豆浆和豆渣过滤时分离困难的现象。一般磨浆时的加水量为干大豆的3~4倍。另一方面使用砂轮式磨浆机时粉碎粒度是可调的，调整时必须保证粗细适度，粒度过大，则豆渣里的残留蛋白质含量增加，豆浆中的蛋白质含量下降，不但影响到豆腐得率，也可能影响到豆腐的品质；但粒度过小，不但磨浆机能耗增加，易发热，而且过滤时豆浆和豆渣分离困难，豆渣的微小颗粒进入豆浆中，影响豆浆及豆制品的口感。

2. 煮浆

生豆浆必须加热后才能形成凝胶，这一过程称为煮浆。煮浆要求是由大豆蛋白质的物理化学性质决定的。生豆浆中蛋白质呈溶胶态，它具有相对的稳定性，这种相对的稳定性是由天然大豆蛋白质分子的特定结构所决定的。天然大豆蛋白质的疏水性基团分布在分子内部，而亲水性基团则分布于分子的表面。在亲水性基团中含有大量的氧原子和氮原子，由于它们有未共用电子对，能吸引水分子中的氢原子并形成氢键，正是在这种氢键的作用下，大量的水分子将蛋白质胶粒包围起来，形成一层水化膜。换句话说，就是蛋白质胶粒发生了水化作用。

煮浆是豆腐生产中最为重要的环节。因为大豆蛋白质的组分比较复杂，所以，蛋白质变性的温度（亦即煮浆温度）和煮沸时间应保证大豆中的主要蛋白质能够发生变性。另外，煮浆还可破坏大豆中的抗生理活性物质和产生豆腥味的物质，同时具有杀菌的作用。因此，按照传统经验，煮浆时一般应保证豆浆在100℃的温度下保持3~5min。煮浆的方法很多，从最原始的土灶煮浆到通电连续加热法等都在我国得到应用。

（1）土灶直火煮浆法。主要以煤、秸秆等为燃料，成本低、简便易行，锅底轻微的焦煳味使豆制品有一种独特的豆香味。不过，火力较难控制，易使豆浆焦煳，给产品带来焦苦味。此法在稍大规模的或工业化生产中已不采用。

（2）敞口缸蒸汽煮浆法。此法在中小型企业中应用比较广泛。它可根据生产规模的大小设置煮浆罐。敞口煮浆罐的结构是一个底部接有蒸汽管道的浆桶，煮浆时，让蒸汽直接冲进豆浆里，待浆面沸腾时把蒸汽关掉，防止豆浆溢出，停止2~3min后再通入蒸汽进行二次煮浆。

（3）封闭式溢流煮浆法。这是一种利用蒸汽煮浆的连续生产过程。常用的溢流煮浆生产线是由5个封闭式阶梯罐组成的，罐与罐之间有管路连通，每一个罐都设有蒸汽管道和保温夹层，每个罐的进浆口在下面，出浆口在上面。采用重力溢流，从生浆进口到熟浆出口仅需2~3min，豆浆的流量大小可根据生产规模和蒸汽压力来控制。

（4）通电连续加热法。日本的大型豆腐加工厂多采用通电加热连续煮浆生产线进行豆浆的加热。槽型容器的两边为电极板，豆浆流动过程中被不断加热，出口温度正好达到所需要的温度。这种方法的优点是自动化程度高、控制方便、清洁卫生且有利于连续式大规模生产。

3.过滤

过滤主要是为了除去豆浆中的豆渣，同时也是豆浆浓度的调节过程。豆渣不但使豆制品的口感变差，而且会影响到凝胶的形成。过滤既可在煮浆前也可在煮浆后进行，我国多在煮浆前进行，而日本多在煮浆后进行。

先把豆浆加热煮沸后过滤的方法，又称为熟浆法。而先过滤除去豆渣，然后再把豆浆煮沸的方法称为生浆法。熟浆法的特点是豆浆灭菌时，不易变质，产品弹性好、韧性足、有拉劲、耐咀嚼，但熟豆浆的黏度较大，过滤困难，因此豆渣中残留蛋白质较多（一般均在3.0%以上），相应的大豆蛋白质提取率减少，能耗增加，且产品保水性变差。

豆浆过滤的方法很多，可分为传统手工式和机械式过滤法两种。在家庭和小型的手工作坊还主要应用传统的过滤方法，如吊包过滤和挤压过滤。这种方法不需要任何机械设备，成本低廉，但劳动强度很大，过滤时间长，豆渣中残留蛋白质含量也较高。而在较大的工厂，则主要采用卧式离心筛过滤、平筛过滤、圆筛过滤等。卧式离心筛过滤是目前应用最广泛的过滤分离方法。它的主要优点是速度快、噪声低、耗能少、豆浆和豆渣分离较完全。另外，也有大豆粉碎机内部设置有过滤网，大豆磨浆过程中通过过滤网将豆浆和豆渣分离。采用这种方法，磨浆过程中的能耗有所增加，但豆浆中只有很少一部分颗粒较小的豆渣需要进行进一步分离。

4.凝固

凝固就是通过添加凝固剂使大豆蛋白质在凝固剂的作用下发生热变性，使豆浆由溶胶状态变为凝胶状态。这里主要介绍南豆腐和北豆腐的凝胶过程。凝固是豆腐生产中最为重要的工序，可分为点脑和蹲脑两部分。

（1）点脑。点脑又称为点浆，是豆制品生产中的关键工序。把凝固剂按一定的比例和方法加入到煮熟的豆浆中，使大豆蛋白质溶胶转变为凝胶，即豆浆变为豆腐脑（又称为豆腐花)。豆腐脑是由大豆蛋白质、脂肪和充填在其中的水构成的。豆腐脑中的蛋白质呈网状结构,而水分主要存在于这些网状结构内。按照它们在凝胶中的存在形式可以分为结合水和自由水。

南豆腐和北豆腐的点脑温度一般控制在70~90℃。要求保水性好的产品,如水豆腐,点脑的温度稍低一些,以70~75℃为宜;要求含水量较少的产品如豆腐干,点脑温度宜稍高一些,常在80~85℃。以石膏为凝固剂时,点脑温度可稍高,盐卤为凝固剂时,点脑温度可稍低。

(2)蹲脑。又称涨浆或养花,是大豆蛋白凝固过程的继续。从凝固时间与豆腐硬度的关系曲线可以看出,点脑操作结束后,蛋白质与凝固剂的凝固过程仍在继续进行,蛋白质的网状结构尚不牢固,只有经过一段时间后凝固才能完成,组织结构才能稳固。蹲脑过程宜静不宜动,否则已经形成的凝胶网状结构会因振动而破坏,使制品内在组织产生裂隙,外形不整,特别是在加工嫩豆腐时表现更为明显。不过,蹲脑时间过长,凝固物温度下降太多,也不利于成形及以后各工序的正常进行。

5. 成形

成形就是把凝固好的豆腐脑,放入特定的模具内,通过一定的压力,榨出多余的黄浆水,使豆腐脑紧密地结合在一起,成为具有一定含水量、弹性和韧性的豆制品。除加工嫩豆腐外,加工其他豆腐制品一般都需要在上箱压榨前从豆腐脑中排除一部分豆腐水。若网状结构中的水分不易排出,可以把已形成的豆腐脑适当破碎。南豆腐的含水量较高,可不经破脑,北豆腐只需轻轻破脑,脑花的大小在8~10cm较好。

豆腐的成形主要包括上脑(又称上箱)、压制、出包和冷却等工序。豆腐的压制成形是在豆腐箱和豆腐包内完成的,使用豆腐包的目的是在豆腐的定型过程中使水分通过包布排出,使分散的蛋白质胶体连接为一体。豆腐脑上箱后,置于模型箱中,还必须加以定型。其作用是使蛋白质凝胶更好地接近和黏合,同时使豆腐脑内要求排出的豆腐水通过包布排出。一般压榨压力在1~3kPa,北豆腐压力稍大,南豆腐压力稍小。豆腐压榨的温度一般控制在65~70℃,压榨时间为15~25min。压榨后南豆腐的含水率要在90%左右,北豆腐的含水率要在80%~85%。豆腐压制完成后,应在水槽中出包,这样豆腐失水少、不沾包、表面整洁卫生,可以在一定程度上延长豆腐的保质期。

内酯豆腐是替代传统豆腐的新一代产品,产出率高,产品细腻,光亮洁白,保水性好,不苦不涩,用无毒高压聚乙烯薄膜封闭包装,营养价值、卫生指标均高于传统豆腐,而且贮存期长,便于运输销售和携带,使传统的手工作坊生产飞跃到自动化大工业的生产,是豆腐生产的发展方向,目前我国大部分大中城市已经有内酯豆腐生产线。需要注意的是,无论是哪种豆腐,煮浆前要按照需要加入不同比例的水将豆浆的浓度调整好。一般来说,加水量越多,豆浆浓度降低,豆腐的得率就越高,但如果豆浆浓度过低,凝胶网状结构不够完善,凝固后的豆腐水分离析速度加快,黄浆水增多,豆腐中的糖分流失增加,导致豆腐的得率反而下降。

二、豆腐干的加工

豆腐干也称豆腐白干,其生产过程与豆腐基本相似,产品的水分含量比水豆腐小,硬度高。

（一）豆腐干加工的工艺流程为：
豆浆→煮浆→点脑→蹲脑→浇制→压制→出包→切块
（二）豆腐干加工的操作要点
1. 豆浆的制备
豆浆的制备和煮浆过程与豆腐的生产相同。
2. 点浆
点浆温度为75～80℃，凝固剂用盐卤，用量为每100kg大豆加5kg盐卤片。点浆速度较快，这样形成的豆腐脑保水性差，但有利于压制时提高豆腐干的硬度。
3. 蹲脑
先静止8～10min，然后将豆腐脑翻动3次，使一部分黄浆水析出，继续蹲脑5min，然后用一铜网罩在吸水管头，将析出的黄浆水吸出即可。
4. 浇制
浇制与豆腐生产相同，只是浇制的厚度较小，一般在5～6cm。
5. 压制
压制的时间为15～30min，要求压制后豆腐干的含水量在60%～65%。
6. 切块
压制后按不同成品的要求切成豆腐白干坯子即为成品。

三、豆腐片的生产

豆腐片也称"百叶"，更薄一些的称"千张"，北方一般称做干豆腐。
（一）豆腐片的加工工艺流程为：
豆浆→煮浆→点浆→蹲脑→破脑→浇制→压制→脱布→切片
（二）豆腐片加工的操作要点
1. 豆浆的制备
豆浆的制备和煮浆过程均与豆腐的生产相同。
2. 点脑
点脑温度为85℃。
3. 蹲脑
先蹲脑10～12min，然后搅动豆腐脑1～2次，静止5min，去除一部分黄浆水即可。
4. 破脑
手工泼片不用破脑。机械泼片时用打花机头将豆腐脑打成米粒大小。
5. 浇制
浇制也称泼片，有手工和机械两种方法。手工浇制是在成形箱中进行的，包布为长条状，使用时卷成卷。浇制时先将包布放在箱的一头，把包布的一头平铺在定形箱内，包布的幅宽要超过箱的宽度，铺放时每边留出3cm贴在箱边上。舀起豆腐脑均匀地泼在铺好的包布上，厚度以5～6cm为宜。泼上一层后要趁热将贴在箱边的包布放下来，平铺在豆腐脑上，同时拉过布卷，再铺第二层，铺时严禁歪扭和起泡。如此反复即可完成浇制。
豆腐片质量的好坏与泼片密切相关，在操作时应注意一些操作。要趁热泼片，温度最好掌握好。整个过程要一气呵成，以保证上下温度一致。泼片时要保证厚度均匀一致，严防高低不平。

6. 压制

压制分两个阶段，先是在特制的箱套内预压，目的是使豆腐脑基本定形，加压时不易跑脑、变形。预压的压力很小，时间为3~8min。预压后取走箱套，放在压制机内加压，时间为15min左右，压制后要求含水量在55%~65%。

7. 脱布

脱布也称揭片。压好的豆腐片要趁热脱布，脱布可用手工也可用脱布机（揭片机）用脱布机脱布时将脱下的上下两层包布卷在辊上，以便泼片时再用。

8. 切片

豆腐片从揭片机下来后要进行人工整理，去掉软边后切成55cm×40cm的整齐豆腐片即可。

四、腐竹的加工

腐竹是由煮沸后的豆浆，经一定时间的保温，浆面产生软皮，揭出烘干而成的。煮熟的豆浆保持在较高温度条件下，一方面豆浆表面水分不断蒸发，表面蛋白质浓度相对提高；另一方面蛋白质胶粒热运动加剧，碰撞机会增加，聚合度加大，以至形成薄膜，随着时间的延长，薄膜厚度增加，当薄膜达到一定厚度时，揭起即为腐竹。腐竹皮的形成是蛋白质-脂类物质在空气表面相互作用聚合，同时蒸发脱水凝结而成。它是一种营养丰富的素食品，含蛋白质50%左右，脂肪28%左右，常食用可改良心血管机能。

（一）腐竹的加工工艺流程

豆浆→煮浆→结皮→挑竹→烘干→包装

（二）腐竹的加工的操作要点

1. 煮浆

生产腐竹有两种生产工艺：一种是生浆，另一种是熟浆，两种工艺各有其优缺点。生浆工艺最大的好处就是省人工，不用像熟浆工艺那样一勺一勺地向每个格添豆浆，既可做出色泽较白的产品也可产出色泽较黄的产品。熟浆工艺不能生产出色泽较白的产品。煮浆时的温度要控制在93℃左右，最好用蒸气加热，因用明火煮，易糊锅底，出皮率低且色泽欠佳。用蒸气加热气压要足，上气要快。

2. 结皮。用5厘米见方的木条把2米长、1.5米宽、15厘米高不锈钢平底锅分成6个小方格。锅底下装有暖气管，使锅底温度保持70℃~90℃。把煮好的豆浆倒入锅内，过3分钟~5分钟后，每个小方格内结一层皮，待皮充满格子、出现小皱纹时，即可揭皮。

3. 挑竹。揭皮时可用特制的木质杆将皮揭起，再用手将皮捋下。依次把每个小方格内的皮揭完。一满锅豆浆可揭10多次皮。

4. 烘干。把搭满湿皮的竹竿挂在烘干室内。烘干室的一端装有暖气管，另一端安一台排风扇，使冷空气通过暖气管变成热风再由排风扇抽过来，迅速烘干湿皮。腐竹最忌在室外晒，会影响产品质量。烘干后的腐竹分级用塑料袋包装即成腐竹，又叫腐筋。

项目三　传统发酵豆制品

任务1　腐乳的加工

豆腐乳是我国迄今已有1000多年历史的特有传统发酵食品。它口味鲜美、风味独特、质地细腻、营养丰富，因地域和加工方法不同，风味各异，品种繁多。现在我国腐乳大体可分为红腐乳、白腐乳、青腐乳（臭豆腐）及各种花色腐乳。生产原辅料和工艺大致相同。

一、腐乳加工主要原辅料

1. 豆腐坯。用类似做豆腐的方法制成豆腐坯（比普通豆腐水分稍少），生产豆腐坯的原料最好用大豆，也可以用豆饼和豆粕。

2. 水。腐乳用水要符合饮用水的质量标准，水的硬度越小越好。

3. 凝固剂。腐乳制作过程中常用盐类和有机酸类凝固剂，用盐类出品率高，用有机酸类制品口感更细腻。

4. 食盐

食盐是生产腐乳的主要辅料之一，食盐在腐乳中可增加咸味，在发酵过程及成品中还起到防止腐败的作用。

5. 酒类

在腐乳的后期发酵过程中，添加的主要辅料是白酒或黄酒。酒精可以抑制杂菌的生长，又能与有机酸形成脂类，促进腐乳香味的形成，它还是色素的良好溶剂。黄酒作为辅料效果比白酒更好。

6. 曲类

（1）红曲。红曲是红曲霉在米粒上繁殖而成的曲米。红曲以籼米为原料，经过红曲霉在米上生长繁殖，分泌出红曲色素使米变红而称红曲，有较高的淀粉和蛋白质水解酶活性，红曲色素芳香无异味，稀溶液呈鲜红色，浓度增大后呈红褐色，经日光照射，能逐渐褪色。酿造腐乳时，添加红曲或红曲色素可把豆腐乳坯染成鲜红色。

（2）面曲。面曲即面糕曲，是制面酱的半成品。面曲是以面粉为原料，人工接种米面霉发酵而成。面曲中的米面曲和其他微生物分泌的酶非常丰富，尤其是蛋白酶和淀粉酶，豆腐乳酿造时使用面曲增加了后期发酵的酶源，可提高腐乳味道和香气，促进腐乳成熟。面曲用量随腐乳品种不同而异。

在腐乳生产中，人工接种的菌种主要有毛霉、根霉等，细菌比较少见，仅个别产品中使用细菌，如克东腐乳是接种小球菌发酵而成的。由于腐乳前期发酵在开放式的环境下培养，不可避免地存在外界微生物的入侵，加之在后期配料过程中带入的外界微生物，所以腐乳发酵实际上是一种混菌发酵，不过，起主要作用的仍然是毛霉或根霉。目前，腐乳的生产多数是毛霉。根霉的菌丝尽管不如毛霉柔软细致，但它耐高温，夏季也可生产。

腐乳发酵优良菌株的条件包括菌丝高大、细软、棉絮状、色白或淡黄，不产生毒素，使用安全；生长繁殖快，抗杂菌能力强；生长温度范围宽，不受季节限制；能分泌大量的蛋白酶、脂肪酶等;生产的腐乳的风味好。

7. 其他辅料

红椒、红辣椒、茴香、陈皮、大蒜、葱、姜等也是豆腐乳后发酵汤料中常用的香辛原料。

二、腐乳加工工艺流程

豆腐坯制作→接种→前期发酵→腌坯→后期发酵→装坛

三、腐乳加工的操作要点

1. 豆腐坯的制作

制好豆腐坯是提高腐乳质量的基础,豆腐坯制作与普通作豆腐相同,只是点卤要稍老一些,压榨的时间长一些,豆腐坯含水量低一些。豆腐坯的制作分为浸豆、磨浆、滤渣、点浆、蹲脑、压榨成形、切块等工序。压榨和切块蹲脑以后豆腐花下沉,黄浆水澄清。压榨到豆腐坯含水量在65%~70%为宜,厚薄均匀,压榨成型后切成小块。

2. 接种

将已划块的豆腐坯放入蒸笼格或木框竹底盘,豆腐坯需侧面放置,行间留空间约1cm左右,以便通气散热,调节好温度,有利于毛霉菌生长。用竹棒将菌丝打碎,充分摇匀,用纱布过滤。冷开水洗涤一次,过滤,两次滤液混合,制成孢子悬液。可采用喷雾接种,也可将豆腐坯浸沾菌液,浸后立即取出,防止水分浸入坯内,增大含水量影响毛霉生长。高温季节,可在菌液中加入少许食醋,使菌液变酸抑制杂菌生长。或将生长好的麸曲接种,低温干燥磨细成菌粉,用细筛将干菌粉筛于豆腐坯上,要求均匀,每面都有菌粉,接种量为大豆重量的1%。

3. 前期发酵

前期发酵是发霉过程,即豆腐坯培养毛霉或根霉的过程,发酵的结果是使豆腐坯长满菌丝,形成柔软、细密而坚韧的皮膜并积累了大量的蛋白酶,以便在后期发酵中将蛋白质慢慢水解,除了选用优良菌种外,还要掌握毛霉的生长规律,控制好培养温度、湿度及时间等条件。

方法是将培养盘堆高叠放,上面盖一空盘,四周以湿布保湿,春秋季一般在20℃左右,培养48h,冬季保持室温16℃,培养72h,夏季气温高,室温30℃,培养30h。发酵终止要视毛霉菌老熟程度而定,一般生产青方时发霉稍嫩些,当菌丝长成白色棉絮状即可,此时,毛霉蛋白酶活性尚未达到高峰,蛋白质分解作用不致太旺盛,否则会导致豆腐破碎(因臭豆腐后期发酵较强烈)。红腐乳前期发酵要稍老些,呈淡黄色。前期发酵毛霉生长发育变化大致分为三个阶段:即孢子发芽阶段、菌丝生长阶段、孢子形成阶段。需要注意的是当豆腐坯表面开始长有菌丝后,即长有毛绒状的菌丝后,要进行翻笼,一般三次左右。

4. 腌坯

当菌丝开始变成淡黄色,并有大量灰褐色孢子形成时,即可散笼、开窗通风、降温凉花,停止发霉,促进毛霉产生蛋白酶,8~10h后结束前期发酵,立即搓毛腌制。进入腌坯过程后,先将相互依连的菌丝分开,并用手抹到时,使其包住豆腐坯,放入大缸中腌制,大缸下面离缸底20cm左右铺一块中间有孔直径约为15cm的圆形木板,将毛坯放在木板上,沿缸壁排至中心,要相互排紧,腌坯时应注意使未长菌丝的一面靠边,不要朝下,防止成品变型。采用分层加盐法腌坯,用盐量分层加大,最后撒一层盖面盐。每千块坯(4cm×4cm×1.6cm)春秋季用盐6kg,冬季用盐5.7 kg,夏季用盐6.2kg。腌坯时间冬季约7d,春秋季约5d,夏季约2d。腌坯要求NaCl含量在12%~14%,腌坯后3~4d后要压坯,即再加入食盐水,腌过坯面,腌渍时间3~4d左右。腌坯结束后,打开缸底通口,放出盐水放置过夜,使盐坯干燥收缩。

5. 后期发酵

后期发酵是利用豆腐坯上生长的毛霉以及配料中各种微生物作用,使腐乳成熟,形成色、香、味的过程,包括装坛、灌汤、贮藏等工序。装坛取出盐坯,将盐水沥干,然后装入坛内,装时不能过紧,以免影响后期发酵,使发酵不完全,中间有夹心,将盐坯依次排列,用手压平,分层加入配料,如少许红曲、面曲、红椒粉,装满后灌入汤料。配料灌汤配好的汤料灌入坛内或瓶内,灌料的多少视所需要品种而定,但不宜过满,以免发酵汤料涌出坛或瓶外。腐乳汤料的配制,因配料不同,形成腐乳各种花色品种和风味。

红方腐乳汤料需红曲3kg、面曲1.2kg、黄酒12.5kg、浸泡2~3d,磨细成浆后加入黄酒57.8kg,白糖4kg。顺序加曲面150g,食盐150g,烧酒150g。青方腐乳汤料需用冷开水450g,黄浆水75g,再用毛花卤及盐水补足,所用浓度为8%左右,每坛加封面烧酒50g。白方腐乳汤料用16%的盐水配制含12度米酒作为汤料,气温较高季节也可以加少许黄浆水以增加风味。

封口贮藏装坛灌汤后加盖,再用水泥拌熟石膏封口。在常温下贮藏,一般需3个月以上,才会达到腐乳应有的品质,青方与白方腐乳因含水较高,只需1~2个月即可成熟。

前期发酵主要是培养菌系,将腐乳坯再盐腌成盐坯目的是使毛坯渗透盐分并析出水分而使坯体收缩变得硬些,后期发酵主要是酶系与微生物协同进行生化反应。在坛内密封的缺氧发酵过程中,蛋白酶和其他菌类缓慢渗入腐乳坯,将蛋白质分解为各种氨基酸并合成香味成分。经过约两个月以上的发酵,使腐乳制品口感鲜美、营养丰富。

任务二 豆豉的加工

豆豉是我国传统发酵豆制品,是一种用黄豆或黑豆泡透蒸煮,发酵制成的食品。豆豉的生产,最早是由江西泰和县流传开来的,后经不断发展和提高,使豆豉成为独具特色,成为人们所喜爱的调味佳品,而且传到海外。我国台湾人称豆豉为"荫豉",东南亚各国也普遍食用豆豉。豆豉一直广泛用于中国烹调之中。著名的"麻婆豆腐"、"炒回锅肉"等均少不了用豆豉作调料,广东人更喜欢用豆豉作调料烹调粤菜,如"豉汁排骨"、"豆豉鲮鱼"等。

豆豉按原料可分有"黑豆豆豉"和"黄豆豆豉"两种,以黑褐色或黄褐色、鲜美可口、咸淡适中、回甜化渣、具豆豉特有豉香气者为佳。豆豉含有丰富的蛋白质(20%)、脂肪(7%)和碳水化合物(25%),且含有人体所需的多种氨基酸,还含有多种矿物质和维生素等营养物质。豆豉不仅能调味,而且可以入药,中医学认为豆豉性平,味甘微苦,有发汗解表、清热透疹、宽中除烦、宣郁解毒之效,可治感冒头痛、胸闷烦呕、伤寒寒热及食物中毒等病症。豆豉用陶瓷器皿密封盛载为宜,这样可保存较长时间,香气也不会散发掉,但忌生水入侵,以防豆豉发霉变质。

一、豆豉加工工艺流程

大豆预处理→蒸煮→制曲→洗豉→拌盐→发酵→晾干

二、豆豉加工的操作要点

1. 原料选择

原料筛选选择成熟充分、颗粒饱满均匀、皮薄肉多、无虫蚀、无霉烂变质并且有一定新鲜度的黑大豆为宜。洗涤用少量水多次洗去大豆中混有的砂粒杂质等。浸泡浸泡的目的是使大豆吸收一定水分，以便在蒸料时迅速达到适度变性；使淀粉质易于糊化，溶出霉菌所需要的营养成分；供给霉菌生长所必需的水分。浸泡时间不宜过短。当大豆吸收率<67%时，制曲过程明显延长，且经发酵后制成的豆豉不松软。若浸泡时间延长，吸收率>95%时，大豆吸水过多而胀破失去完整性，制曲时会发生"烧曲"现象。经发酵后制成的豆豉味苦，且易霉烂变质。因此，我们在生产加工中应选择浸泡条件为40℃、150min，使大豆粒吸收率在82%，此时大豆体积膨胀率为130%。

2. 蒸煮

蒸煮目的是破坏大豆内部分子结构，使蛋白质适度变性，易于水解，淀粉达到糊化程度，同时可起到灭菌的作用。确定蒸煮条件为0.1MPa，15min或常压150min。

3. 制曲

制曲的目的是使煮熟的豆粒在霉菌的作用下产生相应的酶系。在酿造过程中产生丰富的代谢产物，使豆豉具有鲜美的滋味和独特风味。把蒸煮后大豆出锅，冷却至35℃左右，接种沪酿3.042或TY.Ⅱ，接种量为0.5%，拌匀入室，保持室温28℃，16h后每隔1h观察。制曲22h左右进行第一次翻曲，翻曲主要是疏松曲料，增加空隙，减少阻力，调节品温，防止温度升高而引起烧曲或杂菌污染。28h进行第二次翻曲。翻曲适时能提高制曲质量，翻曲过早会使发芽的孢子受抑，翻曲过迟，会因曲料升温引起细菌污染或烧曲。当曲料布满菌丝和黄色孢子时，即可出曲。一般制曲时间为34h。

4. 洗豉

豆豉成曲表面附着许多孢子和菌丝，含有丰富的蛋白质和酶类，如果孢子和菌丝不经洗除，继续残留在成曲的表面，经发酵水解后，部分可溶和水解，但很大部分仍以孢子和菌丝的形态附着在豆曲表面，特别是孢子有苦涩味，会给豆豉带来苦涩味，并造成色泽暗淡。

5. 拌盐

向成曲中加入18%的食盐、0.02%的青矾和适量水，以刚好齐曲面为宜，浸焖12h。

6. 发酵

豆豉的发酵，就是利用制曲过程中产生的蛋白酶分解豆中的蛋白质，形成一定量的氨基酸、糖类等物质，赋予豆豉固有的风味。将处理好的豆曲装入罐中至八、九成满，装时层层压实，置于28~32℃恒温室中保温发酵。发酵时间控制在15d左右。

7. 晾干

豆豉发酵完毕，从罐中取出置于一定温度的空中晾干，即为成品。

三、豆豉的营养价值

1. 豉的营养价值

大豆蛋白质含有人体不能合成而必须从食物摄取的8种必需氨基酸,除蛋氨酸外,大豆蛋白中含量均较多、较平衡,特别是赖氨酸含量高;大豆脂肪含不饱和脂肪酸占80%以上。大豆脂肪中含有人体所必需的亚油酸平均达50.8%,亚麻酸平均为6.8%,尤其是大豆不含胆固醇;大豆中还有1.8%~3.2%的磷脂,具有多种保健功能。

豆豉在发酵过程中,微生物中的蛋白酶使原料大豆的蛋白质部分水解,故发酵成熟时,可使水溶性氮的含量提高,并使大豆的硬度下降。大豆中含有的胰蛋白酶抑制剂可以抑制小肠中胰蛋白酶的活力。大豆含有5%的纤维素,这些纤维素使蛋白质不易与消化酶接触,整粒大豆食用时,其蛋白质消化率仅为60%左右。在豆豉的加工过程中破坏了胰蛋白酶抑制物;纤维酶使纤维素水解生成单糖;蛋白酶容易与蛋白质接触水解产生一系列的中间产物,如多肽、氨基酸等,这些低分子量的蛋白食入后,可以不再经过消化直接为肠黏膜吸收,这对消化力减退和患有消化功能障碍的病人是十分有利的。

豆豉与原料熟化豆相比,其维生素B族含量有明显提高。大豆的矿物质大都以植酸盐的形式存在,植酸盐是肌醇磷酸酯的钾、钙、镁复盐。大豆中70%~80%的磷不易为人体利用,约有60%被排出体外;钙与植酸结合形成不溶性钙,约有70%~80%不被人体吸收残留在粪便中;铁与植酸盐结合形成不溶性铁,使大豆中铁的吸收率仅为7%;植酸还能与锌结合形成不溶性盐而使利用率下降。在豆豉加工过程中,由于微生物分泌的活性植酸酶能使植酸水解生成肌醇和磷酸盐,植酸可减少15%~20%,因而,矿物质的可溶性可增加2-3倍,利用率可增加30%~50%。

2. 豉的生理活性物质及保健功能

豆豉不仅营养价值高,而且自古入药,我国中医学历代医书中都有豆豉治疗疾病的记载,李时珍的《本草纲目》中则有"豆豉具开胃增食、消食化滞、发汗解表、除烦喘等疗效"的记载。豆豉传入日本后,日本科学家则对豆豉的保健作用进行研究,提出常服豆豉有助于消化、提高抗病能力、减缓衰老、消除疲劳等多种作用。而以黄豆为主料,以青蒿、桑叶等为辅料的传统发酵产品淡豆豉,被认为是食疗保健药品。国内外研究发现豆豉发酵增强了一些生理活性功能。

(1) 提高大豆异黄酮

有研究对几种有代表性大豆制品进行异黄酮含量测定,结果表明非发酵制品中异黄酮主要以葡萄糖苷形式存在;而在发酵大豆制品中,发酵不影响大豆异黄酮的含量,但在微生物酶作用下,大豆异黄酮较充分地分解成配基体黄豆苷原和染料木素,大豆异黄酮的各组分含量发生了显著变化,游离的苷原明显增加,大大提高异黄酮的生理活性。但大豆异黄酮在浸泡、蒸煮和油炸过程中,大豆异黄酮的损失分别达16.3%、28%和36%。

(2) 产生褐色色素

褐色色素也称蛋白黑素或类黑精,是大豆蛋白质以及它的分解产物多肽类与还原糖之间作用发生美拉德反应生成的。呈水溶性,为一类弱酸性高分子,在酸或碱条件下很容易被水解,然而不受消化酶降解。它具有很强抗氧化活性作用,能捕集溶液中自由基,同时,它还会与铁、铜等金属离子相结合,形成不溶化合物析出。褐色色素还有类似食物纤维功能、调节血糖等功能。

◆ 知识拓展

大豆异黄酮具有一定的类似雌激素作用,又可称为植物雌激素。以前一直被认为是豆腐、豆乳等大豆食品不快味成分,而最近免疫学调查发现,它具有抗氧化、抗菌、增强免疫、预防乳癌、前列腺癌等生理功能,大豆异黄酮被认定是目前植物界筛选抗癌成分的首选物质。众多的动物实验也证实了大豆异黄酮具有预防骨质疏松症的效果。

任务三 纳豆的加工

纳豆是将大豆煮熟后,接入纳豆菌,经繁殖发酵后而形成的外表带有一层薄如白霜的发酵食品,是一种历史悠久的传统大豆发酵食品。目前全世界,尤其是整个东南亚的人们对纳豆的作用高度认可,食用者众多。而纳豆制成的保健产品、生物制剂被人们广泛接受,各种研究机构纷纷展开对纳豆生物制剂的研究。

一、纳豆加工工艺流程

大豆→浸泡→蒸煮→接种→发酵→后熟→成品

二、纳豆加工操作要点

1. 原料选择和预处理

原料筛选选择成熟充分、颗粒饱满均匀、皮薄肉多、无虫蚀、无霉烂变质并且有一定新鲜度的黑大豆为宜。洗涤用少量水多次洗去大豆中混有的砂粒杂质等。浸泡浸泡的目的是使大豆吸收一定水分,以便在蒸料时迅速达到适度变性,使淀粉质易于糊化。

2. 蒸煮

蒸豆加入3倍量的水浸泡12h后,倒掉水再蒸到大豆用手捏碎的程度。

(1)接种纳豆菌将纳豆菌用热水(38~45℃)溶解后,均匀地加入到热大豆中,因纳豆菌是嗜氧菌,接触空气是很重要的。

(2)恒温42℃发酵14~36h,大豆表面产生了白膜,注意多接触空气,有黏丝出现后,大豆就变成了纳豆。

(3)后熟(活菌低温休眠)在38~42℃的恒温下发酵14~36h,然后放在冰箱内低温熟成数小时后,做好的纳豆无论是外观还是口感都会更好。

三、纳豆的营养价值

纳豆是煮熟的食品,但它比煮熟的大豆蛋白质、纤维、钙、铁、钾、维生素B_2的含量都高,特别是钙、铁、钾的含量甚至超过了通常公认的营养价值高的鸡蛋。纳豆在制作过程中,原料大豆所含的氨基酸、高蛋白不仅没有减少、破坏,反而由于发酵将大豆蛋白质分解,使纳豆的消化率(85%)比煮熟的大豆(68%)还高,因而营养也更容易吸收了,比如纳豆里的皂苷素比大豆里的更容易为人体吸收,而皂苷素是一种遇水便溶解、遇热便分解的物质,因此在豆腐、豆浆中含量很少。皂苷素不仅能够改善便秘,还可以减少血脂、预防大肠癌、降低胆固醇、软化血管、预防高血压和动脉硬化等。纳豆里还含有很多对人体有益的酶,如过氧化物歧化酶(SOD)、过氧化氢酶等,们对清除体内致癌物质、提高记忆力、护肝美容、延缓衰老等有明显效果,并可提高食物的消化率。纳豆里含有大量的维生素K_2可以生成骨蛋白质，只有该蛋白质与钙一起才能生成骨质、增强骨骼密度。由于经过发酵，纳豆中高活性的游离的异黄酮类物质也显著增加。纳豆粘液里含的吡啶二羧酸，对痢疾杆菌、大肠杆菌、伤寒沙门氏菌等，都有强烈的抑制作用。纳豆可杀死霍乱菌、伤寒病菌、大肠杆菌等，起到抗生素的作用；摄入活纳豆菌可以调节肠道菌群平衡，预防痢疾、肠炎和便秘，其效果在某些方面优于现在常用的乳酸菌微生态制剂，纳豆菌还可以灭活葡萄球菌肠毒素，因此常食用纳豆有预防疾病的作用。纳豆发酵产生的黏性物质，覆盖胃肠道黏膜表面上，因而可保护胃肠，饮酒时可缓解酒醉的作用。

任务四 天培的加工

天培又名天贝、田北等。天培是印度尼西亚的一种传统发酵而成的带菌丝的黏稠状饼块食品，从上世纪九十年代始，对于胆固醇了饱和脂肪的忧虑，天培成为欧美餐饮健康的代表食物，至今风行。天培的营养价值让世人惊奇，被誉为"肉的替代食品"，是素食者喜爱的食材。近年来，随着健康饮食观念的盛行，天培更是受到世界性的广泛欢迎。天培在印尼的爪哇更为普遍，那里的居民平均每日食用天培达30~120g。在印度尼西亚，居民制作天培是以枯萎的香蕉叶包裹蒸煮的大豆，在室温下天然发酵而成。近代天培的制作是以预处理的豆瓣接种根霉菌在半无菌状态下，经短期发酵而成。新鲜天培是真菌菌丝覆盖的饼状物，外观白色、光泽，富有弹性，无任何豆腥味，并具特有的清香。

一、天培的加工工艺流程

大豆处理→蒸煮→接种→发酵→磨酱→配料混合→蒸煮→灭菌→胶体磨浆

二、天培的加工操作要点

1. 原料处理及要求

原料的要求制造天贝没有特殊要求，但最好选用油脂含量低、蛋白质和糖含量高的大豆。浸泡一般大豆在冬季浸泡12h，在夏季浸泡6~7h。在气温高于30℃的季节，为了防止细菌繁殖，在浸泡大豆的水中添加0.1%左右的乳酸或白醋，降低浸泡液pH至5~6，或在浸泡液中添加乳酸菌，使其在浸泡液中产生乳酸。较低pH也适合于少孢根霉的生长。

2. 蒸煮

将脱皮后的大豆放在100℃水中煮60min左右，然后将煮熟的大豆捞起，放在容器中摊开，使表面水分蒸发，同时进行冷却。当熟大豆降温至90℃时，拌入1%的淀粉，并充分混合，使部分淀粉糊化，以促进霉菌发育。

3. 接种发酵菌

制备孢子悬液或孢子粉。将少孢根霉接种在25~28℃下培养7d，增生大量的孢子囊，然后用2~3mL无菌水把这些孢子囊从斜面上冲洗下来，制成孢子悬液接种，或把这些孢子悬液从斜面上刮下来，冷冻干燥成孢子粉，用于接种。

4. 天培的发酵

发酵条件天培发酵的最佳温度为30~33℃，天培的发酵时间随发酵温度而定，温度高，发酵时间短，温度低，发酵时间长。发酵容器传统方式多采用香蕉叶，而现在则多采用打孔的塑料袋、打孔加盖的金属浅盘、竹筐等。孔径一般为0.25~0.6mm，孔距为1.2~1.4mm。小孔的作用是排除天培发酵过程中蒸发出来的过量水分，同时小孔也是气孔扩散的通道。

三、天培营养保健价值

大豆经过酵解，维生素B族含量明显增加，如B_1、B_2、B_6、B_{12}、烟酸、叶酸等，其中B_{12}的增长尤为引人注目，产生了大量的维生素B_{12}，典型天培样品100g中含有8.8μg，是美国日常建议量的2.9倍。这是素食者、老年人、肠道病变、缺少胃酸、特别是胃切除后病人的福音。在天培发酵过程中，发酵产生活性很强的蛋白酶，大豆蛋白质消化吸收率从65.3%提高到93.8%以上。游离氨基酸明显增多，如甘氨酸、丙氨酸、亮氨酸含量比发酵前增加50倍以上，赖氨酸、谷氨酸、组氨酸、苯丙氨酸也提高30~40多倍，可作为某些缺乏赖氨酸等蛋白质食物的补充食品。发酵后易消化不涨气，从而满足了老年人、体弱者对蛋白的需求。发酵后的天培，形成了蛋白质水解产生最具有活性的多肽，它易于消化吸收，生理功能效果也更高，可以促进能量代谢、降低胆固醇和抗氧化。天培异黄酮具有抗氧化、抗菌、防止衰老的功能，具有抗肿瘤、防治心脑血管疾病的功能。

项目四　现代大豆加工技术

任务一　豆乳的加工

我国传统的豆浆带有明显的豆腥味、苦涩味和焦糊味，风味上有很大的缺陷。豆乳饮料是在豆浆基础上发展起来的，它去除了豆腥味和抗营养因子，并通过营养调配，因此更符合人体的需求，是豆浆的改朝换代产品。豆乳的蛋白质、脂肪和碳水化合物与牛乳相似，消化吸收程度也与牛乳相类似，但它还具备一些牛乳所没有的优点：不含胆固醇，所含油脂大多由多不饱和脂肪酸组成；含有大量的维生素E，可消除人体自由基，延缓衰老使人青春常在；含卵磷脂多，有防治肝硬化和脂肪肝的作用；不含乳糖，避免了某些对牛乳过敏的儿童在饮用牛乳时所发生的呕吐、腹痛和下痢等现象。因此，豆乳一直受到全世界消费者的欢迎，成为一种新兴的软饮料品种。以豆乳为基料，还可进一步加工生产豆炼乳、豆乳粉和发酵豆乳饮料等产品。

一、豆乳的加工工艺流程

大豆处理→制浆→真空脱臭→调制→均质→杀菌→罐装

二、豆乳的加工操作要点

1. 大豆处理

大豆经过清理除去所含杂质，得到纯净的大豆。脱皮可以减少细菌，改善豆乳风味，限制起泡性，同时还可以缩短脂肪氧化酶钝化所需的加热时间，极大地降低储存蛋白质的变性，防止非酶褐变，赋予豆乳良好的色泽。脱皮方法与油脂生产一致，要求脱皮率大于95%。脱皮后的大豆迅速进行灭酶，这是因为，大豆中致腥的脂肪氧化酶存在于靠近大豆表皮的子叶处，豆皮一旦破碎，油脂即可在脂肪氧化酶的作用下发生氧化，产生豆腥味成分。

2. 制浆与酶的钝化

豆乳生产的制浆工序与传统豆制品生产中制浆工序基本一致，都是将大豆磨碎，最大限度地提取大豆中的有效成分，除去不溶性的多糖和纤维素。磨浆和分离设备通用，但是豆乳生产中制浆必须与灭酶工序结合起来。制浆中抑制浆体中异味物质的产生，因此可以采用磨浆前浸泡大豆工艺，也可以不经过浸泡直接磨浆，并要求豆浆磨得要细。豆糊细度要求达到120目以上，豆渣含水量在85%以下，豆浆含量一般为8%~10%。用的灭菌方法有干热处理、蒸汽法、热水浸泡法与热磨法、热烫法、酸或碱处理法等。

(1) 干热处理。一般是在大豆脱皮后入水前进行，利用高温热空气对大豆进行加热。干热处理要求瞬时高温，热空气的温度最低不能低于120℃，否则效果极差；但温度过高，易使大豆焦化。通常干热处理温度为120~200℃，处理时间为10~30s。干热处理过的大豆直接磨碎制豆奶，往往稳定性不好，但若在高温下用碱性钾盐（如重碳酸钾、碳酸钾等）进行浸泡处理后，再磨碎制浆，则可以大大提高豆奶的稳定性，防止沉淀分离。

(2) 蒸汽法。这种方法多用于大豆脱皮后入水前，利用高温蒸汽对脱皮豆进行加热处理，利用120~200℃的高温蒸汽加热7~8s即可。这种处理方法大多是通过旋转式网筒或网带式运输机来完成的，生产能力大，机械化程度高，但采用这种方法加工过的大豆，其蛋白质抽提率低。

(3) 热水浸泡法与热磨法。这两种方法适用于不脱皮的加工工艺。热水浸泡法即是把清洗过的大豆用高于80℃的热水浸泡30~60min，然后磨碎制浆。热磨法是将浸泡好的大豆沥去浸泡水，另加沸水磨浆，并在高于80℃的条件下保温10~15min，然后过滤、制浆。

(4) 热烫法。这种方法是将脱皮的大豆迅速投入到80℃以上的热水中，并保持10~30min，然后磨碎制浆。

(5) 酸或碱处理法。这种方法的依据是pH对脂肪氧化酶活力的影响。pH对酶失活程度影响非常大，通过酸或碱的加入，调整溶液的pH，使其偏离脂肪氧化酶的最适pH，从而达到抑制脂肪氧化酶活力，减少异味物质的目的。常用的酸主要是柠檬酸，一般调节pH至3.0~4.5，此法一般在热浸泡法中使用。常用的碱有碳酸钠、碳酸氢钠、氢氧化钠、氢氧化钾等，一般调节pH至7.0~9.0，碱可以在浸泡时加入，也可以在热磨、热烫时加入。

3. 真空脱臭

真空脱臭的目的是要尽可能地除去豆浆中的异味物质。真空脱臭首先利用高压蒸汽将豆浆迅速加热到140~150℃，然后将热的豆浆导入真空冷凝室，对过热的豆浆突然抽真空，豆浆温度骤降，体积膨胀，部分水分急剧蒸发，豆浆中的异味物质随着水蒸气迅速排出。从脱臭系统中出来的豆浆温度一般可以降至75~80℃。

4. 调制

豆乳的调制是在调制缸中将豆浆、营养强化剂、赋香剂和稳定剂等混合在一起，充分搅拌均匀，并用水将豆浆调整到规定浓度的过程。豆浆经过调制可以生产出不同风味的豆乳。

(1) 添加豆乳的营养强化。豆浆中尽管含有丰富的蛋白质和大量不饱和脂肪酸等重要营养成分，但作为植物蛋白，由于含硫氨基酸的含量较低，因此需加补充，尤其在生产婴儿豆奶或营养豆奶时更要注意，在生产时，可适当补充一些蛋氨酸。

大豆维生素含量较少，且种类也不全，为弥补其不足，极有必要进行维生素的强化。根据大豆蛋白乳的特点，需要进行以下3个方面的营养强化，豆乳中最常增补的无机盐是钙盐，以碳酸钙最好，因为碳酸钙溶解度低，不易造成蛋白质沉淀，且可提高豆乳消化率。其他添加主要是含硫氨基酸和维生素。

（2）添加赋香剂。添加甜味剂，可直接采用双糖，因为添加单糖杀菌时容易发生非酶褐变，使豆乳色泽加深。甜味剂添加量控制在6%左右。若生产奶味豆乳，可采用香兰素调香，也可以用奶粉或鲜奶。奶粉添加量为5%（占总固形物）左右，鲜奶为30%（占成品）。生产果味豆乳，采用果汁、果味香精、有机酸等调制。果汁（原汁）添加量为15%~20%。添加前首先稀释，最好在所有配料都加入后添加。

（3）添加豆腥味掩盖剂。尽管生产中采用各种方法脱腥，但总会有些残留，因此添加掩盖剂很有必要。据资料介绍，在豆乳中加入热凝固的卵蛋白可以起到掩盖豆腥味的作用，其添加量为15%~25%；添加量过低效果不明显，高于35%则制品中会有很强的卵蛋白味（硫化氢味）。另外，棕榈油、环状糊精、荞麦粉（加入量为大豆的30%—40%）、核桃仁、紫苏、胡椒等也具有掩盖豆腥味的作用。

（4）添加油脂。豆乳中加入油脂可以提高口感和改善色泽，其添加量为1.5%左右。添加的油脂应选用亚油酸含量较高的植物油，如豆油、花生油、菜籽油、玉米油等，以优质玉米油为最佳。

（5）添加稳定剂。豆乳中含有油脂，需要添加乳化剂提高其稳定性。常用的乳化剂以蔗糖酯和卵磷脂为主，此外还可以使用山梨醇酯、聚乙二醇山梨醇酯。两种乳化剂配合使用效果更好；卵磷脂添加量为大豆质量的0.3%~2.4%。蔗糖酯除具有提高豆乳乳化稳定性的作用外，还可以防止酸性豆乳中蛋白质的分层沉淀。另外，要根据不同特色的豆乳，进行调整添加乳化剂的种类和数量。

5. 均质

均质处理是提高豆乳口感和稳定性的关键工序。均质效果的好坏主要受均质温度、均质压力和均质次数的影响。一般豆乳生产中采用13~23 MPa的压力，压力越高效果越好，但是压力大小受设备性能及经济效益的影响。均质温度是指豆乳进入均质机的温度，温度越高，均质效果越好，温度应控制在70-80℃较适宜。均质次数应根据均质机的性能来确定，最多采用2次。

均质处理可以放在杀菌之前，也可以放在杀菌之后，各有利弊。杀菌前处理，杀菌能在一定程度上破坏均质效果，容易出现"油线"，但污染机会减少，储存安全性提高，而且经过均质的豆乳再进入杀菌机不容易结垢。如果将均质处理放在杀菌之后，则情况正好相反。

6. 杀菌

豆乳是细菌的良好培养基，经过调制的豆乳应尽快杀菌。在豆乳生产中经常使用三种杀菌方法。

（1）常压杀菌。这种方法只能杀灭致病菌和腐败菌的营养体，若将常压杀菌的豆乳在常温下存放，由于残存耐热菌的芽孢容易发芽成营养体，并不断繁殖，因此成品一般不超过 24 h 即可败坏。若经过常压杀菌的豆乳（带包装）迅速冷却，并储存于 2～4℃ 的环境下，可以存放 1～3 周。

（2）加压杀菌。这种方法是将豆乳罐装于玻璃瓶中或复合蒸煮袋中，装入杀菌釜内分批杀菌。加压杀菌通常采用 121℃、15－20 min 的杀菌条件，这样即可杀死全部耐热型芽孢，杀菌后的成品可以在常温下存放 6 个月以上。

（3）超高温短时间连续杀菌（UHT）。这是近年来豆乳生产中普遍采用的杀菌方法，它是将未包装的豆乳在 130℃ 以上的高温下，经过数十秒的时间瞬间杀菌，然后迅速冷却、罐装。超高温杀菌分为蒸汽直接加热法和间接加热法。目前我国普遍使用的超高温杀菌设备均为板式热交换器间接加热法。其杀菌过程大致可分为 3 个阶段，即预热阶段、超高温杀菌阶段和冷却阶段，整个过程均在板式热交换器中完成。

7. 罐装

罐装根据进入市场的形式有玻璃瓶包装、复合袋包装等。采用哪种包装方式，是豆乳从生产到流通环节上的一个重大问题，它决定成品的保藏期，也影响质量和成本，因此，要根据产品档次、生产工艺方法及成品保藏期等因素做出决策。一般常压或加压杀菌只能采用玻璃瓶或复合蒸煮袋包装。无菌包装是伴随着超高温杀菌技术而发展起来的一种新技术，大中型豆乳生产企业可以采用这种包装方法。

二、豆乳粉加工技术

豆乳粉不仅为人们提供了方便的蛋白质食品，而且有效地解决了豆乳远距离运输的问题。新加工技术的应用有利于改善豆乳粉的速溶性能，高频电场处理可增强大豆蛋白分子表面极化作用与改变大豆蛋白分子结构，改善亲水、亲油"双溶性"，是提高市售速溶豆乳粉的分散功能、防止结团、减少泡沫的重要措施。细胞粉碎技术和粉粒重组技术控制豆乳粉粒度的大小，有利于提高豆乳粉的速溶性。

（一）豆乳粉加工的工艺流程

大豆脱皮→酶的钝化与磨浆→分离→调制→均质→杀菌→真空脱臭→冷却→浓缩→喷雾干燥→配料筛匀→产品包装

（二）豆乳粉加工的主要操作要点

1. 大豆脱皮

脱皮是豆乳粉生产中的关键工序，通过脱皮可以减少细菌量，改善豆乳粉风味，降低贮存蛋白的热变性，缩短脂肪氧化酶钝化所需要的加热时间，防止褐变。大豆脱皮有两种方法，即湿脱皮和干脱皮。湿脱皮在浸泡之后进行，干脱皮在浸泡之前进行。豆乳生产以干脱皮为好。干脱皮时，如果大豆水分含量超过 13%，则应将其干燥到 10% 左右，冷却后再脱皮。脱皮率应控制在 95% 以上。

2. 酶的钝化与磨浆

大豆经脱皮破碎后，脂肪氧化酶在一定温度、含水量和氧气存在下就可以发挥催化作用，因此，在大豆磨浆时就应防止脂肪氧化酶的生理活性作用，使其变性失活。常用的灭菌方法有干热处理、蒸汽法、热水浸泡法与热磨法、热烫法、酸或碱处理法，与豆乳酶的钝化方法相似。

3. 分离

豆浆经分离将浆液和豆渣分开，分离工序严重影响豆奶蛋白质和固形物的回收。一般控制豆渣含水量在85%以下，豆渣含水量过大，则豆奶中蛋白质等固形物回收率降低。分离常采用离心分离，常用的离心分离设备为三足式离心分离机。分离豆浆采用热浆分离，可降低浆体黏度，有助于分离。

4. 豆乳的调制

欲获得在营养成分和口感上接近奶粉的豆奶粉，也必须进行调制。豆乳的调制即按照产品配方和标准要求，在调制缸中将豆浆、营养强化剂、赋香剂和稳定剂等加在一起，充分搅拌均匀，并用无菌水调整至规定浓度的过程。

5. 均质处理

均质处理可提高豆乳的口感与稳定性。豆奶在高压下从均质阀的狭缝压出，油滴、蛋白质等颗粒在剪切力、冲击力与空穴效应的共同作用下，进行细微化，形成均一的分散液，防止脂肪上浮、蛋白质沉降，增加豆奶光泽度，提高了豆奶的稳定性。

6. 杀菌

豆奶由于富含蛋白质、脂肪、糖，是细菌的良好培养基，经调制后的豆奶应尽快进行杀菌。对前期的豆乳常采用超高温瞬时杀菌，对喷雾干燥后的豆乳粉采用紫外线消毒。

7. 真空脱臭

真空脱臭的作用就是要最大限度地除去豆奶中的异味物质。

8. 浓缩

将经过脱臭的豆奶进行减压浓缩，使干物质含量接近15%。过度浓缩黏度要增高，甚至发生凝固，使后续处理难度增加。

9. 喷雾干燥

浓缩液用喷雾干燥机进行干燥，制成含水分为2%～3%的豆乳粉。喷雾干燥机的进风温度为180℃，出风温度为90℃。豆乳粉的化学成分主要是蛋白质，此外大部分为碳水化合物。干燥温度掌握不适当时，成品的蛋白质由于受热变性使溶解度降低。通常根据不同的用途，在制品中添加适量的蔗糖或其他糖类，增加豆乳粉的分散度，可以在一定程度上提高其溶解度。

任务2　大豆蛋白加工技术

一、浓缩大豆蛋白加工技术

大豆浓缩蛋白从脱脂豆粉中除去低分子可溶性非蛋白质成分，主要是可溶性糖、灰分以及其他可溶性的微量成分，制得的蛋白质含量在70%以上的大豆蛋白制品，大豆浓缩蛋白的原料以低变性脱脂豆粕为佳。

（一）生产原理

生产大豆浓缩蛋白就是要除去脱脂大豆中的可溶性非蛋白质成分的同时，最大程度地保存水溶性蛋白质。除去这些成分最有效的方法是水溶法，但在低温脱脂豆粕中，大部分蛋白质是可溶性的,为使可溶性的蛋白质最大限度地保存下来,就必须用水抽提水溶性非蛋白质成分时使其不溶解。可溶性蛋白质的不溶解方法大体可以分为两类:一是使蛋白质变性,通常用的是热变性和溶剂变性法;二是使蛋白质处于等电点,这样蛋白质的溶解度就会降低到最低点。在大豆蛋白质不溶解条件下,以水抽提就可以除去大豆中的非蛋白质可溶性物质,再经过分离、冲洗、干燥即可获得蛋白质含量在70%以上的制品。

(二)生产工艺

目前工业化生产大豆浓缩蛋白的工艺主要有四种:稀酸浸提法、含水酒精浸提法、湿热浸提法、膜分离法。这几种方法中,以酸浸洗制取的浓缩蛋白质的氮溶解指数最高,可达69%。

1. 稀酸浸提法。利用蛋白质在pH值4.5等电点时其溶解度最低这一特性,用稀酸溶液调节pH值,将脱脂豆粕中的低分子可溶性非蛋白质成分浸洗出来。工艺流程如下。粉碎将原料粉碎,酸浸在脱脂豆粉中加入10倍水,在不断搅拌下缓慢加入盐酸,调pH值至4.5~4.6,再搅拌,浸提40~60min。分离、洗涤酸浸后用离心机将可溶物与不溶物分离。在不溶物中加入水,搅匀分离,如此重复两次。干燥可采用真空干燥,也可采用喷雾干燥。真空干燥时,干燥温度最好控制在60~70℃,若采用喷雾干燥,在洗涤后再加水调浆,使其浓度在18~20%,然后用喷雾干燥塔干燥。

2. 含水酒精浸提法。是利用脱脂大豆中的蛋白质能溶于水,而难溶于酒精,而且酒精浓度越高,蛋白质溶解度越低,当酒精体积分数为60%~65%时,可溶性蛋白质的溶解度最低这一性质,用酒精对脱脂大豆(如低变性浸出粕)进行洗涤,除去醇溶性糖类(蔗糖、棉子糖、水苏糖等)、灰分及醇溶性蛋白质等,再经分离、干燥等工序,得到浓缩蛋白。工艺流程如下。

先将低温脱脂豆粕粉由输送装置送入浸洗器中,该浸洗器是一个连续运行装置。从顶部连续喷入60%~65%酒精溶液,在50℃左右,流量按1:7质量比进行洗涤。洗涤粕中可溶性糖分、灰分及部分醇溶性蛋白质,浸提约1h,经过浸洗的浆状物送入分离机进行分离,除去酒精溶液后,由泵输入真空干燥器中进行干燥,干燥后的浓缩蛋白即为成品。

3. 湿热浸提法。此法利用大豆蛋白质对热敏感的特性,将豆粕用蒸汽加热,蛋白质因受热变性后水溶性降低到10%以下,然后用水将脱脂大豆中所含的水溶性糖类浸洗出来,分离除去。工艺流程如下:

先将低温脱脂豆粕进行粉碎,用100目筛进行筛分,然后将粉碎后的豆粕粉用120℃左右的蒸汽处理15min,或将脱脂豆粉与2~3倍的水混合,边搅拌边加热,然后冻结,放在-2~-1℃下冷藏。这两种方法均可以使70%以上的蛋白质变性,而失去可溶性。将湿热处理后的豆粕粉加10倍的温水,洗涤两次,每次搅洗10min。然后过滤或离心分离。干燥可以采用真空干燥,也可以采用喷雾干燥。采用真空干燥时,干燥温度最好控制在60~70℃。采用喷雾干燥时在两次洗涤后再加水调浆,使其浓度在18%~20%,然后用喷雾干燥塔即可生产出浓缩大豆蛋白。

4. 膜分离法生产大豆浓缩蛋白。半透膜的特点是小分子物质可以通过,而大分子物质不能通过,因而可以用半透膜将小分子的无机盐、糖等分离出去。该方法突出的特点是采用了超滤膜,而没有使用酸或醇。用反渗透的方法还可以回收低分子的蛋白与糖类,而且不需要废水处理设施,因而可节约能源和操作费用。

二、分离大豆蛋白加工

大豆分离蛋白是以低温脱溶大豆粕为原料生产的一种全价蛋白类食品添加剂。大豆分离蛋白中蛋白质含量在90%以上,氨基酸种类有近20种,并含有人体必需氨基酸。其营养丰富,不含胆固醇,是植物蛋白中为数不多的可替代动物蛋白的品种之一。

(一)生产原理

大豆分离蛋白是以大豆低温豆粕为原料,经碱溶酸沉等工序而得到的一种精制大豆蛋白产品。该蛋白纯度高(蛋白质含量高达90%以上,具有溶解性、乳化性、起泡性、保水性、保油性和黏弹性等多种功能,被广泛应用于肉制品、乳制品、冷饮、焙烤食品及保健食品等行业。另外,我国盛产大豆,原料资源丰富。因此,对大豆分离蛋白功能特性及开发与应用进行研究具有现实意义。

(二)生产工艺

1. 碱溶酸沉法。低温脱脂豆粕中的蛋白质大部分能溶于稀碱溶液。将低温脱脂豆粕用稀碱液浸提后,离心分离去除豆粕中的不溶性物质,然后用酸把浸出液的pH值调至4.5左右时,使蛋白质处于等电点状态而凝集沉淀下来,经分离得到的蛋白质沉淀物,再经洗涤、中和、干燥即得大豆分离蛋白。

2. 超滤法。超滤分离技术是一种新技术,可达到浓缩、分离、净化的目的,特别适用于大分子、热敏感物质的分离,如蛋白质等的分离。其原理是利用纤维质隔膜的不同孔径,以压差为动力使被分离的物质小于孔径者通过,大于孔径者滞留。大豆分离蛋白的超滤处理有两个作用,即浓缩和分离。由于超滤膜的截留作用,大分子蛋白质经过超滤可以得到浓缩,而低分子可溶性物质则可随超滤液进一步被滤出。

国外用蛋白质溶液超滤的设备有两种,一种是管式超滤,另一种是中空纤维式超滤。管式超滤的优点是流体在膜面上流动状态好,不易造成浓差极化,便于清洗。但安装复杂,设备体积较大。中空纤维式超滤的优点是膜面积大,体积小,工作效率高,制作成本低。但对原液要求严格,清洗困难。

3. 离子交换法。离子交换法生产大豆分离蛋白的原理与碱溶酸沉法基本相同。其区别在于离子交换法不是用碱使蛋白溶解,而是通过离子交换法来调节pH值,从而使蛋白质从饼粕中溶出及沉淀而得到分离蛋白。

三、发泡大豆蛋白粉加工

发泡大豆蛋白粉是以低温脱脂豆粕为原料,经浸提、水解等工序而制成的具有很强发泡性和泡沫稳定性的食用发泡剂。它可代替传统的发泡剂如蛋白、明胶等,广泛用于焙烤食品,糖果和冷饮等食品中,赋予食品以疏松的组织结构和良好的口感。

(一)蛋白质的发泡原理

一定浓度的蛋白质胶体溶液在搅拌时会形成泡沫。在搅拌时胶体溶液中的蛋白质表面会有一定程度的变性,多肽链由球状结构转变为较为伸展的线性结构。表面变性的蛋白质单分子层(膜)被快速吸附在胶体溶液与气体的界面,包裹空气并形成泡沫。具体过程为 蛋白质变性导致多肽链解螺旋及伸展，变性的蛋白质在胶体的界面形成单分子膜，膜在界面包裹气体并形成气泡。相邻气泡间的蛋白质膜相互连接以抵抗液体的流动，继续夹裹气体或形成新的单分子层以占据气泡或膜之间的空间。多肽间的相互作用力增强，引起蛋白质的凝聚和膜强度的减弱，紧接着气泡破裂，如果缺乏变性的蛋白质则修补步骤会停止，这也会使膜的强度变弱。

（二）大豆蛋白质的水解

1. 水解的目的

传统使用的鸡蛋蛋白干发泡剂，蛋白质的相对分子质量约为45000而大豆蛋白质的相对分子质量比这大的多，如构成大豆蛋白质的主要成分7S和11S球蛋白，相对分子质量分别为170 000和350 000。未经水解的大豆蛋白质起泡性和泡沫稳定性均差因此只有将大豆蛋白质进行一定程度的水解，其发泡性才会显著提高，才能满足生产应用的要求。

2. 水解后大豆蛋白质的发泡性增强的原因

（1）降低了界面张力。大豆蛋白质经过降解，其肽链变短了，从而消除了蛋白质长链卷曲所造成的空间障碍，同时分子结构更接近于典型的表面活性剂的"两亲"结构，表面张力降低，表面活性更加明显，使大豆蛋白质的起泡性增强。

（2）吸附速度加快。泡沫形成过程中，新的界面不断产生，同时发生表面活性剂在界面上的吸附。如果吸附速度慢，在一定的时间内不能形成具有一定界面浓度的吸附层，局部界面张力得不到降低，则泡沫无法保持。未经降解的长链蛋白质分子与水分子间的作用力很强，扩散慢，在新的界面不断形成的情况下，蛋白质分子在新的界面的吸附速度满足不了要求，因此发泡性差。经降解后，小分子的蛋白质在溶液中的运动速度快，在新的界面形成时能迅速吸附并达到一定的浓度，从而降低了表面张力，有利于泡沫的形成与积累。

（3）增强了膜强度。起泡性和泡沫稳定性是蛋白质发泡性的两个方面。如果形成的泡沫没有足够的稳定性，不能在生成以后保持一段时间，在总体上没有量的积累，同样被认为发泡性差。提高泡沫的稳定性，一是要降低排液速度，二是要增强液膜的强度。液膜强度主要取决于界面吸附膜的坚固性，大分子的蛋白质相互作用力较强，形成的膜的坚固性好。大豆蛋白质经降解后使排液速度加快，可使液膜强度增强。大豆蛋白质虽经降解，但水解是有限的，大豆蛋白质中还有一定量的大分子蛋白，所以，总的来说水解后大豆蛋白质形成的泡沫稳定性增强。

3. 水解方法

（1）碱法水解。可用Na_2CO_3、$NaHCO_3$、$NaOH$或$Ca(OH)_2$等进行水解。Na_2CO_3和$NaHCO_3$反应迟缓，生产周期长，水解效果不理想；$NaOH$反应强烈，但易结锅垢，浆液黏度大，不易分离，产品得率低，色泽深，泡沫稳定性差；$Ca(OH)_2$水解效果好，产品得率高，发泡性好，泡沫稳定性高，但$Ca(OH)_2$溶解性差，在渣中残留量大，不易综合利用。碱法水解的共同缺点是使氨基酸发生外消旋作用，降低了蛋白质的营养价值。

（2）酶法水解。可用植物蛋白酶（如木瓜蛋白酶及菠萝蛋白酶）、动物蛋白酶（如胃蛋白酶和胰蛋白酶）以及微生物蛋白酶进行水解。动物和植物蛋白酶专一性较强，水解能力较弱，一般应用较少。微生物蛋白酶专一性不强、水解能力强、污染小，作用条件温和，比较适合大豆蛋白的水解,是今后应用的主要方向。

(三)发泡大豆蛋白粉加工要点

1. 原料选择

原料应使用低温饼粕,蛋白质含量在50%以上,粉碎至60~80目。

2. 调浆

加水混合并不断搅拌,加水量为原料质量的8~12倍,加入NaOH调pH至9。为提高蛋白质的溶解度,可加入亚硫酸盐作为增溶剂,以提高蛋白质的提取率,亚硫酸盐同时还有漂白与防腐的作用。为提高大豆蛋白发泡粉的泡沫稳定性,可加入甘草提取液作为泡沫稳定剂。

3. 提取

提取分两次,一次提取这一步是为了使蛋白质溶出,温度控制在45~50℃,持续45min。二次提取温度为45~50℃,此时pH应控制在7左右。

4. 离心分离

将废渣排出,提取液进入浓缩罐。

5. 浓缩

采用真空浓缩方式,温度控制在65℃以下,蛋白质最终浓度为15%~17%。

6. 加碱降解

用生石灰将溶液pH调到11,在85~95℃恒温下保持3.0~4.5h,使大豆蛋白质适当降解。

7. 回调

用1mol/L的盐酸将pH回调到8.5~9.5之间。

8. 喷雾干燥

喷雾干燥条件为:进风温度160℃,排风温度90℃,塔体温度保持在95~100℃。

四、组织状大豆蛋白加工

大豆组织蛋白又名植物肉,其原料是脱脂豆粕。大豆组织蛋白不含胆固醇,含糖量低,消化率高,富含人体所必需的多种氨基酸,是一种较理想的完全蛋白质。大豆组织蛋白是将脱脂大豆,70%大豆蛋白粉,分离大豆蛋白等与水、食品添加剂等混合,通过破碎、搅拌、加热和直接蒸汽强化预处理,再通过挤压膨化机进行混合、挤压、剪切、成形等物理处理,同时在挤压过程中对原料进行杀菌、蛋白质的组织化、酶的纯化等化学处理,熔融、高温处理、冷却、干燥等热处理,制成由纤维蛋白组成的有近似肉类产品咬头的食品。这类干燥后的食品,若调整水分或复水后也仍能有足够的咬头,价格低廉。以这类产品为原料,通过加入适量的调味料,经干燥、冻结,也可用于快餐食品的辅助原料或添加到香肠等食品中,作为肉类的替代品,用途极其广泛。

(一)组织状大豆蛋白加工原理

含有适当水分的白豆片,研磨后成为脱脂蛋白粉,其天然未变性的蛋白质分子,在温度和压力的作用下发生变性。分子内部高度规则的空间排列被打乱,次级链被破坏,肽链结构松散,易于伸展,由于受到定向力的作用,蛋白质分子在变性的同时,发生一定粒度的定向排列而组织化,进一步凝固形成肉状纤维结构,最后通过模具使温度压力突然变化而产生一定膨化,即得到多孔的大豆组织蛋白。

(二)组织状大豆蛋白加工工艺流程

大豆片经涡轮磨研磨后进入混合缸与汽、水充分混合,再进膨化机在高温、高压下通过模具突然释放,从而得到重新组织化的蛋白,然后进入干燥冷却器烘干冷却后,包装成为大豆组织蛋白产品。具体的生产工艺流程如下。

1.将大豆分离蛋白等原材料经由贮料斗,送至设有蒸汽夹套的加热预处理机中,大豆组织蛋白的生产原料要达到以下理化指标:蛋白质(干基)氮×6.25≥50%,脂肪≤1.5%,水分≤10%,粗纤维≤5%,NSI≥70%,灰分≤6%。在这里通过上下两个阶段的加热处理,在第二阶段设有蒸汽喷管,可通入直接蒸汽进行加热,经加热后的原料通过高速混合器搅拌混合。经涡轮研磨机研磨成粉状称为脱脂蛋白粉,其粒度要求为100~325目。脱脂蛋白粉在混合缸中与汽水混合时,要先进汽后进水,混合要均匀,防止物料混合后成固状。混合好的物料以握在手中松开后,物料成一个个的小球状为好,否则物料太散或太黏都会影响膨化效果,甚至不能膨化。

2.混合好的物料进入挤压机中进行膨化,原料pH值应在7.0左右,pH值越高膨化效果越好,但不能超过8.5,如果pH值<5.5,物料将不会膨化。原料的含糖量以20%~30%为好,含糖量太高会使物料在膨化机中糊化快。进入挤压机,在挤压机中可同时完成原料的输送、压缩、粉碎、混炼、发热、杀菌、熔融、脱水、挤压、成形、膨化等多项单元操作,最后得到组织化大豆蛋白产品。蒸汽压力要稳定为0.4MPa,四个加热区的温度分别为:第一加热区80~90℃,第二加热区90~100℃,第三加热区110~120℃,第四加热区30~40℃。在膨化过程中要防止膨化机喷料和产品不成形。膨化过程中,膨化机切刀转速规定为:小粒大豆组织蛋白4.5~6.5挡,大粒大豆组织蛋白3.0~4.5挡,转速太快颗粒过小,造成碎末率高,影响产品质量。

3.经挤压后的大豆组织蛋白产品经水平带式冷却器,膨化后的产品可进入干燥冷却器,如果是生产小颗粒组织蛋白要经过湿磨,使其成为4mm的小颗粒,湿磨动刀转速为2000转,静刀出口间隙为4mm。

(三)大豆组织蛋白的产品标准

大豆组织蛋白的外观呈淡黄色或黄褐色,略有豆味,脆而无硬芯,无焦苦味、无霉变,吸水成海绵状、吸水重为干重的215倍以上。块状或颗粒状,略有豆味,吸水膨胀后能浮于水面,不散碎,类似瘦肉状。

(四)大豆组织蛋白的特点

1.经膨化机膨化,蛋白质分子重新排列整齐,具有同方向组织结构,类似于肉样的多孔组织,因此有优良的保水性与咀嚼感。

2.经过短时高温、高水分与高压力下加工,消除了大豆中所含的各种有害物质(胰蛋白酶抑制素、尿素酶、皂素以及血细胞凝聚素等),提高人体对蛋白的吸收消化能力,营养价值显著增加。

3.膨化时,由于出口处迅速减压喷爆,可以除去大豆中的不良气味、降低大豆蛋白质食用后的产气性。

4. 大豆组织蛋白有良好的保油性，用它做出的食品干净、不油腻。

5. 食用方便，用60℃热水浸泡30min，便可做成各种食品。

6. 价格便宜，1kg组织蛋白用水浸泡后相当于3.3kg瘦猪肉，1kg湿组织蛋白的费用仅为1kg瘦猪肉的1/6，而其营养价值是一样的。

7. 大豆组织蛋白不含胆固醇，患有心血管病的人可以放心地食用。

8. 大豆组织蛋白是理想的植物蛋白，含有人体必需的8种氨基酸。

（五）大豆组织蛋白存在的问题

在电子显微镜下，组织蛋白呈蜂窝状结构，具有较强的吸水性和吸油性，类似于瘦肉的纤维状组织，富有咀嚼感。但是，组织蛋白虽然经过膨化过程的高温、高压处理，除去了一部分豆腥味，但豆腥味仍然较重，加上胀气因素，使它在食品中应用受到很大限制。如何用较便宜、简单易行的方法除去豆腥味和胀气成分是扩大组织蛋白应用范围的一个重要课题。

（六）大豆蛋白组织制品在食品中的应用

1. 在肉制品中的应用

大豆组织蛋白制品用于肉制品，既可作为非功能性填充料，也可作为功能性添加剂，改善肉制品的质构和增加风味，充分利用边角原料肉。从营养学角度讲，将大豆蛋白制品用于肉制品，还可以做到低脂肪、低热能、低胆固醇、低糖等强化维生素和矿物质等合理营养。

（1）在肉丸中的应用。将处理后的大豆组织蛋白，按20%量加入精肉中，再加入鸡蛋、淀粉、葱花、姜末等调味料制成丸子，油炸（或水熟）。这种将大豆组织蛋白与肥肉混合在一起绞碎做成的肉丸，其味道和口感比纯肉丸子还好。

（2）在饺子中的应用。将处理后的大豆组织蛋白，按20%量加入精肉中，再加入其他配料等制成馅。饺子馅中加入大豆组织蛋白，不仅可以代替瘦肉，而且还可以改善饺子的风味，提高饺子的营养价值。

（3）在肉干中的应用。大豆蛋白经过加工可做成肉干，营养丰富、食用方便，而价格仅为牛肉干的1/4，还可以加工成各种蜜饯，成为富有营养、口味极佳的休闲食品。

（4）在肉肠中的应用。用于肉肠中，加入量为肉重的15%（湿组织蛋白），可以代替一部分瘦肉；另外，在肉类罐头中加入大豆组织蛋白，既降低了成本，又增加了蛋白质含量；大豆蛋白可以与各种肉类在一起做菜，其味道与肉一样，为不愿吃肉的人提供了一种理想的菜肴。

2. 在焙烤食品中的应用

用于面包加工，可提高营养价值、增大面包体积、改善表皮色泽和质地、增进面包风味。在生产饼干时，面粉中添加15%~30%的大豆蛋白粉，可以提高蛋白质的含量，增加其营养价值，并且能够增加饼干酥性，还有保鲜作用。在炸面圈时，加入一些脱脂大豆蛋白粉，可以防止透油。另外由于其吸水性，可以调节混合面的水量，可改善风味和色泽及组织状态。

3. 在面条加工中的应用

加工面条时，加入适量的大豆蛋白粉在面粉中，面团吸水性好，面条水煮后断条少，煮的时间长，面条色泽好，口感与强力粉面条相似。面条中大豆蛋白粉的添加量以2%~3%为宜。

4. 在方便食品加工中的应用

大豆蛋白与各种香料用糖混在一起，可以做成高蛋白的方便食品，供学龄儿童做早餐和课间餐；大豆蛋白用热水浸泡后，加上各种调料，即可食用，既方便又能增加食欲，是较好的凉拌菜。

五、大豆多肽加工

大豆蛋白质的氨基酸组成比较完全，但大豆蛋白质的分子结构非常复杂，并且分子高度压缩、折叠，使得大豆蛋白质的消化率和生物效价远不及牛奶、蛋等动物性蛋白质。另外，大豆蛋白质的某些功能特性也不能满足食品加工的需要，如在低pH值时溶解性不好，而高浓度时具有黏度大的特点，对于某些食品的加工来说是非常不利的。为了进一步提高大豆蛋白质的营养功能，并改善其加工特性，人们对大豆蛋白质的水解产物大豆多肽进行了深入研究。发现大豆多肽的必需氨基酸组成与大豆蛋白质完全一样，含量丰富而平衡，且多肽化合物更容易被人体消化吸收，尤其是某些低分子的肽类还具有防病、治病、调节人体生理机能的作用。大豆多肽克服了大豆蛋白质在营养学上的缺点，具有比大豆蛋白质更丰富的营养和功能，是大豆蛋白质的最佳营养物质。

（一）理化性质

大豆多肽在任何pH值溶液中均具有良好的溶解性。精制的大豆多肽能保持溶液透明，大豆蛋白在pH值为4.2~4.6时不溶解而凝析沉淀，大豆多肽却能保持溶解状态。大豆多肽溶液黏度较低，30%大豆多肽溶液的黏度与10%大豆蛋白溶液的黏度相当。50%大豆多肽溶液的流动性仍很好，这对于大豆多肽在清凉饮料中的应用很重要。大豆多肽具有较强的吸湿性和保湿性，比胶原蛋白多肽和丝蛋白多肽强，这对于延长面包和蛋糕等焙烤食品的货架期很重要。大豆多肽还能明显抑制蛋白质形成凝胶，并且当鱼肉、畜肉以及大豆蛋白加热已经形成凝胶或面粉形成面团后，添加大豆多肽还可以促使形成的凝胶软化、强度降低。

（二）工艺原理

大豆多肽的生产主要是先将大豆蛋白质进行控制性的水解，再分离精制而成。对蛋白质的水解，一般有两种方法，即酸水解和酶水解。酸水解操作简单、成本较低，但是对设备的材料要求高，并且在生产中不能按规定的水解程度进行水解，水解产物复杂，可能导致氨基酸受到一定程度的破坏而降低产品的营养价值。酶水解则是在比较温和的条件下按一定的规则进行的，对氨基酸的破坏少，能很好地保存其营养价值。下面以酶水解为例介绍大豆多肽制备。

（三）大豆多肽加工操作要点

1. 原料

大豆脱脂的方法与大豆蛋白质变性程度密切相关。冷榨法和一些溶剂浸出法使大豆蛋白质变性小，而热榨法能使大豆蛋白质发生大的变性。制取大豆多肽选用低变性脱脂大豆粕，需经过粉碎、过60~100目筛后再使用。

2. 浸提

于萃取罐内加入 10 倍软水，搅拌并用 NaOH 调节 pH 值为 9，在 45~55℃下，萃取 90min。将萃取液经过粗滤放出，剩余豆渣按第一次浸提条件进行二次浸提。合并 2 次萃取液，通过离心分离除去豆渣。

3. 酸沉淀

酸沉淀的目的是使浆液中的大豆蛋白质适度变性，沉淀下来，以利于除去浆液中的可溶性纤维、糖分、脂肪、矿物元素等。将浸提液输入酸沉淀罐中，在不断搅拌下，缓缓加入盐酸调节溶液 pH 值至蛋白质等电点 pH 值为 4.4~4.6，沉淀出大豆蛋白质。再采用 50~60℃无离子水对大豆蛋白质进行洗脱，采用旋转式离心除去水分，收集大豆蛋白。

4. 打浆、调中性

酸沉淀后蛋白质呈凝乳状，且有较多的团块。为更好地进行酶解，需加入适量的水，并搅打成均匀的浆液。为了提高凝乳蛋白的分散性，需调 pH 值为 6.5~7.0。

5. 酶解

于酶水解罐内，加热至 90℃，保持 10min，使大豆蛋白的网络结构破坏，有利于蛋白酶分子的催化部位与酰胺键楔合。将大豆蛋白液冷却至酶反应的最适温度 55℃，用 NaOH 或 HCl 调节蛋白液 pH 值为 10.5，水解 6h。反应完毕后，加热至 85℃。然后调节蛋白酶解液的 pH 值为 4.5，离心分离法除去未水解的、沉淀下来的蛋白质，得到粗大豆肽。

6. 脱苦、脱色、脱盐

经分离后的大豆蛋白酶解物是低分子肽类和游离氨基酸混合物，颜色深，并带有苦味和咸味。为了得到口感和风味俱佳的大豆肽产品，必须进行脱苦、脱色和脱盐。用柠檬酸调节 pH 值为 4.5，于 55℃下，加入活性炭脱苦，将其稀释至浓度为 3%，再调节 pH 值为 4.59，在室温下进行超滤。

7. 干燥

分离后大豆多肽液在 135℃的温度下进行超高温瞬时杀菌，再进行高压均质，即得大豆多肽口服液。灭菌后的大豆多肽液经真空浓缩，使固形物含量达到 38%~40%，进入喷雾塔进行喷雾干燥，即可得到粉末状大豆多肽。喷雾干燥条件为进口温度 125~130℃，塔内温度 75~78℃，排风口温度 80~85℃。

（四）质量控制

不同种类的蛋白酶对同一种蛋白质底物的作用效果是不同的，水解以后所得到的肽类的长度及结构组成也不相同。基于此种情况，在生产中可以选择特定的蛋白酶。从水解能力上来说碱性蛋白酶对大豆蛋白质的水解能力最强、水解效果最好，可以使水解度达到 40%以上。

在酶水解过程中，由于蛋白质被水解成较小分子的肽类或游离氨基酸，使疏水性氨基酸暴露出来，产生苦味，并随水解程度的加深，苦味不断加重。同时大豆中的脂肪氧化酶催化氧化大豆不饱和脂肪酸后，可生成多种低分子醇、醛和酮等挥发性成分，从而产生令人难以接受的豆腥味，这对产品风味也会产生很大影响。此外，大豆本身还含有少量的胰蛋白酶抑制剂、外源凝集素、致甲状腺肿素、抗维生素因子和金属络合物等抗营养成分。采用加热处理、加入化学试剂和特殊酶解处理等方法除去大豆多肽制品中的不良风味和抗营养物质,以确保从根本上改善大豆多肽的质量。

(五)应用

1. 营养食品

由于大豆多肽具有易消化、吸收快的营养特性,可作为肠道营养剂和流动食品,应用于恢复期的病人、消化功能衰退的老年人以及消化能力未成熟的婴幼儿的食品中。在临床上,大豆多肽可作为手术患者肠吸收营养物,它比不经口(静脉注射)吸收的氨基酸更能迅速地恢复正常营养状态。研究结果表明,大豆多肽不会引起过敏反应。因此,它也可用于对牛乳蛋白或大豆蛋白有过敏反应的人(特别是婴幼儿),补充氨基酸,以保证身体健康和正常生长发育的需要。

2. 保健食品

老年人常常由于疾病或衰老的原因而导致食欲不振,因而从食物中摄取的蛋白质数量往往低于生理的需求量,这样更容易引起疾病和衰老,出现不良循环。由于大豆多肽能很容易地被机体吸收,因此它是老年人及体弱者补充体内蛋白质最理想的来源。大豆多肽还能阻碍肠道内胆固醇的再吸收,促使其排出体外,所以还具有降压、防止血清胆固醇升高的作用,这一点对老年人来说尤为重要。一般来说,补充蛋白质最好的食品形式是饮料。因此可以将大豆多肽添加到乳粉中,并对大豆多肽的限制性氨基酸如蛋氨酸以及重要维生素和矿物元素铁、钙、锌等予以强化,生产出适合老年人生理需要的高蛋白、低动物性脂肪、容易消化的老年型乳粉。另外,大豆多肽可促进人体脂肪代谢,并具有降糖作用,因此也是很好的减肥食品。

3. 运动员食品

运动员的体能和肌肉量是呈正相关的,因此要增加体能,必须增加肌肉量。肌肉量的增加,一方面需要运动的刺激,另一方面需要有充分蛋白质的补充。同时,体育运动中消耗的热量有4%~10%是由蛋白质提供的,由于体内不能贮存蛋白质和不能合成必需氨基酸,所以必须及时从体外补充氨基酸,以免造成肌肉蛋白的负平衡而使肌肉产生疲劳。小分子的肽类由于比蛋白质和氨基酸更容易吸收,因此可以在运动时迅速地为肌肉提供充足的蛋白质,使体力得到及时的恢复和增强。

大豆多肽在促进脂肪代谢的过程中,能较快地将脂肪转化为能量,补充运动员的体能。因此连续饮用大豆多肽强化饮料,可明显地增强运动员的体力和耐力,并能迅速消除疲劳、恢复体力。

4. 大豆多肽饮料

一般蛋白质不能溶解于酸性饮料中,大豆多肽却能在酸性饮料中溶解,而且浓度低不腻口,这给保健饮料的研制开辟了一条新途径。大豆多肽饮料具有黏度低、爽口的特点,还具有醒酒功能,能有效降低血液中乙醇浓度。

项目五　大豆加工副产品的利用

随着大豆制品的生产,其副产物豆腐渣、黄浆水、豆粕等相应大量增加。这些副产物含有各种有益于健康及医药成分,对其利用已做了大量研发工作,以下仅作简要介绍。

任务1 豆腐渣的利用

豆腐渣即做豆腐滤出豆浆后剩下的渣子,豆渣中含有丰富的蛋白质、脂肪、纤维素、维生素和微量元素等。豆渣中所含热量很少,其中纤维素含量占据了干物质的一半,是良好的膳食纤维原料。

一、提取豆渣蛋白

做豆腐利用水溶性蛋白,水不溶性蛋白及少量水溶性蛋白留于渣中。豆腐渣蛋白质、脂肪及磷脂、维生素、微量元素丰富,经常食用能降低血液胆固醇,以及预防肠癌、减肥,也可用于制保健食品,例如,用等电法沉淀分离提取豆渣蛋白。豆渣蛋白等电点 pH 为 5.4,豆渣蛋白得率为 90%,蛋白质含量为 80% 左右,为乳白色固体粉末,具豆香味,其氨基酸组成与大豆蛋白基本一致,但蛋氨酸较少,而鱼粉等动物蛋白中蛋氨酸较多,故用它代替饲料中部分鱼粉等动物蛋白可以起到氨基酸互补作用,提高饲料的蛋白营养价值并降低成本。

二、提取膳食纤维素粉

膳食纤维素对预防和治疗肠道及心血管病、调节糖尿病人的血糖水平及防止肥胖症、胆结石症有较好效果,从豆腐渣制取膳食纤维素粉的主要工艺步骤如下所述:

原料加碱至 pH12,浸泡 1h 以除去蛋白质(也可用酶法除蛋白)。加酸中和后,加 0.5% 的脂肪酶于 40~45℃酶解 4h 除去脂类。加酸调 pH 为 2,升温至 60℃浸泡 2h,促使淀粉水解,洗清至中性,加 5% 的双氧水,55℃下脱水 2h,滤渣经烘干粉碎即得产品。产品为乳白色微细粉末,无异味,遇水膨胀,但不溶于水,是一种安全的膳食纤维。

任务2 黄浆水的利用

黄浆水又称大豆乳清,是生产大豆制品时排放的废水,含营养成分较多,排放不但损失可利用的营养成分,还给微生物繁殖制造了条件,造成环境污染。

一、提取大豆低聚糖

大豆低聚糖为功能性低聚糖。低聚糖或称寡糖,是由 2-10 个单糖连接成的直链或支链的低聚和糖。其直接进入大肠可为双歧杆菌利用,是双歧杆菌增殖因子;这种低聚糖有甜味,为蔗糖甜度的 30%~60%,可作食品调料。其提取工艺流程为:黄浆水经预处理除去残存大豆蛋白,将所得清液经离子交换脱盐、脱色、浓缩等分离技术制得透明糖浆,最后进行喷雾干燥得大豆低聚糖干粉。目前,我国在黑龙江省已建成了日处理 800 吨大豆乳清,年产大豆低聚糖 2280 吨的全套生产线。

二、大豆异黄酮的分离

醇溶法生产大豆浓缩蛋白时,异黄酮几乎全部进入乳清,用超滤与树脂吸附分离法可从中分离出大于 70% 的异黄酮,产品纯度大于 30%。CO_2 超临界流体萃取技术是利用溶剂 CO_2 在超临界点附近某区域内,与待分离混合物中黄浆水的异黄酮具有异常相平衡行为和传递性能,且对异黄酮的溶解能力随压力和温度的改变而在某范围内变动,而从黄浆水混合物中萃取出待分离异黄酮的提取分离技术。应用 CO_2 超临界流体萃取技术提取分离异黄酮具有萃取速度快、效率高等特点,并且产品中没有有机溶剂残留。提取分离结果产物纯度达到90%以上,总回收率高于74%。

任务3 大豆油脚提取卵磷脂

一、大豆油脚和卵磷脂

大豆油脚是豆油生产过程中产生的副产品,在我国,特别是东北地区来源丰富,据不完全统计,国内大豆油脚总产量在10万吨以上,因此对油脚资源的合理利用将产生巨大的经济效益。长期以来,大豆油脚没有得到很好的利用,大多数油脚被用来生产劣质肥皂或生产质量极差的粗脂肪酸用于建材脱模剂或低档涂料,部分油脚被用来生产饲料级磷脂或低档的食品级粗磷脂,有些技术落后的地区油脚被当作肥料,甚至当作废物丢弃。目前国内仅有极少数油厂对大豆油脚进行了有效的综合利用,如用于制取浓缩磷脂、制取脂肪酸及直接添加到大豆粕中作为饲料添加剂使用等。大豆油脚是大自然赋予人类的一种宝贵资源,大豆加工豆油的油脚中含有40%~50%的磷脂,大豆磷脂中卵磷脂含量约为16%~20%。

二、卵磷脂的功能

卵磷脂是目前公认的最具有生物学活性的磷脂,已用于药物的制造。卵磷脂能使血浆中胆固醇水平降低20%,是很少能增加血浆高密度脂蛋白胆固醇的物质之一,卵磷脂还能够抑制乙醇引起的肝纤维化和肝硬化,促进胶原的瓦解,降低血浆中的丙氨酸转氨酶,因而欧美已利用卵磷脂制成了治疗肝脏的药物。卵磷脂还可用于需高含量PC的工业上,如药物脂质体、药物辅剂、药物缓释剂、高级美容化妆品、皮肤和黏膜修补剂。

三、大豆油脚提取卵磷脂方法

通过分离提纯可将大豆加工豆油的油脚中的油脂等杂质萃出,从而得到含丙酮不溶物含量达95%以上的纯净的粉末状磷脂。这是多种磷脂的混合物,从中提取出卵磷脂可根据不同的需要选择合适的提取方法,如有机溶剂法分离技术、无机盐复合沉淀技术、色层分离技术法和超临界萃取技术等。

1. 有机溶剂萃取法

磷脂的有机溶剂萃取法是根据混合磷脂中各组分在溶剂中溶解性差异分离,早期主要是利用低级醇进行分离。卵磷脂在低级醇中溶解度较大,其他物质在低级醇中溶解度小,利用溶解性的差异,可以得到富含卵磷脂产品。用乙醇萃取富集卵磷脂馏分,经分离去毒、真空浓缩、丙酮脱油、吸附脱色、过滤、浓缩,得到大豆卵磷脂;用全溶剂法从大豆油脚为原料,用全溶剂法精制出符合药用规格的大豆卵磷脂,卵磷脂含量达78.66%;以脱油磷脂为原料,进行溶剂分提富集卵磷脂,在较低的分提温度,较低的乙醇浓度有利于提高卵磷脂的含量。

这些方法基本上都是利用丙酮溶解油的性质把油脚中的油先除去,得到粗磷脂,再用低级醇,最常用的是乙醇把卵磷脂PC从几种磷脂的混合物提取出来,得到高含量PC的产品。有机溶剂萃取法提取卵磷脂具有分离效率高、生产能力大、生产周期短、易实现自动化等一系列优点。

2. 有机溶剂无机盐复合沉淀法

该法是利用卵磷脂可与某些无机盐和生成沉淀的性质，把卵磷脂从磷脂中提取出来，从而达到与其他磷脂分离、除去蛋白质和脂肪的目的。这样可大大提高卵磷脂纯度，为工业生产提供了一种方法。有机溶剂无机盐复合沉淀法，实质上也属于有机溶剂法，只是在提取的过程中选择一种无机离子与卵磷脂或是脑膦脂形成沉淀而与另一种磷脂能混溶从而达到两种磷脂相分离的目的。该法可制得高纯度的卵磷脂，同时也得到了其他磷脂组分，实现物尽其用，减少三废污染。

3. 色层分离技术法

色层分离是一种高效的分离技术，过去大多用在实验室中，近20年来规模逐渐放大并应用到工业上，在大豆卵磷脂提取中常用的色层分离技术有薄层色谱法、柱色谱法及高效液相色谱法。高纯度卵磷脂主要用于医药和生物制剂中，而柱层析分离技术处理量较小，无法满足实际的需要。

4. CO_2 超临界萃取技术

超临界萃取卵磷脂是近年来发展迅速的一项新技术，由于 CO_2 的临界温度，临界压力较易达到，而且化学性质稳定，无毒、无臭、无腐蚀性，容易得到较纯产品，因此是常用的超临界流体，能充分保留卵磷脂产品的营养和功能特性，不消耗有机溶剂，无溶剂残留，CO_2 可重复利用，工艺简单，设备单一，成本低，是一种非常有发展前景的提取方法。用超临界二氧化碳－乙醇混合溶剂萃取卵磷脂，在17.2Mpa、60℃、10%的乙醇为携带剂萃取脱油磷脂时，萃取物磷脂中91%是卵磷脂。

思考题：

1. 大豆有哪些加工特性？
2. 简述豆乳粉加工的工艺流程。
3. 豆腐有哪些种类？
4. 大豆蛋白有哪些功能特性？
5. 简述大豆加工副产品利用。

模块九　罐藏食品

◆**基础理论和知识**

罐藏食品及馆藏工艺相关基本的概念。

◆**基本技能及要求**

1. 掌握罐藏一般工艺的基本要求。
2. 掌握罐藏食品相关概念。
3. 各类罐头生产工艺。

◆**学习重点**

罐藏一般工艺的基本要求。

◆**学习难点**

各类罐头生产工艺。

◆**导入案例**

罐头的出现带给了我们很多方面的方便，所以罐头是非常受人们欢迎的食品。水果罐头在保存鲜度和营养方面得天独厚，仅次于现摘水果。从原材料的采摘到加工好的全过程很短，一般不超过6个小时，高温热处理叫停了果蔬产品的所有化学反应，罐头的鲜度和营养成分被定格在刚采摘下来的那一时间。罐头不仅最大程度的保存食品营养价值，而且还改善了食品的营养价值。

◆**讨论**

水果罐头在生活中体现出什么价值？

项目一 罐藏食品概述

任务1 罐藏食品的概念

食品的罐藏就是将经过一定处理的食品装入一定容器中，经密封杀菌，使罐内食品与外界隔绝而不再被微生物污染，同时又使罐内绝大部分微生物死灭并使酶失活，从而消除了引起食品变败的主要原因，获得在室温下长期贮存的保藏方法。

罐藏食品指将符合要求的原料经处理、分选、修整、加工处理、装罐、密封、杀菌、冷却或无菌包装而制成的所有食品。

任务2 罐藏理论技术的发展历程

一、罐藏理论的发展历程

1804年法国人Nichols Apper发明罐藏技术，罐藏理论则是由另一个法国Louis Paster提出的，其阐明食品变败的原因是由于微生物的作用。20世纪初期，美国人Bigelow和Esty确立了食品的pH与细菌芽胞的耐热性之间的关系。

二、罐头杀菌技术的发展历程

1860年，罐头的杀菌技术由一开始Appert发明的沸水浴杀菌发展为用氯化钙溶液杀菌，使杀菌温度由100℃提高到115.6℃，但由于杀菌釜内没有压力，容器变形较为严重，操作也不安全。1851年，Chevalier-Apport将加压烹调的理论应用于罐头加工，并发明了杀菌釜。高压蒸汽杀菌釜的发明即保证了操作安全，又缩短了杀菌时间，真正使罐头的杀菌由常压发展到高压，杀菌温度进一步提高，食品品质也大大提高。1874年，美国人Shriver发明了备有控制设备的高压蒸汽杀菌釜。1948年，多尔工程公司的Martin研制出用超热蒸汽对空罐和罐盖进行杀菌并进行无菌装填、密封的设备，使得无菌装罐工艺获得成功。20世纪50年代，FMC公司采用了连续振动杀菌工艺。

三、罐藏容器技术的发展历程

1810年，英国人Peter Durand首先使用镀锡薄钢板制造空罐。1823年，发明了顶盖带孔罐，在沸水浴中加热杀菌后立即焊封。1849年，美国人HenryEvans发明了底盖冲床，奠定了三片罐制造的基础，二片罐的制做开始于1847年。1852年，Steranson发明了底盖焊接机，1893年发明了二重卷边封口机。1897年制成了注胶机，逐渐形成了现在的三片锡焊罐的生产技术。1975年，瑞士制成了罐身接缝为0.8mm的电阻焊接机，从工艺上彻底根除了锡铅焊接罐的铅污染问题。1955年，美国伊利诺斯大学开始对蒸煮袋进行研究，蒸煮袋的出现使罐藏容器迈出新的一步。

随着科学技术的发展和人们生活水平的提高，罐头工业出现了新的特点，表现为罐藏原料的日趋优化，生产作业的逐步自动化，先进工艺技术的引用加快了罐头工业生产连续化，包装材料不断更新促进了罐头消费，罐头生产的方式由全面包揽到走向专业化，空罐制造和实罐生产分开，效率大大提高。

任务3　罐藏食品分类

罐藏食品的分类方法很多，根据我国颁布的罐头食品分类标准（GB/T 10784 – 2006），罐藏食品按原料分八大类，再将各大类按加工或调味方法不同分成若干类。

一、畜肉类罐头

1. 清蒸类畜肉罐头

将处理后的原料直接装罐，在罐中按不同品种分别加入食盐、胡椒、洋葱和月桂叶等而制成的罐头产品称为清蒸类肉罐头，如清蒸猪肉、原汁猪肉等罐头属于此类。

2. 调味类畜肉罐头

将经过处理、预煮或烹调的肉块装罐后加入调味汁液而制成的罐头产品称为调味类肉罐头。这类罐头按烹调方法不同又可分成红烧、五香、浓汁、油炸、豉汁、咖喱、沙茶等不同类别，如红烧猪肉、五香牛肉、浓汁排骨等罐头。

3. 腌制类畜肉罐头

将经处理后的原料经混合盐（食盐、亚硝酸钠、砂糖等按一定配比组成的盐类）腌制而制成的罐头产品称为腌制类肉罐头，如火腿、午餐肉、咸牛、羊肉等罐头。

4. 烟熏类畜肉罐头

将经处理后的原料经腌制烟熏而制成的罐头产品称为烟熏类肉罐头，如火腿蛋、烟熏肋肉等罐头。

5. 香肠类畜肉罐头

处理后的原料经腌制，加香辛料斩拌成肉糜装入肠衣，再经烟熏（烘烤）而制成的罐头产品称为香肠类肉罐头，如香肠、对肠等罐头。

6. 内脏类畜肉罐头

以猪、牛、羊等内脏及副产品为原料，经处理、调味或腌制后加工成的罐头产品称为内脏类肉罐头，如猪舌、卤猪杂等罐头。

二、禽类

1. 白烧类禽罐头

将处理好的原料经去骨、装罐，加入少许盐（或香料或稀盐水）而制成的罐头产品称为白烧类禽罐头，如白烧鸡等罐头。

2. 去骨类禽罐头

将处理好的原料经去骨、切块、预煮后加入调味盐（精盐、胡椒粉、味精等）而制成的罐头产品称为去骨类禽罐头，如去骨鸡、去骨鸭等罐头。

3. 调味类禽罐头

将处理好的原料经切块（或不切块）调味预煮（或油炸）后装罐，再加入汤汁、油等而制成的罐头产品称为调味类禽罐头。这类产品又可分为红烧、咖喱、油炸、陈皮、五香、酱汁、整只、香菇等不同类别，如红烧鸡、咖喱鸭、炸子鸡、全鸡等罐头。

三、水产动物类罐头

1. 油浸（熏制）类水产罐头

将处理过的原料经预煮（或熏制）后装罐，再加入精炼植物油而制成的罐头产品称为油浸类水产罐头，如油浸鲭鱼、油浸烟熏鳗鱼等罐头。

2. 调味类水产罐头

将处理好的原料经盐渍脱水（或油炸）后装罐，加入调味料而制成的罐头产品称为调味类水产罐头。这类产品又可分为红烧、茄汁、葱烤、鲜炸、五香、豆豉、酱油等，如茄汁鲭鱼、葱烤鲫鱼、豆豉鲮鱼等罐头。

3. 清蒸类水产罐头

将处理过的原料经预煮脱水（或在柠檬酸水中浸渍）后装罐，再加入精盐、味精而制成的罐头产品称为清蒸类水产罐头，如清蒸对虾、清蒸蟹、原汁贻贝等罐头。

四、水果类罐头

1. 糖水类水果罐头

把经分级去皮（或核）、分选好的水果原料装罐，加入不同浓度的糖水而制成的罐头产品称为糖水类水果罐头，如糖水橘子、糖水菠萝、糖水荔枝等罐头。

2. 糖浆类水果罐头

处理好的原料经糖浆熬煮至可溶性固形物达60%~70%后装罐，加入高浓度糖浆而制成的罐头产品称为糖浆类水果罐头，此类罐头又称为液态蜜饯罐头，如糖浆金橘等罐头。

3. 果酱类水果罐头

按配料及产品要求的不同可将果酱类水果罐头分为下列几种：

（1）果冻类罐头。处理过的水果加水或不加水煮沸，经压榨、取汁、过滤、澄清后加入砂糖、柠檬酸（或苹果酸）、果胶等配料，浓缩至可溶性固形物达65%~70%后装罐而制成的罐头产品。

（2）果酱罐头。将去皮（或不去皮）、核（芯）的水果软化磨碎或切块（草莓不切），加入砂糖（含酸或果胶量低的水果需加适量酸和果胶）熬制成可溶性固形物达65%~70%，再装罐而制成的罐头产品。

4. 果汁类罐头

果汁类罐头为将符合要求的果实经破碎、榨汁、筛滤等处理后装入铁罐中的罐头产品，其按产品品种要求不同又分为：

（1）果汁罐头。由鲜果肉直接榨出的果汁（原汁），分为澄清和混浊两种。

（2）果汁饮料罐头。将原果汁或浓缩果汁经稀释加入砂糖、柠檬酸等调整浓度，其含原果汁量不低于10%。

（3）浓缩果汁罐头。将原果汁浓缩成1~6倍（质量计）的果汁称为浓缩果汁。

五、蔬菜类罐头

1. 清渍类蔬菜罐头

选用新鲜或冷藏良好的蔬菜原料，经加工处理、预煮漂洗（或不预煮）、分选装罐后加入稀盐水或糖盐混合液（或沸水、或蔬菜汁）而制成的罐头产品称为清渍类蔬菜罐头，如青刀豆、清水笋、蘑菇等罐头。

2. 醋渍类蔬菜罐头

选用鲜嫩或盐腌蔬菜原料，经加工修整、切块装罐，再加入香辛配料及醋酸、食盐混合液而制成的罐头称为醋渍类蔬菜罐头，如酸黄瓜、甜酸荞头等罐头。

3. 调味类蔬菜罐头

选用新鲜蔬菜及其他小料，经切片（块）、加工烹调（油炸或不油炸）后装罐而制成的罐头产品称为调味类蔬菜罐头，如油焖笋、八宝斋等罐头。

4. 盐渍（酱渍）类蔬菜罐头

选用新鲜蔬菜，经切块（片）（或腌制）后装罐，再加入砂糖、食盐、味精等汤汁（或酱）而制成的罐头产品称为盐渍类蔬菜罐头，如雪菜、香菜心等罐头。

六、干果和坚果类罐头

以符合要求的坚、干果为原料，经挑选、去皮（壳），油炸拌盐（糖或糖衣）后装罐而制成的罐头产品称为坚干果类罐头，如花生米、核桃仁等罐头。

七、谷类和豆类罐头

经过处理后的谷类和豆类装罐制成的罐头产品，如八宝粥、八宝饭等罐头。也包括经过处理后的面条、米粉等经油炸或蒸煮、调配装罐制成的罐头产品，如茄汁肉末面等罐头。

八、其他类罐头

1. 汤类罐头

以符合要求的肉、禽、水产及蔬菜原料，经切块（片或丝）、烹调等加工后装罐而制成的罐头产品称为汤类罐头，如水鱼汤、蘑菇、猪肚汤、牛尾汤等罐头。

2. 调味类罐头

以发酵面酱或番茄等为基料，加入多种辅料及香辛料加工经装罐制成。

3. 混合类罐头

将动物和植物类食品原料分别加工处理，调配装罐制成的罐头产品。

项目二　罐藏工艺概述

任务1　罐藏容器的预备

一、食品罐藏容器的选择

目前罐头生产所用的容器主要有镀锡薄板罐、镀铬薄板罐、铝合金薄板罐、玻璃罐、塑料罐及复合塑料薄膜袋等。要根据食品的种类、特性、产品的规格要求以及有关规定选定合适的容器，然后再按要求进行清洗、消毒、罐盖打印等处理。

二、罐藏容器的处理

（一）容器清洗、消毒

容器在加工、运输和贮存过程中不可避免的会污染一些微生物,附着一些渍污,所以在装罐前必须对容器进行清洗和消毒,清洗的方法视容器的种类而定。

1. 金属罐的清洗

金属罐清洗的方法有人工清洗和机械清洗两种,大中型企业多用洗罐机进行清洗。洗罐机的种类很多,有链带式洗罐机、滑动式洗罐机、旋转式洗罐机、滚动式洗罐机等。这些洗罐机的不同之处是空罐的传送方式不同,工作能力不同,而清洗的过程是相同的。

2. 玻璃瓶的清洗和消毒

玻璃瓶的清洗也有人工清洗和机械清洗两种。具有一定生产能力的工厂则多用洗瓶机清洗,常用的有喷洗式洗瓶机、浸喷组合式洗瓶机等。喷洗式洗瓶机,洗瓶时瓶子先以具有一定压力的高压热水进行喷射冲洗,而后再以蒸汽消毒,这种喷洗式洗瓶机仅适用于新瓶的清洗。浸洗和喷洗组合洗瓶机,这是一种单端式自动洗瓶机。洗瓶时,瓶子先浸入碱液槽浸泡,然后送入喷淋区经两次高压热水冲洗,最后用低压、低温水冲洗后即完成清洗。这种洗瓶机对于新瓶、旧瓶的清洗都适用。

(二)空罐的钝化处理

某些食品对罐壁具有腐蚀作用,但又不能使用涂料罐,因涂料罐会影响内容物的色泽、风味等。为提高素铁罐(即无涂料罐)的耐腐蚀性能,需对空罐进行钝化处理。将空罐放在化学溶液中作短时间浸泡或以化学溶液喷射,使其表面产生一保护薄层,使锡的活泼性变得迟钝而不易与食品发生作用,这种处理就叫空罐的钝化处理。

任务2 装罐与注液

一、装罐的一般要求

食品原料经处理加工后要及时装罐。为保证成品罐头的品质质量,使每一罐中的食品的大小、色泽、形态等基本一致,装罐时必须严格操作,满足以下几点基本要求:

(一)含量

含量包括净含量和固形物含量。净含量是指罐头食品重量减去容器重量后所得的重量,包括液态和固态食品。固形物是指罐内的固态食品的重量。每一种罐型、每一品种的罐头都有其规定的净含量(固形物含量),装罐时必须保证称量准确,误差控制在质量标准所允许的范围内。

(二)质量

罐藏食品要求同一罐内的内容物大小、色泽、成熟度等基本一致,而食品原料因各种原因质量差异很大,如果蔬原料,因生长条件、环境、采收季节等不同而造成形态、色泽、成熟度及大小的差异;各种肉、禽类,因饲养条件、取用部位不同,其质量也不相同,因此在装罐时必须进行合理搭配,并注意大小、色泽、成熟度等基本一致,这样既保证了产品质量,又能提高原料的利用率,降低成本。

(三)顶隙

顶隙是指罐内食品的表面与罐盖内表面之间的空隙。对于大多数罐头来说,装罐时需保持适度的顶隙,一般为 6~8mm。顶隙的大小影响到罐头的真空度、卷边的密封性、是否发生假胖听或瘪罐、金属罐内壁的腐蚀,以至食品的变色、变质等。若顶隙过小,在加热杀菌时由于罐内食品、气体的膨胀造成罐内压力增加而使容器变形、卷边松弛,甚至产生爆节、跳盖现象,同时内容物装得过多还造成原料的浪费;若顶隙过大,杀菌冷却后罐头外压大大高于罐内压,易造成瘪罐。此外,顶隙过大,在排气不充分的情况下,罐内残留气体较多,将促进罐内壁的腐蚀和产品的氧化变色、变质,因而装罐时必须留有适度的顶隙。

◆知识拓展

罐头容器的物理变形

胖听是指铁皮罐有膨胀现象,产生的原因是罐内的细菌繁殖,产生气体,罐内压力大于空气压力。

爆节指杀菌时由于罐内压力过高所导致的罐身接缝爆裂。

跳盖指玻璃瓶盖与瓶脱离。

(四)装罐时间控制

经处理加工合格的半成品要及时装罐,不能积压,否则会因微生物的繁殖而使半成品变质,影响杀菌效果,影响产品质量。对热灌装产品,如果酱、果汁等,若不及时装罐,保证不了装罐要求的温度,起不到热灌装排气的作用,就将影响成品的真空度,还有的产品则会因半成品的积压使其温度升高,高于工艺要求的温度而使成品出现质量问题。

二、装罐的方法

装罐方法分为人工装罐和机械装罐两种。根据产品的性质、形状和要求等不同选用不同的装罐方法。

1. 人工装罐多用于肉禽类、水产、水果、蔬菜等块状、固体产品的装罐。这些产品的原料质量如成熟度、大小、色泽、形状等差异较大,装罐时要进行挑选,进行合理搭配。目前还主要靠人工完成这种挑选、搭配,按要求排列装罐。

2. 机械装罐一般用于颗粒状、糜状、流体或半流体等产品的装罐,如午餐肉、果酱、果汁、青豆等多用装罐机装罐。机械装罐速度快,分量均匀,能保证食品卫生,因此能采用机械装罐的应尽量采用。

三、注液

除了流体食品、糊状、糜状及干制食品外,大多数食品装罐后都要向罐内加注液汁。所加注的液汁视罐头品种的不同而不同,有的加注清水,如清水马蹄;有的加注糖液,如糖水苹果;有的加注盐水,如蘑菇、青豆;有的加注调味液,如红烧猪肉,等等。罐内汁液的加入不仅能增进食品的风味,提高食品的初温,促进对流传热,提高杀菌效果,而且能排除部分罐内空气,降低加热杀菌时罐内压力,减轻罐内壁的腐蚀,减少内容物的氧化变色和变质。

任务3 排气与密封

一、预封

有些罐头在排气前要先进行预封。所谓预封就是用封口机将罐盖与罐身初步钩连上,其松紧程度以能使罐盖沿罐身旋转而又不会脱落为度。经预封的罐头在热排气或在真空封罐过程中，罐内的气体能自由逸出，而罐盖不会脱落。对于采用热力排气的罐头来说，预封还可以防止罐内食品因受热膨胀而落到罐外，防止排气箱盖上的冷凝水落入罐内而污染食品；可以避免表面食品直接受高温蒸汽的损伤；可以避免外界冷空气的侵入，保持罐内顶隙温度以保证罐头的真空度。预封还可以防止因罐身和罐盖吻合不良而造成次品，有助于保证卷边的质量，特别是对于方罐和异形罐更为明显。

二、排气

（一）排气的作用

食品装罐后、密封前应尽量将罐内顶隙、食品原料组织细胞内的气体排除，这一排除气体的操作过程就叫排气。通过排气，不仅能使罐头在密封、杀菌冷却后获得一定真空度，而且还有助于保证和提高罐头的质量。排气的主要作用可归纳为以下几点：

1. 防止或减轻罐头在高温杀菌时发生容器的变形和损坏

未经排气的罐头在高温杀菌时，由于罐内食品、气体的受热膨胀，水分的气化，使罐内压力急剧增加，远远高于罐外压力。当罐内外压力差大于容器所能承受的压力时，就会出现二重卷边的松弛、假胖听、突角等现象，严重的甚至产生爆节，玻璃瓶跳盖等而造成废次品。经过排气的罐头由于罐内大部分气体已经排除，大大降低了热杀菌时罐头的内压力，从而减少和防止了上述问题的产生。

◆ **知识拓展**

罐头的几个名词

罐身的翻边和罐盖的圆边在封口机中进行卷封，使罐身和罐盖相互卷合，压紧而形成紧密重叠的卷边的过程是金属罐的密封，所形成的卷边称之为二重卷边。

突角指杀菌操作不当引起的罐盖角状突起。

2. 防止需氧菌和霉菌的生长繁殖

罐头食品的微生物要求是达到商业灭菌，所以在杀菌后的罐头中仍有活菌存在。从各类罐头中所检出的微生物来看，以好气性芽胞菌为最多。好气性菌、霉菌必须有足够的氧才能生长，由于排除了罐内的空气，降低了氧的含量，因而能有效地防止需氧菌特别是芽胞的发育生长，从而使食品不易腐败变质而得以较长时间的贮藏。

3. 有利于食品色、香、味的保存

当食品与空气接触，其表面很容易发生氧化而使食品的色、香、味发生变化。如脂肪含量高的食品，由于氧化而酸败，不仅食品表面发黄，而且还有刺鼻的油哈味；苹果、蘑菇、马铃薯等果蔬则由于氧的存在而产生酶褐变。氧存在于食品组织中，也溶解于水和汁液中，罐头经过排气，排除了罐内的空气使罐头形成了一定的真空，同时也减少了罐内各成分的氧含量。罐内的食品在这样的真空条件下保藏，就能减轻或防止氧化作用，使食品原有的色、香、味得以比较好的保存。

4. 减少维生素和其他营养素的破坏

罐装食品在生产过程中，其营养素有一定程度的破坏。对维生素的破坏来说，其破坏的程度受原料种类、加热的温度和时间以及氧的存在及其量的多少的影响。罐头经过排气,排除了罐内空气,减少了残存氧的含量,可减少一部分维生素的被破坏,也可以减少其他一些易受氧化的营养成分的损失。

5. 防止或减轻罐头在贮藏过程中罐内壁的腐蚀

罐头在贮藏过程中,罐内壁常常出现腐蚀现象。罐内壁的腐蚀为电化学反应,是由阳极和阴极反应决定的。腐蚀的速度受许多因素的影响,当罐内有氧存在时,氧作为阴极去极化剂而使腐蚀速度大大加快。罐头经过排气,减少了残存氧含量,可减缓罐内壁的腐蚀速度。

(二)排气的方法

目前,我国罐头食品厂常用的排气方法有热力排气、真空密封排气和蒸汽密封排气三种。热力排气是使用最早,也是最基本的排气方法。

1. 热力排气法

热力排气法是利用食品和气体受热膨胀的基本原理,通过对装罐后罐头的加热,使罐内食品和气体膨胀,罐内部分水分汽化,水蒸汽分压提高来驱赶罐内的气体。排气后立即密封,这样罐头经杀菌冷却后,由于食品的收缩和水蒸气的冷凝而获得一定的真空度。目前常用的热力排气方法有热装罐排气和排气箱加热排气两种。

(1)热装罐排气。是指先将食品加热到一定温度,然后立即趁热装罐并密封的方法。这种方法适用于流体、半流体或食品的组织形态不会因加热时的搅拌而遭到破坏的食品。采用此法时,必须保证装罐密封时食品的温度,决不能让食品的温度下降,若密封时食品的温度低于工艺要求的温度,成品罐头就得不到预期的真空度,同时要注意密封后及时杀菌,否则嗜热性微生物就会在该温度下生长繁殖。若遇到装罐后罐头的平均温度低于工艺要求的温度,就需要对装罐后的罐头进行补充加热。

(2)加热排气。是指将装罐后的食品(经预封或不经预封)送入排气箱,在具有一定温度的排气箱内经一定时间的排气,使罐头中心温度达到工艺要求温度,罐内空气充分外逸,然后立即趁热密封、杀菌,冷却后罐头就可得到一定的真空度。加热排气能使食品组织内部的空气得到较好的排除,能起到部分杀菌的作用,但对于食品的色、香、味等品质多少会有一些不良的影响,而且排气速度慢,热量利用率低。

2. 真空密封排气法

这是一种借助于真空封罐机将罐头置于真空封罐机的真空仓内,在抽气的同时进行密封的排气方法。真空密封排气法具有能在短时间内使罐头获得较高的真空度、能较好地保存维生素和其他营养素,适用于各种罐头的排气以及封罐机体积小占地少的优点,所以被各罐头厂广泛使用。但这种排气方法由于排气时间短故只能排除罐头顶隙部分的空气,食品内部的气体则难以抽除,因而对于食品组织内部含气量高的食品,最好在装罐前先对食品进行抽空处理,否则排气效果不理想。罐头的真空度就取决于真空封口时真空仓的真空度和罐内的水蒸气分压,而水蒸气分压是随食品温度而变的,罐头成品的真空度受控于真空封口时真空仓的真空度和食品温度,它随真空封口时真空仓的真空度和食品密封温度的增大而增高。真空封口时,必需保证罐头顶隙内的水蒸气分压小于真空仓内的实际压力,否则罐内食品就会瞬间沸腾,出现食品外溢的现象。

3. 蒸汽密封排气法

蒸汽密封排气就是在封罐的同时向罐头顶隙内喷射具有一定压力的高压蒸汽，用蒸汽驱赶、置换顶隙内的空气，密封、杀菌冷却后顶隙内的蒸汽冷凝而形成一定的真空度。顶隙的大小直接影响罐头的真空度，没有顶隙就形不成真空度。顶隙小时，杀菌冷却后罐头的真空度也很低；顶隙较大时，就可以获得较高的真空度。采用此法不可能抽除食品组织内部的气体；杀菌冷却后的罐内食品表面是湿润的，所以组织内部气体含量高的食品、表面不允许湿润的食品不适合用此法排气。

（三）影响容器真空度的因素

排气效果的好坏都以杀菌冷却后罐头所获得的真空度来评定，排气效果好，罐头的真空度就高。影响排气效果的因素也就是影响罐头的真空度，这些影响因素主要有以下几点：

1. 排气温度和时间

对加热排气而言，排气温度越高，时间越长，最后罐头的真空度也越高。因为温度高，罐头内容物升温快，可以使罐内气体和食品充分受热膨胀易于排除罐内空气；时间长，可以使食品组织内部的气体得以比较充分的排除。

2. 食品的密封温度

食品的密封温度即封口时罐头食品的温度，也叫密封温度。罐头的真空度随密封温度的升高而增大，密封温度越高，罐头的真空度也越高。

3. 罐内顶隙的大小

顶隙是影响罐头真空度的一个重要因素，罐头的真空度是随顶隙的增大而增加的，顶隙越大，罐头的真空度越高。

4. 食品原料的种类和新鲜度

各种原料都含有一定的空气，原料种类不同，含气量也不同，原料组织内的空气更不易排除，罐头经杀菌冷却后组织中残存的空气在贮藏过程中会逐渐释放出来，而使罐头的真空度降低。原料的新鲜程度也影响罐头的真空度，因为不新鲜的原料，其某些组织成分已经发生变化，高温杀菌时将促使这些成分的分解而产生各种气体，气体的产生使罐内压力增大，真空度降低。

5. 外界气温、压的变化

罐头的真空度是大气压力与罐内实际压力之差。当外界温度升高时，罐内残存气体受热膨胀压力提高，真空度降低。大气压降低，真空度也降低。海拔高度越高，罐头真空度越低。

（四）罐头真空度的检测方法

1. 破坏性检测。用特制的真空表测定罐头的真空度。检验部门常用。
2. 非破坏性检测。

（1）"打检"——用特制的小棒敲击罐头底盖，根据棒击时发出的清、浊声来判断罐头真空度的大小。

（2）罐头真空度自动检测仪检测。是一种光电技术检测仪，利用凹面镜聚焦产生光点，光亮度与凹面的曲率有关，真空度低，凹面的曲率半径就大（要求罐盖表面为平滑面)。

(3) Toptone 真空检测器检测。利用声学原理来检查单个罐头或封在纸盒里的罐头及包装食品的真空度。

三、密封

依靠罐头的密封,使罐内食品与外界完全隔绝而不再受到微生物的污染。为保持这种高度密封状态,必须借助于封罐机将罐身和罐盖紧密封合,这就叫密封或封口。罐头密封的方法和要求视容器的种类而异。

(一) 金属罐的密封

金属罐的密封是指罐身的翻边和罐盖的圆边在封口机中进行卷封,使罐身和罐盖相互卷合,压紧而形成紧密重叠的卷边的过程。所形成的卷边称之为二重卷边。

卷边操作有两种形式:一种是在操作时罐头自身不转动;另一种是在封口过程中罐头作自身旋转,滚轮则只作径向运动,不作圆周运动。封口要求结构简单,开启方便。

(二) 玻璃瓶的密封

玻璃罐与金属罐不同,它的罐身是玻璃的,而罐盖是金属的,一般为镀锡薄钢板,它的密封是靠镀锡薄钢板和密封圈紧压在玻璃瓶口而形成密封的。

任务 4 罐头热杀菌

杀菌是罐头生产过程中的重要环节,可谓是决定罐藏食品保存期限的关键,在原料经过预处理装罐排气密封后必须进行杀菌。

一、罐头杀菌的目的要求

罐头杀菌是通过加热等手段杀灭罐内食品中的能引起疾病的致病菌和能在罐内环境中生长引起食品变败的腐败菌,达到商业无菌。罐头的加热杀菌还具有一定的烹调作用,能增进风味,软化组织。

大多数罐头中出现的细菌为需氧性芽胞菌,罐内缺氧环境已抑制了它们生长。如果罐头的杀菌也要达到绝对无菌的程度,那么杀菌的温度与时间就要大大增加,这将影响食品的品质,使食品的色、香、味和营养价值等都有所下降。对于罐头食品的杀菌只要求杀灭致病菌和能引起罐内食品变败的腐败菌,达到商业灭菌。

二、罐头食品中的微生物

罐藏食品中的微生物种类很多,但杀灭的对象主要是致病菌和腐败菌。在致病菌中危害最大的是肉毒梭状芽胞杆菌,其耐热性很强,其芽胞要在 100℃,6h 的加热条件下才能被杀死,而且这种菌在食品中出现的几率较高。罐头食品种类不同,罐头内出现腐败菌也各有差异。各种腐败菌的生活习性不同,故应该不同的杀菌工艺要求。因此,弄清罐头腐败原因及其菌类是正确选择合理加热和杀菌工艺,避免贮运中罐头腐败变质的首要条件。

根据微生物对温度的适应范围,将其分为 3 类:生长最适温度 14~20℃ 的冷性微生物;活动温度范围为 21~43℃ 的温性微生物;最适温度 50~65.6℃ 的热性微生物,这类细菌的孢子是最抗热的,有的能在 121℃ 下幸存 60 分钟以上,但这类细菌在食品败坏中不产生毒素。微生物的一般致死原理是微生物在高于其生长温度区域最大值的热环境中,必然受到致命的损害,且随着受热时间的延长而加剧,直至死亡。

三、罐头传热和内外压对热杀菌的影响

1. 影响罐头传热的因素

在罐头的加热杀菌过程中,热量传递的速度受食品的物理性质、罐头包装容器的种类、食品的初温、终温以及杀菌温度、杀菌釜的形式等因素的影响。

(1)罐内食品的物理性质。与传热有关的食品物理特性主要是形状、大小、浓度、黏度、密度等,食品的这些性质不同,传热的方式就不同,传热速度自然也不同。热的传递有传导、对流和辐射三种,罐头加热时的传热方式主要是传导和对流两种方式。传热的方式不同,罐内热交换冷点位置不同,对流传热的罐头的冷点在罐头中心轴上离罐底约20~40mm处。对流传热的速度比传导传热快,因此加热杀菌需要的时间较短。流体食品的黏度和浓度不大加热杀菌时产生对流,传热速度较快;半流体食品(如番茄酱罐头)虽非固体,但由于浓度大,粘度高,流动性很差,在杀菌时很难产生对流,或对流很小,主要靠传导传热;固体食品呈固态或高黏度状态(如果酱类罐头),加热杀菌时不可能形成对流,主要靠传导传热,传热速度很慢;流体和固体混装食品传热情况较为复杂。这类罐头加热杀菌时传导和对流同时存在,一般来说,颗粒、条形、小块形食品在杀菌时罐内液体容易流动,以对流为主,传热速度比大粒、大块形的快,层片装食品的传热比竖条装食品的慢。

◆ **知识拓展**

冷点

冷点是传热最慢点,在热分布实验中,冷点就是温度最低的部位,或者最难达到设定的灭菌温度的部位。即使是冷点,也需要达到灭菌温度和时间的要求,也就是说冷点也是符合灭菌要求。

(2)罐藏容器的物理性质。容器材料的物理性质和厚度。罐头加热杀菌时,热量从罐外向罐内食品传递,罐藏容器的热阻自然要影响传热速度。玻璃罐热阻较铁罐大得多,铝罐的热阻比铁罐还小;容器的大小对传热速度和加热时间也有影响。罐型大,其单位容积所占有的罐外表面积小,单位容积的受热面积小,单位时间单位容积所接受的热量就少,升温就慢。

(3)罐内食品的初温。罐内食品的初温是指杀菌开始时,也即杀菌釜开始加热升温时罐内食品的温度。一般说,初温越高,初温与杀菌温度之间的温差越小,罐中心加热到杀菌温度所需要的时间越短,这对于传导传热型的罐头来说更为显著。

(4)罐头的杀菌温度。杀菌温度是指杀菌时规定杀菌釜应达到并保持的温度。杀菌温度越高,杀菌温度与罐内食品温度之差越小,热的穿透作用越强,食品温度上升越快。

2. 罐头热杀菌时罐内外压力的平衡

(1)影响罐内压力变化的因素。罐头食品的性质、温度等的影响。食品组织中含有气体,在加热过程中从食品组织中释放出来,使罐内压力增高。气体逸出量与食品的性质(成熟度、新鲜度等)、预热处理温度及杀菌温度有关。食品中的溶解气体因温度的升高而溶解度降低,部分气体从食品中逸出。罐内食品在加热时膨胀,体积增大,使罐内顶隙减

小而引起罐内压力增加。体积膨胀的程度与食品的性质有关,罐内食品的体积膨胀与食品的初温和杀菌温度有关。

(2)罐头容器性质的影响。加热杀菌时,空罐体积由于其材料的受热膨胀而增加,增加量随材料种类的不同而不同。金属罐的变化还与容器的尺寸、罐盖的形状和厚度有关,与罐内外压力差的大小有关。

3. 罐头顶隙的影响。罐内产生的压力与顶隙大小有关,顶隙又与食品的装填度有关。产品的装填度根据产品要求和食品的性质而定,一般在 0.85~0.95 之间。顶隙对罐内压力的影响程度还与食品的膨胀度、容器的膨胀度有关。

4. 杀菌和冷却过程的影响。罐头在热杀菌时由于受热罐内食品膨胀,食品组织中空气释放、部分水分汽化等造成罐内压力增大,从而造成空罐容器变形,变形程度主要取决于罐内外压力差。

5. 在整个杀菌过程中罐内外压力差比较:升温阶段,尽管罐内压力由于罐内食品、气体受热膨胀,水蒸汽分压提高而迅速上升,但此阶段杀菌釜内加热蒸汽压力也在迅速上升,罐内外压力差并不大,对容器的变形影响也就不大;恒温阶段,杀菌温度保持不变,其压力也基本稳定不变,罐内食品及气体稳定仍在继续上升,罐内压力也就继续上升,罐内外压力差随之增大;冷却阶段,杀菌釜内温度与压力因蒸汽阀的关闭和冷却用水的通入而迅速下降,罐内压力只是缓慢下降,因此罐内外压力差迅速增大,从而造成容器变形和损坏。为减少冷却阶段罐内外压力差防止容器变形、损坏玻璃罐跳盖等现象,常采用反压冷却。在冷却时向釜内通入一定的压缩冷空气,维持罐内外压力平衡。

四、罐头热杀菌技术

罐头加热杀菌的方法很多,根据其原料品种的不同,包装容器的不同等采用不同的杀菌方法。罐头的杀菌可以在装罐前进行,也可以在装罐密封后进行。装罐前进行杀菌,即所谓的无菌装罐,需先将待装罐的食品和容器均进行杀菌处理,然后在无菌的环境下装罐、密封。

(一)静止间歇式杀菌

静止批量式杀菌技术与设备因杀菌压力的不同而分为静止高压杀菌和静止常压杀菌两种。静止高压杀菌是肉禽、水产及部分蔬菜等低酸性罐头食品所采用的杀菌方法;静止常压杀菌常用于水果、蔬菜等酸性罐头食品的杀菌。

(二)连续杀菌

连续杀菌同样有高压和常压之分,必须配以相应的杀菌设备。常压连续杀菌器常以水为加热介质,多采用沸水,在常压下进行连续杀菌,按杀菌工艺要求达到时间后,罐头由输送带送入冷却水区进行冷却。水封式连续杀菌器可以用于各种罐型的铁罐、玻璃罐以及塑料袋的杀菌。杀菌时,罐头由链式输送带送入,经水封式转动阀门进入杀菌器上部的高压蒸汽杀菌室内,然后在该杀菌室内水平地往复运动,在保持稳定的压力和充满蒸汽的环境中杀菌。杀菌完毕,罐头入杀菌釜底部的冷却水内进行加压冷却;静水压杀菌器是利用水在不同的压力下有不同沸点而设计的连续高压杀菌器。杀菌时,罐头由传送带携带经过预热水柱进入蒸汽加热室进行加热杀菌,经冷却水柱离开蒸汽室,再进入接受喷淋冷水进一步冷却。

(三)其他杀菌技术

1. 回转式杀菌器。是运动型杀菌设备,在杀菌过程中罐头不断地转动,转动的方式有两种,一种是做上下翻动旋转,另一种是做滚动式转动。罐内食品的转动加速了热的传递,缩短了杀菌时间,也改善了食品的品质,特别是以对流为主的罐头食品效果更显著。

2. 火焰杀菌器。是使罐头在常压下直接通过煤气或丙烷火焰而杀菌,适用于以对流为主的罐头。

3. 无菌装罐设备。是食品在装罐前先进行高温短时杀菌随即冷却,在无菌条件下装入无菌容器后密封,整个操作必须是在一个密闭的蒸汽加热室中于无菌条件下完成。它适用于对热较敏感,加热时间不宜过长的食品。

任务5 罐头的冷却

一、冷却的目的

罐头加热杀菌结束后应迅速进行冷却,因为热杀菌结束后的罐内食品仍处于高温状态,仍然受着热的作用,如不立即冷却,罐内食品会因长时间的热作用而造成色泽、风味、质地及形态等的变化,使食品品质下降。冷却的速度越快,对食品的品质越有利。

二、罐头冷却的方法根据所需压力的大小可分为以下两种:

1. 加压冷却,就是反压冷却。杀菌结束后的罐头必须在杀菌釜内在维持一定压力的情况下冷却,主要用于一些在高温高压杀菌,特别是高压蒸汽杀菌后容器易变形、损坏的罐头。

2. 常压冷却,主要用于常压杀菌的罐头和部分高压杀菌的罐头。罐头可在杀菌釜内冷却,也可在冷却池中冷却,可以泡在流动的冷却水中浸冷,也可采用喷淋冷却。喷淋冷却效果较好,因为喷淋冷却的水滴遇到高温的罐头时受热而汽化,所需的汽化潜热使罐头内容物的热量很快散失。

任务6 罐藏容器的腐蚀

一、常见的罐头食品腐败变质的现象和原因

罐头食品贮运过程中常会出现胀罐、平盖酸坏、黑变和发霉等腐败变质的现象。此外还有中毒事故。

1. 胀罐。低酸性食品胀罐时常见的腐败菌大多数属于专性厌氧嗜热芽孢杆菌、厌氧嗜温芽孢菌;酸性食品胀罐时常见的有专性厌氧嗜温芽孢杆菌如巴氏固氮芽孢杆菌、酪酸梭状芽孢杆菌等解糖菌,常见于菠萝、番茄等罐头中;高酸性食品胀罐时常见的有小球菌以及乳杆菌、明串珠菌等非芽孢菌。

2. 平盖酸坏。外观正常,内容物变质,呈轻微或严重酸味。导致平盖酸坏的微生物称为平酸菌,平酸菌常因受到酸的抑制而自然消失,即使采用分离培养也不一定能分离出来。平酸菌在自然界中分布很广,糖、面粉及香辛料是常见的平酸菌污染源。低酸性食品中常见的平酸菌为嗜热脂肪芽孢杆菌。酸性食品中常见的平酸菌为凝结芽孢杆菌,它是番

茄制品中重要的腐败变质菌。

3. 黑变或硫臭腐败。在细菌的活动下，含硫蛋白质分解并产生唯一的 H_2S 气体，与罐内壁铁发生反应生成黑色硫化物，沉积于罐内壁或食品上，以致食品发黑并呈臭味，原因是致黑梭状芽孢杆菌的作用，只有在杀菌严重不足时才会出现。

4. 发霉。一般不常见。只有在容器裂漏或罐内真空度过低时才有可能在低水分及高浓度糖分的食品表面生长。

5. 产毒。从耐热性看，只有肉毒杆菌耐热性较强，其余均不耐热，因此，为了避免中毒，食品杀菌时必须以肉毒杆菌作为杀菌对象加以考虑。

二、罐内外壁腐蚀的类型

1. 均匀腐蚀。在酸性食品罐头中发生的全面的、均匀的锡被腐蚀的现象，腐蚀过程需要氧。允许轻度的均匀腐蚀，但大量锡层脱落，外露铁皮的腐蚀产生氢气造成氢胀罐，严重时还会出现爆裂。

2. 集中腐蚀（孔蚀）。内壁局部出现的铁的腐蚀现象，可见麻点、麻斑、严重穿孔。在低酸性食品及组织中含气量高的果蔬食品罐头中。含硫食品，产生硫化铁会污染食品，影响质量。

3. 局部腐蚀（氧化圈）。在顶隙中残存氧气，对铁皮产生腐蚀的结果。

4. 异常脱锡腐蚀。很快的均匀腐蚀，因某些罐头食品内含有特种腐蚀因子。

5. 硫化腐蚀。在含硫食品或添加有硫化物的罐头中，内壁出现蓝紫色、黑色的斑点和斑纹，是加热杀菌时形成的硫化氢与罐内壁的铁、锡作用生成硫化铁和硫化锡等硫化物所致。

6. 罐外锈蚀（生锈）。

三、罐内壁腐蚀的过程与机理

当表面锡层均匀覆盖（理想状态，很难存在）时，罐内壁将发生锡层的腐蚀。覆盖不均，受机械冲击和磨损，表面有孔眼或断层时锡层外露，与食品接触在各层金属间构成原电池，造成罐内壁腐蚀。

四、影响罐内壁腐蚀的因素

（一）食品原辅材料的成分对腐蚀的影响

1. 有机酸。酸度越高腐蚀性越强。一般地，pH 越低，锡的负电性越强，越易出现溶锡腐蚀；酸度较低，pH 较高时容易出现溶铁腐蚀。

2. 氧化三甲胺。鱼中的氧化三甲胺还原使鱼产生腥臭味的三甲胺，同时强烈地侵蚀镀锡薄板的锡层，直至合金层外露。

3. 低甲氧基果胶。能促进锡的腐蚀。

4. 脱氢抗坏血酸。是抗坏血酸氧化产生，是氧化剂，起阴极去极化的作用而加速罐内壁锡层的腐蚀。

5. 花色素类色素。为阴极去极化剂而加速腐蚀的进行。

6. 硝酸盐。（亚）硝酸盐能加速锡的腐蚀。

7. 硫和硫化物。罐头食品中含极微量的硫时就会促进罐内壁钢基的腐蚀。

8. 食盐。在酸性罐头中对锡的腐蚀有抑制作用,对铁的腐蚀有促进作用。

9. 焦糖。促进罐内壁腐蚀的作用。

(二)其他因素对腐蚀的影响

1. 氧对腐蚀的影响。氧会作为阴极去极化剂而加大腐蚀电流,使溶锡速度急剧加速。

2. 铜。将促进铁锡的腐蚀,一般发生铁的腐蚀。

(三)食品加工工艺对腐蚀的影响

应选用新鲜符合要求的原料;加强原料的清洗预煮、漂洗,减少农药残留量和有害物质;合理选用排气、抽空、杀菌冷却和贮藏条件并严格操作,都可减少和延缓罐内壁的腐蚀。还可添加缓蚀剂,如丙二醇、硫代硫酸钠等。

项目三　各类罐头生产工艺技术

任务1　果蔬类罐头

一、果蔬原料的前处理

果蔬原料装罐前的处理一般包括原料的分选、洗涤、去皮、修整、热烫与漂洗等环节。

(一)原料的分选与洗涤

原料的分选包括选择和分级。原料在投产前须先进行选择,剔除的虫害、腐烂等不合格原料,再按原料的大小、色泽和成熟度进行分级。这样既便于后续工序去皮、热烫等加工操作,又能提高劳动生产率,降低原料消耗,更重要的是可以保证和提高产品的质量;果蔬原料在加工前必须经过洗涤,以除去其表面附着的尘土、泥沙、部分微生物及可能残留的农药等。洗涤果蔬可采用漂洗法,一般在水槽或水池中用流动水漂洗或用喷洗,也可用滚筒式洗涤机清洗,具体的方法视原料的种类、性质等而定。对于杨梅、草莓等浆果类原料应小批淘洗或在水槽中通入压缩空气翻洗,防止机械损伤及在水中浸泡过久而影响色泽和风味。采收前喷洒过农药的果蔬,应先用0.5%~1.0%的稀盐酸泡后再用流动水洗涤。

(二)原料的去皮与修整

果蔬种类、品种繁多,其表皮状况也各不相同,有的表皮粗厚、坚硬,不能食用;有的具有不良风味或在加工中容易引起不良后果,这样的果蔬加工时必须去除表皮。去皮的方法主要有以下3种:

1. 机械去皮。一种是利用机械作用,使原料在刀下转动削去表皮的旋皮机。这种旋皮机适用于形状规则并具有一定硬度的外表皮的果蔬如苹果、梨等;另一种是利用涂有金刚砂、表面粗糙的转筒或滚轴,借摩擦的作用擦除表皮的擦皮机,这种擦皮机适用于大小不匀、形状不规则的原料,如马铃薯、荸荠等。

2. 化学去皮。通常用NaOH、KOH或两者的混合物,或用HCl处理果蔬,利用酸、碱的腐蚀能力将果蔬表皮或表皮与果肉间的果胶物质腐蚀溶解而去掉表皮。

3. 热力去皮。一般用高压蒸汽或沸水将原料作短时加热后迅速冷却,果蔬表皮因突然受热软化膨胀与果肉组织分离而去除。此法适用于成熟度高的桃、杏、番茄等。

4. 其他去皮方法。除上述3种去皮方法外，尚有红外线去皮、火焰去皮、冷冻去皮、酶法去皮及微生物去皮等方法。无论采用哪一种去皮方法，都以去皮干净而又不伤及果肉为好。去皮后的果蔬要注意护色，否则一些去皮果蔬直接暴露在空气中会迅速褐变或红变。

（三）原料的热烫

热烫也叫预煮，就是将果蔬原料用热水或蒸汽进行短时间加热处理。

1. 热烫目的

破坏原料组织中所含酶的活性，稳定色泽，改善风味和组织；软化组织，便于以后的加工和装罐；除部分水分，以保证开罐时固形物的含量；排除原料组织内部的部分空气以减少氧化作用，减轻金属罐内壁的腐蚀作用；杀灭部分附着于原料的微生物，减少半成品的带菌数，提高罐头的杀菌效果；可改进原料的品质。某些原料带有特殊气味，经过热烫后可除掉这些不良气味。

2. 热烫的方法有热水处理和蒸汽处理两种。热水热烫具有设备简单、操作方便而且物料受热均匀的特点，可在夹层锅或热水池中进行，也可采用专用的预煮机在常压下操作，但热水热烫存在着原料的可溶性物质流失量大的缺点。蒸汽热烫通常是在密闭的情况下，借蒸汽喷射来进行的，必须有专门的设备。采用蒸汽热烫，原料的可溶性物质的流失量较热水热烫要小，但也不可避免。

3. 热烫的要求

热烫的温度、时间视果蔬的种类、块形大小及工艺要求等而定。热烫的终点通常以果蔬中的过氧化物酶完全失活为准。果蔬热烫后必须急速冷却，以停止热作用，保持果蔬的脆嫩度。一般采用流动水漂洗冷却。有研究表明采用热风热烫、冷风冷却已经取得良好的效果。

（四）原料的抽空处理

果蔬组织内部含有一定的空气，含量依品种、栽培条件、成熟度等的不同而不同。这些空气的存在不利于罐头加工，影响制成品的质量，如使制成品变色，组织疏松，装罐困难而造成开罐后固形物不足，加速罐内壁的腐蚀速度，降低罐头真空度等等。所谓抽空处理就是利用真空泵等机械造成真空状态，使水果中的空气释放出来，代之以抽空液。

二、水果罐头的工艺

（一）糖水水果罐头的工艺

1. 糖水的配制

装罐用糖水的浓度一般根据装罐前果肉的可溶性固性物含量、产品开罐后要求达到的糖液浓度、每罐果肉装入量和糖液注入量要达到标准。糖液的配制有直接法和稀释法两种。直接法就是根据装罐所需的糖液浓度，直接按比例称取砂糖和水融合并调整浓度；稀释法就是先配制高浓度的糖液，装罐时再根据所需浓度用水或稀糖液稀释。

2. 水果罐头的变色及其防止措施

变色是糖水水果罐头的一个常见的质量问题，各类水果罐头会在加工过程中或在贮藏运销过程中发生各种色变，水果中单宁物质、色素物质在酸性条件下，碱性条件下，遇铁离子、光、热、酶作用下都可能会引起变色。

防止变色需要控制原料的品种和成熟度选用花色素、单宁等变色成分含量少的原料品种，严格各工序的操作，去皮后的果肉不能直接暴露在空气中，要浸入盐水或其他护色液中护色；采用碱液去皮时，要及时冲净余碱，缩短加工流程，尽量减少加工过程中的热处理时间，杀菌后及时、急速、彻底冷却；根据原料的性质采用预煮、抽空等方法抑制酶和氧的作用；在加工过程中避免与铁、铜等金属离子接触，并注意加工用水的重金属含量；配制糖水时应煮沸，随用随配，避免蔗糖转化；控制罐头仓库的贮藏温度；在罐内加入抗氧化剂，加入葡萄糖氧化酶消耗罐内残存的氧或用花色素酶分解花色素来防止变色。

(二)果酱类罐头

1. 原料的选择

生产果酱类制品用的原料要求果酸和果胶含量高，芳香浓郁，成熟度较高，品质优良，其中又以果胶和果酸含量最为重要；因此，各种果实原料又根据其果胶和酸的含量分类。当采用含果胶量和果酸量少的果实生产酱类制品时，需要外加果胶和果酸，也可通过加入另一种富含果胶的果实来弥补不足。

2. 原料的处理

(1)原料预处理

剔除霉烂的、成熟度低的、受伤严重的等不合格果实，然后按成品种类的不同要求及成熟度的高低进行分级清洗，再根据需要分别进行去皮、去核、切块，最后进行修整，彻底修除斑点、虫害等部分。去皮切块后易变色的水果，应及时浸入食盐水或其他护色液中，并尽快加热软化，破坏酶的活性。

(2)加热处理

处理好的果块根据需要加水或加稀糖液加热软化，也有一小部分果实可不经软化而直接浓缩(如草莓)。

加热软化的主要目的是破坏酶的活性，防止变色和果胶的水解；软化果肉组织，便于打浆和糖液的渗透；促使果肉中的果胶溶出；脱除一部分水分，缩短浓缩时间。

加热处理时升温要快，沸水投料，每批的投料量不宜过多。加热时间根据原料的种类及成熟度控制，防止过长时间的加热影响风味和色泽。

(3)打浆与取汁

生产泥状果酱的果块，软化后要趁热打浆。打浆机孔径一般为0.5mm。生产果冻的果块软化后需先榨出果汁，再经过滤、澄清处理。柑橘类一般使用果肉榨汁，残渣再用少量的水加热软化，抽取果胶液与果汁混合使用。

3. 果酱的配制

果酱的配方按原料种类及成品标准要求而定，一般果肉(汁)占总配料量的40%~50%，砂糖占45%~60%。当原料的果胶和果酸含量不足时，应添加适量的柠檬酸和果胶或琼脂，使成品的含酸量达到0.5%~1%，果胶含量达到0.4~0.9%。使用果胶粉时要注意所用果胶粉的胶凝度。

◆ 知识拓展

果胶的胶凝度

果胶的胶凝度是指一份果胶能与多少份的糖制成具有一定强度和质量（可溶性固形物达到65%）的果酱制品，所用糖的份数即为该果胶的胶凝度，也称为加糖率。

4. 果酱的浓缩

生产泥状果酱时，将处理好的果浆投入浓缩锅中加入浓糖液即可加热浓缩。若生产块状果酱，则应先将果肉加热软化10~15min，以使果肉软化透，再加入浓糖液加热浓缩；待浓缩至接近终点时，再依次加入果胶液或琼脂液、淀粉糖浆、柠檬酸等，充分搅拌均匀，至可溶性固形物含量达到65%即可。由于大部分水果原料属热敏性较强的物料，故浓缩的方法、条件及操作等都将直接影响制成品的质量；在生产中应根据实际情况合理选择浓缩的方法，尽量做到既要提高浓缩效率，又要最大限度地保存水果原有的色、香、味。

果酱常用的浓缩方法有以下两种：

（1）常压浓缩 将物料置于夹层锅中于常压下加热蒸发水分，以达浓缩目的。采用此法，浓缩温度比较高，产品质量较难掌握。

（2）真空浓缩 将物料置于真空浓缩装置中，在减压条件下进行蒸发浓缩。真空浓缩由于浓缩温度较低，制成品的色、香、味等品质都较常压浓缩的要好。

5. 果酱装罐密封

酱类制品为热装产品，出锅后必须迅速装入事先清洗消毒好的空罐中，即刻密封。每锅酱自出锅到分装完毕不得超过30min，封口温度不得低于80℃，同时要注意果酱不得污染罐边或玻璃瓶口。

6. 果酱杀菌冷却

果酱经加热浓缩，所含的大部分微生物已被杀死，且由于酱体的糖度高，pH值低，密封后的果酱罐头进行常压杀菌处理。杀菌条件视品种及罐型而定，一般为100℃杀菌5~15min。杀菌后的罐头应迅速冷却至38℃左右。

三、蔬菜罐头的工艺

（一）蔬菜原料的处理

许多蔬菜呼吸作用很旺盛，如不及时加工，蔬菜组织就会老化，风味变劣；有的则急速转入腐熟期，使色、香、味、质地及营养价值等迅速下降，甚至完全失去食用价值。因而在生产中必须根据蔬菜原料的性质及产品的要求掌握好原料的投料时间，及时加工。

蔬菜原料的清洗较水果要困难得多，尤其是根菜类及块茎类蔬菜，由于携带泥沙多、表面凹凸不平，清洗时，应先浸泡再刷洗。对于叶菜类蔬菜，清洗时要避免组织损伤。

（二）蔬菜罐头用汤汁的要求

大部分蔬菜罐头在装罐时都要注入一定量的汤汁，所用汤汁主要有清渍液和调味液两大类。

1. 配制汤汁用水和盐

蔬菜罐头用盐要求纯度高，不允许含有微量的重金属和杂质。盐中所含微量的铜、铁等可使蔬菜中的单宁、花色素、叶绿素等变色，铁的存在还将使部分蔬菜罐头中形成硫化铁。配制汤汁用的水必须是符合果蔬装罐用水的特殊要求的不含铁和硫化物的软质水。尤其是水硬度，水中和盐中的钙、镁盐类都将造成汤汁硬度过高而使一些罐藏蔬菜变硬。

◆ **知识拓展**

水硬度

水硬度指水中钙、镁离子的总浓度。水的硬度分为碳酸盐硬度和非碳酸盐硬度两种。

碳酸盐硬度：主要是由钙、镁的碳酸氢盐所形成的硬度，还有少量的碳酸盐硬度。碳酸氢盐硬度经加热之后分解成沉淀物从水中除去，故亦称为暂时硬度。

非碳酸盐硬度：主要是由钙镁的硫酸盐、氯化物和硝酸盐等盐类所形成的硬度。这类硬度不能用加热分解的方法除去，故也称为永久硬度。

2. 汤汁的制备

(1) 清渍液的制备。所谓清渍液是指用于清渍类蔬菜罐头的汤汁，包括稀盐水、盐和糖的混合液及沸水或蔬菜汁，其中又以使用盐水的为多，大多数清渍蔬菜罐装用盐水的浓度为 1%～2%。

(2) 调味液的制备。调味液的种类很多，但配制的方法主要有两种，一种是将香辛料先经一定时间的熬煮制成香料水，然后香料水再与其他调味料按一定比例配制成调味液；另一种是将各种调味料、香辛料一起一次配成调味液。

(三) 蔬菜类罐头常见的质量问题

1. 胀罐

在贮藏、运输、销售过程中常出现罐头两端或一端底盖凸起的现象，称为胀罐。引起胀罐的原因有以下三种：

(1) 由于排气不足或装填过多、密封温度低等物理因素引起，也有的是由于外界气温气的变化而引起的物理性胀罐，要防止这种胀罐必须严格按工艺要求进行装填、排气和密封操作，同时在制定产品真空度及相关工艺条件时要考虑销售季节、地区的气温与气压。

(2) 由于腐蚀造成的氢胀，主要是水果、果汁类罐头中的原料含有有机酸，这种酸与罐头内壁表面作用产生氢气，使罐内的真空度消失，压力增大而发生胀罐。这类罐头虽然内容物没有发生质量变化，尚有使用价值，应从消除内容物中腐蚀因素和提高容器的耐腐蚀性能着手来防止和减轻氢胀。

(3) 微生物作用引起的。由于杀菌不足或密封不严而二次污染使腐败菌在罐内生长繁殖造成胀罐。要防止微生物作用引起的胀罐，必须采用新鲜的原料，加速加工过程，保证加工过程的卫生条件，严格密封、杀菌操作。

2. 平盖酸败

蔬菜罐头的平盖酸败是罐内平酸菌使食品中糖类分解而产酸，但产气，使汤汁呈现浑浊并有酸味和异味，解决这一问题的措施是注意原料的新鲜卫生，充分清洗，加快流程，严格各环节的卫生制度，严格密封、杀菌等操作。

任务2 肉禽类罐头

一、罐藏对畜禽原料的基本要求

罐头加工可以用新鲜的畜、禽肉，也可以用冷冻良好的畜、禽肉，使用前必须经排酸处理。对于冷藏肉还要求肉胴体表面无切口、伤斑、破碎肉、内脏残留物和污秽物，整个胴体表面应有坚硬的干燥硬皮。配种畜肉，二次冷冻肉，老母猪肉、水牛肉，黄膘肉，冷冻过期或质量不好、未经排酸的肉，放血不净的肉及烫伤的家禽不能作肉禽罐头加工用原料。

二、畜禽原料的处理

（一）原料的解冻

冷冻肉禽原料投放到车间后必须先进行解冻处理。解冻的方法、条件、操作等是否得当将直接影响解冻后肉禽原料的品质，最终影响到制成品的品质，所以必须严格解冻处理。从理论上讲，解冻速度越慢，越有利于其恢复到冻结前的固有性质和状态，肉的品质也就越好。畜肉解冻以直接喷蒸汽或鼓热风调节，但不允许直接吹冻肉片，以免造成表面干缩，影响解冻效果；也不允许长时间用温水直接冲冻片肉，以免肉汁流损过多。解冻后要求肉色鲜红，富有弹性，无肉汁析出，无冰结晶，气味正常。禽类原料多采用水解冻法，在解冻过程中要适当翻动使解冻均匀。

（二）畜类原料的分割、剔骨与整理

在肉类罐头生产中，为了更好地充分合理利用肉胴体，常需对肉进行分割。一般胴体先分割成几段，然后再根据不同品种罐头的要求加以分割。

剔骨可以整片进行，也可以分段后进行。除特殊带骨罐头外，都要求剔除全部的硬骨和软骨，剔骨时必须保证肋条肉、后腿肉等的完整性，下刀要准，避免碎骨、碎肉。剔骨要尽，作到骨中无肉，肉中无骨。剔骨后的原料肉还需进行整理，它包括去皮，修除淤血、伤肉、黑色素肉，割除粗的血管、全部淋巴结、粗组织膜、牛羊的项韧带，清除残留碎骨及表面污物、猪肉体上的淋巴结的分布。

（三）原料的预煮

不少原料肉在装罐前还需进行预煮处理。在预煮时，肌肉中的蛋白质受热凝固，亲水的胶体体系遭到破坏而失去持水能力，因而发生脱水作用。经预煮后，由于蛋白质的凝固，使肌肉组织紧密具有了一定的硬度而使之便于切块；由于肌肉在预煮时脱除了部分水分，有效地保证了成品罐头的固形物量，同时也有利于调味液渗入肉内。此外，预煮处理能杀灭肉上附着的一部分微生物，有助于罐头的杀菌。

预煮时，一要掌握好肉水比，二要控制好时间。一般水是肉1.5倍，以淹没肉块为准。预煮时间视原料肉块的大小等具体情况而异，一般为30~60min，以肉块中心无血水为度，不宜过长。预煮时间过长，肌肉脱水过多，可溶性物质流失增加，这不仅会导致失重严重，而且也将使肌肉质地变劣。

任务3　水产类罐头

一、水产类罐头加工工艺

（一）原料的解冻

罐头生产的原料用量较大，在许多时候采用冷冻原料，此时，解冻就为必须工序。水产原料解冻方法目前常用的有空气解冻法和水解冻法两种，其中又以水解冻为多。水解冻一般又分流水解冻和淋水解冻两种，水温一般控制在18℃以下。流水解冻是将冻结的鱼直接浸在流动的水中，依靠流动水与冻鱼间的热交换，使冻鱼解冻。这种方法的优点是解冻速度快而且比较均匀，但要注意水温及浸水时间的控制，否则对鱼的质量会有一定影响；淋水解冻是利用喷嘴将细微的水滴喷撒在冻鱼上使鱼体温度上升解冻。空气解冻一般用于小型鱼类的解冻，如沙丁鱼、凤尾鱼等。水产原料解冻的程度视原料的种类、加工工艺要求、气温的高低等因素而异。当生产的工艺过程较长或气温较高时不需要完全解冻，有的鱼完全解冻，鱼体容易骨肉分离、肉质碎散，一般只需达到半解冻状态就可进行下工序处理，在处理过程中实现完全解冻；而大型的鱼则解冻程度深一些。

（二）原料的清洗

原料处理前的清洗是洗净附着在原料外表面的泥沙、黏液、杂质等污物。蛏等贝类洗涤后还需用1%~2%的盐水浸泡1~3h，使其充分吐净泥沙。

原料处理后的清洗主要是洗净腹腔内的血污、黑膜、黏液等污物，螺及鲍鱼去壳后的肉还应用适量盐以搓洗机搓洗，再以水冲去黏液等污物。

对于需盐渍的原料盐渍后应用清水清洗一次，以洗除表面盐分。但要注意水洗时间的控制，更不可泡在水中，以便控制成品含盐量。清洗用水应为清洁流动的冷水。

（三）原料的修整

鱼类原料的处理除清洗外包括去鳞、头、鳍、尾、内脏等，而虾、贝类须进行去壳等处理。贝类处理要注意原料取肉前要彻底清洗壳外的泥沙，去壳后，壳肉要严格分开，严防污染；加工速度要快，并需降温，防止变质。

（四）原料的盐渍

有些水产原料需进行盐渍处理，其作用是脱除部分血水和可溶性蛋白质，改变成品的色泽，防止罐内血蛋白凝结；还可使鱼肉组织收缩变硬，防止鱼皮脱离，并使鱼肉吸收适量的盐分。

盐渍用盐水的浓度及盐渍时间需根据原料的种类、肥瘦、鲜度大小及加工产品的要求而定。一般同种类的鱼中，大鱼较小鱼、肥鱼较瘦鱼、鲜鱼较冻鱼需用的盐水浓度高而时间长。在盐渍处理过程中应注意要经常翻动以吸盐均匀；尽量降低温度，并按要求及时调整浓度、更换新盐水；严格掌握盐水浓度，防止因浓度过高造成咸味过重和组织粗硬；鱼肉所吸盐分在以后调味时根据产品含盐量要求予以扣除。

（五）原料的脱水

大部分水产原料在装罐前都需进行脱水处理，使原料蛋白质凝固，肉质变紧密，这样既便于装罐，又利于调味液充分渗入肌肉中，还可保证固形物含量。此外，加热脱水能杀灭部分附着于原料表面的微生物，有助于杀菌效果的提高。

一般油浸类、清蒸类、茄汁类鱼罐头加工多采用蒸煮法，即将盐渍后的原料定量装入罐内，然后放入排气箱或其他蒸汽蒸煮设备中用蒸汽直接加热蒸煮，蒸煮时间、温度根据鱼的种类、大小及设备的条件等因素而定，生产中以鱼体表面硬结、脊椎骨周围的肉基本蒸熟为终点。

油炸是罐头生产中使用较多的一种脱水方法，它不仅能脱除部分水分，而且能使肉质酥硬稳定，能改善色泽和风味，增加营养和干物质的量。在进行油炸操作时，要注意控制好油炸温度和时间，鱼类入锅后不要急于翻动以免鱼块破碎，炸的过程中要及时去除碎屑以免产生苦味及影响色泽，控制好脱水率。

除上述脱水方法外，有些烟熏或鲜炸的鱼类罐头，熏或炸前常采用烘干法脱水，即用热风干燥吹干鱼体表面水分。

（六）装罐

油浸、茄汁类的水产罐头在装罐或调味时使用植物油。植物油必须是鲜度高，酸价低，经过完全脱臭、脱色、精制处理的油。茄汁制备要按配方取料，将香辛料水倒入夹层锅中，然后加入糖、盐、味精等溶解，再加入已混合好的番茄酱、精制植物油，充分混合均匀，加热至90℃即可装罐。装罐时鱼块根据罐型横或竖排列整齐，不得露出罐口，同一罐中大小鱼及部位要合理搭配；每罐加入的汤量要适当；连罐脱水的产品，蒸煮后倒罐沥水要净，并及时趁热加汤汁。

二、各类水产罐头

（一）清蒸类水产罐头

1. 清蒸类罐头简介

一般又称原汁罐头，是将处理好的原料不经烹调直接装入罐中，配以食盐水、味精，或食盐和砂糖配成溶液再加入适量的香料，经排气、密封、杀菌等工序而制成。成品具有原料特有的色泽和风味，块形完整，不含杂质，汁液较澄清，含盐量一般在1.5%～2.0%。食用时可依消费者的嗜好再行调味，不受各地口味不同的影响。

2. 清蒸水产罐头常见质量问题

（1）变色

清蒸虾、蟹、贝肉容易变黑。为防止色变，在加工中要做到严禁与铁、铜等金属接触；必须采用抗硫涂料罐；硫酸纸使用前应先用0.5%柠檬酸液煮沸30min；加工过程中进行必要的护色处理，密封后必须迅速杀菌冷却。

（2）磷酸铵镁结晶析出

磷酸铵镁结晶为无色、无味、无毒透明的玻璃样结晶，在清蒸虾、蟹、鲍鱼等罐头中常常产生，显著降低了这些罐头的商品价值。为防止磷酸铵镁结晶析出，可采用如下方法：采用新鲜的原料，以减少蛋白质因细菌繁殖及自溶作用而分解的氨量；控制pH，磷酸铵镁结晶在pH6.3以上容易形成；避免使用粗盐或用海水处理原料，因为粗盐及海水含镁量较高，能促进结晶的析出；杀菌后急速冷却，使罐头尽快通过结晶快速生成的温度范围，这样既可以减少结晶的生成量，又能减小结晶的体积。

(3)血蛋白的凝结

所谓血蛋白是指可溶性蛋白质受热凝固而成豆腐状物质。它不仅在清蒸水产类罐头中常常出现,在茄汁、油浸类鱼罐头中也经常出现,它的出现严重损害了成品的感官品质。为防止和减少血蛋白凝结,必须采用新鲜的原料,严格清洗、盐渍操作,同时做到鱼肉脱水前控净血水,加热蒸煮时迅速升温,使热凝性蛋白质在渗出鱼体表面前就在鱼组织内部凝固。

(4)肉质的软化

所谓肉质的软化或液化是指虾、蟹等水产罐头经一段时间贮藏后出现的肉质变软、失去弹性,用手指按压有软散甚至糊状感的现象。这种现象的出现轻者影响感官质量,重者使产品失去食用价值。防止的方法是采用新鲜的原料;加工过程要迅速、清洁,严防微生物污染;加工过程用冰降温,以防止半成品变质,保证杀菌工艺及时、充分。

(5)黏罐

鱼类罐头开罐时鱼皮黏附在罐壁上,影响形态完整,影响感官品质。产生粘罐的原因是生鱼皮本身具有粘性,加热时接触罐壁处首先凝固,同时鱼皮中含有的胶质受热水解,变成明胶极易粘附于罐壁,而鱼皮与鱼肉之间有一层脂肪,受热后熔化,致使皮肉分离而产生粘罐现象。为了防止粘罐现象的产生,应选用新鲜度高的原料;采用脱膜涂料罐或在罐内壁涂一层精制植物油,或在罐内衬以硫酸纸;装罐时鱼皮向内,或鱼块装罐前稍加烘干。

(二)调味水产类罐头

1. 调味水产类罐头简介

调味类罐头是具有我国民族特色的罐头,生产时注重配料,调味成品具有原料和调味料特有的风味,肉块紧密,形态完整,不焦不硬,色泽浓淡一致。这类罐头根据加工调味的方法和配料的不同又分为红烧、五香、糖醋、葱烤、熏烤、茄汁、豆豉等品种。

2. 调味水产类罐头加工常见质量问题有以下几种:

(1)茄汁鱼类罐头的茄汁变暗。在茄汁鱼类罐头生产中常常出现茄汁变褐、变暗的现象,从而降低了产品的质量。影响茄汁鱼色泽的因素有番茄酱的色泽、鱼的种类、新鲜度、鱼的处理操作、茄汁的制备工艺及产品的贮藏条件等。为防止产品变色,应注意采用优质的番茄酱原料;香料水煮沸和放置时间不能太久;茄汁配制过程中严禁与铁铜等金属离子接触;茄汁受热时间和放置时间不宜过久;原料处理和清洗要充分,洗净血水和黑膜;严格控制杀菌温度和时间并及时充分冷却;罐头应贮藏在20℃以下。

(2)瘪罐。一些鲜炸、五香鱼罐头如凤尾鱼、荷包鲫鱼等由于装罐时不加汤汁或汤汁加入量少,在杀菌冷却时常因罐内真空而引起瘪罐,使罐头失去商品价值。为防瘪罐,应注意选用厚度适当的镀锡薄板罐,并选用强度高的膨胀圈罐盖;控制罐头真空度不宜过高;严格杀菌冷却操作,尤其是冷却降温降压要平稳,此外,还应注意防止生产、贮运过程中的碰撞。

(三)油浸类水产罐头

1. 油浸调味水产罐头简介。

一般是将经处理盐渍的鱼块直接生装罐或生装后脱水,或先预煮再装罐,加入一定量的精制植物油及其他少量调味料,如精盐、糖等,再经排气密封、杀菌冷却而制成。制成品具有鱼块经油浸后特有的色香味和质地。成品在经一定时间贮藏后,使罐内容物的色、香、味调和后食用味道更佳。

2. 油浸类水产罐头常见质量问题有以下几种：

（1）罐内油的红变

油浸鱼类罐头经过一段时间贮藏后，罐内油会变成显著的红褐色。罐内油变红的主要原因是由于植物油中含有色素或呈色物质。含呈色物质的油对各种刺激（如紫外线）很不稳定，生产过程中受到热和光的作用而变色。当植物油中混有胶体物质及有氧化三甲胺还原而成的三甲胺时，油脂更容易变红。为防止红变，应尽可能采用新鲜的原料，充分去净内脏；避免光线特别是紫外线的影响；加注的油要适量；工艺过程要迅速，尽量减少受热时间。

（2）硫化物污染

鱼、贝、虾、蟹等罐头由于肌肉中胱氨酸、半胱氨酸等含硫蛋白质较高，在加热或高温杀菌过程中分解，产生挥发性硫，与罐内壁锡反应生成紫色硫化斑，与铁反应生成黑色硫化铁污染食品使其变黑。挥发性硫发生量的多少与水产的种类、新鲜度、pH等因素有关。一般原料新鲜度差，在碱性情况下发生量就多。因此，为防止或减轻硫化变色，应选用新鲜度高的原料，并最大限度地缩短工艺流程；在加工过程中严禁与铁、铜等金属离子接触，并注意控制水中及配料中这些离子的含量；采用抗硫涂料罐，陆加工中要避免涂料层的划伤；在加工中适当调整pH，如预煮水中加入少量有机酸或用0.1%的柠檬酸或酒石酸浸泡半成品1~2min，或装罐后加入适量有机酸使内容物维持在微酸性水平。

（3）罐内涂料脱落

油浸类或油炸调味类鱼罐头，由于涂料固化不完全或涂料划伤，经一段时间贮藏后，罐内涂料脱落。此外，有些涂料铁涂料中加氧化锌量过高，油酸和氧化锌结合成锌皂，使油浸入涂料膜内层，致使涂料膜起绉而脱落。要解决这一问题，应采用固化完全的涂料铁，适当减少酚料中氧化锌含量，采用酸价低的植物油。

项目四　软罐头

任务1　软罐头概述

一、软罐头的概念

软罐头是以聚酯、铝箔、聚烯烃等薄膜复合而成的包装材料制成的耐高温蒸煮袋为包装容器，并经密封、杀菌而制得的能长期保存的袋装食品。

二、软罐头的特点

可以高温杀菌、长期保藏，具有与硬罐头一样的保存期。阻热性小，传热快，可以缩短杀菌时间，既节省能源又有利于内容物色、香、味的保存。密封性好、不透气、不透光、不透水，内容物几乎不发生化学作用，所以能使食品的色、香、味得以较长时间的保存。封口简便而且牢固。质量轻、体积小、携带方便，其质量仅为镀锡薄板的1/8，其体积仅为同容积的镀锡薄板罐的1/3，贮藏、携带极为方便，适宜旅游、航空、航海和军用。开启方便，包装美观。废包装材料处理容易。

三、软罐头食品的不足

袋的容积受到限制，成本高，适用性不够广，蒸煮袋价格高，而且不适用于生产带骨和坚硬的食品，这些食品容易刺破蒸煮袋。

四、软罐头的容器

软罐头的容器主要是蒸煮袋。蒸煮袋是由多层复合材料制成的具有一定尺寸的袋。

（一）容器分类

蒸煮袋可按如下方法分类：按其材料构成及内容物的保存性可分为透明普通型、透明隔绝型、铝箔隔绝型和高温杀菌用袋。按其能承受杀菌温度的能力，可分为能耐121℃杀菌的普通蒸煮袋、能耐135℃的高温蒸煮袋及能耐150℃的超高温蒸煮袋；按袋的外表形态可分为四方封口的平袋和能竖放的直立袋。

（二）各容器的特点

1. 透明普通型蒸煮袋。是由两层薄膜复合而成的，通常外层采用尼龙或聚酯薄膜，内层是聚丙烯、聚乙烯等聚烯烃薄膜。这种蒸煮袋是半透性的，不能完全隔绝光、氧、水蒸气，因此影响食品的色、香、味，食品的保存期一般比较短。透明型蒸煮袋可以透视内容物，能诱人食欲，促进消费，同时它可以用微波炉直接加热。

2. 透明隔绝型蒸煮袋

透明隔绝型包装材料中间夹有高隔绝性聚偏二氯乙烯薄膜。这种高隔绝性聚偏二氯乙烯薄膜具有良好的隔绝性，如由聚酯/高隔绝性聚偏二氯乙烯/未拉伸聚丙烯构成的蒸煮袋，这种类型的蒸煮袋的保存期比普通型的长。

3. 铝箔隔绝型蒸煮袋。这种类型的蒸煮袋中间都加入了铝箔。做这种袋时，首先把印刷好的聚酯薄膜与铝箔干法复合，然后再和聚乙烯或聚丙烯薄膜复合。较大的包装用四层结构，在铝箔内层再加一层聚酯或尼龙。铝箔的加入使这类蒸煮袋成为完全隔绝性的，它不透气、不透光、不透水，因而铝箔袋装食品经杀菌后具有和罐头一样长的保存期。

4. 直立袋

直立袋顾名思义是能像玻璃瓶、金属罐那样立放的袋。直立袋的优点是实袋平放时的厚度较同容量的瓶、罐薄，因此，加压杀菌的时间短，在提高产量的同时能保证质量。此外，直立袋外表美观，不需要外包装，所以其强度要求比平袋高，大多采用4层结构。

任务2　软罐头的生产工艺

一、软罐头生产工艺综述

（一）工艺流程

软罐头生产的工艺流程与一般罐头的基本相同，只是罐装、密封和杀菌冷却工艺有所不同。

（二）装填

在软罐头生产中装填是关键操作。装填的食品有固体的、液体的也有固体和液体混合的，无论装填哪种食品都要求装填量精确，不污染袋口，这就要求严格操作，一般要求掌握以下要点：

1. 装填量适当

装填量与蒸煮袋的容量要相适宜，若装填量过多，封口时容易污染袋口，最终影响封口强度。

2. 严格装袋时的真空度

软罐头食品装填时容易混入空气，空气的存在会使袋内食品受氧化作用，袋内空气的存在还将影响软罐头的杀菌效果，甚至造成袋的破裂。

(三) 排气

排气和密封也是很关键操作，抽气效果好，密封结构牢固。排气的方法有：

1. 真空排气法。 当袋内的食品是固体或固液混合体时，一般采用此法排气较好。真空度的大小根据袋内食品的特性而定，一般固体可采用较高的真空度；固液混装的食品真空度不宜太高，否则易造成袋形凹瘪，或将汁液抽出污染袋口而影响封口强度。

2. 蒸汽喷射法。 借助于装填机上配备的特殊蒸汽喷射装置在封口的同时向袋内喷射蒸汽，用蒸汽驱赶袋内顶隙中的空气而获得良好的排气效果。

3. 压力排气法。 此法是利用机械或手工挤压袋子，迫使袋内空气排气，并立即密封。固液混装的食品，如咖喱类、茄汁类食品适宜采用此法排气。为获得更好的排气效果，装袋时食品的平均温度不应低于50℃。

(四) 密封

软罐头的密封方法与金属、玻璃罐头的密封方法完全不同，要求复合塑料薄膜边缘上内层薄膜熔合在一起，从而达到密封的目的。通常采用热熔封口。热熔强度取决于复合塑料薄膜袋的材料性质及热熔合时的温度、时间和压力。

1. 热熔封口

(1) 电加热密封法。由金属制成的热封棒，表面用聚四氟乙烯布作保护层。通电后热封棒发热到一定温度，袋内层薄膜熔融，加压粘合。为了提高密封强度，热熔密封后再冷压一次。

(2) 脉冲密封法。通过高频电流使加热棒发热密封，时间为0.3s，自然冷却。这一密封的特点是即使接合面上有少量的水或油附着，热封下仍能密切接合，操作方便，适用性广，其接合强度大，密封强度也胜于其他密封法。这一密封法是目前用的最普遍的方法。

2. 封口的检验

封口是软罐头生产中的重要环节，封口质量直接影响软罐头的品质。因为封口后的软罐头还必须经120℃或更高温度的热杀菌处理，在整个贮藏、运输、销售等流通过程中必须保证质量，要坚固不漏，其密封性和渗漏率必须与金属罐具有相同的标准，所以必须严格操作、检验，把好封口质量关。良好的封口必须符合以下4项技术检验标准：

(1) 表观检验。用肉眼观察封口，要求封口无皱纹、无污染；封边宽度为8~10mm；用两手将内容物挤向封边，并加一定压力，封边无裂缝渗漏现象。

(2) 熔合试验。良好的封口熔合后，内层的封口表面必须完全结合成一体。

(3)破裂试验。破裂试验可以检验出封口最薄弱部分。试验分为耐内压力强度(也称爆破强度)和耐外压力强度(也称静压力强度)试验两种。

(4)拉力试验。可分静态拉力试验及动态拉力试验两种。静态拉力试验是用一种万能拉力测试器,测试破坏每一个样品封口总宽度所需要的总力。动态拉力试验是将封口条试样,放入杀菌锅中121℃、30min杀菌,观察拉力强度。

(五)杀菌冷却

软罐头杀菌的基本原理及作用与金属罐相同,只是在杀菌过程中,自升温始即需加空气反压,直至冷却都需加一定的压力,以保持杀菌冷却过程中的压力平衡,防止蒸煮袋变形、破裂。一般高温杀菌115~121℃,需打入137.3~166.7kPa的压力。

软罐头杀菌的方式有静止与回转两种。当内容物含液汁较多并采用加压过热水作热媒介质时,回转式杀菌的效果极明显。

任务3 软罐头生产中常见质量问题分析

一、装填时袋口污染

(一)装填时袋口污染产生原因

袋口污染是软罐头生产中容易出现的问题,而袋口污染又会导致一系列质量问题。如在封口部分有液汁、水滴附着,热封时封口部分(内层)就会产生蒸汽压,当封口外压力消除时,就会瞬时产生气泡而使封口部分膨胀,导致封口不紧密;如果在封口部分污染上油和纤维等物质,就会使部分地方不能密封,从而造成在加压杀菌及冷却时的第二次污染,在贮存、运输过程中的渗漏。所以在装填密封过程中要严格避免袋口污染。

(二)为防止袋口污染可采取以下措施

1. 严格控制装袋量,内容物离袋口至少3~4mm,并要加强检查,发现污染应立即擦净。

2. 根据产品特性合理选用装填器,如使用活塞式定量装填器、螺旋推进及齿轮泵装填器。

3. 在灌装液汁时,尽量使漏斗伸袋口,使翼状的保护片插入袋口内,以保护内层封口表面不受污染。

4. 严格控制撑开袋口的工序,使用夹钳或抓手来定向;使用空气喷射的辅助设备以充分张开袋口;用托架夹住袋子以正确定位。

5. 采用合理的抽空方法可采用两次抽空,第一次抽空真空可稍低一些(73.3~79.99kPa),第二次抽空真空可高一些(79.99~93.33kPa),这样可以避免真空过高而将内容物抽出污染袋口。

二、密封时袋口边起皱

(一)密封时袋口边起皱的原因

软罐头生产中另一个常出现的问题是封口时封口部分产生皱纹,一般有两种类型的皱纹。一种是由于熔合封口时局部区域一个封口表面长于另一封口表面而产生的折叠,俗称打褶。有这种严重皱纹的为不合格产品,应报废。另一种是由于在热熔封口时接触面的一点不平整而引起一面凹下去另一面高起来的现象,这种皱纹一般不会超过封口宽度的1/2,不会形成槽状，不会渗漏，故允许存在，或再进行一次热熔封口和冷却。第二种皱纹还包括在封口部分的材料还没有很好地冷却前就从真空状态转移到大气压而造成的袋周围的塌陷。

（二）防止皱纹产生的措施

1. 封口时袋口相对的两个表面必须平整和并行，两面没有长短差异。
2. 封口机压模两面要平整并保持平行。
3. 内容物块形不要太大，装填量不要太多，严格控制产品的总容量、总厚度。

三、杀菌冷却中的破袋

（一）软罐头生产中的破袋主要原因

1. 内容物本身带骨及装填过多。
2. 袋内残存气体多。在高温高压杀菌时，由于袋内空气及内容物受热膨胀，部分液体汽化而产生内压力，软罐头容器不像金属罐和玻璃罐能承受这种压力，由于生成的压力和体积的增加呈膨胀状态，以致袋破裂。
3. 热杀菌操作不当。在杀菌冷却过程中压力掌握不好，使袋内外压力差过大，超过袋所能承受的压力而导致袋破裂。

（二）防止和减少破袋的主要措施

1. 严格控制装袋量，尤其是带骨的食品。
2. 尽可能减少袋中残存的空气量，保证软罐头的真空度。
3. 掌握好杀菌冷却过程中的反压力，保证在整个杀菌冷却过程中袋内外压力差始终小于袋所能承受的压力。尤其是在冷却阶段，必须加入足够的压缩空气，使杀菌锅中的压力始终大于软罐头袋内的压力，直到冷却结束。

思考题：

1. 简述罐藏食品的概念。
2. 简述罐藏的一般工艺。
3. 简述罐藏食品加工过程中装罐时间控制？
4. 水果罐头生产工艺有哪些？
5. 肉类罐头生产工艺有哪些？

模块十　食品加工高新技术

◆**基础理论和知识**
各类食品加工高新技术基本概念。
◆**基本技能及要求**
1. 掌握各类食品加工高新技术基本概念。
2. 掌握各类食品加工高新技术方法。
◆**学习重点**
各类食品加工高新技术基本概念。
◆**学习难点**
各类食品加工高新技术方法。

项目一　分离技术

任务1　膜分离技术

一、膜分离技术概述

膜分类膜分离技术是一项新兴的高新分离技术,在食品工业中得到广泛的应用。从18世纪人类首先认识生物膜,在长达两百年多年中对膜分离技术积累了大量的理论基础研究,为后来广泛应用提供了良好的基础。膜分离技术的应用与发展,使传统的分离过程受到了挑战,与传统分离方法(蒸发、萃取或离子交换等)相比,它是在常温下操作,没有相变,最适宜对热敏性物质和生物活性物质的分离与浓缩,具有高效、节能、工艺过程简单、操作方便、设备紧凑、工作环境安全、投资少、污染小等优点。膜分离技术已经是世界各国研究的热点,成为最有发展前途的高新生产技术之一。

膜分离技术就是利用一张特殊的具有选择性的薄膜,在外界能量或化学位的推动下,以选择性透过膜为分离介质,对两组分或多组分气体或液体进行分离、分级和富集的技术方法。根据截留的组分不同,通常将膜分为微滤(microfiltration, MF)膜、超滤(ultrafiltration, UF)膜、纳滤(nanofiltration, NF)膜、反渗透(reverse osmosis, RO)膜、电渗析(electrodialysis, ED)膜、气体分离(gasseparation, GS)膜等。

二、膜分离技术的原理

1. 膜分离的基本原理

膜分离技术原理是依据物质分子尺度的大小不同,借助膜的选择渗透作用,以天然或人工合成的高分子薄膜为介质,以外界能量或化学位差为推动力,对双组分或多组分溶质和溶剂进行分离、分级、提纯和富集,从而达到分离、提纯和浓缩的目的。膜分离法可用于液相和气相。所谓的膜,是指一种流体相内或是在两种流体相之间有一层薄的凝聚相,它把流体相分隔为互不相通的两部分,并能使这两部分之间产生传质作用。

用半透膜把容器隔成两部分,膜的两侧是浓度不同的溶液。小分子溶质透过膜向纯水侧移动,而纯水透过膜向溶液侧移动,此种现象称为渗析。如果仅有溶液中的溶剂透过膜向纯水侧移动,而溶质不透过膜,这种分离现象称为渗透。只能使溶剂或溶质透过的膜称为半透膜。如果半透膜只能使某些溶质或溶剂透过,而不能使另一些溶质或溶剂透过,称之为膜的选择透过性。属于渗析的分离方法有电渗析、压渗析、渗析、热渗析;属于渗透的分离方法有电渗透、反渗透、渗透、热渗透。引起上述分离的推动力各有不同,有点位差、压力差、浓度差、温度差等。

2. 膜分离过程

反渗透、纳滤、超滤、微滤均为压力推动的膜过程,即在压力的作用下,溶剂及小分子通过膜,而大分子、微粒等被截留,其截留程度取决于膜结构。

如果需要截留直径大于100nm的颗粒可选用开口膜结构,此时膜的流体力学阻力很低,较小的推动力就可以得到很高的通量,这类膜过程通常称为微滤;为了从水溶液中分离大分子物质,需要致密的膜结构,流体力学阻力因而较大,所用压力要大于微滤,这类过程称为超滤;利用膜也可以分离分子大小近似的低分子量物质,此时必须使用非常致密的膜,因此流体力学阻力很大,这类过程称为反渗透。从微滤到超滤、纳滤、反渗透,流体力学阻力越来越大,需要的推动力也越来越大,膜通量及被截留分子则越来越小。工业应用膜分离过程及分类见表10-1。

表10-1 工业应用膜分离过程及分类

过程	透过组分	截留组分	膜类型	分离目的
微滤	溶液、气体	0.02~10μm 粒子	多孔膜	溶液脱粒子、气体脱粒子
超滤	小分子溶液	1~20nm 大分子	非对称膜	溶液脱大分子、大分子溶液脱小分子
纳滤	溶剂、小分子溶质	1nm以上 溶质	非对称膜、复合膜	溶剂脱有机组分、脱高价离子、软化、脱色浓缩
反渗透	溶解扩散	0.1~1nm 小分子溶质	非对称膜、复合膜	溶剂脱溶质、含小分子溶质溶质浓缩
电渗析	离子交换	大离子和水	离子交换膜	溶液脱小离子、小离子溶液浓缩
气体分离	溶解扩散	较大组分	非对称膜、复合膜	混合气体分离、富集或特殊组分脱除

三、各膜分离技术

(一)微滤

微滤即微孔过滤,是开发应用最早、使用最广泛的膜过程。微滤是利用筛分原理,分离、截留直径为0.05~10nm大小粒子的膜分离技术。膜的孔径0.1~10nm,其操作压力在0.01~0.2MPa左右。微滤操作过程分死端过滤和错流过滤两种方式。在死端过滤时,溶剂和小于膜孔的溶质粒子在压力的推动下透过膜,大于膜孔的溶质粒子被截留,通常堆积在膜面上。随着时间的增加,膜面上堆积的颗粒越来越多,膜的渗透性将下降,这时必须停下来清洗膜表面或更换膜。错流过滤是在压力推动下料液平行于膜面流动,把膜面上的滞留物带走,从而使膜污染保持一个较低的水平。

(二)超滤

超滤分离技术是在常温下以膜两侧的静压差或浓度差为推动力进行分离、浓缩和纯化的一种技术。超滤的分离原理可基本理解为压力驱动的筛孔分离过程,小于孔径的微粒随溶剂一起从高压侧透过膜上的微孔进入低压侧,而大于孔径的微粒则被截留。膜上微孔的尺寸和形状决定膜的分离效率。超滤对溶质的分离过程主要有三种形式,即在膜表面上的机械截留、在膜孔中的停留、在膜表面及膜孔内的吸附。超滤与微滤相比,膜孔更小、过滤精度更高,实际操作压力也略高。主要用于分离液相物质中诸如蛋白质、核酸聚合物、淀粉等大分子化合物、胶体分散液和乳液等。

通常对超滤机理的阐述有毛细流动和溶解扩散两种模型。在毛细流动模型中,溶质的脱除主要靠流过微孔结构的过滤或筛滤作用,半透膜阻止了大分子的通过;按这一模型建立的流动是毛细孔中的层流流动。在溶解扩散模型中，假定扩散质的分子先溶解于膜的结构材料中，而后再经载体的扩散而传递。因为分子种类不同，溶解度和扩散度也就不同。

（三）纳滤

纳滤膜即超低压反渗透膜，又称疏松型反渗透膜。纳滤是介于超滤与反渗透之间的一种压力驱动膜分离技术，它的分离机理相似于反渗透，从结构上来看纳滤膜大多是复合型膜，即膜的表面分离层和它的支撑层的化学组成不同，在纳滤膜表面有一层均匀的超薄脱盐层，比反渗透膜疏松得多，操作压力比反渗透低，因而纳滤也可认为是低压反渗透技术。目前关于纳滤膜的分离机理模型有：空间位阻—孔道模型，溶解扩散模型、空间扩散模型、空间电荷模型、固定电荷模型。与超滤膜相比，纳滤膜有一定的荷电容量；与反渗膜相比，纳滤膜又不是完全无孔的，因此其分离机理在存在共性的同时，也存在差异。

纳滤膜分离可取代传统处理过程中的多个步骤，因而比较经济。如在水的软化和净化中，采用纳滤技术就可以一次性去除金属离子和有机物。耐压性与抗污染能力强。由于纳滤膜多为复合膜及荷电膜，因此对疏水型胶体油、蛋白质和其他有机物有较强的抗污染性，另外其耐压性也比较强。

（四）反渗透

反渗透是一种新发展的膜分离技术，它是一种压力驱动的膜过程，与其他压力驱动的膜过程相比，反渗透是最精细的过程，因此又称"高滤"。其原理是将两种浓度不同的溶液置于同一种容器中，在其交界处以一薄膜隔开，在高浓度溶液处给予一个大于渗透压的外压，就会发生渗透逆行现象，高浓度溶液中的溶剂通过膜渗出，溶液中的水分与溶质分离，溶液不断地变浓，从而使得高浓度溶液浓度变得更高。它过滤的实质是利用反渗透膜能够选择性透过溶剂而截留离子物质。分离的过程是依靠膜两侧的静压力差为推动力，用以克服溶剂的渗透压，使溶剂通过反渗透膜而实现对液体混合物进行分离。它主要用于水的脱盐、软化、除菌等。它的分离机理与其他压力驱动膜过程有所不同，分离过程除与孔的大小有关外，还取决于对透过组分在膜中的溶解、吸附和扩散，因此与膜的化学、物理性质以及透过组分与膜之间的相互作用有很大关系。目前工业上最广泛使用的两种反渗透膜材料，首选醋酸纤维素，其次为聚酰胺。

（五）气体膜分离

气体膜分离技术始于20世纪后半期，是利用气体组分在膜内溶解和扩散性能的不同，即渗透速率的不同，在压力差推动下实现分离的技术，它具有投资少、能耗低、使用方便、操作弹性大等特点，是世界各国特别关注的高新技术领域中研究开发的重点之一。它在食品、化工等领域的应用，使其成为国家科技和工业发展水平的重要标志之一。

气体膜分离机理是气体通过多孔膜的流动，是利用不同气体分子透过膜的速度不同，而使不同气体在膜两侧富集并实现分离。多孔膜中气体传递机理包括分子扩散、黏性流动、努森扩散剂表面扩散等。由于多孔膜孔径及内孔表面性质的差异使得气体分子与多孔膜之间的相互作用程度有所不同，从而表现出不同的传递特征。气体通过非多孔膜的传递过程一般用溶解——扩散机理来解释：气体首先溶解于膜的一侧表面，然后沿着膜中浓度梯度扩散传递到膜的另一侧，最后在膜的另一侧表面解吸。

（六）电渗析

在外加直流电场作用下，利用离子交换膜的透过性（即阳膜只允许阳离子透过，阴膜只允许阴离子透过），使水中的阴、阳离子作定向迁移，从而达到水中的离子与水分离的一种物理化学过程。在阴极与阳极之间，放置着若干交替排列的阳膜与阴膜，让水通过两膜及两膜与两极之间所形成的隔室，在两端电极接通直通电源后，水中阴、阳离子分别向阳极、阴极方向迁移，由于阳膜、阴膜的选择透过性，就形成了交替排列的离子浓度减少的淡室和离子浓度增加的浓室。与此同时，在两电极上也发生着氧化还原反应，即电极反应，其结果是使阴极室因溶液呈碱性而结垢，阳极室因溶液呈酸性而腐蚀。因此，在电渗析过程中，电能的消耗主要用来克服电流通过溶液、膜时所受到的阻力及电极反应。

四、膜分离的技术特点

（一）膜分离的条件一般都较温和，通常在常温下进行，特别适用于热敏性物质的分离、分级、提纯和浓缩，且可以同步进行，能较好地保持产品原有的色、香、味和营养成分。

（二）膜分离通常是一个高效的分离过程，膜分离过程能耗低，分离过程中不发生相变，挥发性物质损失少，节约能源。对比之下，蒸发、蒸馏、萃取、吸收、吸附等分离过程，都伴随着从液相或吸附相至气相变化，而相变化的潜热是很大的，膜分离对能量要求低，费用低。另外，很多膜分离过程通常是在室温附近的温度下进行的，被分离物料加热或冷却的消耗很小。

（三）具有冷杀菌作用，保存期长，无二次污染。

（四）选择性好，应用范围广，但要选择相应膜类型，可在分子级内进行物质分离，具有普遍滤材无法取代的卓越性能。

（五）设备简单，易于操作，结构紧凑，可连续进行，效率高，维护少，维修费用低易于自动化。膜分离设备本身没有运动部件，工作温度又在室温附近，所以很少需要维护，可靠度很高。它的操作十分简便，而且从开动到得到产品的时间很短，可以在频繁的启、停下工作。

五、膜的保存

分离膜的保存对其性能极为重要，主要应防止微生物、水解、冷冻对膜的破坏和膜的收缩变形。微生物的破坏主要发生在醋酸纤维素膜，而水解和冷冻破坏则对任何膜都可能发生。温度、pH 不适当和水中游离氧的存在均会造成膜的水解。冷冻会使膜膨胀而破坏膜的结构，膜的收缩主要发生在湿态保存时的失水，收缩变形使膜孔径大幅度下降，孔径分布不均匀，严重时还会造成膜的破裂。当膜与高浓度溶液接触时，由于膜中水分急剧地向溶液中扩散而失水，也会造成膜的变形收缩。

六、膜分离技术在食品中的应用

（一）超滤在食品工业中的应用

1. 纯水的制备

超滤技术广泛用于水中的细菌、病毒和其他异物的除去，用于制备高纯饮用水。

2. 乳清蛋白的回收

在牛奶加工中用超滤技术可从乳清中分离蛋白和低相对分子质量的乳糖。乳清是生产干酪的副产物，由于浓缩技术的限制，乳清一直被当作废水排放掉，不但浪费了资源，而且造成了污染。采用超滤与反渗透组合技术回收乳清蛋白的方法已成为回收乳清蛋白的标准技术，如果在超滤的最后阶段向高蛋白的浓缩物中加水，还可以将其中的乳糖和盐类脱除，得到高纯度乳清蛋白浓缩物。

3. 果汁、酒等饮料的消毒与澄清

应用超滤技术可除去果汁的果胶和酒中的微生物等杂质，使果汁和酒在净化处理的同时保持原有的风味和口感，具有处理方法简单，操作费用低，提高酒质或饮料的稳定性，提高回收率等优点。

（二）纳滤在食品工业中的应用

1. 油脂中游离脂肪酸的分离

在脂肪和油脂工业中，将油脂脱酸以适合消费者的需要是非常重要的。通常用碱脱去游离脂肪酸，但这种脱酸方法导致大约8%甘油三酸酯的损失。物理精炼法水蒸气洗提作为一种替代方法，但这种方法又耗能大，增加生产成本。用纳滤膜技术脱除蔬菜油中游离脂肪酸，既能够减少能量消耗，又能降低甘油三酸酯损失，大大地降低了生产成本，显著地提高了经济效益。

2. 低聚糖的分离和精制

低聚糖主要应用于食品工业，是两个以上单糖组成的碳水化合物，可改善人体内的微生态环境，提高人体免疫功能，降低血脂，抗衰老、抗癌，具有很好的保健功能，因而得到越来越广泛的应用。低聚糖与蔗糖通常采用高效液相色谱法分离，因为他们的分子量相差很小，分离很困难，但此法不仅处理量小，耗资大，并且需要大量的水稀释，因而后面浓缩需要的能耗也很高。采用纳滤膜技术来处理可以达到高效液相分离法同样的效果，甚至在很高的浓度区域实现三糖以上的低聚糖同葡萄糖、蔗糖的分离和精制，而且大大降低了操作成本。

◆ 知识拓展

低聚糖又称寡糖，是指含有2-10个糖苷键聚合而成的化合物，糖苷键是一个单糖的苷羟基和另一单糖的某一羟基脱水缩合形成的。它们常常与蛋白质或脂类共价结合，以糖蛋白或糖脂的形式存在，难以被胃肠消化吸收，甜度低，热量低。

3. 果汁的浓缩

用反渗透膜和纳滤膜串联起来进行各种果汁浓缩，可以保证果汁的口感和风味不变，也可节省大量能源，提高经济效益。传统的果汁浓缩是用蒸馏法或冷冻法浓缩，不仅能耗大，且导致果汁风味和芳香成分的散失。将反渗透与纳滤连用，可得到40%的果汁浓缩液，所需的能耗低很多。

4. 食品用水的净化

近年来，生产和生活中大量使用的农药、化肥和洗净剂等有机化合物以及人们通入到水中杀菌的氯气，都会造成对水环境的污染而对人们健康造成危害。为提高食品质量和档次，食品用水应当净化。传统的净水方法不容易除去这些低相对分子质量的有机物，纳滤膜对这些低分子量的有机物截留率可以达到87%~98%，在脱盐的同时，有效地除去了这些有害物质。

(三)微滤在食品工业中的应用

微滤在纯水制备时作为反渗透的保安过滤器,用以清除细小的悬浮物,在酒类生产中用于脱除酵母、霉菌和其他微生物,在果汁澄清中效果与超滤相同,在明胶和糖液的澄清中代替硅藻土。

(四)反渗透技术在食品工业中的应用

1. 海水淡化

海水的淡化制取生活用水,硬水软化制备锅炉用水,高纯水的制备。反渗透技术在家用饮水机及直饮水给水系统中的应用更体现了其优越性。

2. 全乳清的浓缩

牛奶乳清的浓缩传统上常多效蒸发法,消耗能量大,较长的时间高温加热又会破坏牛奶乳清中的营养成分,用反渗透技术可在常温下对全乳清浓缩。

3. 低乙醇啤酒

乙醇含量为2.0%的称低乙醇啤酒,低乙醇啤酒具有典型的啤酒风味。利用反渗透能够有效减少啤酒的乙醇含量而不损失其芳香。

4. 果蔬汁浓缩

果蔬汁浓缩多用醋酸纤维素反渗透膜,它对醇和有机酸的分离率较低,与常用的冷冻干燥和蒸发脱水浓缩等工艺比较,反渗透法脱水浓缩成本较低,而且产品的疗效、风味和营养等均不受影响。

任务2 超临界流体萃取技术

一、超临界流体萃取概念和特征

超临界流体萃取(Superitical Fluid Extraction,SFE)是利用超临界流体作为萃取剂,从液体或固体中萃取特定成分,以达到分离目的产物的一种新型分离技术。

超临界萃取的本质特征是选用对环境无污染、无毒、不残留的萃取剂代替水或有机溶剂作为萃取介质并在接近室温的条件下进行萃取,其优点是将萃取分离和去除溶剂等多个单元过程合为一体,简化了工艺流程,提高了生产效率,特别适合于提取和纯化生物、食品、化妆品和药物等。另外,它还具有萃取速度快、操作条件温和、选择性高、不存在溶剂残留、不污染环境等一系列优点,传统的提取物质中有效成分的方法,如水蒸气蒸馏法、减压蒸馏法、溶剂萃取法等,其工艺复杂、产品纯度不高,而且易残留有害物质。超临界流体萃取是利用流体在超临界状态时具有密度大、黏度小、扩散系数大等优良的传质特性而成功开发的,有效地克服了传统分离方法的不足,它利用在临界温度以上的高压气体作为溶剂,分离、萃取、精制有机成分。

二、超临界流体的基本原理

任何一种物质都存在气相、液相、固相三种相态,三相呈平衡态共存的点叫三相点,液、气两相呈平衡状态的点叫临界点,在临界点时的温度和压力称为临界温度和临界压力,不同的物质其临界点所要求的压力和温度各不相同。超临界流体是指在临界温度和临界压力以上的一种凝缩性的高密度流体，具有气体和液体的双重特性，其黏度与气体相似，但扩散系数比液体大得多，其密度和液体相近。高于临界温度和临界压力而接近临界点的状态称为超临界状态。

超临界流体萃取分离过程的原理是利用超临界流体的溶解能力与其密度的关系，即利用压力和温度对超临界流体溶解能力的影响而进行的。在超临界状态下，超临界流体具有很好的流动性和渗透性，将超临界流体与待分离的物质接触，使其有选择性地把极性大小、沸点高低和分子量大小的成分依次萃取出来。当然，对应各压力范围所得到的萃取物不可能是单一的，但可以控制条件得到最佳比例的混合成分，然后借助减压、升温的方法使超临界流体变成普通气体，被萃取物质则完全或基本析出，从而达到分离提纯的目的，所以超临界流体萃取过程是由萃取和分离组合而成的。

三、CO_2 超临界萃取的基本特征

CO_2 超临界萃取与普通的液体萃取相比较，萃取速度和分离范围两个方面更为理想，由于 CO_2 超临界萃取是通过对温度和压力的调节来控制溶质的蒸汽压和亲和性而实现物质分离，因而，就可以从天然物质中有选择性地分离出其他方法难以提取的有效成分或脱除有害成分，其萃取力和选择性具有通过压力、温度、流速等较精密控制的可能，是从动植物原料中萃取有效成分或除去有害成分的分离加工的有效手段。

四、CO_2 超临界萃取特点

1. 临界温度低，临界压力小，操作条件温和，对有效成分的破坏少，可以在接近室温（35~40℃）及 CO_2 气体笼罩下进行提取，有效地防止了热敏性物质的氧化和逸散，完整保留生物活性，而且能把高沸点，低挥发度、易热解的物质在其沸点温度以下萃取出来。因此特别适用于具有高沸点、热敏性或易氧化的成分，如香精、芳香油、香料、油脂、维生素、生理活性成分及酶等成分的提取和提纯。

2. 无污染，通过改变超临界流体的状态，很容易与萃取物完全分离，不存在溶剂残留而污染产品的问题，并且由于全过程不用有机溶剂，因此萃取物绝无残留溶剂，同时也防止了提取过程对人体的毒害和对环境的污染，100%的纯天然，尤其适用于食品和医药等行业。

3. 工艺条件容易控制，CO_2 超临界萃取流程简单，在萃取时，由于 CO_2 的临界密度是常用超临界溶剂中最高的，因而对有机物溶解能力强、选择性好。临界点附近，温度压力的微小变化，都会引起超临界流体密度的显著变化，从而引起待萃物的溶解度发生变化。压力和温度都可以成为调节萃取过程的参数，被萃取的物质通过降低压力或升高温度即可析出，不必经过反复萃取操作，控制工艺参数可以分离得到不同的产物，可用来萃取多种产品，而且原料中的重金属、无机物、尘土等都不会被 CO_2 溶解带出。

4. 蒸馏和萃取合二为一，可以同时完成蒸馏和萃取两个过程，萃取效率高。通过改变超临界流体的密度将待分离的成分萃取和分离，提高超临界流体的密度，将待分离的成分溶出，由于 CO_2 超临界萃取流体兼备了液体和气体的特征，比液体溶剂渗透扩散快。当饱含溶解物的二氧化碳超临界流体流经分离器时，由于压力下降使得 CO_2 与萃取物迅速成为气液两相而立即分离分开，不存在物料的相变过程，不需回收溶剂，不仅萃取效率高，而且能耗较

少、节约成本，适用于分离难分离的物质，如有机混合物、同系物的分离精制等。

5. 能耗少，热水、冷水全都是闭路循环，无废水、废渣排放。CO_2也是闭路循环，仅在排料时带出少许，不会污染环境。由于能耗少、用人少、物料消耗少，所以运行费用非常低。比常规蒸馏和液体萃取能耗少，可节约大量能源。

6. CO_2可看作是与水相似的无色、无味、无毒、廉价的有机溶剂。CO_2的萃取物中不含硝酸盐和有害的重金属，完全没有溶剂的残留，有效地避免了传统提取条件下溶剂毒性的残留。CO_2在使用过程中稳定、不燃烧、安全、不污染环境，且可避免产品的氧化。因此，CO_2特别适合天然产物有效成分的提取。对于天然物料的萃取，其产品真正称得上是100%纯天然的"绿色产品"。

超临界CO_2萃取特别适合于对生物、食品、化妆品和药物等的提取和纯化。在环境化学中它能出色地替代许多有害、有毒、易挥发、易燃的有机溶剂；它还可看作与水最相近、价格最便宜的溶剂；它可以从环境中来，用于化工过程后再回到环境中去，无任何毒副作用。因其有完全"绿色"的特性而广泛应用。

五、CO_2超临界萃取技术食品工业的应用

伴随着人类社会的进步，饮食文化的内涵不断丰富，人们对食品提出了营养性、方便性、功能性等更高的要求，同时还越来越强调其安全性。我国食品工业应用超临界萃取技术已逐步由实验室研究走向产业化，超临界CO_2萃取技术采用的萃取剂具有无燃性、无化学反应、无毒、无污染、无致癌性、安全性高、操作工艺简单及省时等优点，因此在食品工业中越来越受到重视。超临界萃取主要在以下几个方面应用广泛：

1. 天然香料、色素的提取

超临界CO_2流体萃取在近乎常温条件下进行，有效地防止了反应香料中热敏性香气成分的变化，保持了原有的香气，而且，用该工艺制备的萃取物不含有任何溶剂残留，产品安全性高。超临界CO_2流体萃取技术还可以分离天然色素，传统方法提取的色素有有机溶剂残留、澄清度等都很难符合标准，而且有机溶剂使用量大。超临界CO_2萃取技术具有良好的渗透和溶解能力，可迅速从固体或黏稠的半固体原料中提取有效成分，产品易与溶剂分离，无溶剂残留。CO_2安全无毒、廉价易得，改变萃取温度、压力和夹带剂，就可以选择性地提取所需要的物质。超临界CO_2流体萃取技术特别适合提取天然植物中亲脂性、极性较小的色素，并可通过使用适当夹带剂在一定程度上提高萃取率。随着合成色素的不安全性日益受到人们的重视，世界各国使用合成色素的种类日趋减少。天然色素不仅使用安全，而且常有一定的营养价值，深受消费者喜爱。

（1）脱咖啡因

超临界流体萃取技术最早大规模工业应用的是脱除天然咖啡豆中的咖啡因。咖啡因是从茶叶、咖啡果中提炼出来的一种生物碱，是一种较强的中枢神经系统兴奋剂，富含于咖啡豆和茶叶中。大剂量或长期使用会对人体造成损害，许多人饮用咖啡或茶时，不喜欢咖啡因含量过高，而且从植物中脱除下的咖啡因可药用，常作为药物中的掺合剂。

脱除咖啡因的传统方法为溶剂萃取法，但这种方法存在产品纯度低、工艺复杂繁琐、提取率低、残留溶剂等缺点。因为超临界CO_2对咖啡因的选择性高，同时还具有溶解度大、无

毒、不燃、廉价易得等优点,可将咖啡因的质量分数从2%降低到0.02%。超临界CO_2法脱除咖啡因的过程大致为先用机械法清洗鲜咖啡豆,去除灰尘和杂质,然后加蒸汽和水预泡,提高其水分含量,再将其装入萃取器中,不断往萃取器中送入CO_2而将咖啡因逐渐萃取出来。

(2) 啤酒花有效成分

啤酒花是啤酒生产中主要的辅料,它能赋予啤酒特有的香味、清爽度和苦味,是啤酒酿造中的防腐剂和芳香剂。对啤酒花进行深加工,萃取其有效成分,或对其萃取物进一步分离、异构,再应用到啤酒酿制中,以便提高啤酒苦味值和酒花成分的利用率,减少运输和储存的费用。啤酒花中,对酿酒有用的部分是挥发性油和软树脂中的律草酮。挥发油赋予啤酒特有的香气,而律草酮是造成啤酒苦味的重要物质。早期采用啤酒花直接酿酒,存在于啤酒花中的律草酮只能利用25%左右,后来改进为二氯甲烷或甲酸等有机溶剂萃取法,可使其利用率提高到60%~80%,但萃取物还需进一步提纯和精制。

传统方法生产的啤酒花浸膏不含或仅含少量的香精油,破坏了啤酒的风味,而且残存的有机溶剂对人体有害。采用超临界萃取啤酒花技术主要理论依据是它在液体CO_2中的溶解度随着温度强烈的变化,啤酒花提取律草酮的萃取率可达95%以上,并能得到安全的高品质、富含啤酒花风味物质的浸提液,因而成为最早实现工业化生产的超临界萃取技术之一。

采用超临界CO_2萃取时,首先把啤酒花磨成粉末状,使之更易与CO_2接触,然后装入萃取器,密封后通入超临界CO_2进行萃取。达到萃取要求后,经石流降压,萃出物随CO_2一起被送至分离釜,得到黄绿色产品。

2. 油脂的提取分离

(1) 植物油脂的提取分离

提取油脂的传统方法有压榨法和溶剂萃取法。压榨法油脂得率低,粕内残油高,压榨后粕中的蛋白质已经变性,生物效价低,只能用作饲料,造成资源浪费;有机溶剂萃法的提取率高,但存在溶剂回收困难和产品中溶剂残留等问题,且有机溶剂易燃易爆,并且产品纯度不高,而且两种方法都不能有效进行物质成分的选择性萃取。用超临界CO_2萃取油脂,提取率高,得到的油无溶剂残留,并且可以调节萃取条件,操作条件温和,可以对不饱和脂肪酸等成分实现选择性分离。另外超临界CO_2萃取油脂后的残粕仍保留了原样,可以很方便地用于提取蛋白质、掺入食品或用作饲料,利于实现对原料的综合利用。超临界萃取由于在低温和无氧情况下操作,可以分离、精制各种热敏和易氧化的组分,特别适用于一些功能性油脂的提取,保护生理活性物质的活性。超临界CO_2流体萃取技术已广泛用于开发具有高附加值的保健品用油上,如米糠油、小麦胚芽油、沙棘油、玉米油、辣椒籽油、葡萄籽油、杏仁油、紫苏子油、月见草油、芹菜油等,并取得了工业应用成果。通过超临界萃取的植物油在外观性状、产率、理化指标及氧化稳定性上都优于传统提取方法。

(2) 动物油脂的提取分离

传统的动物油脂分离方法主要是溶剂法和高温煎煮法,溶剂法不仅会给卵磷脂和蛋白质中带来有机溶剂残留,而且会造成环境污染,高温煎煮法易使磷脂分解、油脂颜色加深、酸值升高，产品品质低。采用超临界 CO_2 可有效地将动物中油脂类成分萃取出来，萃取效果与传统溶剂萃取相当，而且品质高于传统方法得到的油。

3. 生物碱的提取

生物碱是生物体内一类含氮有机物的总称，多有较复杂的含氮杂环结构和特殊而显著的生理作用，为重要的中草药成分。绝大多数生物碱具有极性，用 CO_2 萃取时不仅要提高温度和压力，而且要加入夹带剂，以改善溶剂的溶解性和选择性。常用的夹带剂有甲醇、氯仿、乙醇、乙酸乙酯和丙酮。

4. 磷脂的提取

磷脂普遍存在于动植物的细胞中，是细胞膜、神经细胞及脑细胞的重要组成部分，也是生命的基础物质之一。磷脂对活化细胞，维持新陈代谢，基础代谢及荷尔蒙的均衡分泌，增强人体的免疫力和再生力，都能发挥重大的作用。磷脂主要有卵黄磷脂和大豆磷脂，天然卵磷脂富含于蛋黄中。

传统的方法有溶剂法和高温煎煮法。溶剂法不仅会给卵磷脂和蛋白质带来难以除尽的有机溶剂，造成环境污染，而且纯度低；高温法易使磷脂分离，颜色加深，酸值升高。卵磷脂通常不溶于超临界 CO_2 中，利用这一特性，可以利用超临界 CO_2 流体萃取技术的特点提取高纯度的磷脂。实践证明，超临界 CO_2 萃取技术可有效地提高大豆磷脂的含量，其纯度可达到95%以上。

任务3 分子蒸馏技术

一、分子蒸馏技术概述

分子蒸馏是一种在高真空度条件下进行非平衡分离操作的连续蒸馏过程，它是以液相中逸出的气相分子依靠气体扩散为主体的分离过程。

作为一种对高沸点和热敏性物质进行有效分离的手段，20世纪60年代，为适应浓缩鱼肝油中维生素A的需要，分子蒸馏技术得到了工业化应用但当时困于种种条件，应用面窄、发展速度慢。随着人们对天然物质的青睐，回归自然潮流的兴起，分子蒸馏技术得到了迅速的发展。分子蒸馏技术能分离常规蒸馏不易分离的物质，特别适宜于高沸点、热敏性物质的分离，因此，它为工业化生产的各个领域中高纯物质的提取、分离开辟了广阔的前景。

二、分子蒸馏的基本原理

分子蒸馏技术利用了不同种类分子逸出液面后直线飞行的距离不同这一性质来实现物质分离的。液体混合物为了达到分离的目的，首先进行加热，能量足够的分子逸出液面。轻分子的平均自由程大，重分子的平均自由程小，若在离液面小于轻分子自由程而大于重分子自由程的地方设置一冷凝面，使得轻分子落在冷凝面上被冷凝，而重分子则因达不到冷凝面，而返回原来的液面，这样就将混合物分离了。

三、分子蒸馏技术的特点

1. 物理分离

其分离过程为物理分离过程，可很好地保护被分离物质不被污染，特别是可保持天然提取物的原来品质。

2. 操作温度低

分子蒸馏依靠分子运动平均自由程的差别实现分离，远低于物料的沸点，加之分子蒸馏的操作真空度更高，这又进步降低了操作温度。

3. 物料受热时间短

分子蒸馏在蒸发过程中，物料被强制形成很薄的液膜，并被定向推动，使得液体分子在分离器中停留时间很短。特别是轻分子，一经逸出就马上冷凝，受热时间更短，一般为几秒或十几秒，这样，使物料的热损伤很小，特别对热敏性物质的净化过程提供了传统蒸馏无法比拟的优越条件。

4. 分子蒸馏是不可逆

普通蒸馏是蒸发与冷凝的可逆过程，液相和气相间可以形成互相平衡状态，而分子蒸馏过程中，从蒸发表面逸出的分子直接飞射到冷凝面上，中间不与其他分子发生碰撞，理论上没有返回蒸发面的可能性。

5. 分离程度更高

分子蒸馏能分离常规蒸馏不易分开的物质，高于传统蒸馏及普通的薄膜蒸发器。可有效地脱除低分子物质（脱臭）、重分子物质（脱色）及脱除混合物中杂质。

四、分子蒸馏在食品加工中的应用

1. 具有不同沸点产品的分离

单甘酯一般采用油脂与脂肪酸酯化和油脂与甘油醇解，产物由甘油单酯和甘油双酯组成，单甘酯的含量一般都很低，利用分子蒸馏分离得到高含量的甘油单酯。

2. 混合物中分离低含量成分

从油中分离天然维生素 E 用超临界 CO_2 萃取法，其生产规模小，生产成本较高。对于对于规模较大的物系分离，分子蒸馏法优于超临界萃取。应用分子蒸馏技术从鳕鱼、鲑鱼、金枪鱼等的肝油中提取的天然维生素 A 及其他生物活性物质至今仍然被作为最安全的保健食品，广泛应用于婴幼儿的营养食品中。

3. 香料除臭

从蒸馏残液中分离微量的挥发性成分采用二级分子蒸馏可以对香料除臭。

4. 天然色素的分离提取

随着人们生活水平的提高及对合成色素危害认识的加深，天然色素越来越受到人们的关注，利用分子蒸馏其蒸馏温度低，无有机溶剂残留等特点可提取天然色素。类胡萝卜素是一种天然色素，具有抗菌和防治疾病的作用。传统的类胡萝卜素提取方法由于溶剂残留等问题，使产品质量受到影响。利用分子蒸馏技术，从棕榈油中分离出类胡萝卜素。

5. 其他

用于热敏性物料的浓缩、提纯，如应用分子蒸馏技术蜂蜜、果汁等食品的处理。

项目二 新型加热技术

任务1 水油混合式深层油炸技术

水油混合深层油炸是近年来国外新兴的一种工艺技术,它有着传统纯油油炸不可比拟的优点,因而极受食品加工企业、中西式快餐店的欢迎。水油混合深层油炸设备的开发及利用有着广阔的市场前景。

一、传统纯油油炸工艺对食品的不良影响

传统油炸过程中,全部的油均处于持续的高温状态,当食品所释放的水分和氧气同油接触时,油便会氧化生成羰基化合物、酮基酸、环氧酸等物质,这些物质均会使食品产生不良的味道,并使油变黑。随着油使用时间的延长,在无氧状态下,油分子会与各种产物聚合生成环状化合物及高分子聚合物,使油的黏度上升,降低油的传热系数,增加食品的持油率,影响食品的质量与安全性,重复使用几次后的油便失去了使用价值。

油炸过程中产生的食物碎屑,会慢慢积存于油炸器的底部,时间一长就会被炸成碳屑,特别是在反复炸制腌肉类食品时还会生成一种名为亚硝基吡啶的致癌物。同时,食物残渣附着于油炸食品的表面,会使油炸食品质量劣化。

二、水油混合式深层油炸原理

水油混合式深层油炸工艺是指在同一敞口容器中加入油和水,相对密度小的油占据容器的上半部,相对密度大的水则占据容器的下半部,将电热管水平安置在容器的油层中,油炸时食品处在油层中,油水界面处设置水平冷却器以及强制循环风机对水进行冷却,使油水分界的温度控制在55℃以下。炸制食品时产生的食物残渣从高温油层落下,积存于底部温度较低的水层中,同时残渣中所含的油经过水层分离后又返回油层,落入水中的残渣可以随水排出。

三、水油混合式深层油炸特点

1. 该工艺使油局部受热,因而油的氧化程度显著降低。
2. 炸制食品时产生的食物残渣积存于底部的水层中,反复油炸食品后的油不需过滤。
3. 避免了传统纯油油炸过程中油因氧化聚变而成为废油的浪费,大大降低了油的损耗,节油效果十分明显。
4. 炸制过程中油始终保持新鲜状态,所炸食品不但香、味俱佳,而且其外观品质良好。

四、水油混合式深层油炸应用

水油混合深层油炸适合于加工不同形状的食品,水油混合深层油炸工艺因具有限位控制,分区控温,自动滤渣,节油节能等优点,在日本,韩国等国家已被普遍采用。如今许多宾馆,饭店及食品工厂均采用此种方式。水油混合深层油炸是近年来国外新兴的一种工艺技术,它有着传统纯油油炸不可比拟的优点,因而极受食品加工企业,中西式快餐店的欢迎,水油混合深层油炸设备的开发及利用有着广阔的市场前景。

任务2 真空低温油炸

真空低温油炸是将真空技术与油炸、脱水工艺有机结合加工而成的一种新型高科技含量的新型技术。真空低温油炸是上世纪60年代末兴起的,用于油炸土豆片,获得了比传统油炸工艺具有更好品质的产品,以后广泛应用于果蔬制品。食品的真空低温油炸,由于真空的存在,使得脱水占有相当重要的地位,因此与原有意义上的油炸有所不同。

一、真空低温油炸的基本原理

真空系统相对于大气压而言,是处于负压状态,其绝对压力低于大气压。在真空系统中,其单位体积内空气含量低于大气中的含量,在这种相对缺氧的状态下进行食品加工,可以减轻甚至避免氧化作用所带来的危害,例如脂肪酸败、酶促褐变或其它氧化变质等。真空低温油炸是指在减压的条件下,食品中水分汽化温度降低,能在短时间内迅速脱水,实现在低温条件下对食品的油炸。

二、影响真空油炸过程的因素

1. 温度

油炸温度的控制是通过真空度的控制来控制的,一般控制在100℃左右。

2. 真空度

一般保持在92.0~98.7kPa之间,纯水沸点大约为40℃。

3. 油炸前的预处理

预处理方式主要有溶液浸泡、热水漂洗和速冻处理三种,目的是使酶充分失活及提高制品的组织强度。

三、真空低温油炸的特点

1. 保色作用。采用真空油炸,油炸温度大大降低,而且油炸锅内的氧气浓度也大幅度降低。油炸食品不易褪色、变色、褐变,可以保持原料本身的颜色。如猕猴桃极易受热褐变,若采用真空油炸,可以保持其绿色。但是对于油溶性色素,如类胡萝卜素的色素、叶绿素类色素在油炸时,色素易溶出,故在油炸前应对原料进行预处理,以保持色素的稳定。

2. 保香作用。采用真空油炸,原料在密封状态下被加热。原料中的呈味成份大多数为水溶性,在油脂中并不溶出,并且随着原料的脱水,这些呈味成分进一步得到浓缩,因此采用真空油炸技术可以很好地保存原料本身具有的香味。

3. 降低油脂劣变程度。炸用油的劣化包括氧化、聚合、热分解,而以水或水蒸汽与油接触产生水解为主。在真空油炸过程中,油处于负压状态,溶于油脂中的气体很快大量逸出,产生的水蒸汽压力较小,而且油炸温度低,因此,油脂的劣化程度大大降低。

4. 口感酥脆,无任何化学添加剂,经特殊处理,可以作成适合特殊人群食用的保健食品。

5. 由于是低温真空处理,因而富含维生素、无机盐,具有低脂、低热量、高纤维素等新鲜蔬果的特点,以及最大程度地保持了新鲜蔬果的质量、颜色及味道。

四、真空低温油炸工艺

1. 油炸前处理

(1)原料的挑选。

(2)清洗。一般用清水直接清洗,对表面污染严重的果蔬可先用0.5%HCl溶液浸泡数分钟。

(3)切片。厚度一般为2~4mm。

(4)护色、灭酶。护色采用一定浓度的亚硫酸氢钠水溶液浸泡;在98℃的热水中漂烫数分钟灭酶。

(5)漂洗。去除亚硫酸氢钠和色素等物质。

(6)糖置换。将准备油炸的果蔬置于一定浓度的糖溶液中进行熬煮。

2.真空炸制

(1)真空度和温度的控制。

(2)如何克服真空低温油炸过程中的瀑沸现象。

(3)油炸前油预热。

(4)原料堆积厚度对产品质量的影响。

3.炸后处理

(1)脱油。通过溶剂法或离心分离法脱油将产品的含油率控制在10%以下。离心脱油的一般程序是原真空度下沥油数分钟,消除真空后1000~15000r/min离心脱油10min。

(2)加香。为弥补油炸过程损失的香味,脱油后的产品可用0.2%的香精加香。

五、真空低温油炸技术在食品中的应用

1.高蛋白快餐豆制食品

利用低温真空油炸技术制作不同风味的酥脆豆腐,既可以作为一般休闲食品,亦可以作为快餐食品中的调味品,还可以制成具有中国特色的各种菜肴半成品。

2.食用菌食品

利用此方法制作的食用菌食品,保持了原有食品的香、鲜、味、美外,还具有适口、易保存和食用方便等优点。

3.制作富含维生素C的橘皮、鲜枣制品

由于维生素C的不稳定性,一般的油炸方法会使其损失达到90%以上。采用了低温真空油炸技术,可以大大减少维生素C的损失,最终可以最大限度地保持食物的营养性。

4.其他应用

包括在肉制品、其他各种休闲食品,如油炸甘薯脆片、油炸果蔬脆片、油炸脆枣、油炸胡萝卜片等中都得到了成功地应用。

任务3 微波加热

微波是指波长1m~1mm,频率为300MHz~300GHz的电磁波,微波频率比一般的无线电波频率高,通常也称为"超高频电磁波"。微波与其他加热方式不同,它在加热时微波能够均匀地渗透到制品内部,从而在制品的内外不存在温度差,最终达到均匀加热的目的。微波加热技术以其节能高效、温控准确、便于电子监控、卫生无污染、加热迅速均匀等优越性在全世界得到迅速推广与普及。

一、微波加热的原理

介质材料由极性分子和非极性分子组成,在电磁场作用下,这些极性分子从原来的随机分布状态转向依照电场的极性排列取向,而在高频电磁场作用下,这些取向按交变电磁的频率不断变化,这一过程造成分子的运动和相互摩擦从而产生热量,此时交变电场的场能转化为介质内的热能,使介质温度不断升高。虽然,每次由于改变方向而振动的能量不大,但是由于频率很高,发生的能量很可观,因而产生的热量也比较可观。

同时,微波加热是介质材料自身损耗电场能量而转化为介质的热能,就是自热式,与普通的通过介质加热的方式不同。微波加热则属于内部加热方式,电磁能直接作用于介质分子转换成热,且透射性能使物料内外介质同时受热,不需要热传导,而内部缺乏散热条件,造成内部温度高于外部的温度梯度分布,形成驱动内部水分向表面渗透的蒸汽压差,加速了水分的迁移蒸发速度。特别是对含水量在30%以下的食品,速度可数百倍地减小,在短时间内达到均匀干燥。

二、微波的特点

1. 穿透力强

对于极性液体分子用微波加热时可看作为球形偶极子在外电场高频作用下,极性分子克服与周围分子间的摩擦阻力,随外电场方向的高速变化而做高速正反取向的旋转运动,极性分子的平均动能增大。同时,分子间的相互摩擦和碰撞,以及微波透介质时由于介质损耗而引起介质体积的温升,使介质材料内部、外部几乎同时生热升温,形成体热源状态,大大缩短了常规加热中热传导时间,且内外加热均匀一致。

2. 热惯性小

对介质材料是瞬时加热升温,能耗自然也很低,另一方面,微波输出功率随时可调,介质材料的温升可无惰性地随之改变,不存在"余热"现象,极有利于自动控制和连续化生产的需要。

3. 呈现选择性加热特性

即物料含水分程度越高,吸收能力越多,物料加热蒸发就越剧烈。这是因为水分子是一种极性分子,在高频电磁场作用下,每个水分子也发生高频取向振动,分子间产生剧烈摩擦,宏观表现为温度上升,从而完成了高频电磁场能向热能的转换。

4. 具有反射性和透射性

微波遇到金属会反射回去,尤如光束投向镜子。透射性是指微波对玻璃、塑料、陶瓷一类绝缘材料如同光速通过玻璃一样透射过去。

三、微波加热的优点

1. 加热迅速均匀

利用物料本身所含水分从里到外同时迅速加热,具有自动热平稳性能,避免过热,且便于控制。

2. 营养破坏少

加热质量高,能最大限度地保持食物的色、香、味,减少食物中维生素的破坏。

3. 安全卫生

因为微波杀菌除了其热效应外还有生物效应,许多病菌在微波加热不到100 ℃时就全部被杀死,对食品的杀菌能力强且无污染。

4. 节能高效

比一般常规加热省电约30% ~ 50%。

5. 具有快速解冻功能。

微波的独特属性,以渗透到食品原料内产生大量热量而加速解冻。食品原料微波解冻时间短,冻品滴水少,色泽新鲜度和营养成分损失少,无污染。

四、微波加热在食品中的应用

1. 微波灭菌

微波杀菌是基于食品中微生物同时受到微波热效应和非热效应的共同作用,在短时间内达到杀菌效果,又不影响产品原来的风味,同时与传统的常规杀菌比较,能在较低温度下获得所需的杀菌效果,因此微波杀菌在将来可能有更大的发展前景。

2. 微波干燥

微波干燥是一种内部加热的方法。一部分微波能转化为分子运动能,并以热量的形式表现出来,使水的温度升高而离开物料,从而使物料得到干燥。在传统的干燥工艺中,为提高干燥速度,需升高外部温度,加大温差梯度,然而随之容易产生物料外焦内生的现象。但采用微波加热时,不论物料形状如何,热量都能均匀渗透,并可产生膨化效果,利于粉碎。在微波作用下,物料的干燥速率趋于一致,加热均匀。并且,微波干燥技术不影响被干燥物料的色、香、味及组织结构,有效成分也不易被分解、破坏。

3. 淀粉食品的膨化

微波能量穿透物料深层加热,能迅速使物料深层水分蒸发形成较高的内部蒸汽压力条件,迫使物料膨化。该膨化效应将有可能消除一般干燥物料表层皱皮萎缩情况,保持物料干燥前的外观形状。如果在以淀粉精制生料或蛋白质精制生料或豆类等为原料的方便食品生料中,掺入适量的膨化剂或发泡剂,采用适当工艺,可制膨化干燥食品。微波焙烤可以使面包具有良好的组织形态,但是由于表面温度不够不容易上色。

4. 食品解冻

食品解冻升温时细菌随之大量繁殖,引起腐败。要保持解冻食品的新鲜程度,尽可能地缩短解冻时间将是十分重要的,使用微波解冻技术就能达到和满足冻结食品解冻时的最佳条件。在微波解冻过程中,冻结食品在微波场中从内到外同时吸收微波能量,食品整块成为一个发热体,容易形成整体均一的解冻,缩短解冻时间,迅速越过 $-5℃ \sim 0℃$ 这个易发生蛋白质变性、食品变色变味的温度带,以保持食品的品质不致下降。

项目三 生物技术的应用

生物技术也称生物工程,是指人们以现代生命科学为基础,结合先进的工程技术手段和其他基础学科的科学原理,按照预选的设计改造生物体或加工生物原料,为人类生产出所需产品或达到某种目的。近几十年来,科学和技术发展的一个显著特点就是人们越来越多地采用多学科的方法来解决各种问题,这最终导致综合性学科的出现,并形成了具有独特概念和方法的新领域。生物技术就是在这种背景下产生的一门综合性的新兴学科,它广泛地应用于食品、医药、气象、环保、能源等各领域中。目前应用到食品领域的生物技术主要包括基因工程、酶工程、发酵工程、细胞工程等。

任务1 基因工程

基因工程又可称为重组DNA技术或分子遗传工程,以遗传学为基础,结合工程手段创立的一门工程技术。

一、基因工程原理

基因工程首先从某一生物体基因组(或人工合成)取得目标基因,然后在体外将其同载体连接形成重组的DNA分子,并将其导入受体细胞内,最后使目标基因和载体上某些基因的性状得以在受体细胞内表达。即以DNA重组技术为主要手段,实现同种或异种生物(如动物、植物、微生物等)之间优良基因转移或基因重组。

二、基食品中因工程应用目的

1. 提高食品原料的产量或降低成本。
2. 提高食品原料的营养价值和加工性能。
3. 拓宽食品原料的来源。
4. 利用动植物和微生物生产保健食品的有效成分。

三、基因工程的步骤

从复杂的生物体基因组中分离筛选并获得目标基因片段;在体外将目标基因连接到能自我复制的并有选择性标记的载体分子上,获得重组DNA分子;将重组DNA分子转移到适当的受体或宿主细胞,并与之同步增殖;筛选出获得了重组DNA分子的受体细胞克隆;从筛选出的阳性克隆中提取出扩增的重组DNA分子或基因,供进一步分析和研究使用。

四、基因工程在食品中的应用

1. 提高作物产量,比如通过生物固氮作用,可以降低土地的板结、农作物肥力的下降以及对环境的污染。
2. 改良作物品质,此工程尤其在油料种子改良方面更加明显。
3. 延熟保鲜,主要应用于水果蔬菜中。
4. 具有预防和保健功能,比如将病原体的抗原基因植入到粮食作物或者果树中,人们吃了这些粮食和水果,相当于服用了疫苗,可以起到预防疾病的作用。
5. 改善发酵食品的品质和风味。
6. 提高农作物的抗逆能力,如把北冰洋比目鱼的抗冻基因导入草莓中,可以提高转基因草莓的抗冻能力。

任务2　酶工程

酶是一种蛋白质，它是由生物活细胞合成的，能够对特异性底物起高效催化作用的生物催化剂。酶工程是生物技术的一个重要组成部分，指在一定的生物反应器内，利用酶的催化作用进行物质转化的技术，而食品工业是应用酶工程技术最早和最广泛的行业。近年来，由于固定化细胞技术、固定化酶反应器的推广应用，促进了食品添加剂新产品的开发，产品品种增加，质量提高，成本下降。还有些酶本身就是保健食品重要的功效成分，如过氧化物歧化酶（SoD）、溶菌酶、L天冬酰胺酶等，为食品工业带来了巨大的社会经济效益。酶工程包括自然酶的开发及应用，固定化酶、固定化细胞、多酶反应器、生物反应器、酶分子的修饰改造及酶传感器等，广泛应用于食品加工的许多领域。

一、酶工程原理

酶是由生物体产生的具有催化活性的蛋白质，它能特定地促成某个化学反应而本身却不参加反应，且具有反应率高、反应条件温和、反应产物污染小、能耗低、反应容易控制等特点，这些特点比传统的化学反应具有较大的优越性。酶的改造酶虽然能在常温常压下起催化作用，但稳定性差，溶液状态的酶制剂使用后不能回收，成本较高。为了克服这些缺点，可将酶固定化。固定化技术既可用于单一酶、多酶体系、具有一种或多种酶特性的微生物和动植物细胞，也可用于具有生长和增殖能力的活的微生物和动植物细胞。将酶或者微生物细胞，动植物细胞，细胞器等在一定的生物反应装置中，利用酶所具有的生物催化功能，借助工程手段将相应的原料转化成有用物质。

二、酶工程在食品中的应用

1. 功能性食品中的应用

目前酶工程在无乳糖牛乳、低胆固醇乳脂乳、低变应原米、活性多糖、功能性低聚糖、糖醇、活性肽及氨基酸、功能性油脂、核苷酸、维生素、微量活性元素、糖苷等功能性食品的应用中已经进行了系统和专业的研究。

2. 添加剂中的应用

在甜味剂、调味剂、香味剂、营养强化剂、乳化剂等食品添加剂中都得到了很好的应用，如甜菊苷是一种非营养型功能性甜味剂。甜菊苷具有轻微的苦涩味，通过酶法改质后可除去苦涩味，从而改善风味。酶处理方法是在甜菊苷溶液中加入葡萄糖基化合物，采用葡萄糖基转移酶处理生成葡萄糖基甜菊苷。

3. 普通食品中的应用

目前应用酶工程比较多的食品种类包括葡萄糖浆的生产、果葡糖浆的生产、麦芽糖浆生产、环糊精生产、蛋白质加工等。

任务3　发酵工程

发酵工程是指利用微生物的生长与代谢活动，通过现代化工程技术手段进行工业规模化生产的技术，它将微生物学、生物化学和化学工程学的基本原理和技术结合起来，又称微生物工程。发酵工程主要包括工业生产菌种的选育，发酵条件的优化与控制，生物反应器的设计，以及发酵产物的分离、提取和精制等。

一、发酵工程的要求

1. 要有性能优良的微生物菌种，一般可通过诱变育种、基因重组或细胞融合获得。

2. 要保证或控制微生物生长和代谢的各种条件，如培养基组成、温度、溶氧浓度、pH 和时间等。

3. 要有进行微生物发酵的设备；最后要有将菌体或代谢产物提取出来并精制成产品的技术和设备。

二、发酵工程在食品中的应用

1. 替代传统方法

在食品添加剂中的应用从植物中提取食品添加剂的传统方法，成本高，来源有限；化学合成方法成本低些，但是化学合成率低、周期长，最重要的是可能产生对人体有害的有毒物质，因此，用微生物工程代替传统方法和化学合成法，已经是生产食品添加剂的首选方法。目前，比较成功的应用实例主要有维生素类的生产、甜味剂的生产、增香剂的生产和色素的生产等。

2. 细菌发酵

在传统发酵食品中的应用多年以来一直用酵母发酵生产酒精，现在广泛研究了细菌发酵生产酒精以期得到耐高温、耐酒精的新菌种。例如，日本从土壤中分离得到酒精生产菌，它能利用稻草、废木和纤维素生产酒精。味精生产现在采用双酶法糖化发酵工艺取代传统的酸法水解工艺，可以提高原料利用率10%左右；我国对传统酿造产品，酱油、醋、黄酒、豆腐乳等利用优选的菌种发酵，提高了原料利用率，缩短了发酵周期，改良风味和品质方面取得了一定的效果。

3. 生产单细胞蛋白

由于微生物菌体的蛋白质含量高，一般细菌含蛋白质60%~70%。因此是一种理想的蛋白质来源，也是解决全球蛋白质资源缺乏的重要途径之一。为了和高等植物蛋白、动物蛋白相区别，因此把微生物蛋白称为单细胞蛋白。前苏联利用发酵法大量生产酵母，最高产量曾经达到60万吨/年，成为世界上最大的单细胞蛋白生产大国。用于生产单细胞蛋白的微生物以酵母和藻类为主，也有采用细菌、放线菌等，现在许多国家都在积极进行球藻和螺旋藻蛋白的开发，如美国、日本等国家生产的螺旋藻食品既含有丰富的营养，又是减肥食品，因此在国际上很受欢迎。

◆ **知识拓展**

单细胞蛋白,也叫微生物蛋白,它是用许多工农业废料及石油废料人工培养的微生物菌体。因而,单细胞蛋白不是一种纯蛋白质,而是由蛋白质、脂肪、碳水化合物、核酸及不是蛋白质的含氮化合物、维生素和无机化合物等混合物组成的细胞质团。单细胞蛋白中重要的是酵母蛋白、细菌蛋白和藻类蛋白,它们的化学组成中一般以蛋白质、脂肪为主。

4. 生产油脂

微生物油脂的生产许多微生物含有油脂,低的含油率2%~3%,高的可以达到60%~70%,并且大部分微生物油脂富含多不饱和脂肪酸,对人体健康很有益。目前,利用低等丝状真菌发酵生产多不饱和脂肪酸已经成为国际上发展的趋势。我国已经有公司在生产微生物油脂,在欧美等发达国家,已有微生物油脂上市。

5. 生产功能食品

微生物工程在保健食品及保健食品素材(功效成分)开发中也有应用。在膳食纤维中的应用包括:利用巴氏醋酸菌、木醋杆菌等微生物发酵法生产的细菌纤维素具有很好的持水性、黏稠性、稳定性及生物可降解性,是良好的功能食品素材。同时,除了上述的应用以外,已经在活性多糖、氨基酸、核苷酸、酶制剂、红曲米、糖醇、多不饱和脂肪酸、类胡萝卜素及活性微量元素等方面进行了深入的研究和应用。

项目四 食品灭菌新技术

任务1 超高压处理技术

食品的超高压处理技术是指将食品放入液体介质(通常是水)中使食品在极高的压力(例如100~1000MPa)下产生酶失活、蛋白质变性、淀粉糊化和微生物灭活等物理化学及生物效应,从而达到灭菌和改性的物理过程。随着人们生活水平的提高,人们对食品的质量及安全性越来越重视,要求营养高、原汁原味、具有更长的货架期和新鲜的口味,防腐剂和其它化学添加剂尽可能少用,利用超高压技术加工食品是一个物理过程,它能顺应这一趋势。利用超高压技术加工食品,有效地克服了传统热加工处理方法带来的种种弊端,较好地保持了物料原有的营养成分,而且加工后的食品口感适宜、色泽鲜艳、保质期较长,而且整个食品加工过程的能量消耗也较传统的加工工艺有着很大程度地降低。

一、超高压灭菌的原理

微生物的生命活动受许多环境条件的影响,而食品加工业大多使用改变环境温度的热力杀菌法,但高效的热力杀菌常会使食品产生热臭,还有热敏性营养成分损失、变色及其他难以克服的变异现象。而超高压杀菌就完全不同,我们知道微生物的热力失活,是由于细胞膜构造变化(损伤)、酶的失活、蛋白质的变性、DNA直接和间接的损伤等主要原因而引起。超高压能破坏蛋白质氢键、二硫键和离子键的结合,蛋白质一级结构遭受破坏,使其基本物性发生变异,产生蛋白质的压力凝固及酶的失活,超高压还能使菌体内的成分产生泄漏和细胞膜破裂等多种菌体损伤，所以超高压在常温下具有微生物灭活的作用。

二、影响超高压杀菌的因素

1. 温度

超高压作用下，低温或高温能提高灭菌效果。如控制好温度，则可减少加工时间和压力。当菌悬液的水相出现冰晶，细胞受到机械损伤，又受到压力作用，杀菌效果增强，蛋白质在低温高压下敏感性增强，容易变性。酶活力较弱。并且在低温下有利于保持食品的风味及营养。

2. pH值

高浓度的氢离子可引起菌体表面蛋白质和核酸水解，破坏酶类水解。压力会改变介质的 pH 值，并逐渐缩小微生物生长的 pH 值范围。在食品允许范围内，改变介质 pH 值，使微生物生长环境劣化，也会加速微生物的死亡速率，缩短灭菌时间。

3. 水分活度

水分活度对灭菌效果影响很大。较高水活度下，高压可使微生物细胞减少两个数量级。高压对细胞结构的影响产生子细胞膜体系，尤其是细胞核膜。而低水活度产生细胞收缩作用，使细胞在压力中存活下来。当水活度低于 0.88 时，基质对微生物有明显的保护作用。水活度对超高压的杀菌效果影响较大，对于固体与半固体的超高压杀菌，考虑水活度的影响十分重要。

4. 食品组分

食品组分是影响高压杀菌的重要因素，在高浓度蛋白质，高脂肪，高碳水化合物的食品体系中微生物的耐压性增高。比如在果汁中含糖量越高，加压杀菌的效果就越差；鸡肉培养基中的沙门氏菌暴露在 340MPa 加压 90 分钟仍不能完全灭菌。主要是由于脂肪蛋白等大分子有机物具有缓冲保护作用，而且这些营养物质加速了微生物的繁殖和自我修复功能，但高价的金属离子对高压的杀菌效果影响不大。所以应该在加压杀菌时注意食品组分对微生物的保护作用。

三、超高压灭菌在食品中的应用

1. 超高压技术在肉品加工中的应用

目前，超高压在肉类加工中的应用研究主要集中于两个方面：一是改善制品的嫩度，因为嫩度是肉类最重要的品质指标；其次是在保持制品品质的基础上延长制品的贮藏期。高压处理对肉类各种成分的影响随处理温度、压力值、时间、肌肉种类和所处的不同状态等而存在很大差异。随着研究的深入，人们主要关注于高压处理对肉类成分的影响及其与肉类品质变化的关系。各种肌肉遭受高压处理后，会成为很硬和收缩的肉，然而，与未受处理的肉相比，高压处理过的肉在煮制后更嫩，具有更高的水分含量，更低的剪切力值。这主要是由于煮沸时的肉质收缩和汁液损失较少。感官检验也显示，压力处理过的肉质比对照肉样更嫩。压力处理后肉质变嫩表明在加压处理过程中肌肉的节结构受损，鲜肉在僵硬发生前受到 (100~200)MPa 的短暂高压处理对于肉质嫩化足够有效。

2. 超高压技术在水果加工中的应用

超高压加工技术的出现使果蔬加工产品质量更好、更安全、货架期更长。水果加工过程中频繁使用高温会使产品产生烹调味，从而失去它们本身的质地、颜色和天然的特性。

3. 超高压技术在蔬菜加工中的应用

与超高压加工技术在果酱、果汁、饮料、乳制品等加工方面相比，超高压技术用于蔬菜产品上还比较少。超高压处理使番茄组织遭到了一定程度的破坏。超高压加工对芹菜组织的影响不大。

4. 超高压技术在保藏中的应用

食品贮存技术越来越受到人们的重视，一些行之有效的方法，如风干法、冷冻法、罐头封装法等，都会使食品的鲜味受到不同程度的损害。而超高压加工能克服上述缺点，在不损害食品材料本质的情况下对其进行调和、加工、杀菌。食品材料在超高压环境中，淀粉变成糊状，蛋白质变成凝胶状，类似蜂蜜。虽然淀粉和蛋白质失去了本来的面目，变得表面发光、质地细腻，但色香味都不失原有风味。超高压食品不但无菌，保鲜时间长，而且还能提高食品的附加值。通过超高压的作用，啤酒的苦味值、总酚含量、酒精度也得到了很好的保持。

任务2　食品辐照加工

在食品加工技术中，食品辐照处理防止食品腐败技术是一种发展潜力很大又备受争议的技术。食品辐照技术是利用辐射源产生的射线或加速器产生的高能电子束辐照食品及农产品，抑制发芽、推迟成熟、杀虫灭菌，防止霉变和保鲜延长食品保藏时间为目的的一项新型技术。由于食品辐照具有节能、效率高、不升温、安全可靠和保持食品良好感官品质等优点，得到越来越多国家的广泛关注和应用，正在形成一门新兴的辐照加工产业。

一、辐射对食品营养成分的影响

食品经过电离辐照后将发生部分化学变化，剂量越高则变化程度越明显。组成食品的分子经电离辐照后会产生离子、自由基等活性粒子，活性粒子引发的化学反应会影响食品成分的分子结构的变化，其程度与辐射条件有关。

1. 蛋白质

有些蛋白质中的部分氨基酸可能发生分解或氧化，部分蛋白质还会发生交联或裂解作用；实验证明经50kGy以下辐照的食品蛋白质营养成分无明显变化，氨基酸组成稳定。

2. 脂肪

脂肪分子经辐照后会发生氧化、脱羟、氢化、脱氢等作用，产生典型的氧化产物、过氧化物和还原产物，这种作用取决于脂肪的种类、不饱和程度、辐照剂量、氧存在与否等。饱和脂肪一般较稳定的，不饱和脂肪易氧化，氧化程度与辐照剂量成正比。研究表明经40~50kGy的辐照后，脂肪的同化作用和热能价值未发生改变，营养价值也无变化。

3. 碳水化合物

大剂量的辐照能引起碳水化合物的氧化和分解，如放出H_2CO、CO_2等气体。一般情况下，碳水化合物对辐照是稳定的，20~50kGy的剂量不会使糖类的品质发生变化。

4. 维生素

对辐射较为敏感，脂溶性维生素中以维生素E、K最为敏感，水溶性中以维生素的敏感性最强。维生素与食品中的其他成分复合存在会降低对辐射的敏感程度。研究表明 20~25kGy 剂量的辐照对维生素的破坏程度与加热相同。

二、食品辐射的装置

1. 辐射源

辐射源是食品辐照处理的核心部分,用于食品辐照加工的辐射源有人工放射性同位素和电子加速器。食品辐照处理上用得最多的是 $_{60}Co\gamma$ 射线源,也有采用 $_{137}Cs\ \gamma$ 射线辐射源。电子加速器(简称加速器)是用电磁场使电子获得较高能量,将电能转变成射线(高能电子射线、X 射线)的装置。

2. 安全防护装置

食品辐照对人体的危害主要是外辐射造成的。其防护措施主要有时间防护、距离防护和屏蔽防护。铅的相对密度大,屏蔽性能好,铅容器可以用来储存辐射源。辐射源一般存放于深水井中,即用水屏蔽。其优点是具有可见性和可入性,但要求有足够的水层厚度。混凝土墙既是建筑结构又是屏蔽物。各种屏蔽材料的厚度必须大于射线所能穿透的厚度,屏蔽材料在施工过程要防止产生空洞及缝隙过大等问题,防止了射线泄漏。辐照室必须设置屏蔽门或迷道,使射线在迷道内发生至少 3 次以上的散射。

三、辐照保藏技术的优缺点

1. 辐照技术是一种物理保藏法,属于冷处理技术,与许多传统保藏法相比有显著的优越性:

(1)节约能源 与热处理、干燥和冷冻保藏食品法相比,能耗降低几倍到几十倍;

(2)杀菌效果好 可通过调整辐照剂量满足对各食品杀菌的要求;

(3)射线能快速、均匀、较深的穿透物体 与热处理相比,辐照过程易得到精确的控制;

(4)辐照为"冷处理" 可最大限度保持食品的原有风味;

(5)不会留下任何残留物 从而减少环境污染并提高食品卫生质量;

(6)可对包装好的食品进行杀菌处理 消除了在食品生产和制作过程中可能出现的严重交叉污染问题。

2. 辐照加工技术存在以下缺点:

(1)经过杀菌剂量的照射,一般情况下,酶不能完全被钝化。

(2)经辐射处理,敏感性强的食品和经高剂量照射的食品可能产生不愉快的感官性质变化,这些变化是因游离基的作用而产生的;

(3)能够致死微生物的辐射剂量对人体而言相当高,所以必须非常谨慎。

(4)辐射保藏方法不适用于所有的食品,需要选择性地应用。

四、辐照技术在食品保藏中的应用

各种食品有着不同的应用情况,因此采用不同的剂量进行处理就会产生不同的效果。辐照按剂量划分可分为低剂量(1kGy 以下)、中剂量(1~10kGy)、高剂量(10kGy 以上)。

1. 低剂量辐照

(1)抑制果蔬发芽

蔬菜、水果刚采收后的呼吸作用比较旺盛，会继续成熟。辐照处理不仅可抑制发芽，保存营养物质，还抑制了果蔬的新陈代谢和呼吸作用，推迟果蔬的成熟，延长储存期和货架期。例如马铃薯、大葱、洋葱或生姜，在保存过程中可能会发芽，用 0.05~0.15kGy 的剂量辐照处理，即可阻止其储存期发芽。如果根茎作物尚处于休眠状态，采用 0.1kGy 剂量辐照对阻止储存期的发芽是有效的。实验证明，0.1kGy 的剂量能抑制马铃薯的发芽，同时能消灭马铃薯茎蛾的卵。

（2）防止食品虫害

辐照能杀死栖生于食品中的昆虫或寄生虫，在仓储过程中采用辐照处理谷类是杀灭害虫的有效手段。谷类及其制品辐照后，不仅可杀死害虫，也能够杀死虫卵，防止以后大规模爆发。此外，辐射还可以除去粮食及其制品中的霉菌、黄曲霉毒素等，有效地保证食品的安全。研究证明，大米、小麦、干菜豆、谷粉和通心粉可用大约 1kGy 的剂量辐照消灭象鼻虫和面象虫，用 0.13~0.25kGy 辐照虫卵或幼虫能阻止其发育为成虫，0.4~1kGy 照射能阻止所有的卵、幼虫和蛹的发育。据 Amakrishna N. 报道，辐照大米可以控制微生物及霉变发生，谷类食品通常采用低剂量进行辐照，辐照后其各个营养成分与对照均无明显差异。

（3）保鲜果蔬产品

研究显示，使果蔬腐败变质的主要微生物对低剂量的辐照非常敏感。因此，采用低剂量的辐照可杀死这些微生物，有利于延长果蔬的储藏期，减少损失。用 1kGy 以下的剂量辐照可抑制多种水果、蔬菜中的酶活性，相应降低植物体的生命活力，延缓成熟，减少腐烂，延长保藏期。1kGy 以下的剂量辐照对香蕉、芒果、番木瓜、常青果、柑橘、蘑菇、芦笋、番茄等都有效。利用低剂量辐照新鲜荔枝，可以推迟成熟 5~7 天。

2. 中剂量辐照

（1）辐照巴氏杀菌

辐照巴氏杀菌就是利用辐照对食品进行灭菌与防腐。剂量 2~8kGy 可杀灭食品中除病毒与芽孢菌以外的非芽孢病原菌，主要是沙门氏菌；0.4~1.0kGy 剂量可杀灭腐败微生物，延长食品的保藏期。此方法特别适用于保藏在冷冻条件下的未烹调预包装食品及真空包装的预烹调肉类制品。例如用 1.5~2.5kGy 的剂量辐照处理鳕鱼，在 2~3℃ 的冷藏条件下可保藏三个月，未辐照的鳕鱼只能保藏一个月。实验表明，在规定的剂量下对肉类及家禽类的产品进行处理，可以杀灭其中的沙门氏菌，延长食品冷藏温度在冰点以上的储藏期。

（2）保证食品室温保藏的货架稳定性

造成新鲜农副产品霉变的多数微生物对低剂量辐照敏感，采用 1~5kGy 剂量辐照可使霉变微生物大大减少，可延长食品的货架期。若采用较低剂量（1~2kGy）辐照草莓、芒果、桃子等水果，可以有效地控制霉菌生长，减少水果在运输销售过程中的损失，延长保藏期。

（3）改善食品的工艺品质

研究发现，用 2.5kGy 或 5kGy 的剂量辐照大豆后可改进豆奶和豆腐的品质，提高产率；以 2~4kGy 剂量辐照薯干酒和劣质酒，可以加速陈化、消除杂味儿提高品质；牛肉经 1~10kGy 剂量辐照后，蛋白纤维产生降解使牛肉变得特别鲜嫩；对葡萄进行辐照处理，可以增加葡萄汁的产量；辐照脱水蔬菜，可提高复水性能，减少烹饪时间。

3. 高剂量辐照

高剂量辐照常用于调料、调味品和香料灭菌。天然香料与调味品易生虫长霉，采用辐照技术对香料和调味品进行杀虫灭菌，可使传染性微生物失去活性，并保持原有风味，避免了加热和熏蒸消毒法的药物残留、香味挥发、甚至生成有毒化合物的缺点。如干香葱粉经4kGy剂量辐照后，微生物数量明显减少，经10kGy的剂量辐照，细菌数量减少到十个以下；辣椒粉经5kGy剂量辐照后，样品已检测不出霉菌。目前，国际市场上有近百种辐照香料与调味品销售。

五、辐照食品的包装

在辐射处理中，包装是一个重要的环节。包装的目的是为了调节辐照的气体氛围（如真空包装或塑料密封包装形成自发气调环境）、防止产品间的交叉污染或辐射处理后的二次污染、便于集中堆垛提高辐照效率等。在辐射处理前必须根据产品性状、辐射处理目的、运输和贮存的要求以及销售要求，合理地选择包装材料和形式。使用杀菌剂量照射时，金属罐是稳定的。在剂量接近20kGy或更低时，塑料包装的食品，辐照对其物理性质没有明显影响，但剂量超过20kGy时，聚乙烯、聚酯、乙烯基树脂、聚苯乙烯等塑料薄膜的物理性质会发生变化。金属箔和各种复合包装材料是比较理想的食品辐照包装材料，可接受高达60kGy剂量的照射。

项目五　其他高新技术

任务1　超声波技术

超声波为频率高于20000Hz以上的有弹性的机械振荡，由于其超出人的听觉上限，故称为超声波，超声波具有多种物理和化学效应。目前人们常用的超声波基本上分为两类：一类是高频超声波；另一类是低频超声波。杀菌一般用低频超声波，频率为20～100kHz。超声灭菌技术已在美、日、欧洲等发达国家或地区获得了广泛使用，主要适合于果蔬汁饮料、酒类、牛奶、矿泉水、酱油等液体食品。

一、超声波技术产生的原理

超声波在媒质中的反射、折射、衍射、散射等传播规律，与可听声波的规律没有本质上的区别。与可听声波比较超声波具有许多奇异特性：传播特性是波长很短，它在均匀介质中能够定向直线传播；功率特性是当声音在空气中传播时，推动空气中的微粒往复振动而对微粒做功；空化作用是当超声波在液体中传播时，由于液体微粒的剧烈振动，会在液体内部产生小空洞，这些小空洞迅速胀大和闭合，会使液体微粒之间发生猛烈的撞击作用，从而产生几千到上万个大气压的压强。微粒间这种剧烈的相互作用，会使液体的温度骤然升高，起到了很好的搅拌作用，从而使两种不相溶的液体（如水和油）发生乳化，且加速溶质的溶解，加速化学反应。这种由超声波作用在液体中所引起的各种效应称为超声波的空化作用。

二、超声波技术在食品加工中的应用

1. 超声波辅助提取

超声波对各种成分的提取分离的强化作用主要源于空化作用和机械效应,超声空化现象中微小气泡的爆裂会产生极大的压力,使植物细胞壁及整个生物体的破裂在瞬间完成,缩短了破碎时间,同时超声波产生的振动作用加强了胞内物质的释放、扩散和溶解,可显著提高提取效率。与常规提取方法相比,超声波辅助提取技术具有提取效率高、提取时间短、能耗低以及产品收率高等优点。在有效成分提取过程中,细胞的破壁、溶质的扩散和平衡速度等与单位面积的超声功率相关,而且均会对提取效率和回收率产生影响,因此一般选用低频大功率超声。

2. 超声波杀菌

传统的热杀菌技术由于温度过高,容易导致食品营养成分和风味的损失,而超声波、高压等非热杀菌技术则不存在这样的问题。当采用超声波处理食品时,由于超声波的空化作用,在介质中会产生纵波,即交替压缩和膨胀的区域,压力的变化会在介质中形成气泡,这些气泡在膨胀过程中有更大的表面积,增加了气体的扩散,在这一过程中会使分子产生激烈碰撞,生产冲击波,导致局部区域温度和压力的瞬间升高,这种内爆导致的压力改变是超声波杀菌的主要原因。在食品工业,单独使用超声波杀菌并不能完全满足要求,将超声与其他灭菌技术联合使用时有更好的效果,特别是与热处理和压力处理等相结合。

3. 超声波乳化和均质

乳化是一种液体以极微小液滴均匀地分散在互不相溶的另一种液体中,形成乳浊液的过程。超声乳化是利用超声的空化作用和机械效应,剪切大分子或液体中的分散相,使其均质达到乳化的效果;此外,超声波的作用还能够使一些不溶于水的物质活性增加,从而在水中分散均匀或溶解,在几乎不使用稳定剂的情况下保持乳浊体系的稳定。

超声乳化具有许多优点:

(1) 所形成的乳液平均液滴尺寸小($0.2 \sim 2\mu m$),液滴尺寸分布范围窄($0.1 \sim 10\mu m$);

(2) 浓度高,所形成的乳液更加稳定,纯乳液浓度可超过30%,外加乳化剂可高达70%;

(3) 可以控制乳状液的类型,在超声作用下 O/W(水包油)和 W/O(油包水)型乳液都可制备;

(4) 生产乳液所需功率小。

4. 超声波结晶

超声波能够强化晶体生长,加速起晶过程。与其他刺激起晶法和投晶种法相比,超声起晶所要求的过饱合度较低,晶体生长速度快,所得晶体均匀、完整,成品晶体尺寸分布范围小。在制药行业中为了得到细小而且均匀的颗粒,已将超声用于生产口服液或注射液。超声强化结晶也是改变许多食品特性的有效工具,如膳食脂肪、巧克力、冰淇淋的特性修饰等。此外,超声结晶技术还可以用于控制速冻食品冰晶的形成。超声波可以加快热量传导,使食品冷冻速度加快,并有效防止由于冰晶生长而造成的细胞组织破裂,避免解冻后的组织结构软化和细胞液外流。超声波还能防止在结晶过程中晶体在管路上过度沉积,是一种最佳的绿色防垢技术。

5. 超声波干燥

由于传统干燥技术需要采用高温,容易使食品变形、老化,风味丧失,使保健食品和功能食品的有效成分损失。超声干燥技术解决了上述难题。其通过超声本身所具有的空化作用、机械效应、热效应等影响物料本身的结构,降低水分转移阻力,有效去除结合水,从而加速水分的去除,降低水含量,干燥食品。超声用于食品干燥常与热风干燥相偶联,通过超声作用将物料内部的结合水转移到物料表面,再热风带走,可显著提高干燥速度,缩短干燥时间。此外,超声技术也与喷雾干燥、冷冻干燥等干燥技术相偶联。

任务2 食品加工超微粉碎技术

超微粉碎是指利用机械或流体动力的方法克服固体内部凝聚力使之破碎,从而将3mm以上的物料颗粒粉碎至$10\sim25\mu m$米的操作技术。

现代食品工业尤其是保健食品工业的不断发展,普通的粉碎手段已不适应生产的需要,于是出现了超微粉碎技术,并得到了迅猛的发展。食品工业是超微粉碎技术应用的一大领域,作为一种新型食品加工方法,它已运用于许多食品的加工中。日本、美国市场上销售的果味凉茶、冻干水果粉、超低温速冻龟鳖粉等,都是应用超微粉碎技术加工而成的。

一、超微粉碎技术分类

1. 按粒子大小分

超微粉碎技术通常分为微米级粉碎($1\sim100\mu m$)、亚微米级粉碎($0.1\sim1\mu m$)、纳米级粉碎($1\sim100nm$)。

2. 按性质分

普通超微粉碎方法按性质分为化学方法和物理方法(机械式粉碎法)。化学合成法产量低、加工成本高、应用范围窄,物理制备法使物料不发生化学反应,保持了物料原有的化学性质。

3. 按物料载体种类分

根据粉碎过程中物料载体种类的不同又分为干法粉碎和湿法粉碎。干法粉碎有气流式、高频振动式、旋转球(棒)磨式、锤击式和自磨式等几种形式;湿法粉碎主要是胶体磨和均质机。针对韧性、黏性、热敏性和纤维类物料的超微粉碎,可采用深冷冻超微粉碎方法。该方法的原理是利用物料在不同温度下具有不同性质的特性,先将物料冷冻至脆化点或玻璃体温度之下,使其成为脆性状态,然后再用机械粉碎或气流粉碎方式,使物料超微化。

二、超微粉碎原理

随着现代食品工业的不断发展,普通的粉碎手段已开始不适应生产的需要,于是出现了超微粉碎技术,在功能性食品生产上,某些微量活性物质(如硒)的添加量很小,如果颗粒稍大,就可能带来毒副作用。这就需要非常有效的超微粉碎手段将之粉碎至足够细小的粒度,加上有效的混合操作才能保证它在食品中的均匀分布。

超微粉碎技术作为一种新型食品加工技术,其粉碎过程通常对原料中原有的营养成分影响较小,制备出的粉体均匀性好,且随着颗粒微细程度的不同,对某些天然生物资源的食用特性、功能特性和理化性能产生多方面的影响。原料经过一定的方法制成超微粉体后,由于超微粉体的比表面积增大,表面能提高,表面活性增强,表面与界面的性质将会发生很大的变化;而且随着物质的超微化,材料表面的分子排列及电子排布、晶体结构等也都会发生变化,这将使超微粉体显示出与原料极为不同的物理化学性质,并在应用中表现出独特的功能特性。制备超微粉碎体采用较多的物理方法有撞击,辊压,离心,搅拌和球磨等机械粉碎法,利用高速气流、超声波、微波、流能、声能、热能的能量粉碎法,以及通过物质物理状态的变化而生成超微颗粒的构筑法。

三、超微粉体的特性

当颗粒粒度变化到某一范围,必将伴随有从量变到质变的过程,尤其在超微粉碎阶段表现得更为突出。因此经过超微粉碎后的超微粉体处于微观粒子和宏观物体之间的过渡状态,具有很多优良特性,如具有大的表面积和孔隙率,质量均匀,很好的溶解性,很强的吸附性、流动性,化学反应速度快,溶解度大,烧结温度低且烧结体强度高,填充补强性能好,又具有独特的光、电、磁性能等。微观角度上看,超微粉碎的过程是使机械能转化为过剩自由能和弹性应力,弹性应力发生迟豫,引起晶格畸变、晶格缺陷、无定形化、表面自由能增大、生成自由基等机械力化学效应。又因超微粉体具有量子体积效应、量子尺寸效应、表面效应、介电限域效应和宏观量子隧道效应,故被广泛应用于高档涂料、医药、高技术陶瓷、微电子及信息材料、高级耐火及保温材料、填料和新材料产业。由于超微粉体,尤其是纳米级粉体很容易发生团聚,形成二次粒子,导致超微粉体材料性能的严重劣化,故在特殊领域需对超微粉体进行改性,防止其团聚和结块,以提高其分散性、流变性以及光催化效果等。

四、超微粉碎技术的特点

1. 原料利用率高

物体经超微粉碎后,超微粉一般可直接用于制剂生产;而用常规粉碎方法得到的产物,仍需一些中间环节才能达到直接用于生产的要求,这样很可能会造成原料的浪费。因此,该技术尤其适合珍稀原料的粉碎。

2. 粒径细且分布均匀

由于采用了气流超音速粉碎,在原料上外力的分布是很均匀的。分级系统的设置,既严格限制了大颗粒,又避免了过碎,得到粒径分布均匀的超细粉,同时很大程度上增加了微粉的比表面积,使吸附性、溶解性等亦相应增大。

3. 速度快

超微粉碎技术采用超音速气流粉碎、冷浆粉碎等方法,在粉碎过程不会产生局部过热现象,甚至可在低温状态下进行,粉碎瞬时即可完成,因而能最大限度地保留粉体的生物活性成分,有利于制成所需的高质量产品。

4. 污染少

超微粉碎是在封闭系统内进行的,既避免了微粉污染周围环境,又可防止空气中的灰尘污染产品,在食品及医疗保健品中运用该技术,可控制微生物和灰尘的污染。

5. 提高化学反应速度

由于经过超微粉碎后的原料,具有极大的比表面,在生物、化学等反应过程中,反应接触的面积大大增加了,因而可以提高反应速度,在生产中节约了时间,提高了效率。

6. 促进食品营养吸收

经过超微粉碎的食品，由于其粒径非常小，营养物质不必经过较长的路程就能释放出来，并且微粉体由于小而更容易吸附在小肠内壁，这样也加速了营养物质的释放速率，使食品在小肠内有足够的时间被吸收。补钙食品动物骨、壳、皮等通过超微粉碎后得到的微粉属有机钙，比无机钙更容易被人体吸收、利用。这些有机钙粉可以作为添加剂，制成高钙高铁的骨粉（泥）系列食品，具有独特的营养保健功能。

7. 改善口感

小麦麸皮、燕麦皮、玉米皮、米糠等物料含有丰富的维生素、微量元素和优质的膳食纤维等，具有很好的营养价值，但由于常规粉碎法得到的纤维粒度大，影响食品的口感，而使消费者难于接受。通过对纤维的微粒化，能显著地改善纤维食品的口感。

五、超微粉碎技术对食品加工业的应用

1. 功能性食品基料的生产

（1）骨钙粉加工

各种畜、禽鲜骨中含有丰富的蛋白质和脂肪、磷脂、磷蛋白等，能促进儿童大脑神经的发育、有健脑增智之功效。鲜骨中含有的骨胶原（氨基酸）、软骨素等，有滋润皮肤防衰老的作用。鲜骨中还含有维生素A、维生素B族等营养成分，钙、铁在鲜骨中的含量也极高。一般将鲜骨煮、熬之后食用，实际上鲜骨中的营养成分没有被人体吸收，造成资源浪费。利用气流式超微粉碎技术将鲜骨多级粉碎加工成超细骨泥或经脱水制成骨粉，既能保持95%以上的营养素，营养成分又易被人体吸收。骨髓粉可以作为添加剂，制成高钙高铁的骨粉系列食品，具有营养保健功能。

（2）膳食纤维加工

膳食纤维作为一种重要的功能性食品基料已引起我国各界人士的广泛关注和普通重视，通过增加膳食中膳食纤维的摄入量来预防各类现代文明病已成为人们的共识。自然界中富含纤维的原料很多，如小麦麸皮、燕麦皮、玉米皮、豆皮、豆渣、米糠等，都可用来制各膳食纤维。其生产工艺包括：原料清洗、粗粉碎、浸泡漂洗、脱除异味、漂白脱色、脱水干燥、微粉碎、功能活化和超微粉碎等主要步骤，其中超微粉碎技术在高括性膳食纤维的制各过程中起着重要的作用，因为膳食纤维的生理功能在很大程度上与膳食纤维的持水力和膨胀力有关，而其持水力与膨胀力除与纤维源和功能活化工艺有关外，与成品颗粒粒度有很大关系。粒度越小则膳食纤维颗粒比表面积越大，其持水力和膨胀力也相应增大，生理功能的发挥越显著。此外，超微粉碎可大大改善膳食纤维的口感，拓宽其在食品中的应用范围。

2. 软饮料加工

（1）茶叶加工

传统的开水冲泡茶叶，人体并没有完全吸收茶叶中的全部营养成分，一些不溶性或难溶的成分，如维生素A、K、E及绝大部分蛋白质、碳水化合物以及部分矿物质等都大量留存于茶渣中，大大地削弱了茶叶的营养及保健功能。如果将茶叶在常温、干燥状态下制成粉茶，使粉体的粒径小于 $5\mu m$，则茶叶的全部营养成分易被人体肠胃直接吸收，可以即冲即饮。超微粉碎的乌龙茶、红茶、绿茶的茶粉还可加入到各种食品中。从而加工出不同的茶类制品。速溶茶传统生产的方法是通过萃取，将茶叶中的有效成分提取出来，然后浓缩、干燥制得粉状速溶茶。现在采用超微粉碎仅需一步工序便得到粉茶产品，既大大地简化了生产工艺，又大大降低了生产成本。

（2）牛奶加工

在牛奶生产过程中,利用均质机能使脂肪显著细化。若脂肪球直径98%在2μm以下,则可达到优良的均质效果,口感好、易于消化。

(3)植物蛋白饮料加工

植物蛋白饮料是以富含蛋白质的植物种子和各种果核为原料,经浸泡、磨浆、均质等操作单元制成的乳状制品。磨浆时用胶体磨磨至粒径5~8μm。再均质至1~2μm,在这样的粒度下可使蛋白质固体颗粒、脂肪颗粒变小,从而防止蛋白质下沉和脂肪上浮,提高产品的稳定性。

3. 果蔬加工

果蔬干制品已开始采用超微粉碎设备和技术进行加工的有板栗、苹果、马铃薯、南瓜、胡萝卜、大蒜、香菇、海带等,并且已有相应的产品出售。果皮、果核经超微粉碎可转变为食品。蔬菜在低温下磨成微膏粉,既保存全部的营养素,纤维质也因微细化而增加了水溶性、口感更佳。蔬菜在低温下经超微粉碎后,既可保存全部的营养素,纤维素也因微细化而增加了水溶性,口感更佳。蜂花粉经超微粉碎后生产的破壁花粉,其生物利用率大大提高,营养更丰富。

4. 巧克力生产

巧克力属于超微颗粒的多相分散体系,油脂在此体系内属于分散介质,是一种连续相。巧克力细腻滑润的口感特性主要决定于巧克力配料的粒度,当巧克力配料的平均粒度小于25μm时,吃起来就细腻滑润,因此,只有超微粉碎加工巧克力配料才能保证巧克力的质量。

5. 粮油加工

经超微粉碎加工过的面粉、豆粉、米粉等,其口感以及人体吸收利用率得到显著提高。将麦麸粉、大豆微粉等加到面粉中,可用来改造劣质面粉、制成高纤维或高蛋白面粉。用普通米粉、面粉做压缩饼干很难吞咽,而用具有微粉特性的物料做成的饼干,因其流动性好而能保证产品顺利下咽,口感舒适。

6. 水产品加工

螺旋藻、海带、珍珠、龟鳖等通过超微粉加工制成的超微粉具有一些独特优点。加工珍珠粉的传统方法是球磨十几个小时,粒度达几百目。如果在低温和严格的净化气流条件下瞬时粉碎珍珠,可以得到平均粒径为10μm的超微珍珠粉,加上整个生产过程无污染,与传统珍珠粉加工方法相比,该法加工时,珍珠中的有效成分被充分保留,其钙含量高达42%。可作为药膳或食品添加剂,制成补钙营养食品。

7. 调味品加工

微粉食品的大孔隙率造成集合孔腔,可吸收并容纳香气经久不散。这是重要的固香方法之一,因此作为调味品使用的超微粉,其香味和滋味更浓郁、突出。

思考题:

1. 分离技术有哪些?
2. 新型加热技术有哪些?
3. 生物技术应用有哪些?
4. 食品灭菌技术有哪些?
5. 其他高新技术有哪些?

主要参考文献

[1] 陈小平. 食品理化检验. 北京:中国计量出版社,2008
[2] 刘兴华. 食品安全保藏学(第二版). 北京:中国轻工业出版社,2008
[3] 夏文水. 食品工艺学. 北京:中国轻工业出版社,2007
[4] 秦文,吴卫国. 农产品储藏与加工学. 北京:中国计量出版社,2007
[5] 曾庆孝. 食品加工与保藏原理. 北京:化学工业出版社,2002
[6] 王如福,李汴生. 食品工艺学概论. 北京:中国轻工业出版社,2006
[7] 赵晋府. 食品技术原理. 北京:中国轻工业出版社,2002
[8] 王光慈. 食品营养学. 北京:中国农业出版社,2001
[9] 宁正祥. 食品生物化学(第二版). 北京:中国轻工业出版社,2006
[10] 阚建全. 食品化学. 北京:中国农业出版社,2002
[11] 周家春. 食品工艺学(第二版). 北京:化学工业出版社,2008
[12] 李云飞,葛克山. 食品工程原理. 北京:中国农业大学出版社,2004
[13] 马长伟,曾名勇. 食品工艺学导论. 北京:中国农业大学出版社,2002
[14] 孙君社. 现代食品加工学. 北京:中国农业出版社,2001
[15] 刘家棋. 分离过程与技术. 天津:天津大学出版社,2001
[16] 高福成. 现代食品工业高新技术. 北京:中国轻工业出版社,1997
[17] 张立德. 超微粉碎制备与应用技术. 北京:中国石化出版社,2001
[18] 郑水林. 超细粉碎原理、工艺设备及应用. 北京:中国建材工业出版社,1993
[19] 徐怀德,王云阳. 食品杀菌新技术. 北京:科学技术文献出版社,2005
[20] sI1ZMAN V. High voltage pulse techniques for food preseiration[M]//GOULD Gw. New - methods for food preservat;ion. UK:Blachie Academic and Professional。1995:236 - 252
[21] 何国庆. 食品发酵与酿造工艺学. 北京:中国农业出版社,2001
[22] 宋纪蓉. 食品工程技术原理. 北京:化学工业出版社,2005
[23] 尚永彪. 膨化食品加工技术. 北京:化学工业出版社,2007
[24] 李冬生,曾凡坤. 食品高新技术. 北京:中国计量出版社,2007

[25]周家春.食品工业新技术.北京:化学工业出版社,2005

[26](美)海德曼(Heldman,D.R.),哈特尔(Hartel,R.w.)等著.食品加工原理.夏文水译.北京:中国轻工业出版社,2001

[27]杨昌举.食品科学概论.北京:中国人民大学出版社,1999

[28]徐怀德,王云阳.食品杀菌新技术.北京:科学技术文献出版社,2005

[29]林国栋.生物磁学及其应用.北京:科学出版社,1983

[30]刘建学.食品保藏原理.南京:东南大学出版社,2006

[31]时阳等.冷库设计与原理.北京:中国农业科学技术出版社,2006

[32]丁轲,管胜楠,张晨辉.大豆豆粕中总皂苷提取工艺的优化与比较[J].中国食品学报,2009,9(5):124-129

[33]张琳.樊金玲,朱文学,等.响应面法优化超声波辅助提取甘草多糖工艺[J].食品科学,2010,31(16):67-71

读者反馈意见

亲爱的读者：

感谢您对《食品加工技术概论》的支持和热爱，为了今后为您提供更好的服务，请您抽出宝贵的时间来填写下面的意见反馈表，以便我们更好地对本教材做进一步改进，同时如果您在使用本教材的过程中遇到了什么问题，或者有什么好的建议，也请您来信、来电告诉我们。

地址：北京市丰台区科学城南极星大厦 108 室

电话：010 – 61229894/83794403

电子邮箱：caikai6223@263.net　QQ:649319527　　QQ:1694299827

教材名称：《食品加工技术概论》

个人资料：

姓名：_____　年龄：_____　所在院校/专业_____

文化程度：_____　通讯地址：_____

联系电话：_____　电子信箱：_____

您使用本书是作为：□指定教材□选用教材□辅导教材

您对封面设计的满意度：

□很满意□满意□一般□不满意□改进建议_____

您对本书印刷质量的满意度：

□很满意□满意□一般□不满意□改进建议_____

您对本书的总体满意度：

从语言质量角度看□很满意□满意□一般□不满意□

从科技含量角度看□很满意□满意□一般□不满意□

本书最令您满意的是：

□指导明确□内容充实□讲解详尽□实例丰富

您认为本书在哪些地方应进行修改？（可附页）

_____

_____

您希望本书在哪些方面可进行改进？（可附页）

_____

_____